权威·前沿·原创

皮书系列为
"十二五""十三五""十四五"时期国家重点出版物出版专项规划项目

BLUE BOOK

智 库 成 果 出 版 与 传 播 平 台

非物质文化遗产蓝皮书
BLUE BOOK OF INTANGIBLE CULTURAL HERITAGE

中国非物质文化遗产保护发展报告（2021）

ANNUAL DEVELOPMENT REPORT ON CHINESE INTANGIBLE CULTURAL HERITAGE SAFEGUARDING (2021)

主　编／宋俊华

社会科学文献出版社
SOCIAL SCIENCES ACADEMIC PRESS（CHINA）

图书在版编目（CIP）数据

中国非物质文化遗产保护发展报告.2021／宋俊华
主编.－－北京：社会科学文献出版社，2021.12（2022.10 重印）
（非物质文化遗产蓝皮书）
ISBN 978－7－5201－9528－7

Ⅰ.①中… Ⅱ.①宋… Ⅲ.①非物质文化遗产－保护
－研究报告－中国－2021 Ⅳ.①K203

中国版本图书馆 CIP 数据核字（2021）第 265592 号

非物质文化遗产蓝皮书
中国非物质文化遗产保护发展报告（2021）

主　　编／宋俊华

出 版 人／王利民
责任编辑／范　迎
责任印制／王京美

出　　版／社会科学文献出版社·人文分社（010）59367215
　　　　　　地址：北京市北三环中路甲 29 号院华龙大厦　邮编：100029
　　　　　　网址：www.ssap.com.cn
发　　行／社会科学文献出版社（010）59367028
印　　装／天津千鹤文化传播有限公司

规　　格／开　本：787mm×1092mm　1/16
　　　　　　印　张：21.75　字　数：326 千字
版　　次／2021 年 12 月第 1 版　2022 年 10 月第 2 次印刷
书　　号／ISBN 978－7－5201－9528－7
定　　价／138.00 元

读者服务电话：4008918866

本书由中国非物质文化遗产保护协会权威发布

本书为教育部人文社科重点研究基地中山大学中国非物质文化遗产研究中心研究成果，同时为：

国家社科基金重大项目"非遗代表性项目名录和代表性传承人制度改进研究"（17ZDA168）阶段成果

教育部人文社科重点研究基地重大项目"非遗保护的中国经验研究"（17JJD850005）阶段成果

广东省教育厅 2020 年度普通高校创新团队项目"粤港澳大湾区文学与文化研究团队"（2020WCXTD010）阶段成果

教育部人文社科重点研究基地中山大学中国非物质文化遗产研究中心"十四五"规划自设项目阶段成果

非物质文化遗产蓝皮书编委会

主　　任　王晓峰

委　　员　王晓峰　张雅芳　代柳梅　宋俊华　刘晓春
　　　　　黄仕忠　许　菁

主　　编　宋俊华

撰稿人名单　（以文章先后为序）
　　　　　宋俊华　白雪筱　杨　镕　王霄冰　金　姚
　　　　　倪彩霞　倪诗云　董　帅　陈　熙　张　磊
　　　　　段晓卿　谢文艳　叶健莹　李　惠　孔庆夫
　　　　　吴昊琳　莫伊凡

中国非物质文化遗产保护协会简介

中国非物质文化遗产保护协会是经文化和旅游部（原文化部）批准，民政部登记注册，于2013年11月成立的全国性、行业性、非营利性社会组织。其宗旨是保护非物质文化遗产，推动非物质文化遗产的传承、传播与发展，继承和弘扬中华民族优秀传统文化。业务范围包括：调查研究、信息收集、举办展览、专业培训、咨询服务和国际合作等。

主编简介

宋俊华 教育部人文社科重点研究基地中山大学中国非物质文化遗产研究中心主任、中山大学中文系教授、博士生导师，广州新华学院中文系系主任，《文化遗产》主编、教育部新世纪优秀人才，国家社科基金重大项目首席专家、中国傩戏学研究会副会长、国家公共文化服务体系建设专家委员会专家、广东省文化学会副会长、广东省非物质文化遗产促进会副会长，长期从事中国传统戏剧、非物质文化遗产理论与实践、公共文化服务等的研究、教学和社会服务工作，出版了《中国古代戏剧服饰研究》《非物质文化遗产保护研究》等著作，连续数年主编《中国非物质文化遗产保护发展报告》《广州市非物质文化遗产保护发展报告》等蓝皮书，在《文艺研究》等重要学术期刊发表论文数十篇。

摘　要

全书分为四个部分。

第一部分为总报告。总报告《社会转型与非遗保护的新使命》指出，2020年既是我国"十三五"规划和全面建成小康社会的收官之年，又是谋划"十四五"规划和实现第二个百年奋斗目标的开启之年。在这一背景下，我国非物质文化遗产（以下简称"非遗"）保护工作尽管受到新冠肺炎疫情影响出现了一些挫折，但是整体而言仍可圈可点。2020年我国持续推动遗产项目申报并列入国际与国内名录体系，完善非遗代表性传承人认定与管理法规体系，探索文化生态保护（实验）区建设路径，强化非遗保护资金使用导向，引导非遗向数字文化产业发展，促进非遗融入国家发展战略。非遗在助力脱贫攻坚和防疫抗疫中发挥着积极作用，非遗传播与交流方式创新日趋多元，非遗学术研究热点叠出，非遗学科化已成共识。非遗保护呈现三大趋势：非遗保护与国家战略将深度融合；非遗保护将加快推动学科发展，赋能中国特色非遗理论建设；非遗保护将持续推动非遗融入现代生活，构建共建共享的文化生态链。

第二部分为七个专题报告。民间文学专题报告认为非遗资源转化的重要性正在日益突显。传统音乐专题报告认为非遗保护在理论研究、校园传承、社会传承、社会传播、创新发展等五个方面向纵深发展。传统戏剧专题报告指出，传统戏剧要在"守正创新"的基础上厘清不同语境下"传统戏剧"概念的适用范围，重建地方戏文化生态，丰富、探索传统戏剧的传播途径和展演方式，真正做到"还戏于民"。曲艺专题报告指

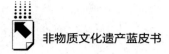
出，随着"互联网＋曲艺"融合的不断加深，网络曲艺社群的凝聚力不断加强，曲艺观赏行为正在发生巨大变化，数字化传播呈现出巨大潜力，但也面临传承主体转型困难、版权纠纷等问题。传统美术专题报告认为，伴随非遗保护从项目保护向系统性保护的转化，传统美术正在向新美学、新业态、新文化空间和新消费市场转向，在现代生活中应用愈加广泛。传统技艺专题报告指出，随着短视频等互联网手段的广泛使用，非遗传播流量与数据背后新老问题仍需重视。民俗专题报告认为，民俗非遗的资源化和利用程度不断提高，"非遗＋旅游"成为民俗非遗保护利用的重要热点，但在民俗非遗旅游中如何平衡好非遗各利益方的关系仍是有待讨论的话题。

第三部分为五个年度热点话题。《非物质文化遗产数字化保护与科技融合》指出，非遗数字化与科技融合发展出多元化数字传承与保护模式。这虽然会进一步加剧传承人失语的困境，增加非遗孤立化风险和价值体系变迁的挑战，但是通过树立正确的保护理念、完善保障体制机制、促进新技术研发与实践、培养跨学科专业人才和提升传承人素养等措施，能发挥数字技术的优势，实现非遗的"数字化生存"。《非遗传承人群研修研习培训实践和学术成果——兼谈粤剧研修研习培训》以粤剧为案例，指出研培方式和内容的选择、研培教师的挑选应以研培对象的需求为导向，切实服务研培项目的保护与传承实践。《国家级文化生态保护区的建设经验与发展对策研究》认为七个国家级文化生态保护区的建设实践积累了丰富的工作经验，提供了有益的参考，但也存在保护资金来源渠道单一、专业保护人才缺乏的问题，需要建立多元化的投入机制，加强与社会力量的合作。《非物质文化遗产名录制度新论》从"对话形式"的角度，观照我国非遗名录制度，认为我国遗产化进程是受嬗变中的非遗保护理念影响的，由一系列法律法规构成的权威遗产话语所主导的自上而下的制度化实践；认为建立非遗清单弥补由"社区、群体，有时是个人"所主导的关于遗产项目"地方性"的内部对话方式的缺失，将助力我国非遗实践的深入。《论非遗学科化的理论建构与发展路径》认为通过系统性的学理思考和理论建构，学术界形成"非遗是学科""非遗是交叉学科""非遗是急需建设的新兴学科"的学术共识，随着"全面复兴中华优秀传统文化"等国家战略的实施，非遗学科化建设迎来了最好的发展时期。

第四部分为 2020 年非遗大事记。

关键词： 非物质文化遗产　传播　扶贫　名录制度　学科化

目　录

Ⅰ　总报告

Ⅱ　分题报告

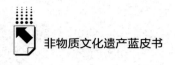

Ⅲ 年度热点

Ⅳ 附录

皮书数据库阅读**使用指南**

总 报 告

General Report

B.1

社会转型与非遗保护的新使命[*]

宋俊华　白雪筱**

摘　要：　2020年，既是我国"十三五"规划和全面建成小康社会的收官之
　　　　　年，也是谋划"十四五"规划和实施第二个百年奋斗目标的开启
　　　　　之年。在这一背景下，我国非遗保护工作尽管受到新冠肺炎疫情
　　　　　影响而出现了一些挫折，但整体而言仍可圈可点。我国非遗名录
　　　　　制度和法规建设取得新进展，非遗在助力脱贫攻坚和防疫抗疫中
　　　　　发挥了积极作用，非遗线上传播与交流呈现新气象，非遗学术研
　　　　　究呈现新热点。展望未来，我国非遗保护应加快非遗理论研究和
　　　　　学科建设，推动非遗融入国家战略，积极实施非遗"创造性转
　　　　　化、创新性发展"，让非遗"绽放出更加迷人的光彩"。

　*　本文为国家社科基金重大项目"非遗代表性项目名录和代表性传承人制度改进设计研究"
　　　（17ZDA168）、教育部人文社会科学重点研究基地重大项目"非遗保护的中国经验研究"
　　　（17JJD850005）、广东省教育厅"粤港澳大湾区文学与文化创新团队"项目等的阶段性成果。
　**　宋俊华，中山大学中国非物质文化遗产研究中心、中文系教授，广州新华学院中文系主任；
　　　白雪筱，中山大学中国非物质文化遗产研究中心、中文系博士生。

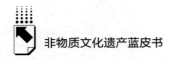
关键词： 非物质文化遗产保护 社会转型 非遗扶贫 非遗传播

前 言

2020 年，我国非物质文化遗产（以下简称"非遗"）保护迎来了一个新的发展机遇，要承担新的历史使命。尽管受 2019 年末突如其来的新冠肺炎疫情（以下简称"疫情"）影响，但我国非遗保护仍在稳步推进，非遗保护工作者们一方面积极利用非遗做好防疫抗疫工作，另一方面坚持守正创新，在不断加强非遗法规制度建设、传承传播和学术研究工作的基础上，积极推动非遗融入脱贫攻坚、乡村振兴等国家战略，取得了可喜成绩，充分展示了我国非遗保护工作者在社会转型期的使命意识和担当精神。

一 非遗名录建设稳步推进

（一）"太极拳"和"送王船"入选人类非物质文化遗产代表作名录

2020 年 12 月 17 日，我国单独申报的"太极拳"、我国与马来西亚联合申报的"送王船——有关人与海洋可持续联系的仪式及相关实践"（以下简称"送王船"）两个项目入选联合国教科文组织人类非物质文化遗产代表作名录。我国申遗的成功，得到了《保护非物质文化遗产公约》秘书蒂姆·柯蒂斯和联合国教科文组织文化助理总干事埃内斯托·奥托内的高度赞扬。[1] 迄今为止，我国已有 34 项非遗项目入选人类非物质文化遗产代表作

---

[1] 《中国是〈保护非物质文化遗产公约〉的坚定拥护者和积极推动者——联合国教科文组织官员高度评价中国申遗成功》，中国政府网，2020 年 12 月 19 日，http://www.gov.cn/xinwen/2020 – 12/19/content_ 5571163. htm。

名录，7 项列入急需保护的非物质文化遗产名录，1 项列入优秀实践名册（见表1）。

表1　我国入选联合国教科文组织非物质文化遗产名录（名册）项目

入选名录及数量	项目名称及入选时间
人类非物质文化遗产代表作名录(34项)	昆曲(2008年)；古琴艺术(2008年)；蒙古族长调民歌(与蒙古国联合申报，2008年)；新疆维吾尔木卡姆艺术(2008年)；中国传统桑蚕丝织技艺(2009年)；南音(2009年)；南京云锦织造技艺(2009年)；宣纸传统制作技艺(2009年)；侗族大歌(2009年)；粤剧(2009年)；格萨(斯)尔(2009年)；龙泉青瓷传统烧制技艺(2009年)；热贡艺术(2009年)；藏戏(2009年)；玛纳斯(2009年)；蒙古族呼麦歌唱艺术(2009年)；花儿(2009年)；西安鼓乐(2009年)；中国朝鲜族农乐舞(2009年)；中国书法(2009年)；中国篆刻(2009年)；中国剪纸(2009年)；中国雕版印刷技艺(2009年)；中国传统木结构建筑营造技艺(2009年)；端午节(2009年)；妈祖信俗(2009年)；京剧(2010年)；中医针灸(2010年)；中国皮影戏(2011年)；中国珠算——运用算盘进行数学计算的知识与实践(2013年)；二十四节气——中国人通过观察太阳周年运动而形成的时间知识体系及其实践(2016年)；藏医药浴法——中国藏族有关生命健康和疾病防治的知识与实践(2018年)；太极拳(2020年)；送王船——有关人与海洋可持续联系的仪式及相关实践(与马来西亚联合申报,2020年)
急需保护的非物质文化遗产名录(7项)	羌年(2009年)；黎族传统纺染织绣技艺(2009年)；中国木拱桥传统营造技艺(2009年)；麦西热甫(2010年)；中国水密隔舱福船制造技艺(2010年)；中国活字印刷术(2010年)；赫哲族伊玛堪(2011年)
优秀实践名册(1项)	福建木偶戏后继人才培养计划(2012年)

1. 太极拳

太极拳于 2006 年入选国家级非物质文化遗产代表性项目名录，经 2008 年和 2014 年的扩展，目前拥有 7 家保护单位，涉及河北省、河南省、北京市和天津市。太极拳保护单位的增加，表明我国对太极拳的认识进一步深化和全面，保护体系和措施逐步成熟。太极拳是促进身心健康的体育实践活动，2020 年入选人类非物质文化遗产代表作名录将更好地推动这项基于中国哲学思想和养生观念的传统体育实践活动开展。

2. 送王船

"民间信俗（闽台送王船）"于 2011 年入选第三批国家级非物质文化遗产代表性项目名录的扩展项目，2020 年我国和马来西亚联合申报"送王船——

有关人与海洋可持续联系的仪式及相关实践"，入选人类非物质文化遗产代表作名录。"送王船"的成功入选，使这种广泛流传于我国闽台地区和马来西亚马六甲沿海地区的禳灾祈安仪式，被世界认识和了解，也为"海上丝绸之路"沿线国家和地区开展文化交流，共同推动非遗保护与传承创造了条件。

（二）第五批国家级非物质文化遗产代表性项目名录公示

2020 年 12 月 22 日至 2021 年 1 月 19 日，文化和旅游部（以下简称"文旅部"）公示了第五批国家级非物质文化遗产代表性项目名录推荐项目名单①，其中新增项目 190 项②，扩展项目 139 项，共计 329 项（见表2、图 1）。③

表 2　第一批至第五批国家级非物质文化遗产代表性项目名录入选数量

单位：项

类别	第一批项目	第二批新增项目	第二批扩展项目	第三批新增项目	第三批扩展项目	第四批新增项目	第四批扩展项目	第五批新增项目（公示）	第五批扩展项目（公示）	合计
民间文学	31	53	5	41	8	30	7	12	9	196
传统音乐	72	67	17	16	16	15	19	21	7	250
传统舞蹈	41	55	13	15	16	20	16	13	9	198
传统戏剧	92	46	33	20	28	4	15	9	14	261
曲艺	46	50	15	18	10	13	4	18	2	176

---

① 《文化和旅游部关于第五批国家级非物质文化遗产代表性项目名录推荐项目名单的公示》，文化和旅游部网站，2020 年 12 月 18 日，http://zwgk.mct.gov.cn/zfxxgkml/wysy/202012/t20201221_920077.html。

② 笔者经多次统计，第五批新入选项目总数应为 190 项，而非 198 项（按名单统计显示，第五批新入选十大门类的各个门类数量分别为 12 项、21 项、13 项、9 项、18 项、27 项、17项、48 项、0 项、25 项，总数为 190 项）。如此，第五批入选项目总数应当为 329 项，而非337 项。本文统计数据中第五批新入选项目以 190 项为准。

③ 该统计以文化和旅游部网站公示的第五批国家级非物质文化遗产代表性项目名录中的统计数据为依据。

续表

类别	第一批项目	第二批新增项目	第二批扩展项目	第三批新增项目	第三批扩展项目	第四批新增项目	第四批扩展项目	第五批新增项目（公示）	第五批扩展项目（公示）	合计
传统体育、游艺与杂技	17	38	4	15	8	12	6	27	13	140
传统美术	51	45	16	13	19	13	23	17	21	218
传统技艺	89	97	24	26	28	29	32	48	38	411
传统医药	9	8	5	4	7	2	10	0	11	56
民俗	70	51	15	23	24	15	21	25	15	259
合计	518	510	147	191	164	153	153	190	139	2165

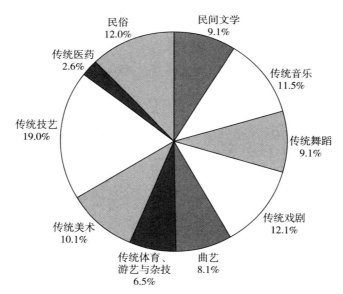

**图1　第一批至第五批国家级非物质文化遗产代表性项目名录
各门类入选数量占比情况**

从表2和图1可以看出第一批和第二批入选国家级非物质文化遗产代表性项目名录总数均在500项（含扩展项目）以上，从第三批开始，总数在300～360项（含扩展项目）。国家级非物质文化遗产代表性项目名录评选进入稳步发展阶段。

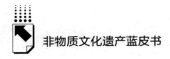

从门类来看，民间文学类的项目数量从第三批开始逐批递减，此门类后续评选的可持续性还需进一步探讨。传统美术类、传统技艺类两个门类的项目数量从第三批开始维持增长，特别是传统技艺类，一直是项目数量最多的门类，占比 19%。

从公布时间来看，第一批至第五批国家级非物质文化遗产代表性项目名录公布于 2006 年、2008 年、2011 年、2014 年、2021 年，每批名录公布的时间间隔不断增长，由间隔 2 年增长到间隔 7 年。这表明随着我国名录评选制度不断完善，非遗代表性项目评审日趋严格，非遗保护正由重申遗向重保护转换。

二　非遗法规政策更加完善

（一）积极推动非遗向数字化文化产业发展

2020 年，文旅部发布了《关于推动数字文化产业高质量发展的意见》，提出要夯实数字文化产业发展基础，其中包括开发我国文化特色原创 IP、鼓励建立数字文化企业等；培育数字文化产业新型业态，包括培育云演艺业态、丰富云展览业态、发展沉浸式业态等；构建数字文化产业生态，包括建立数字文化产业集群，融入区域发展战略。该意见明确指出，要建设"互联网＋演艺"平台，鼓励文艺院团、文艺工作者、非物质文化遗产传承人在网络直播平台开展网络展演，让更多青年领略传统艺术之美。可见"云演艺"是未来非遗传承活动展示的重要渠道之一。此外，在开发我国文化特色原创 IP、满足新型文化消费体验、融入区域发展战略等举措中，非遗也有发挥作用和发展的空间。

（二）加快促进非遗融入粤港澳大湾区文化旅游发展

2020 年 12 月 24 日，文旅部、粤港澳大湾区建设领导小组办公室、广东省人民政府联合印发了《粤港澳大湾区文化和旅游发展规划》。该规划

"粤港澳大湾区文化遗产保护工程"栏目中设有"粤港澳大湾区非物质文化遗产保护工程"子栏目，并明确提出要"支持粤港澳大湾区开展非物质文化遗产传承人研修研习培训计划，支持代表性传承人开展记录、展演、研究等活动。在粤港澳大湾区内的城市开展'非遗在社区'工作"。按照该规划，到2025年，人文湾区与休闲湾区建设将初见成效。从该规划可以看出，粤港澳大湾区非遗项目的保护和利用，是构建粤港澳人文湾区人文精神的核心部分，是粤港澳大湾区文化产业发展、特色旅游开展的前提。因此，该规划的发布，不仅为粤港澳大湾区非遗项目保护与传承提供了政策支持，也为非遗保护与文化建设相结合进行了道路探索。

（三）非遗保护资金及时下达与科学管理

2020年10月30日，"为提高预算完整性，加快支出进度"，财政部提前下达2021年非物质文化遗产保护资金预算4921万元，全年预算资金总计72377万元（见表3）。①

表3　2021年非物质文化遗产保护资金预算

单位：万元

省份（城市）	资金预算	省份（城市）	资金预算	省份（城市）	资金预算
北京	1549	宁波	1037	海南	817
天津	734	安徽	2534	广西	1988
河北	2448	福建（不含厦门）	3876	重庆	2189
山西	2464	福建厦门	366	四川	3083
内蒙古	1291	江西	3379	贵州	3743
辽宁（不含大连）	1086	山东（不含青岛）	3456	云南	3452
辽宁大连	29	山东青岛	112	西藏	951
吉林	812	河南	2830	陕西	2642
黑龙江	722	湖北	3240	甘肃	1773
上海	1479	湖南	3440	青海	2893
江苏	2747	广东（不含深圳）	3379	宁夏	474
浙江（不含宁波）	3243	广东深圳	57	新疆	2062

① 《关于提前下达2021年非物质文化遗产保护资金预算的通知》，中国政府网，2020年10月30日，http：//www.gov.cn/zhengce/zhengceku/2020－12/18/content_5570969.htm。

从表 3 可以看出，保护资金预算最多的省份是福建（不含厦门），高达 3876 万元，其次是贵州，3743 万元；保护资金预算最低的省份是宁夏，为 474 万元。据《文化和旅游部办公厅关于开展 2021 年度非物质文化遗产保护资金提前下达申报工作的通知》，非遗保护资金涉及国家级非遗项目、传承人和文化生态保护（实验）区。国家级非遗项目保护经费包含传承人记录经费和传承人群研培经费，其经费申报主要集中在列入传统工艺振兴目录的传统美术、传统技艺、传统医药、曲艺和传统戏剧类中。传承人记录经费主要考虑 70 周岁以上的国家级非遗代表性传承人，传承人群研培经费主要涉及表演艺术类。

该通知指出，为了达到"增强非物质文化遗产传承活力，实事求是、精准施策、推动科学分类保护"的目的，非物质文化遗产保护资金申报要求通过绩效目标管理和后续监督来强化资金使用导向。非遗绩效指标库中数量指标 23 项，质量指标 4 项，时效指标 3 项，经济效益指标 6 项，社会效益指标 4 项，可持续影响指标 5 项，服务对象满意指标 4 项。由此可见，目前国家对非遗保护监督管理的方式，仍以数量指标为主。以数量指标为主的资金使用监督体系，是否最合理、最科学，还需要时间检验。

（四）稳步推进文化生态保护（实验）区建设

2020 年 6 月 3 日，文旅部批复洛阳设立"河洛文化生态保护实验区"（河南省文化和旅游厅申报）和景德镇设立"景德镇陶瓷文化生态保护实验区"（江西省文化和旅游厅申报）。[①] 按照相关程序，国家级文化生态保护区总体规划实施 3 年后，由省级人民政府文化主管部门向文旅部提出验收申请，验收合格的，正式公布为国家级文化生态保护区并授牌。截至 2020 年 6 月，我国共有 7 个国家级文化生态保护区，17 个国家级文化生态保护实验

---

① 《文化和旅游部关于同意设立河洛文化生态保护实验区的批复》，文化和旅游部网站，2020 年 6 月 3 日，http：//zwgk. mct. gov. cn/zfxxgkml/fwzwhyc/202012/t20201206_ 916894. html。《文化和旅游部关于同意设立景德镇陶瓷文化生态保护实验区的批复》，文化和旅游部网站，2020 年 6 月 3 日，http：//zwgk. mct. gov. cn/zfxxgkml/fwzwhyc/202012/t20201206_ 916893. html。

区。构建文化生态保护（实验）区是我国在世界范围内对保护非遗进行的一次创新实践，是对非遗进行动态保护的积极探索。

（五）持续构建非遗代表性传承人认定与管理法规体系

自 2019 年文旅部发布《国家级非物质文化遗产代表性传承人认定与管理办法》后，福建省和江苏省在 2020 年陆续发布了省级代表性传承人管理办法。省级代表性传承人管理办法的出台，进一步完善了非遗代表性传承人认定与管理的法规体系，有力保障了非遗传承活动的顺利开展。2020 年，《宁夏回族自治区非物质文化遗产保护管理暂行办法》公布并施行。宁夏的非遗保护管理办法吸收以往非遗保护管理办法和传承人管理办法的经验并进行创新，从项目名录、代表性传承人、保护传承基地三个方面开展非遗保护和管理；在完善名录项目保护责任单位制度，实行信息互通和阶段性报送制度的同时采取动态评估和激励机制；加强传承保护基地建设；在代表性传承人方面，制订年度研修培训计划，支持传承人开展对外演出活动，支持项目单位积极推荐传承人，采取激励机制，用"基本＋绩效"的方式对年度优秀传承人进行奖励，实施代表性传承人退出机制。

三 非遗扶贫成效显著

2020 年是我国落实扶贫政策并取得脱贫攻坚胜利的关键一年，非遗保护在国家政策指导下，积极开展扶贫工作。非遗扶贫的主要方式有设立非遗扶贫就业工坊，举办非遗购物节、展销会和博览会，开展非遗旅游等。

（一）制定非遗扶贫政策

我国非遗扶贫政策最早可追溯到 2018 年 6 月文旅部办公厅印发的《关于大力振兴贫困地区传统工艺助力精准扶贫的通知》。该通知提出鼓励各地开展"非遗＋扶贫"工作。2018 年 7 月，文旅部办公厅和国务院扶贫办综

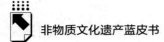

合司发布《关于支持设立非遗扶贫就业工坊的通知》，以深度贫困地区"三区三州"为重点，选取 10 个"非遗＋扶贫"重点支持地区，支持设立非遗扶贫就业工坊。

2019 年 12 月 27 日文旅部办公厅和国务院扶贫办综合司发布《关于推进非遗扶贫就业工坊建设的通知》，要求各省区市以非遗项目中的传统工艺为重点，在贫困县设立具有带头和示范作用的非遗扶贫就业工坊，其主要目标是帮助贫困人口学习传统技艺，提高内生动力，促进就业和增收，巩固脱贫成果。

（二）开展非遗扶贫实践

1. 建立非遗扶贫就业工坊

非遗扶贫就业工坊是非遗扶贫实践的一项重要举措。2020 年，建立非遗扶贫就业工坊的有陕西、湖南、青海、四川、西藏等省区。据统计，截至 2020 年上半年，湖南省建立非遗扶贫就业工坊 152 家，参与人群 12.9 万人，助力 6.8 万人脱贫。西藏建立 92 家非遗扶贫就业工坊，带动就业 1452 人；西藏山南市 2020 年上半年 26 家非遗扶贫就业工坊安排 843 人就业，实现创收 1317.16 万元。[①]《人民日报》数据显示，截至 2020 年 11 月 13 日，全国已建立 2000 多所非遗扶贫就业工坊，带动扶贫就业项目超 2200 个，带动约 50 万人就业，助力 20 多万贫困户脱贫。[②]

湖南省文旅厅和扶贫办下发《关于推进非遗扶贫就业工坊建设的通知》，通过线上与线下相结合的方式，从政策宣讲、产品设计、文创与产业

---

① 《全国非遗助力精准扶贫经验交流活动在四川举行》，文化和旅游部网站，2020 年 9 月 7 日，https：//www.mct.gov.cn/whzx/qgwhxxlb/sc/202009/t20200907_874791.htm。《西藏 92 家"非遗＋扶贫"就业工坊带动就业 1452 人》，文化和旅游部网站，2020 年 7 月 15 日，https：//www.mct.gov.cn/whzx/qgwhxxlb/xz/202007/t20200715_873511.htm。《西藏山南市 2020 年非遗扶贫工作成效初显》，文化和旅游部网站，2020 年 7 月 15 日，https：//mct.gov.cn/whzx/qgwhxxlb/xz/202007/t20200715_873510.htm。

② 郑海鸥：《非遗扶贫 让日子更有奔头（新数据新看点）》，人民网，2020 年 11 月 8 日，http：//qh.people.com.cn/n2/2020/1108/c182754-34401527.html。

发展、品牌化发展、企业创新路径、网店运营、直播带货等方面对非遗扶贫就业工坊负责人进行培训。

在各地政府强有力的支持下，非遗扶贫就业工坊在抗击疫情期间积极开展扶贫工作。青海省海东市互助土族自治县金盘绣工坊、甘肃省积石山县保安族腰刀锻制技艺非遗扶贫就业工坊在落实疫情防控各项举措的基础上复工复产；甘肃省提前发放 2020 年度非遗代表性传承人补助经费，积极推动非遗代表性传承人开展非遗传承工作；河北省丰宁满族自治县旅游和文化广电局，组织非遗代表性传承人开展线上培训。①

2. 举办非遗购物节

2020 年疫情期间，网络购物和线上交流已成为人们消费和沟通的主要方式。疫情防控常态化后，文旅部非遗司与商务部、国务院扶贫办等有关部门支持阿里巴巴等各大网络平台联合举办"非遗购物节"，以此带动各地因地制宜举办本地"非遗购物节"，帮助非遗传承人推销非遗产品。

线上非遗购物节有的采取由著名主持人直播带货的模式，如人民网于 6 月 13 日举办线上"非遗购物节"，由文旅部非遗司副司长胡雁、北京电视台主持人春妮和演员杨立新通过直播的方式对 12 件非遗产品进行销售。② 甘肃省 200 余家非遗网店访问总流量达 8085.7 万人次，共接到 12271 份订单，销售总额达 122 万余元。③

有的采用竞赛模式，通过培训和比赛的方式选拔主播并销售产品。如湖南省文旅厅在常德市桃花源旅游景区举办"湖南非遗购物节暨网红直播带货大赛"，活动现场安排了 10 个湖南特色非遗项目，其中包含 6 家非遗扶贫就业工坊。该活动采用"直播+展位+摊位"的展销方式，其中湘绣小摆

---

① 王菀：《抗疫期间，非遗扶贫就业工坊情况怎么样？》，中国非物质文化遗产网·中国非物质文化遗产数字博物馆，2020 年 3 月 26 日，http：//www.ihchina.cn/Article/Index/detail? id = 22125。

② 郭冠华：《助力非遗+扶贫人民网线上非遗购物节直播圆满结束》，人民网，2020 年 6 月 13 日，http：//culture.people.com.cn/n1/2020/0613/c1013 - 31745651.html。

③ 《甘肃"非遗工坊"助力就业扶贫》，中国非物质文化遗产网·中国非物质文化遗产数字博物馆，2020 年 9 月 15 日，http：//www.ihchina.cn/Article/Index/detail? id = 21462。

件等产品深受消费者喜爱。比赛采取积分赛、预赛、决赛的方式，决出冠亚季军，并给予全省"30强"一定奖励。购物节之后，湖南省文旅厅继续发挥互联网电商的平台优势，开展湖南非遗项目线上活动，推广湖南非遗品牌。本次大赛累计为超过200个非遗项目、300款非遗产品带货代言，总成交额超过280万元。①

"非遗购物节"的成功举办，既有利于国家脱贫攻坚，又拓宽了非遗项目的销售和传播渠道，提高了非遗保护传承的生命力，是将非遗保护与国家战略、新型消费模式相结合的积极有益实践。年轻人是这次"非遗购物节"的主力，他们在购买、使用非遗产品的过程中加深了对中华优秀传统文化的了解，成为非遗保护的积极参与者。②

3. 开展非遗展销与旅游

除了建立非遗扶贫就业工坊、举办非遗购物节，举办非遗博览会与展销会、实施非遗企业化运营、开发非遗旅游也是积极的非遗扶贫实践。多种多样的非遗扶贫实践，为非遗保护融入国家战略提供了经验，加强了非遗项目传承的生命力。

举办非遗博览会与展销会是探索非遗扶贫的有益尝试。山东济南举办了第六届非物质文化遗产博览会，其主题为"全面小康，非遗同行"，用非遗助力精准扶贫。2020年12月，在北京举办了广西非遗助力脱贫攻坚和乡村振兴展示展销活动。济南百花洲传统工艺工作站连续两年开展非遗扶贫就业工坊产品集中展示展销活动，与定西小龙女、湖南七绣坊等近20家非遗扶贫就业工坊形成常态化合作，销售非遗扶贫产品500多种。

将非遗扶贫与企业发展相结合，也是非遗扶贫实践的一种方式，如湖南湘西采取"非遗+产业""非遗+文创""非遗+旅游""非遗+市场"的

① 《专访湖南：探索"非遗+扶贫"新模式》，中国非物质文化遗产网·中国非物质文化遗产数字博物馆，2020年5月22日，http：//www.ihchina.cn/Article/Index/detail？id=20845。
② 周芳：《"非遗购物节"：为非遗保护和文化扶贫赋能》，中国非物质文化遗产网·中国非物质文化遗产数字博物，2020年6月13日，http：//www.ihchina.cn/Article/Index/detail？id=21106。

方式，将苗绣、挑花、土家织锦、踏虎凿花等非遗产品产业化，开拓国内外市场，并利用非遗资源发展旅游品牌；四川设立彝绣扶贫就业工坊，实现传承与就业双丰收；云南省的非遗传承人大多融入非遗产品的产业链中，利用"公司＋农户""公司＋合作社＋农户"等多种运营模式，扩大生产规模和销售范围，当地的制陶农户联合成立公司，以"公司＋农户"的形式改变了小作坊的生产模式，年产黑陶16万件，销售达300多万元。①

开发非遗旅游，以旅游经济促进扶贫工作。山东省沂源县利用非遗资源，如牛郎织女传说、传统木雕等，建立景区、民俗馆和博物馆，举办"中国（沂源）七夕情侣节"，通过"非遗文化＋旅游""非遗工艺＋扶贫""非遗技艺＋时尚"等模式，让乡村脱贫致富步入快车道。2020年，广东省、云南省分别推出3条和10条非遗主题旅游线路；江苏省推出首批非遗旅游体验基地；河北省发布了非遗旅游地图；10月18日，全国开展了非遗主题旅游线路评选。这些都促进了非遗主题旅游的发展。

（三）非遗扶贫成效显著

国务院扶贫办开发指导司副司长张洪波认为非遗扶贫就业工坊把文化资源转化为具有生命力的产业优势，实现了非遗保护传承和扶贫产业、传承人和贫困群众、扶贫和扶智的三个"双丰收"。数据显示，经过8年精准扶贫、5年脱贫攻坚，现行标准下的农村贫困人口从2012年底的9899万人减少到2019年底的551万人，连续7年每年减贫1000万人以上，贫困发生率由10.2%降至0.6%，贫困县从832个减少到52个，贫困村由12.8万个减少到2707个。②

文旅部非遗司2021年荣获全国脱贫攻坚先进集体，其先进经验，一是制定扶贫相关政策，推动非遗助力精准扶贫工作；二是支持各地建设非遗扶贫就业工坊，增强贫困地区可持续发展能力；三是培养优秀非遗扶贫带头

---

① 李悦春：《云南非遗助力脱贫攻坚》，中国非物质文化遗产网·中国非物质文化遗产数字博物馆，2020年7月6日，http：//www.ihchina.cn/Article/Index/detail？id＝21326。
② 刘晓山：《传承弘扬中华优秀文化 巩固拓展非遗扶贫成果》，《中国文化报》2020年11月13日。

人，激发贫困群众脱贫攻坚的内生动力；四是拓展非遗扶贫产品销售渠道，推动非遗扶贫产品销售；五是加强宣传推广，不断提升非遗助力精准扶贫的可见度和影响力。①

四　非遗传播方式日趋多元

从媒体关注度、百度搜索指数、百度资讯指数可以看出，2020 年非遗社会关注度持续增长；非遗检索用户主要分布在广东、江苏、北京、山东、浙江等经济文化较发达地区；非遗的线下传播主要集中在传统技艺、传统美术、传统戏剧和曲艺等门类；"非遗进校园"进入常态化发展；非遗线上传播快速发展。非遗传播方式日趋多元，效果良好，非遗可见度显著提升。

（一）非遗关注度持续增强

通过知网指数检索系统对"非物质文化遗产"进行检索，从图 2 可以看出非物质文化遗产在 2010 年保持较高媒体关注度，约 1000 个数值，2013 年下降至 500 个数值，2014～2019 年变化不大，2020 年又上升至约 750 个数值。

通过百度指数检索系统对"非物质文化遗产"进行检索，从图 3、图 4 可以看出，"非物质文化遗产"近 5 年的搜索情况一直处于较为稳定的波动状态。2020 年二、三月和八、九月是当年度低点，2011～2021 年的年平均值为 1133，2020 年的年度平均搜索值为 1169，高于近 10 年的平均搜索指数数值。其中 2020 年 12 月 14～20 日的检索量创近 10 年来新高，搜索指数为 1707。结合时事可知，这超高的检索量与非遗引发社会热点相关，即 12 月 17 日我国申报的"太极拳"项目和我国与马来西亚联合申报的"送王船"项目成功入选人类非物质文化遗产代表作名录。

---

① 《全国脱贫攻坚先进集体：弘扬脱贫攻坚精神，为全面建成小康社会贡献文旅力量》，《中国文化报》2021 年 2 月 26 日。

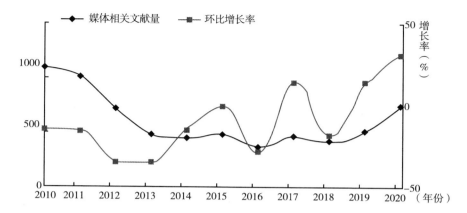

图2   2010~2020年主题为"非物质文化遗产"的媒体关注情况

说明：媒体关注度指篇名包含此关键词的报纸文献发文量趋势统计。

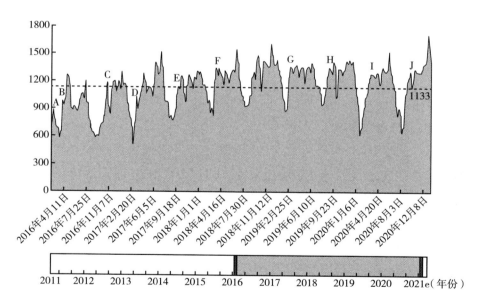

图3   2011~2021年主题为"非物质文化遗产"的百度搜索指数

说明：以网民在百度的搜索量为数据基础，以关键词为统计对象，科学分析并计算出各个关键词在百度网页搜索中搜索频次的加权。根据数据来源的不同，搜索指数分为PC搜索指数和移动搜索指数。

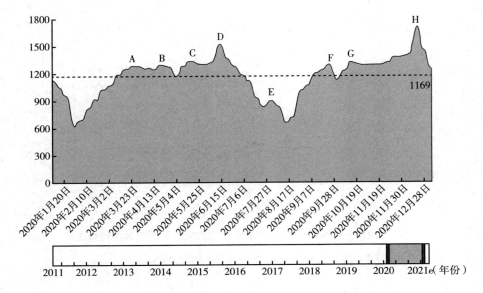

图4 2020年主题为"非物质文化遗产"百度搜索指数

说明：本检索为在百度指数搜索中输入关键词"非物质文化遗产"所得结果。时间范围是2020年1月1日至2021年1月1日。

从图5可以看出，近3年"非物质文化遗产"的平均检索数值为2479，用同样的方法进行检索可知，2020年"非物质文化遗产"的平均检索数值为3432。由此可知，2020年"非物质文化遗产"百度资讯指数明显高于前两年。将资讯数量与搜索指数综合来看，1月27日附近、3月30日附近、9月的超高资讯指数并没有配合超高的检索指数，只有12月的高数值资讯指数与同时期的高数值检索指数相吻合。

此外，2020年关注"非物质文化遗产"的用户主要分布在广东、江苏、北京、山东和浙江这些经济较发达、文化底蕴较为深厚的地区。

（二）非遗传播方式更加多元

按照传播方式划分，2020年非遗的传播方式主要分为线上传播和线下传播。线下传播是较为成熟的一种传播方式，主要有非遗作品展览、活动、曲艺表演和歌唱比赛等，这种传播方式种类繁多、操作流程成熟；

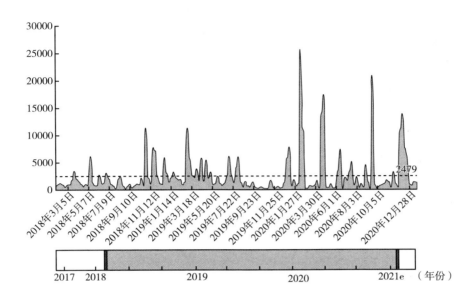

图5　近3年"非物质文化遗产"和"非遗"百度资讯指数

说明：以百度智能分发和推荐内容数据为基础，将网民的阅读、评论、转发、点赞、不喜欢等行为的数量加权求和得出资讯指数。

线上传播主要有网络公开课、线上直播等，2020年这类传播方式表现突出。

1. 非遗线下展演活动更加多样化

线下非遗展演主要有非遗成果展、工艺展、曲艺演出等。受疫情影响，2020年的线下展演均在6月之后举办，其中不仅有每年固定举办的展演，还有一些新展演与固定展演相结合的活动，更有2020年开始举办的展览活动。除了以"非遗"为主题的展览和演出外，还有以"非遗"为内容参加其他主题展览活动，"非遗"的参与，为这些展览活动增添了新的内容和亮点。

2. "非遗进校园"日趋常态化

2020年教育部在《对十三届全国人大三次会议第9852号建议的答复》中指出通过制度保障、认定和挂牌校园传承基地、培养非遗教师、构建多层

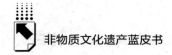

次非遗课程教育体系等措施，促使"非遗进校园"工作常态化。① 广东省积极开展 2020 年度"非遗进校园"十大精品案例和优秀案例遴选工作，申报案例涉及广彩、粤剧、剪纸、陶塑、舞蹈、咏春等多个国家级、省级非遗项目。本次活动为广东省非遗教育提供了积极经验。② 2020 年 9 月，河南省文旅厅通过"线上 + 线下"的方式开展年度"非遗进校园"巡展活动，让更多青少年了解非遗。③

3. 线上传播更加活跃

2020 年是非遗线上传播表现突出的一年，线上传播主要有网络公开课、线上培训以及线上活动、展览、演出等。

2020 年文旅部非遗司在疫情期间号召传承人和非遗工作者开展防疫作品创作、参与线上"非遗公开课"；微博"#非遗公开课#"相关视频播放量达 500 万人次，微博"#遇见非遗#"话题阅读量达 17.3 亿人次，38.9 万人次参与该话题讨论。④

文旅部主办的第三届"云游非遗·影像展"活动于 2020 年 6 月 8 ~ 14 日开展，较之前两届以线下举办为主的模式，这次展览全部采取线上推广的形式，有 8 家网络平台同期播出 1600 多部非遗传承人纪录影像，同时还推出"拥抱身边的非遗"系列专题片。⑤

据 2020 年抖音大数据显示，截至 2020 年 5 月 31 日，在抖音 App 中，国家级非遗项目视频数量超过 4800 万条，播放超过 2000 亿人次，平均每位

---

① 《对十三届全国人大三次会议第 9852 号建议的答复》，教育部政府网站，2020 年 9 月 7 日，http://www.moe.gov.cn/jyb_ xxgk/xxgk_ jyta/jyta_ jkw/202009/t20200921_ 489387.html。
② 杨逸：《广东省"非遗进校园"十大精品案例揭晓，非遗传承有新招》，南方网，2020 年 9 月 11 日，https://static.nfapp.southcn.com/content/202009/11/c4023212.html。
③ 《"弘扬优秀传统文化·2020 年河南省非遗进校园巡展"活动举办》，中国非物质文化遗产网·中国非物质文化遗产数字博物馆，2020 年 9 月 14 日，http://www.ihchina.cn/project_ details/21459。
④ 《非物质文化遗产司指导线上"非遗公开课"阅读量达 17.3 亿》，文化和旅游部网站，2020 年 3 月 20 日，https://www.mct.gov.cn/whzx/bnsj/fwzwhycs/202007/t20200715_ 873521.htm。
⑤ 程丽仙：《那 7 天，我们一起追过非遗影像》，中国非物质文化遗产网·中国非物质文化遗产数字博物馆，2020 年 6 月 17 日，http://www.ihchina.cn/Article/Index/detail?id=21177。
王彬：《云游非遗·影像展：换种"打开方式"拥抱非遗》，《中国文化极》2020 年 6 月 18 日。

用户看过 500 条视频，获得点赞超过 64.8 亿人次，国家级非遗项目涵盖率达 96%。其中最受欢迎的是相声、京剧、黄梅戏、咏春；全民参与最多的非遗话题是"#原创国风计划"、"#非遗合伙人"、"#谁说京剧不抖音"；通过抖音 App 直播实现较高收入的传承人有乔家手工皮艺传承人乔雪、油纸伞大师闻士善、铁画大师储铁艺。①

五　非遗学术研究热点叠出

（一）非遗学术研究稳步发展

由图 6、图 7 可知，非物质文化遗产的中文相关文献发文量从 2013 年开始持续增长，至 2018 年达到最高，2019 年和 2020 年稍有下降。外文文献发文量 2013 年起缓慢增长，2014 年后趋于稳定。非物质文化遗产的文献被引用量从 2010 年起稳步增长，在 2019 年达到最高后开始轻微下降。

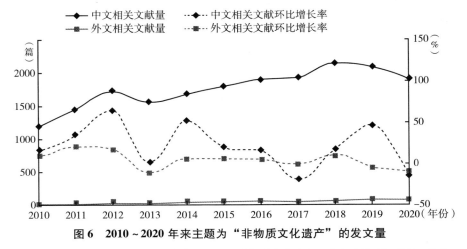

图 6　2010～2020 年来主题为"非物质文化遗产"的发文量

说明：在知网的指数类别下，检索框输入"非物质文化遗产"或含"非遗"所得。学术关注度指篇名包含此关键词的文献发文量趋势统计。

---

① 《抖音非遗大数据：年轻人为非遗点赞 64.8 亿次》，中国非物质文化遗产网·中国非物质文化遗产数字博物，2020 年 6 月 12 日，http://www.ihchina.cn/news_ 1_ details/21074.html。

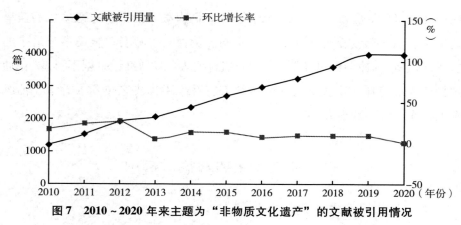

图7 2010~2020年来主题为"非物质文化遗产"的文献被引用情况

说明：在知网的指数类别下，检索框输入"非物质文化遗产"或含"非遗"所得。

通过知网进行检索，2009~2020年主题为"非物质文化遗产"或含"非遗"的历年论文发表数量，2015年，3782篇；2016年，4218篇；2017年，4772篇；2018年，5349篇；2019年，6616篇；2020年，6440篇；知网预测2021年，7366篇。从图8可以明显看出，以"非物质文化遗产"或含"非遗"为主题的相关论文2020年比2019年有所下降。虽然知网预测2021年会有增长，但明显可见，"非物质文化遗产"或含"非遗"为主题的发文数量增长趋势逐步放缓，非遗研究进入了平稳过渡期。

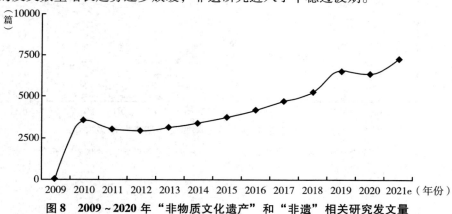

图8 2009~2020年"非物质文化遗产"和"非遗"相关研究发文量

说明：资料来源：知网，搜索条件：主题为"非物质文化遗产"或含"非遗"；时间范围："2010-01-01"至"2021-01-01"。

通过维普期刊网站的检索"非物质文化遗产"或含"非遗"并进行可视化分析，与此主题相关的发表于核心期刊的论文，自 2013 年起逐年下降（见图 9）。从核心期刊文章被引用的次数看，2012～2014 年发表文章被引用次数较高，均在 3000 次之上；2015～2019 年文章被引用的次数呈递降趋势，由 2864 次降到 1168 次。全部期刊统计方面，2012～2017 年发表文章被引用次数明显高于 2018～2020 年的被引用次数（见图 10），由此推测，发文时间越久，引用量越高，早期的学术成果较近期的学术成果更容易被转引，新的学术成果需要 3 年才能达到与早期学术成果接近的引用量。

**图 9　2012～2020 年主题为"非物质文化遗产"相关研究的
发文量及被引变化（核心期刊）**

说明：图中 2021 年数据为截至 2021 年 3 月的发文量，非全年发文量，不具备参考性。检索条件：（任意字段 = 非物质文化遗产 OR 任意字段 = 非遗）AND（期刊范围：核心期刊 OR EI 来源期刊 OR SCI 来源期刊 OR CAS 来源期刊 OR CSCD 来源期刊 OR CSSCI 来源期刊），检索结果：12018 条。

（二）非遗学术研究热点叠出

通过知网检索系统的可视化分析工具，以"非物质文化遗产"或含"非遗"为主题进行检索，与非遗研究关系最紧密的前五个领域是文化，美术、书法、雕塑与摄影，轻工业手工业，音乐舞蹈，戏剧电影与电视艺术（见图 11）。

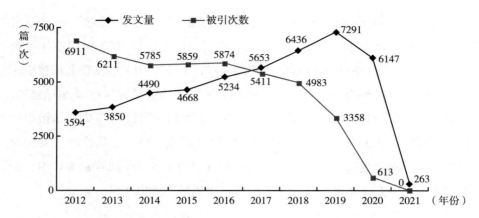

图 10　2010～2020 年主题为"非物质文化遗产"相关研究的
发文量及被引变化（全部期刊）

资料来源：图中 2021 年数据为截至 2021 年 3 月的发文量，非全年发文量，不具备参考性。
检索条件：（任意字段＝非物质文化遗产 OR 任意字段＝非遗），检索结果：60384 条。

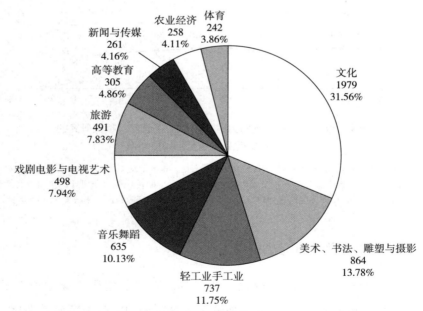

图 11　2020 年发表论文主题为"非物质文化遗产"的相关学科

说明：资料来源：知网，搜索条件：主题为"非物质文化遗产"或含"非遗"；时间范围："2010 - 01 - 01"至"2021 - 01 - 01"。

　　2017 年以前论文主要主题为"生产性保护"的发文量明显高于"数字化保护"，2017 年以后，"数字化保护"的发文量高于"生产性保护"。通过了解具体非遗保护实践经历可知，以"生产性保护"为主要主题相关的论文随着切实地生产性保护实践开展而进行研究，在经历 2013 ~ 2018 年的相对稳定期后，研究成果数量开始下降。相反，"数字化保护"在经历 2016 ~ 2018 年的波动后，进入新的稳定增加趋势中。这说明在 2012 年文化部"数字化保护工程建设"等相关政策引导下，以"数字化保护"为主要主题的发文量逐渐增加，成为新的研究热点（见图 12）。

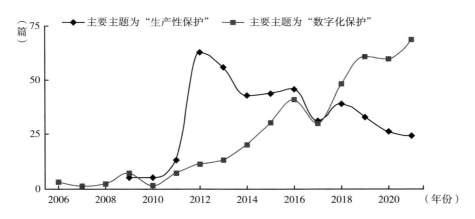

**图 12　2006 ~ 2020 年非遗论文中研究主题为"生产性保护"与
"数字化保护"的数量对比**

　　说明：资料来源：知网，搜索条件：主题为"非物质文化遗产"或含"非遗"；时间范围："2010 - 01 - 01"至"2021 - 01 - 01"。

　　非遗研究论文中，以"法律保护"为主要主题的发文数量，在 2013 年时达到最高，2016 年之后呈缓慢下降趋势，2020 年的发文量已下降到约 5 篇。以"策略研究"为主要主题的发文数量，在 2014 年以前一直呈缓慢增长趋势，在经历 2 年的稳定期后，自 2016 年开始大幅增长，研究数量大幅超过以"法律保护"为主要主题的发文数量，2020 年的发文量约为 65 篇（见图 13）。

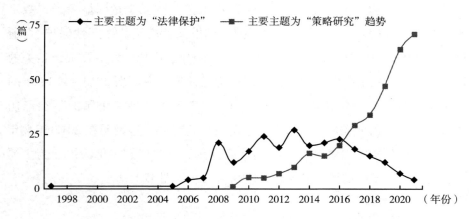

图13　2006～2020年非遗论文中研究主题为"法律保护"
与"策略研究"的数量对比

说明：资料来源：知网，搜索条件：主题为"非物质文化遗产"或含"非遗"；时间范围：
"2010 – 01 – 01"至"2021 – 01 – 01"。

（三）非遗学术研究领域扩大，层次显著提升

2020年以"非物质文化遗产"为主题的课题立项科研基金机构，其立项数量排名前五位的是：国家社会科学基金、教育部人文社会科学研究项目、江苏省教育厅高等学校哲学社会科学基金项目、全国艺术科学规划课题、国家级大学生创新创业训练计划（见图14）；其研究领域主要是：基础研究（社科）2118篇，行业指导（社科）793篇，大众文化758篇；文艺作品573篇，政策研究（社科）408篇（见图15）。非遗学术研究基金支持机构级别不断提高，支持力度不断加强，学术研究更加趋向基础研究，研究水平明显提升。

六　非遗保护交流务实有效

受疫情影响，2020年相关非遗保护交流活动主要集中在年初和年末举办，学术会议主要集中在下半年召开。

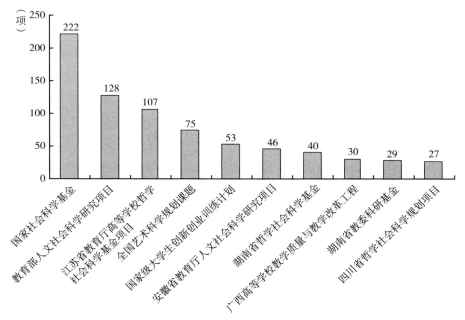

图14 2020年设立以"非物质文化遗产"为主题课题立项科研基金机构

说明：资料来源：知网，搜索条件：主题为"非物质文化遗产"或含"非遗"；时间范围："2010-01-01"至"2021-01-01"。

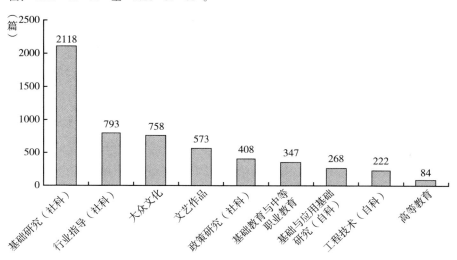

图15 2020年以"非物质文化遗产"为主题的论文研究

说明：资料来源：知网，搜索条件：主题为"非物质文化遗产"或含"非遗"；时间范围："2010-01-01"至"2021-01-01"。

（一）非遗工作交流注重落实

2020 年 1 月 7 日，全国文化和旅游厅局长会议在北京召开，会议指出 2019 年非物质文化遗产保护传承实现了预期目标。会后，要着力推动非遗保护传承，强管理、促发展，着力推动文化和旅游产业强主体、提质量，着力推动市场培育监管两手抓、两加强，着力推动对外和对港澳台交流拓深度、出实效，着力推动文化和旅游真融合、深融合。同时，做好"十四五"时期文化和旅游规划编制，精心设计一批重大工程、重大项目、重大政策和重大举措。贯彻落实中央关于打赢脱贫攻坚战的决策部署，做好文化和旅游扶贫工作。[①]

2020 年 9 月 22 日，习近平总书记主持召开教育文化卫生体育领域专家代表座谈会，天津大学冯骥才文学艺术研究院院长冯骥才提出，现在需要建立国家非遗保护的科学体系。一是从文化遗产本身出发，制定一套科学的保护机制和体系，给每一项列入国家保护范围的项目制作一份"遗产清单"，需要设立切实有效的监督机制。二是培养专业人才。非遗体量太大，缺乏专业的人才，在大学学科中，文化遗产学、民艺学都缺乏专业的学科。我国非物质文化遗产保护已从"抢救性保护"阶段过渡到"科学保护"阶段，应该从建立国家非遗档案、规范管理到学科设置与人才培养三个方面建立一个科学的体系，建议国家在"十四五"文化事业的顶层设计中予以考虑。[②] 2021 年 3 月，非物质文化遗产保护被教育部列入高校新增本科专业，说明会议精神得到初步落实，非遗保护逐步进入"科学保护"阶段。

2020 年 11 月 26 日，中国非遗保护中心在京组织召开"非物质文化遗产数字化保护系列推荐性行业标准论证会"。自 2011 年起开始陆续制

---

① 《全国文化和旅游厅局长会议在京召开——推动文化和旅游改革发展再上新台阶》，文化和旅游部网站，2020 年 1 月 4 日，https://mct.gov.cn/whzx/whyw/202001/t20200104_850088.htm。

② 《习近平主持召开教育文化卫生体育领域专家代表座谈会》，中国非物质文化遗产网·中国非物质文化遗产数字博物馆，2020 年 9 月 23 日，http://www.ihchina.cn/Article/Index/detail?id=21474。

定标准，2018 年以来，标准起草组织对已形成《数字资源采集方案编制规范》《数字资源采集实施规范》《数字资源著录规则》三个系列标准成果开展修订工作。此次论证会在前期的工作基础上，对标准集中修订。下一步，标准起草组将根据会议意见完善标准，上报主管部门，争取早日实施。①

11 月 27 日，全国政协在北京召开"推动中国优秀传统文化进课本、进课堂、进校园"网络议政远程协商会。非遗作为中国优秀传统文化的一部分，也将更积极地参与到校园文化建设中。

（二）非遗学术交流聚焦热点问题

受疫情影响，2020 年的学术交流活动集中下半年，从会议的名称可以看出，会议有整体非遗保护方式的会议，如数字化传播与整体性保护的会议；也有十大门类相关的会议，如曲艺传承发展会议与中医药会议；也有具体非遗项目的会议，如二十四节气保护会议，木板年画学术研讨会（见表4）。

表4　2020 年在国内举办的非遗学术会议一览表

日期	会议名称	地点
9 月 20～22 日	第四届中国纺织非遗大会	辽宁沈阳
10 月 11 日	全国非遗曲艺周"曲艺传承发展论坛"	浙江宁波
10 月 23 日	"非遗助力精准扶贫和乡村振兴"论坛	山东济南
10 月 28～29 日	二十四节气保护工作研讨会	安徽淮南
11 月 1 日	第五届世界妈祖文化论坛	福建莆田
11 月 3 日	非遗数字化传播论坛	北京
11 月 14 日	文化遗产期刊联盟会议及"新时代非遗保护与学科发展论坛"	广东广州
11 月 15 日	黄河源非遗保护与中华民族共同体意识论坛	四川理县

---

① 《非物质文化遗产数字化保护系列推荐性行业标准论证会在京召开》，中国非物质文化遗产网·中国非物质文化遗产数字博物馆，2020 年 11 月 27 日，http：//www.ihchina.cn/Article/Index/detail？id＝21957。

日期	会议名称	地点
12月5日	"激活·衍生"——木版年画学术研讨会	四川成都
12月5~6日	非物质文化遗产教育与学科建设论坛	北京
12月7~8日	非物质文化遗产整体性保护论坛	广西桂林
12月16日	年画的文化内涵与当代价值论坛	山东潍坊
12月21日	中医药非物质文化遗产论坛	福建厦门

资料来源：此表统计主要来源于中国非物质文化遗产网和各大新闻网站。

从会议类别可知，目前我国非遗学术交流既重视宏观层面，关注非遗保护整体策略问题；又重视微观层面，对非遗保护具体项目进行讨论。总体来看，非遗学术交流注重非遗保护与实施国家战略、开展学科建设、铸牢中华民族共同体意识相结合，体现了非遗学术交流对前沿问题的关注。

七　非遗保护呈现三大趋势

（一）非遗保护与国家战略将深度融合

2020年非遗保护和发展并没有因为疫情的影响而停滞。疫情期间，非遗传承人、非遗保护工作人员等以非遗内容为素材进行创作，鼓舞群众积极防疫抗疫、复工复产；在扶贫的关键一年，充分利用国家扶贫政策，积极开展非遗扶贫就业工坊，取得了扶贫、扶智双丰收；开展非遗购物节，积极促进经济复苏。在国家推动数字化发展的政策下，非遗的线上传播开拓了许多新领域，如非遗购物节、非遗云展览、非遗云演出等，这些都扩大了非遗的传播范围，提高了非遗的传播力度。2020年底，文旅部、粤港澳大湾区建设领导小组办公室、广东省人民政府联合印发了《粤港澳大湾区文化和旅游发展规划》，其中明确提到要开展"非遗在社区"工作，这体现了非遗在我国文化发展政策中占有越来越重要的地位。

非遗可以与国家乡村振兴相结合，如"社区驱动的非遗开发与乡村振兴"模式，能够发挥乡村社区的主体性、能动性，利用非遗进行产业开发以带动经济增长，实现乡村振兴和可持续性发展。① "传统工艺"振兴虽已取得积极成效，但仍存在传统工艺与日常生活过于疏离、工艺品的批量化同质化生产加剧、手艺人身份转变带来经营和传承的困惑、知识产权保护意识欠缺影响传承人的积极性等困境。这些问题，需要我们通过"非遗+互联网"、非遗扶贫就业工坊、非遗高校职业教育和非学历教育等方式进行探索和解决。②

（二）非遗保护将加快推进学科发展，赋能中国特色非遗理论建设

自我国加入《保护非物质文化遗产公约》以来，我国的非遗保护工作主要是在国家政策指导和支持下开展，从早期的"抢救性保护""生产性保护"到现今的"数字化保护""整体性保护"。同时，由于非遗自身的多元性、差异性，及其不同于文物的活态性，使得非遗保护工作需要更多专业理论知识。

为了保证未来非遗保护工作的科学性发展和非遗保护政策的科学制定，亟须加强非遗保护学科建设的理论研究，如对国际联合申遗进行研究，有学者认为联合国教科文组织现有非遗保护条款约束力不足，不少缔约国对《保护非物质文化遗产公约》理解不到位，基于经济和外交的考虑，一些缔约国将申遗工具化。③ 又如对非遗保护中"活态传承"进行研究，有学者认为掌握特定知识和技艺的传承人是活态保护的核心。"活态保护"应当肯定传承人基于"身体"而形成的知识、经验、技艺、信俗，在情境化的言传身教中完善传承机制，并在身体实践过程中增强遗产生命力。④ 有关非遗的知识产权难题和数字化保护的利弊，有学者研究认为数字化这一新型保护形

---

① 杨利慧：《社区驱动的非遗开发与乡村振兴：一个北京近郊城市化乡村的发展之路》，《民俗研究》2020 年第 1 期，第 5 页。
② 马知遥、刘垚瑶：《乡村振兴与传统工艺类非遗保护和发展路径研究》，《文化遗产》2020 年第 2 期，第 19 页。
③ 马千里、顾媛：《非遗保护国际合作中的联合申遗研究》，《文化遗产》2020 年第 4 期，第 49 页。
④ 孙发成：《非遗"活态保护"理念的产生与发展》，《文化遗产》2020 年第 3 期，第 35 页。

式的运用，会使非物质文化遗产面临进一步被侵犯或盗用的可能，因此有必要在大数据背景下重新思考非遗知识产权保护在理论和实践中的障碍及其对策。① 有关非遗自身理论建设方面，"非遗"在《保护非物质文化遗产公约》中作为工作概念被简单界定，在后续的学术研究和保护实践中被阐发出诸多属性，但这些概括一般都是罗列的、缺乏理论性的整合，因此，我们在筛选非遗概念的属性的基础上，以"非物质性"为核心对它们的内在关系进行逻辑建构，以完成非遗概念的初步的理论整合。②

2020 年 9 月 22 日的教育文化卫生体育领域专家代表座谈会中，冯骥才先生提出，应该从建立国家非遗档案、规范管理、学科设置与人才培养等方面构建科学体系。11 月 14 日，在"新时代非遗保护与学科发展论坛"上，与会人员认为新时代非遗保护研究的新路向之一就是深化非遗基础理论研究，促进非遗学科发展。因此，加快建设非遗学科的基础理论、探索学科规律和研究方法是现阶段非遗保护工作亟须完成的任务。

（三）非遗保护将持续推动非遗融入当代生活，构建共建共享的非遗生态链

国家推行的非遗保护行动，已经基本结束"抢救性保护"工作，现阶段的任务是开展非遗"科学保护"。非遗保护方式不仅要在源头上保护各个非遗项目的具体内容、保护非遗传承人传承和创新的能力，更要培育和发展非遗项目的使用者、享用者，这样才能促使非遗传承走向可持续发展，实现自力更生。

非遗的传播是非遗生态链中的重要一环。在疫情影响下，非遗的线上传播取得了突出成绩。线上的展演、直播等使传统戏剧、曲艺两个非遗门类在线上完成了从创造到享用的全过程；非遗购物节、非遗展览会等通过以商品

---

① 孙雯、葛慧茹：《数字化时代非物质文化遗产知识产权保护的再思考》，《艺术百家》2020年第 5 期，第 194 页。

② 韩成艳：《"非物质文化遗产"概念的理论建设尝试》，《广西民族大学学报》（哲学社会科学版）2020 年第 2 期，第 53 页。

为中介的形式完成非遗从创造到享用的过程。然而，这种非遗的传播生态大多是猎奇式的，着重突出非遗的享受、趣味等特点，很少能够展示非遗创造的具体过程，以及非遗与传承者、使用者及生活的关联，这种大量的表层传播只会加深民众对非遗的刻板印象①，长此以往，将导致非遗自身的文化多样性和文化创造力丧失。

---

① 匡卉、郑欣：《乡村文化建设中的非遗战略及其传播现象》，《中国农村观察》2021 年第 1 期，第 47 页。

分 题 报 告
Special Reports

B.2
民间文学类非遗保护发展报告

撰写：杨　镕　审稿：王霄冰*

摘　要：　2020年是非遗保护历史上十分特殊的一年，面对突如其来的
新冠肺炎疫情，人们的生活发生了巨大变化，这一年民间文
学类非遗的保护与发展没有停歇，并呈现出新的特点。民间
文学类非遗在名录建设、抢救性记录、数字化建档、"中国
民间文学大系工程"等方面取得了进一步的成效。2020年数
字化技术更加广泛深入地运用到非遗保护工作之中，"云赏
非遗"成为人们参与非遗保护和传承的重要途径。民间文学
类非遗保护和传承仍然面临严峻挑战，民间文学类非遗产品
难以直接以工艺品的形式进入市场，其传统的传承方式在当
今社会面临巨大挑战，因此，将民间文学文化资源进行转化
是新时期进行民间文学类非遗保护和传承的重要途径。这不

* 杨镕，中山大学中文系民俗学 2020 级硕士研究生；王霄冰，中山大学非物质文化遗产研究中心、中文系教授。

仅需要民俗学或民间文学专业人士的参与，更需要其他专业人士的协同合作，为民众创造出真正的好作品，让民间文学在当今社会发挥应有的价值。

关键词： 民间文学　非遗　文化资源转化

2020 年是我国"十三五"规划的收官之年，也是非物质文化遗产（以下简称"非遗"）保护继续推进和深入发展的一年。本报告从民间文学类非遗保护的基本情况、出现的主要问题及原因、关于民间文学保护创新的思考三方面，对 2020 年度民间文学类非遗的保护与发展情况进行论述，以此把握其发展趋势与动向。

一　民间文学类非遗保护的基本情况

1. 名录建设

2020 年文化和旅游部（以下简称"文旅部"）公示了第五批国家级非物质文化遗产代表性项目名录推荐项目名单，其中新增项目 198 项，民间文学类入选 12 项（见表 1）；扩展项目 139 项，民间文学类入选 9 项（见表2）。截至 2020 年末，国务院公布了 1372 个国家级非物质文化遗产项目，包括 3145 个子项。其中民间文学类非遗项目共有 175 项（新增项目 155 项，扩展项目 20 项），占项目总数的 13%。截至 2020 年末，共认定了 3068 名国家级非物质文化遗产代表性传承人，其中民间文学类有 123 人，占总数的4%。在省级方面，2020 年有 3 个省（区、市）公布了新一批次非物质文化遗产代表性项目名录，民间文学类共有 12 项入选新批次的省级非物质文化遗产代表性项目名录，其中，广西 8 项、湖北 4 项（见表 3）；有 3 个省（区、市）公布了新一批次非物质文化遗产代表性传承人名录，其中上海 8人、广东 3 人、海南 4 人（见表 4）。

表1 第五批《国家级非物质文化遗产代表性项目名录》推荐项目名单中的
民间文学类新增项目

序号	项目名称	申报地区或单位
1	八大处传说	北京市石景山区
2	玄奘传说	河南省洛阳市偃师市
3	女娲传说	湖北省十堰市竹山县
4	老司城传说	湖南省湘西土家族苗族自治州永顺县
5	珠玑巷人南迁传说	广东省韶关市南雄市
6	张骞传说	陕西省汉中市城固县
7	藏族民间传说(年保玉则传说)	青海省果洛藏族自治州久治县
8	鄂温克族民间故事	内蒙古自治区呼伦贝尔市鄂温克族自治旗
9	包公故事	安徽省合肥市
10	仫佬族古歌	广西壮族自治区河池市罗城仫佬族自治县
11	巴狄雄萨滚	贵州省铜仁市松桃苗族自治县
12	都玛简收	云南省红河哈尼族彝族自治州绿春县

资料来源：文化和旅游部网站，http：//zwgk. mct. gov. cn/zfxxgkml/wysy/202012/t20201221_
920077. html。

表2 第五批国家级非物质文化遗产代表性项目名录推荐项目名单中的
民间文学类扩展项目

序号	项目名称	申报地区或单位
1	苗族古歌(簪汪传)	贵州省贵阳市清镇市
2	满族说部(孙吴县满语故事)	黑龙江省黑河市孙吴县
3	宝卷(岷县宝卷)	甘肃省定西市岷县
4	江格尔	内蒙古自治区
5	童谣(纳西族童谣)	云南省丽江市古城区
6	禹的传说(武汉大禹治水传说)	湖北省武汉市汉阳区
7	禅宗祖师传说(六祖传说)	广东省云浮市新兴县
8	祝赞词(肃北蒙古族祝赞词)	甘肃省酒泉市肃北蒙古族自治县
9	谚语(哈萨克族谚语)	新疆维吾尔自治区伊犁哈萨克自治州特克斯县

资料来源：文化和旅游部网站，http：//zwgk. mct. gov. cn/zfxxgkml/wysy/202012/t20201221_
920077. html。

民间文学类新增项目 12 项中有 6 项来自少数民族地区，反映出非遗对我国文化多样性的保护作用；同时 12 项中传说亚类数量最多，达到 7 项，显示出近年来各地对传说类民间文学价值的认识不断深入，各地对传说类民间文学的保护意识不断增强。9 项扩展项目亚类多样，不仅收录了传说、故事、史诗、歌谣等传统亚类，还收录了带有地方特色的祝赞词和民族特色的谚语，进一步体现了非遗保护文化多样性的初衷。

表3 2020 年省（区、市）级非物质文化遗产代表性项目名录中民间文学类新增项目（不含扩展项目）

单位：项

省级行政区域	项目名称	申报地区	总计
广西壮族自治区	民间文学横县壮族民间故事"灵竹一枝花	横县	8
	马山瑶族酒壶歌	马山县	
	三江侗族双歌	三江侗族自治县	
	红军长征过桂北革命歌谣与故事	桂林市	
	荔浦风物传说	荔浦市	
	冯敏昌传说	钦州市	
	乐业汉族山歌	乐业县	
	东兰壮族顺口溜"谈崖"	东兰县	
湖北省	孔子问津传说	武汉市新洲区	4
	武汉童谣	武汉市武昌区	
	老莱子传说	荆门市	
	钟惺、谭元春传说	天门市	

资料来源：中国非物质文化遗产网站和部分省（区、市）政府门户网站。

2020 年只有两个省区公布的新一批次的非物质文化遗产代表性项目名录中有民间文学类新增项目。湖北公布的第六批省级非物质文化遗产代表性项目名录新增项目共 22 项，其中民间文学类 4 项①，广西公布的

---

① 2020 年湖北省公布的非遗扩展项目为 17 项，其中民间文学类为 1 项，《湖北省人民政府公布第六批省级非物质文化遗产代表性项目名录》，http：//www.ihchina.cn/news2_ details/20648.html。

第八批省级非物质文化遗产代表性项目名录中新增项目共 152 项，其中民间文学类 8 项。除了以上两省区之外，辽宁公布的第六批省级非物质文化遗产代表性项目名录新增项目，共 46 项，其中民间文学类为 0 项。广西公布的省级非物质文化遗产代表性项目名录新增项目中民间文学类数量最多，这与广西是多民族聚居区，具有文化多样性，传说、歌谣等文学遗产丰富有关，同时也与近年来广西加大民间文学保护力度，坚持系统的非遗保护工作紧密相关。

表 4　2020 年省（区、市）级非物质文化遗产代表性传承人民间文学类新增人员名单

省级行政区域	项目名称	姓名	性别	出生年月
上海市	浦东地区哭嫁哭丧歌	唐秀华	女	1952.8
	崇明山歌	张顺法	男	1952.7
	小刀会传说	钱昌萍	女	1939.7
	淀山湖传说	李溪溪	男	1951.6
	曹路民间故事	曹刚强	男	1951.3
		吴阿多	女	1940.11
	吴歌	吴阿妹	女	1946.10
		王叶忠	男	1952.9
广东省	陈璘传说	麦柏森	男	不详
	潮州歌谣	林朝虹	女	不详
	谜语（揭西方言灯谜）	黄哲生	男	不详
海南省	黎族民间故事	李儒泉	男	不详
	琼侨歌谣	朱运行	男	不详
	崖州民歌	麦宜斌	男	不详
	黎族民歌	王梅燕	女	不详

数据来源：中国非物质文化遗产网站和部分省（区、市）政府门户网站。

2020 年有 3 个省（区、市）公布了新一批的非物质文化遗产代表性传承人民间文学类新增人员名单，其中广东省公布的第六批省级非物质文化遗产代表性传承人共 108 人，其中民间文学类 3 人；海南省公布的第四批省级非物质文化遗产代表性传承人 38 人，其中民间文学类 4 人；上海市公布的第六批非物质文化遗产代表性传承人共 147 人，其中民间文学类 8 人。

2. 抢救性记录和代表性传承人记录

2020 年代表性传承人记录工作继续开展，四川、湖北、贵州、湖南、江苏、河北等省（区、市）持续推进国家级非物质文化遗产代表性传承人记录工作。四川召开抢救性记录成果验收会议，验收 2017 年和 2018 年度四川省省级非物质文化遗产代表性传承人抢救性记录成果。湖南省非物质文化遗产保护中心组织召开了 2019 年度湖南省国家级非物质文化遗产代表性传承人记录成果自评估工作会议①；福建省艺术馆召开了 2020 ~ 2021 年国家级非物质文化遗产代表性传承人记录工作拍摄方案论证会②；河北省非物质文化遗产保护中心组织召开 2018 年度国家级非物质文化遗产代表性传承人记录工作自评估会议③等。通过对每位传承人的口述史、项目实践片、传承教学片、综述片、收集的文献等记录工作成果的审阅，运用数字化多媒体手段，全面、真实、系统地记录代表性传承人掌握的丰富非遗知识和精湛技艺，为传承、研究、宣传、利用非遗留下宝贵资料。

3. 数字化建档及应用

对民间文学类非遗项目及其代表性传承人进行数字化建档已经成为非遗保护的重要措施之一。数字化建档有利于民间文学类非遗项目的保护、研究和应用，同时能够最大限度保证在真实性条件下对民间文学类非遗项目进行抢救性记录。2020 年，民间文学类非遗项目数字化建档工作继续推进，主要表现在"云赏非遗"、非遗数字馆小程序、地方非遗数字化的完善、非遗数字化行业标准的进一步推进等方面。

---

① 杜丽丽：《〈湖南省国家级非遗代表性传承人口述史〉2020 年第一次专家评审会议在长沙召开》，中国非物质文化遗产网，2020 年 4 月 18 日，http：//www. ihchina. cn/news2_ details/20769. html。

② 孙秋玲：《福建省艺术馆召开 2020 - 2021 年国家级非遗代表性传承人记录工作拍摄方案论证会》，中国非物质文化遗产网，2020 年 12 月 14 日，http：//www. ihchina. cn/news2_ details/22018. html。

③ 贾立星：《2018 年度河北省国家级非遗代表性传承人记录工作自评估会议召开》，中国非物质文化遗产网，2020 年 12 月 17 日，http：//www. ihchina. cn/news2_ details/22045. html。

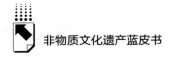

陕西、湖北等省（区、市）的非遗网站设置了相应的网上展厅，突破了地理空间限制，让普通大众能够"云赏非遗"。陕西省非遗网站专门建立了"全景非遗馆"，720°全景参观，分类展示中既包含十大门类中的传统音乐，传统戏剧，曲艺，民间文学，传统美术，传统体育、游艺与杂技，传统舞蹈，传统技艺，传统医药，还结合当地文化特色展览了刺绣、石雕雕刻技艺、泥塑、窑洞、脸谱、木版年画等，做到了全国大门类和地方小特色的结合。全景非遗馆中伴有舒缓的音乐和专业解说，解说大门类时会先进行概念介绍然后结合当地具体项目举例，比如民间文学解说中以黄帝传说、炎帝传说、后稷等传说为例，刺绣则会表明在当地的起源和功能等，富有地方特色，在整个参观过程中 VR 体验十分真实，体验感强也能真正了解当地非遗知识。

2020 年，河南非物质文化遗产保护中心非遗数字化保护中也进行了创新，发布了"老家河南黄河之礼"非遗数字馆官方微信小程序。小程序中首先上线了开封、禹州、孟津、新郑、巩义、汝州、宝丰、渑池、温县等黄河流域河南 1 市 8 县的非遗资源，其他地区非遗资源与文创产品也将陆续上线。小程序分别设置了"探索""传习""资讯""礼物"等线上趣味互动体验板块。用户可在线查看"全景博物馆"，可近距离观赏河南黄河流域 1 市 8 县的博物馆。其中民间文学类非遗项目"黄帝传说"所属博物馆与其他博物馆不同，不是在封闭的室内空间，而是以"新郑黄帝故里"为依托的露天博物馆，通过轩辕庙、桥、碑刻等具体实物的呈现展示当地的黄帝传说，是结合民间文学类非遗项目自身特点做出的有益尝试。

4. 学术活动及研究

2020 年，民间文学类非遗相关话题在学界得到了进一步的探讨，学术成果主要围绕民间文学类非遗保护的理论探讨和个案研究展开。如林继富的《民间文学类非物质文化遗产活化传承的基本遵循》一文，首先分析了民间文学在中华文化中的重要意义，叙述了我国开展的一系列文化保护活动，接着指出了当下民间文学类非遗传承面临的挑战，认为"实现民间文学类非物质文化遗产体现民众生活需要，创造和传承具有历史感、地方感和现实感的民间文学生活实践是活化民间文学类非物质文化遗产传承的根本目标"，在此基础上，得出了"以人为中心""以口头语言为中心""以生活为中心"三项实现民间文学类非遗活化传承的实践路径。①

王琨的《在规范与认同之间：关于民间文学类非遗保护标准的探讨》一文，讨论了在学者、民众和非遗保护三种视野中对应的"民间文学"概念，指出民间文学类非遗的保护标准应从民间文学的根本属性出发，其中地方认同感是关键，体裁是细化甄别的有力工具，而对地方传承人的保护应具有在地性和多样化特征。最后作者指出民间文学类非遗保护标准的制定应遵循民间文学可持续发展原则。民间文学因其自身的精神性特征，其标准一直难以建立，作者尝试性地提出了"尊重叙事传统，建立伦理性标准"，"尊重民族传统，建立情感性标准"，"继续推进科学建档与数字化保护"三项标准。②

个案研究主要围绕民间传说、民间故事等方面，着重探讨了利用民间文学资源进行影像转化、在新媒体时代非遗文化传播与再生产问题。

于丽金的《传承与重构：民间文学与中国电影——以江苏省国家级"非遗"民间文学项目为例》一文，首先介绍了江苏首批入选的民间文学类非遗项目"白蛇传传说""梁祝传说""董永传说"等相关情况，指出在新的时代语境下，银幕演绎、影像呈现是民间文学新的传承和传播方式，作者认为民间文学影像化过程是一个文本转化、别样重构的过程，常通过"叙事主题的诠释"、"人物形象的重塑"、"故事情节的创新"、"视听表现的转换"等方式使民间文学类非遗在当下展现新的生命力。③

孙英芳的《新媒体生态下的非物质文化遗产传播与文化再生产》一文，分析了在科学技术发展、信息传播方式迅速变革，人们生产、生活发生巨大

① 林继富：《民间文学类非物质文化遗产活化传承的基本遵循》，《中南民族大学学报》（人文社会科学版）2020年第4期。
② 王琨：《在规范与认同之间：关于民间文学类非遗保护标准的探讨》，《文化遗产》2020年第6期。
③ 于丽金：《传承与重构：民间文学与中国电影——以江苏省国家级"非遗"民间文学项目为例》，《电影文学》2020年第24期。

变化的时代语境下非遗保护和传播面临的新问题。新媒体建构起了非遗的新语境。就民间文学类非遗项目而言，一方面民间文学的发展确实面临着传统"民俗场"缺失带来的发展困境，另一方面新媒体的发展为"民俗场"的重建提供了可能。民间文学借助新媒体走向舞台和荧屏，走进更多百姓的生活，获得了新的生机。新语境下非遗传承主体和传播渠道的改变，传播中资本的介入和资本理念下的非遗再生产是民间文学进行资源转化的重要影响因素。非遗保护的未来之路，必在资本、新媒体、文化选择和文化再生产的复杂关系中形成。①

为推进民间文学类非遗的保护，2020 年各地举办了以地方民间文学、少数民间文学为主题的学术活动和会议，如在甘肃武威、金昌举办的"河西宝卷"田野调查活动②；在陈巴尔虎旗召开的中国北方民歌那达慕暨北方民歌生态保护与传习座谈会③；在浙江省象山县举行"中国民间文学大系出版工程社会宣传推广活动——渔村故事与民间信仰"主题论坛④；在广西桂林举办了"2020 非物质文化遗产整体性保护论坛"⑤；北京师范大学召开了"非物质文化遗产教育与学科建设"国际学术论坛⑥。这些学术会议及活动

---

① 孙英芳：《新媒体生态下的非物质文化遗产传播与文化再生产》，《新闻爱好者》2020 年第 8 期。

② 谭奕：《串起河西走廊上的民间文学明珠——中国民间文学大系出版工程社会宣传推广活动"河西宝卷"田野调查活动在甘肃武威、金昌举办》，中国民间文艺家协会，http：//www. cflas. com. cn/mx/MJWXDXGC/MJWXDXGC03/8e5f18080b5148cf987057f5e52b647f. html。

③ 张慧霖：《2020·中国北方民歌那达慕暨北方民歌生态保护与传习座谈会在陈巴尔虎旗召开》，中国民间艺术家协会，2020 年 8 月 28 日，http：//www. cflas. com. cn/mx/MJWXDXGC/MJWXDXGC03/28358df7535a4bada513471c92287495. html。

④ 张慧霖：《"渔你相逢——中国民协走进象山北纬 30 度最美海岸线"系列活动在浙江象山举办》，中国民间文艺家协会，2020 年 9 月 18 日，http：//www. cflas. com. cn/mx/MJWXDXGC/MJWXDXGC03/c33e5ad4ed3c410188498b242b4b9485. html。

⑤ 中国非物质文化遗产保护中心：《"2020 非物质文化遗产整体性保护论坛"在广西桂林举办》，中国非物质文化遗产官网，2020 年 12 月 8 日，http：//www. ihchina. cn/news _ details/21933. html。

⑥ 韩丽瑄：《聚焦非遗教育，共探非遗学科建设之路——北京师范大学召开"非物质文化遗产教育与学科建设"国际学术论坛》，中国民俗学网，2020 年 12 月 9 日，https：//www. chinesefolklore. org. cn/web/index. php？ NewsID = 20238。

对民间文学类非遗保护进行了进一步的学理探索。

中国民俗学年会是民俗学界一年一度最重要的会议，也是对相关学术问题进行讨论的重要契机。2020年中国民俗学年会，共有257篇论文通过评审，其中与民间文学相关的约54篇。这些研究主要集中在民间故事、神话、传说等叙事体裁上，对于谚语、笑话等题材关注较少。中国民俗学年会在民俗学领域影响较大，从民间文学题材占比情况可看出2020年度民间文学仍是民俗学研究领域的内容。

5.《中国民间文学大系》出版工程持续推进

《中国民间文学大系》出版工程是新时代中国民间文学保护、传承工作的扩充、延伸、深化、升华，更是民间文学创造性转化和创新性发展的理论探索和实践。《中国民间文学大系》按照神话、史诗、传说、故事、歌谣、长诗、说唱、小戏、谚语、谜语、俗语、理论12个门类进行编纂，计划到2025年出版1000卷，每卷约100万字。《中国民间文学大系》汇集全国各地民间文学领域专家、学者，计划用8年的时间按12个门类对民间文学进行搜集整理、编纂出版，是一项复杂的系统工程。2020年《中国民间文学大系》出版工程首批12个门类的示范卷顺利出版，这对其他各省、各门类大系的编纂工作具有示范和指导意义，这也标志着大系出版工程进入新的阶段。2020年，四川、河南、黑龙江、江苏、湖南、贵州、广西、山东、河北、山西、甘肃、陕西、海南等13省区召开了《中国民间文学大系》编纂工作推进会，对本省区的编纂工作提出了具体要求，确立了坚持"民间性"，展现本地文化特色，反映生活力度，坚守编辑体例原则，尊重专家意见，按时保质完成工作等编纂原则，为接下来各省区市的自主编纂提供了方向参考。

6. 民间文学类非遗实践活动

2020年上半年面对新冠肺炎疫情冲击，很多民间文学类非遗线下活动取消，转为线上举行。下半年，疫情形势好转，在符合国家抗疫要求的前提下，部分省（区、市）举办了民间文学类非遗相关活动。2020年6月18日，260米格萨尔史诗藏绣长卷在青海省贵南县开工，绣品主要内容反映的是英雄格萨尔王及其三十大将英勇征战的故事，这是著名民间文学类非遗项目《格萨尔》与省级非物质文化遗产代表性名录项目贵南藏绣活态传承、融合发展的典型实践活动，也是两项非遗项目实现创造性转化和创新性发展的有益尝试，它的开工将为地方非遗手工技艺发展、非遗口头传统的传承和弘扬等方面工作起到积极的推动作用，同时也能为地方经济社会发展注入新动能。2020年8月18~21日，云南省非物质文化遗产保护中心举办的2020年"云南省人口较少民族口头传统典藏计划"培训在昆明举办①，该计划是对以民族语言和方言为载体，以各种民俗节庆活动为应用场合，以各种艺术形式为表现形态的口头传统进行系统性地记录与典藏的工作，其目的是对人口较少民族的历史文化进行保存，对民族的记忆进行传承。

二　存在的主要问题及原因分析

（一）主要问题

1. 名录建设体系化程度有待加强

目前，我国采用的是"四级"名录体系建设，但不同省（区、市）的四级非遗名录和传承人名录建设步伐不一致。如2020年广西已经公布第八批省级非物质文化遗产代表性项目名录，湖北已经公布第六批省级非物质文化遗产代表性项目名录，而吉林最新的非物质文化遗产代表性项目名录还是2019年第四批的扩展项目。还有一些省（区、市）已经公布了新一批的代表性传承人名录但迟迟未在其省级官方非遗数据库中更新。比如海南2020年新增省级非物质文化遗产代表性传承人38人，但其官网上却只更新到2016年的第二批代表性传承人名单，更新滞后较为明显。2020年，上海、广东公示了新一批次的非物质文化遗产代表性传

---

① 杜丽丽：《2020年"云南省人口较少民族口头传统典藏计划"培训班成功举办》，中国非物质文化遗产网，2020年8月25日，http://www.ihchina.cn/news2_details/21417.html。

承人名单，但其非遗官网上却没有最新批次的代表性传承人名单。非遗名录的体系化建设在各省（区、市）进度不一，相关项目的非遗传承人长时间不能进入非物质文化遗产代表性传承人名单，不利于激发传承人的积极性，也不利于社会大众、专家学者更方便、全面地了解某一地区的非遗现状。

2. 数字化建档缺乏相应的制度和标准规范

对民间文学类非遗项目及代表性传承人而言，数字化技术建档有着十分重大的意义和作用。由于缺少对民间文学类非遗项目的抢救记录的具体"工作规范"，部分省（区、市）的民间文学类非遗项目及代表性传承人的档案建设工作长期得不到相应重视，部分被列入四级名录体系中的民间文学类非遗项目及代表性传承人的数字建档残缺不全，甚至没有进行数字建档。这与上文提到的名录体系化问题息息相关，虽然各省（区、市）基本都建立各自相关的非遗网站，但在非遗名录和代表性传承人名录相关信息的数字化建档方面，由于缺少相应的数字化建档规范，各省（区、市）数字化程度差异很大。对非遗的数字化建档既是非遗保护中不可缺少的环节，也是普通民众获取非遗知识的重要通道，各地应尽快通过实现数字化统一标准。

3. 活态保护进程艰难

民间文学深深扎根于人民群众，千百年来一直在人民群众的生活中以口传的方式得以传承，中国传统社会是一个"乡土社会"，农村人口占据绝对比例，小农经济是主要的生产方式，但现代城市化和工业化的发展，中国农村社会发生了巨大变化，村落空心化严重；农村生活逐渐向城市靠拢，在这种情形下，对以口头传播为主要方式的民间文学来说，面临着前所未有的生存困境。首先是新时代新媒介的普遍应用改变了传统的生活方式，也改变了传统的文化接受方式和表达方式。① 民间文学的传承是在由讲述者和听众构成的、具有物理和文化意义的空间和记忆场域中形成，讲

---

① 林继富：《现代媒介记忆语境下的民间文学保护》，《民间文化论坛》2014 年第 1 期。

述者和听众在其中构成了紧密的关系，在当代现实条件下民间文学失去了其原有的文化空间，故进行民间文学的活态传承也变得异常艰难。传统的口口相传方式逐渐脱离实际，现今年轻人大多不愿意从事传承民间文学的工作，现有的传承人大多年龄较大，民间文学类非遗项目的传承面临巨大的挑战。

4. 民间文学类非遗直接展示难度大

民间文学类非遗直接展示难度大主要表现在两方面，一方面民间文学类非遗难以直接成为商品进入市场；另一方面民间文学类非遗通过课堂实践教学活动进行传承难度大。民间文学是人民的精神财富，一般不能直接通过实物展现出来，因此在其他非遗项目通过线上"非遗购物节"和线下展览会或体验式参观展示而得到传承发展时，民间文学类非遗项目却无法走通这条路。

为普及非遗知识，让非遗的魅力和文化内涵激发学生的爱国热情，培养学生的民族自豪感和文化认同感，近年来各地学校与当地博物馆或文化部门举行了"非遗进校园"系列活动。但"非遗进校园"系列活动，多是通过传统技艺类非遗项目进行体验式教学，比如剪纸、面塑、草编、糖画等传统技艺，民间文学类非遗项目很少。

（二）原因分析

1. 对传统民间文学保护的特殊性与紧迫性认识不到位

民间文学类非遗有其自身特殊性，其传承发展与表演者和观众在生活空间中面对面接触紧密相关，特别是大多数民间文学作品都展现了地方特色，承载着某一地区人民的群体意识和精神品格，讲述时大多也是运用当地语言，不同类型的民间文学讲述的时间、场合各有不同，因此若离开本地生活环境和文化语境，不在长期传承的前提下谈民间文学的保护传承便会大打折扣。也就是说，民间文学类非遗的传承更注重当地生活文化的浸润，具有长期性、持续性。非遗保护运动至21世纪初开展以来，很多从业者是由其他专业转业而来，对民间文学类非遗的特殊性认识不到位，针对性工作难以开展，持续性保护更是难上加难。

2. 文化自觉意识薄弱

民间文学类非遗项目现有传承情况不容乐观，最根本的原因就是相关人员和民众对民间文学类非遗缺乏文化自觉的认识。民间文学类非遗保护不是对个体非遗传承人的保护，而是需要建构一个对自己所拥有的民间文学有高度认同的群体，无论是一个村落还是一个社区，民间文学类非遗必须存续于集体之中。当地政府和民众常常以"是否有用"来评判民间文学类非遗的价值，没有意识到本地拥有的民间文学类非遗是千百年来传承下来的文化，具有巨大的价值，加之民间文学类非遗难以产生直接的经济效益，故对其保护和传承常处于忽视甚至漠视态度，这连基本的民间文学类非遗工作都难以完成，更别说在保护的基础上进行传承发展。

3. 民间文学类非遗项目文化资源转化不充分

民间文学作品是民众自发的、自娱自乐的精神生活的结晶，基本不产生直接的经济效益，因此在非遗保护中民间文学类非遗的保护是难度最大。[①]在民间工艺通过工艺产品进入市场；民间戏曲、戏剧通过展示表演进入市场时，纯粹的民间文学却难以找到合适地进入市场的切入点，因此"生产性保护"对民间文学类非遗项目难度更大。但民间文学类非遗与其他非遗类型联系密切，特别是与民间戏剧、曲艺。民间文学类非遗有转化为戏剧类非遗、曲艺类非遗的可能性，即以民间文学类非遗为蓝本进行舞台编排，从而站上舞台，但这需要不同类型的非遗传承人共同协作，整合多方资源，目前相关尝试还较少。依据不同类型的非遗特性，传统手工艺类非遗项目可以通过各地"非遗精品展"进入大众视野，可供表演的戏剧类非遗、曲艺类非遗、游艺类非遗可以通过"非遗秀场"得到展示，而民间文学类非遗在以上两方面都有一定难度。

---

① 郑土有：《民间文学的遗产化保护》，《光明日报》2020 年 4 月 13 日，http：//www.ce.cn/culture/gd/202004/13/t20200413_ 34666446. shtml。

三 关于民间文学类非遗传承与创新的思考

民间文学是中华优秀传统文化的重要组成部分，民间文学在历史上曾为作家文学提供了充分养料，保护民间文学对充分理解作家文学根源、理解广大民众的生活具有重大意义，在当下，中国正面临着世界的百年未有之大变局，民间文学对铸造中华民族共同体，建立文化自信具有不可替代的意义。近年来，国家对民间文艺工作高度重视，强调以人为本，建立中华民族的文化自信，坚持在传统基础上的创新等精神越来越成为民间文艺工作者的共识，这也对民间文学的传承发展意义重大。神话、民间故事、传说、史诗等民间文学都是中华民族灿烂的文化资源，民间文学是属于民众的文学，具有强大的群众基础，与民众的生活紧密相关，对民间文学的传承是对历史上的民众生活的一种再认知，对民间文学的创新既是我们保护民间文学、发展民间文学、弘扬民间文学的文化责任，也是真正使民间文学生生不息、历久弥新的动力。

1. 民间文学类非遗传承与文化资源转化

中国民协副主席潘鲁生教授曾经讲过，"从亚洲国家民间文化资源转化的基本经验来看，主要有两种基本范式，一是原生态、聚落化传承和发展的'手艺农村'范式，二是凝练传统文化元素和精神的'设计产业'范式。"[1] 我国民间文学的资源转化也可以从这两面入手，前一种范式强调"手艺"，主要针对传统手工艺，民间文学类非遗进行"手艺"转化有一定困难，但后一种范式民间文学类非遗却大有可为。民间文学中包含大量的传统文化要素和精神，这些都可以在"设计产业"中焕发无限的活力。随着大众传播媒介的发展，传统的面对面的口头传播逐渐减少，而"形成了新的传播通道。即口传—媒体—口传的往复循环"[2]，这为民间文学与文化产业的连接

---

① 潘鲁生：《民间文化遗产资源转换的亚洲经验》，中国民间文艺家协会，2019 年 5 月 16 日，http://www.cflas.com.cn/mx/WHJL/6f43bb8603504208ac3b5e886ca9aa37.html。

② 李扬：《当代民间传说三题》，《青岛海洋大学学报》2002 年第 1 期。

提供了可能。一方面，通过改编民间文学，将民间文学搬上屏幕，将传统文化元素和精神融入其中，有利于民间文学在新时代的传承发展，通过新媒体的传播也能扩大民间文学类非遗的影响力，让更多的民众了解民间文学；另一方面，与民间文学相关的文化产业最终要走向市场，接受市场的检验，要想获得市场上的成功，也要求创作者们提供人民群众喜闻乐见的文化产品。若对民间文学人物和情节过度改编甚至完全篡改，从而损害民间文学作品，不符合广大群众的心理预期，也不可能获得市场上的成功。面对传承人的老龄化和传承断层的问题，民间文学类非遗继续以口传心授的传统方式进行传承，将很难避免消亡的残酷现实，而民间文学类非遗继续在当代实现价值，就必须要建立起与当代生活的联系，得到当代人的认可，通过民间文学"讲好中国故事"，促进中国文化产业发展是民间文学在当代焕发生机的重要途径。

民间文学类非遗的文化资源转化，主要是将"民间文学讲述转换成图像媒介记忆形式"，抽取民间文学中的母题或关键性元素，希望将"民间文学与现代传播媒体技术结合起来"，使"民间文学的媒介记忆表现出全新状态"。与传统的面对面讲述不同，民间文学的现代传播媒介的技术性特点突出，十分依赖科学器材、媒体技术、传媒平台等现代技术。在这个传播过程中人为主观性较强，与传统的民间文学集体性特点有所不同，但我们应该看到"传播媒介记忆转换是时代发展使然，是生活需求使然，之于民间文学来说，每次媒介记忆转换是继承性的，而非突变性的，是延续性的，而非断裂性的"①。

2. 以旅游景区为载体的民间文学类非遗馆建设

非遗馆是为非遗建构的文化空间、展示空间，在 2011 年颁布实施的《中华人民共和国非物质文化遗产保护法》中已经有了对"非遗展示场所"的规定，这明确了国内法律法规层面建立非遗展示空间的正当性。② 近年

---

① 林继富：《现代媒介记忆语境下的民间文学保护》，《民间文化论坛》2014 年第 1 期。
② 《中华人民共和国非物质文化遗产法》第三十六条：国家鼓励和支持公民、法人及其他组织依法设立非物质文化遗产展示场所和传承场所，展示和传承非物质文化遗产代表性项目。

来，国家加大了对非遗展示空间的建设，2017 年，文化部非遗司成立传播处，其职能就包括非遗专题博物馆的建设。非遗馆并不完全是一个封闭意义的空间，也可以是露天的以景区为载体的广阔空间。民间文学类非遗项目是重要的文化资源，也是景区旅游的独特性展现，将民间文学类非遗项目作为旅游资源，是提升旅游文化品位的重要举措，有利于提升景区和景点的文化内涵，提升文化品位，还可以扩大景区的影响力。加之许多非遗类民间文学作品多与具体的地方风物和特定历史人物有关，将其融入景区建设中具有先天优势。如通过建筑物介绍、立碑介绍和导游讲解和游客参观等方式让游客在旅游中接触到具有当地特色的民间文学类非遗，无论是游客个人发现还是与导游互动，都能实现以景区为依托的民间文学传承。导游成为民间文学在当代的重要传承力量，在杨利慧的相关研究中已得到证实，"导游成为新时代的职业神话讲述人。在淮阳人祖庙和涉县娲皇宫，导游们整天都在向游客讲述伏羲女娲兄妹婚以及女娲造人和炼石补天等神话。他们很注意从民间搜集神话传说，也结合书面文献的记录，然后又通过口头传播给游客"①。她的研究还为民间文学类非遗保护和开发实践提供一个可资参考的模式，其将之概括为"一二三模式"②。"一"代表一个核心原则，即民间文学的基本情节类型或文类特征应保持不变；"二"表示其他两个要素：一篇导游词底本，若干主题性的旅游吸引物；"三"代表另外三个要素：一场紧扣该民间文学类非遗的主题演出，社区和专家共同认可的传承人，公共民俗学家的指导。"一"具有核心地位，不容缺失，从"二"至"三"各要素的重要性则依次递减。在"一二三模式"的指导下，歌谣、传说、故事等民间文类遗产项目便可以通过适当的讲述展示、表演，让游客真切地感受到不一样的文化。这一模式坚持了民间文学的民间性原则，又给予相关主体一定的主动性，两者相互配合以达到景区建设与民间文学传承的双重目的，使民间文学类非遗在促进旅游发展的同时，也在旅游中得到了传承和保护。

---

① 杨利慧：《现代口承神话的民族志研究——个案调查与理论反思》，《民族艺术》2014 年第 2 期。
② 杨利慧：《遗产旅游与民间文学类非物质文化遗产保护的"一二三模式"——从中德美三国的个案谈起》，《民间文化论坛》2014 年第 1 期。

3. 重视不同专业人士在民间文学类非遗资源转化中的力量

民间文学类非遗资源转化不仅是民俗学内部需要探讨的问题，更是整个文化从业者共同面临的问题，需要融合多方力量，多方协作方能完成。首先是民间文学或民俗学专业人员的力量，其次是在民间文学类非遗资源转化过程中相关行业人员的力量。

民间文学或民俗学专业人士对民间文学类非遗具有最深刻的认识，他们最了解民间文学类非遗的价值，也对其具体情况最为熟悉，因此民间文学类非遗资源转化中不能缺少这部分专业人士的参与。特别是在以民间文学为原型的影视改编中，一些创作者有时只是借助某一民间文学资源的"外壳"，对民间文学资源进行曲解、戏说，造成十分不好的影响，要想改善这些问题，必须使民俗学或民间文学的专业人士参与其中，主要有两种方式，一是在作品成形之前的建议，二是作品成形之后的发声。前一种需要影视从业者具有较高的意识，在改编过程中询问相应专家的意见，目前这种情况还较少。由于民间文学的集体性特征，难以找到具体的创作者，也不存在改编的版权问题，因此出品方在备案之前不会像改编小说等其他作家文学作品一样询问创作者的意见。但笔者认为，为了使改编作品更加符合大众的心理预期而不是"魔改"，询问相关研究学者的意见是有必要的。通过在改编过程中民间文学或民俗学相关专业人士的参与，能最大程度上在今天的新环境中讲好故事，传达情感。第二种方式现在学术界已经有很多专业人士参与其中，相关专业学生、学者通过撰写文章，从学术的角度讨论某一民间文学改编作品并提出建议甚至批评，但影响主要局限于高校学术界，社会影响较小。

民间文学或民俗学专业人士对于民间文学作品改编主要提供的是内容上的指导，比如情节、人物形象、是否符合历史事实等，但这远远不够，要想真正地以影视化作品呈现在大众面前更离不开与影视行业专业人士的合作。民间文学题材是某一奠定影视化作品的基础，但具体的拍摄、演员的选择、配音的呈现、成片的剪辑，甚至动漫电影对绘图技术的超高要求，视觉美术等都需要相应的专业人士，最后要想取得良好的市场效果还离不开宣传部门

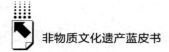

的适当营销，需要多部门专业人员的配合才能达到良好的效果。因此，在民间文学进行非遗资源转换时会涉及多个专业、多个部门的不同协作，但以民间文学为题材进行资源转换，必须要承认民间文学或民俗学专业人士在其中的作用。

4. 建立正确的民间文学类非遗项目保护理念

民间文学类非遗项目保护有其特殊性，不同学者对非遗的保护方式提出了不同的看法，其中整体性保护方式是学界针对民间文学类非遗项目最常提的保护方式。对民间文学类非遗项目而言，除了进行整体性保护之外，人民性和民俗保护更是至关重要。民间文学类非遗是属于人民的文化，所以我们既要注重非遗代表性项目传承人非遗的保护，也要注意非遗项目的人民性，真正的是民间文学类非遗要做到从群众中来，到群众中去。民间文学类非遗常常与地方民俗息息相关，因此对于某些民间文学项目特别是神话、歌谣要注重与特定民俗的结合。"民俗保护不是一劳永逸的标本式的取样保护，而是坚持不懈的生活化的全面保护"，民间文学类非遗项目源于民俗文化，而民俗文化的物质、精神、社会组织和语言的各个方面是深度融合、不可割裂的。①

树立民间文学类非遗项目的"共享性和联合保护"② 理念。我国的非遗项目具有共享性，一个非遗项目可能来源于多地域、多民族的民俗文化，为多地区、多民族所共享，因此也需要多地域、多民族地区的联合保护。以孟姜女传说为例，共有三省（山东、河北、湖南），其中包括五个地区申报国家级非遗名录成功，包含一个 2006 年的第一批，两个 2008 年的第二批，一个 2011 年的第三批，一个 2014 年的第四批，2006 年的是新增项目，其余四个是扩展项目。这充分反映了同一个非遗项目同时存在于不同地区，这对建立地方认同，实现文化建构十分重要，对于这类民间文学类非遗的保护需

---

① 刘思诚：《从"三套集成"到"非遗保护"的民间故事搜集整理——以喀左东蒙民间故事为例》，《辽宁师范大学学报》（社会科学版）2020 年第 5 期。
② 刘思诚：《从"三套集成"到"非遗保护"的民间故事搜集整理——以喀左东蒙民间故事为例》，《辽宁师范大学学报》（社会科学版）2020 年第 5 期。

要联合保护，将各地抢夺文化资源的现象通过各个地区相应项目的联合交流使该项民间文学类非遗焕发新的活力。

结　语

　　本报告梳理了 2020 年度在民间文学类非遗保护与发展方面取得的成果，探讨了 2020 年度民间文学类非遗保护中的相关问题及成因，最后对民间文学类非遗在未来的创新发展提出了建议。民间文学类非物质文化遗产分布广、种类多，具有明显的民族特色和地方特色，并且不同类别、不同项目的普及度和保护力度也存在差异。在新时代、新媒体条件下，对民间文学类非遗的保护和发展首先要深刻认识到其当下处境，同时也要积极创新，融入人们的生活，实现民间文学的价值。在今后的民间文学类非遗保护中，正在进行的"中国民间文学大系工程"是至关重要的保护举措，而将民间文学类非遗项目作为文化资源实现"设计产业"转化也是今后的重要方向。作为民间文学的专业从业者，自身更应该担起非遗类民间文学保护和发展的责任，更好地在当代实现民间文学类非遗的传承和发展。

B.3
传统音乐类非遗保护发展报告[*]

金　姚[**]

摘　要： 2020年传统音乐类非遗代表性项目的保护、传承与发展具有五大显著特点。从"理论研究"来看，高水平学术论文、专著、硕博士学位论文等，进一步推动了非遗理论研究向纵深发展。从"校园传承"来看，更加注重向课程系统性和课堂周期性的学科化方向发展，且进程持续加强。从"社会传承"来看，管理部门的保护工作持续深化，非遗保护与乡村振兴、脱贫攻坚、文化惠民、优秀传统文化复兴等国家政策紧密结合，取得了良好的宣传和保护效果。从"社会传播"来看，在项目竞赛、展播、演出等传统的传播方式上与"文化旅游"的融合逐渐深化，形成了"三位一体"的传播格局。从"创新发展"来看，非遗传承人在全民抗疫的战斗中，创作出了大量抗疫主题的新作品，对国家的抗疫政策进行了良好宣传，并进一步通过网络平台促进了非遗技能、技艺和文化的创造性转化和创新性发展。

关键词： 非遗保护　传统音乐　校园传承

---

* 本文为国家社科基金重大招标项目"非遗代表性项目名录和代表性传承人制度改进设计研究"（17ZDA168）；国家民委民族研究项目《粤剧海外传播与海外粤籍华侨中华民族共同体意识研究》（2021GMC035）；广东省社科规划2020年度"岭南文化"项目《粤剧曲体结构及其声腔形态研究》（GD20LN21）；广东省2020年度高等教育教学改革项目《粤剧传统文化融入岭南高校思政教育课程体系建设的实践路径研究》阶段性研究成果。
** 金姚，澳门理工学院博士研究生。

截至 2020 年 12 月，国务院共批准了四批"国家级非物质文化遗产代表性项目名录"，其中传统音乐（民间音乐）类"国家级非物质文化遗产代表性项目名录"共有 170 项（下称"170 项传统音乐类项目"）。总体而言，2020 年度"170 项传统音乐类项目"在"理论研究"方面持续向纵深发展；在"校园传承"方面更加重视学科化进程，在"社会传承"方面与国家相关政策进一步紧密结合；在"社会传播"方面形成了项目竞赛、展播汇演、文旅融合的"三位一体"模式；在"创新发展"方面创作出了大量的抗疫新作品，并通过网络平台进一步推动了非遗项目的创造性转化和创新性发展。

一 理论研究：高水平学术论文、专著与
硕博士学位论文研究向纵深发展

从非遗理论研究来看，2020 年度"170 项传统音乐类项目"的学术研究继续向纵深方向发展，高水平学术期刊论文刊发、专著出版延续了 2019 年的增长态势，相关项目的硕博士论文撰写表现尤为突出。

（一）学术论文

2020 年度，"170 项传统音乐类项目"中有 45 个项目累计发表了 167 篇高水平学术期刊论文[①]，分别为古琴艺术 31 篇；琵琶艺术 22 篇；佛教音乐 11 篇；道教音乐 10 篇；锣鼓艺术 9 篇；唢呐艺术 8 篇；芦笙音乐 7 篇；古筝艺术 7 篇；侗族大歌 5 篇；南音 4 篇；蒙古族马头琴音乐、花儿、潮州音乐、陕北民歌、口弦音乐各 3 篇；江南丝竹、渔歌、蒙古族呼麦、梅州客家山歌、吹打、蒙古族民歌、广东音乐、森林号子各 2 篇。另有洞经音乐、潮尔、智化寺京音乐、新疆维吾尔木卡姆艺术、瑶族民歌、桑植民歌、达斡尔族民歌、苗族民歌、聊斋俚曲、畲族民歌、黎族民歌、羌笛演奏及制作技

---

① 指在 CSSCI 期刊上发表的论文。

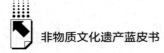

艺、漫瀚调、凤阳民歌、新化山歌、辽宁鼓乐、鲁南五大调、毕摩音乐、川北薅草锣鼓、五台山佛乐、侗族琵琶歌、川江号子等 22 个项目分别发表了 1 篇。此外，京族独弦琴艺术等 125 个项目 2020 年度未在高水平刊物发表论文。

（二）学术专著

2020 年度，"170 项传统音乐类项目"中有 28 个项目累计出版了 133 部专著（含教材），分别为古琴艺术 46 部；古筝艺术 37 部；琵琶艺术 12 部；唢呐艺术 6 部；南音 4 部；花儿、渔歌、新疆维吾尔木卡姆艺术、陕北民歌、聊斋俚曲等 5 个项目各 2 部。另有道教音乐、侗族大歌、智化寺京音乐、蒙古族民歌、广东音乐、吹打、西安鼓乐、藏族民歌、蒙古族马头琴音乐、布依族民歌、瑶族民歌、吟诵调、那坡壮族民歌、新化山歌、藏族拉伊、儋州调声、梅州客家山歌、森林号子等 18 个项目各出版了 1 部论著。此外，佛教音乐等 142 个项目，在 2020 年度没有出版学术论著。

（三）硕博士论文

2020 年度，"170 项传统音乐类项目"中有 80 个项目被作为研究对象，累计完成了 380 篇硕博士论文①，分别为古筝艺术 85 篇；琵琶艺术 51 篇；古琴艺术 32 篇；唢呐艺术 18 篇；花儿 13 篇；芦笙音乐 12 篇；陕北民歌 11 篇；佛教音乐 8 篇；蒙古族长调民歌 8 篇；苗族民歌 7 篇；蒙古族马头琴音乐 7 篇；广东音乐 6 篇；南音 5 篇；侗族大歌、吹打、土家族民歌、左权开花调、河曲民歌、藏族民歌等 6 个项目各 4 篇；新疆维吾尔木卡姆艺术、道教音乐、蒙古族呼麦、江南丝竹、爬山调、哈尼族多声部民歌、维吾尔族民歌等 7 个项目各 3 篇；渔歌、聊斋俚曲、西安鼓乐、藏族拉伊、梅州客家山歌、傈僳族民歌、阿里郎、川北薅草锣鼓、鄂伦春族民歌、哈萨克族冬布拉

---

① 指被中国知网"硕博士论文"收录的硕博士论文。

艺术、口弦音乐、十番音乐、巴山背二歌、木洞山歌、达斡尔族民歌、兴国山歌等 17 个项目各 2 篇。

另有哈萨克族民歌、布依族民歌、吟诵调、那坡壮族民歌、新化山歌、森林号子、潮尔、京族独弦琴艺术、阿斯尔、洞经音乐、桑植民歌、裕固族民歌、彝族民歌、畲族民歌、潮州音乐、漫瀚调、羌笛演奏及制作技艺、利川灯歌、蒙古族四胡音乐、海洋号子、昌黎民歌、石柱土家啰儿调、晋南威风锣鼓、川江号子、河北鼓吹乐、塔吉克族民歌、板头曲、鲁西南鼓吹乐、锡伯族民歌、土家族打溜子、苏州玄妙观道教音乐、维吾尔族鼓吹乐、哈萨克族库布孜、泉州北管、鲁南五大调、信阳民歌、弦索乐（菏泽弦索乐）、搬运号子等 38 个项目均被撰写了 1 篇硕博士论文。此外，徽州民歌等 91 个项目，在 2020 年度没有硕博士论文的撰写。

总体来看，2020 年度在高水平学术期刊上累计发表的 167 篇学术论文，相较于 2019 年的 153 篇增长了 9.15%。从文章发表量排名前三的统计来看，2019 年为 52 篇（古琴 25 篇、琵琶 19 篇、古筝 8 篇）[①]，2020 年为 64 篇（古琴 31 篇、琵琶 22 篇、佛教音乐 11 篇），2020 年相较 2019 年增长 23.08%。一方面，2020 年与 2019 年均有 125 个项目没有高水平论文发表，总量持平。2020 年度累计出版的 133 部专著（含教材），相较于 2019 年的 167 部下降了 20.36%。从专著出版量排名前三的统计来看，2019 年为 75 部（古筝 36 部、古琴 21 部、琵琶 18 部），2020 年为 95 部（古琴艺术 46 部、古筝 37 部、琵琶 12 部），2020 年相较 2019 年增长 26.67%。另一方面，2020 年有 142 个项目没有出版学术专著，相较于 2019 年的 131 个项目而言，增长了 8.40%。2020 年度 80 个项目被作为研究对象所撰写的累计 380 篇硕博士论文，则是 2020 年非遗学术研究往纵深方向发展的标志性成果。

---

① 宋俊华主编《中国非物质文化遗产保护发展报告（2020）》，社会科学文献出版社，第 69～76 页。

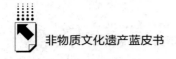

二 校园传承："非遗进校园"持续深化，
学科化进程持续加强

相较 2019 年的知识介绍性和文化普及性的非遗校园传承而言，2020 年度的"非遗进校园"更加注重向课程系统性和课堂周期性的纵深方向发展，且更加关注非遗融入国民教育体系的相关理论和实践问题，学科化进程进一步加强。

（一）"非遗进校园"：中小学非遗传承

1 月，山东郯城县实验一小"鲁南五大调传习基地"排练的鲁南五大调《鹿乳奉亲》，收到了中国教育电视台 2020 年"古韵国风"少儿春晚节目录制的入选函[1]；上海市徐汇中学举行了"长三角中小学校江南丝竹联盟成立仪式"，首批加盟的 26 所学校旨在解决"江南丝竹"后继乏人的问题，并持续推进长三角地区江南丝竹非遗项目的保护传承工作[2]。

6 月，广东惠东县平山中学"惠东渔歌进校园"正式启动，李却妹等非遗传承人被聘为校外导师，为了进一步保护传承惠东渔歌，该校已经向惠东县教育局申请，将惠东渔歌纳入该校中考的招生考试之中[3]；湖南澧县"非遗传承，健康生活"在官垸镇中学举行，全校七百多名师生参观了荆河戏、鼓盆歌、澧水船工号子、澧州夯歌等澧县非遗展示[4]；湖南靖州苗族侗族自治县"民族文化进校园"活动先后在三锹、平茶、藕团、县职业中学等开

① 郯城教育微资讯：《郯城县非遗进校园，要上央视春晚了》，搜狐网，https：//www.sohu.com/a/364643749_717734。
② 洪伟成：《长三角中小学校江南丝竹联盟成立》，人民网，http：//zj.people.com.cn/n2/2020/0107/c356505-33694602.html。
③ 洪鹊儿等：《"惠东渔歌进校园"项目正式启动！明天这个直播千万别错过！》，搜狐新闻网，https：//www.sohu.com/a/402138203_100001813。
④ 李军：《官垸：非遗进校园，特色谱新篇》，澧县教育云，http：//ywx.lxeduyun.com/xinwen/xuexiao/gy/2020/06/09/23295620968.html。

办了苗族歌鼟、苗族舞蹈、芦笙等培训班，全县共有 1500 名中小学生参加[①]；云南红河州民族师范学校举行了"哈尼族多声部民歌、四季生产调进师范"活动，传承人马建昌、陈习娘等在校园举行了为期两周的教学和传承活动[②]。

7 月，广东中山市三角小学举办了"绿色暑假 缤纷文化 咸水歌培训班"，来自该市中心小学、高平小学、沙栏小学的 20 多名小学生参加本次培训班[③]；浙江浦江县教育局举办了为期 10 天、20 个课时的"非遗古琴（古筝）进校园"公益培训班[④]；广东台山市赤溪镇中心学校举办了全程使用客家话进行的"客家山歌唱侨乡，魅力赤溪美名扬"研讨会，并聘请客家山歌传承人陈善宝为该校"客家山歌艺术团"指导专家[⑤]。

8 月，重庆黔江区在鹅池镇中心小学等 20 余所中小学建立了"南溪号子传承基地"，并邀请传承人冯广香进行"南溪号子"的传承与教学活动[⑥]；广东潮州市东凤镇众欢幼儿园开展了"潮州大锣鼓进校园"活动，潮州大锣鼓《腾飞》和潮州音乐《景春罗》等节目的表演，让小朋友们感受到了潮州文化的艺术魅力[⑦]；海南白沙民族中学举行了"2020 年黎族民歌民舞培训班"，全县中小学音乐教师、乡镇文化站骨干和民族歌舞爱好者共 50 人

① 市民族宗教事务局：《靖州县开展民族文化进校园活动》，怀化市人民政府网，https：//www.huaihua.gov.cn/mzswj/c108772/202006/e94f847b1d3c4bf6aeacc0f94ecba537.shtml。
② 李纹秀：《活力再现 活态传承 红河州国家级非遗项目进校园》中国网，http：//union.china.com.cn/txt/2020－05/22/content_41160501.html。
③ 侯玉晓等：《中山三角镇启动暑期公益文化活动，咸水歌培训班开课》，搜狐网，https：//www.sohu.com/a/408269066_161795。
④ 《浦江：县级非遗项目——古琴进校园》，浦江新闻网，http：//www.pjfcw.cn/news/10000860.html？djmgdbiecbaaimgl？ppphdjecbaaimgdb。
⑤ HAKKA 信息港：《客家山歌进校园，在台山市赤溪镇中心学校举行!》，网易新闻网，https：//3g.163.com/dy/article/FHBGQUMO0535IK1D.html。
⑥ 杨敏：《6 个老人喊起千年南溪号子》，武陵传媒网，http：//www.wldsb.com/wldsw_content/2020－08/18/content_10055388.htm。
⑦ 潮州市潮安区人民政府：《潮州大锣鼓进校园 弘扬优秀传统文化》，潮安区人民政府办公室，http：//www.chaoan.gov.cn/gkmlpt/content/3/3687/post_3687269.html#3544。

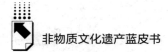

参加为期 11 天的培训①；贵州贵阳市郝官小学举行了四印苗芦笙花鼓舞"非遗进校园"活动，36 名学生在老师的带领下学习了芦笙吹奏技术②；陕西西安市景民中学开展了何家营鼓乐社进校园的"长安古乐"课题实践活动③；自 2000 年起，安徽巢湖学院附中音乐教师李家莲就将"巢湖民歌"带入课堂，巢湖市在巢湖三中、炯炀中学、苏湾中心小学建立了"巢湖民歌传承基地"④。

10 月，"浙江省景宁畲族自治县非遗进校园实践案例"和"湖北省潜江民歌进校园实践案例"⑤同时入选了第二届"非遗进校园"十大优秀实践案例；广东东莞市凤岗客家山歌协会会长刘桂芳走进了东莞凤岗中心小学、凤岗中心幼儿园等教唱客家山歌⑥；安徽当涂县振兴路小学举办了"当涂民歌进校园活动"，传承人陈月兰教孩子们演唱当涂民歌⑦；湖北宜昌市梅林小学的"宜昌丝竹传承基地"入选了 2020 年该市的"十佳"非遗传承师范基地⑧。

11 月，贵州毕节市灵峰小学举行了"民族文化进校园"活动，以"苗族芦笙舞"为代表的非遗文化走进该校课堂，增强了少数民族学生的自信

① 张质珍等：《白沙举办 2020 年黎族民歌民舞培训班》，中国经济网，http：//travel. ce. cn/gdtj/202008/12/t20200812_ 7279056. shtml。
② 邰芯雨等：《让非遗传承在校园"萌芽"观山湖区朱昌镇郝官小学芦笙花鼓舞正式开课》，新华网贵州频道，http：//www. gz. xinhuanet. com/2020 - 09/30/c_ 1126563573. htm。
③ 杨凯：《非遗古乐进校园 传统文化永流传——长安古乐课题实践活动走进西安市长安区滦镇景民中学》，央广网，http：//www. cnr. cn/sxpd/shgl/20200928/t20200928_ 525280668. shtml。
④ 印象安徽：《渔舟唱晚 响穷巢湖民歌》，搜狐网，https：//www. sohu. com/a/415371398_ 448617。
⑤ 杨凡等：《第二届"非遗进校园"十大优秀实践案例和十大创新实践案例发布》，齐鲁网，http：//travel. iqilu. com/news/2020/1024/4681206. shtml。
⑥ 东莞市凤岗镇人民政府：《凤岗：客家山歌唱进校园 新时代下"呼唤"新内涵》，东莞市凤岗镇人民政府网：http：//www. dg. gov. cn/dgfgz/gkmlpt/content/3/3343/post_ 3343854. html#2713。
⑦ 当涂县文化旅游体育局：《当涂民歌走进振兴路小学》，当涂县政务公开网，http：//dtxzwgk. mas. gov. cn/openness/detail/content/5f90fadf714e9b5eef8b4569. html。
⑧ 爱上宜昌：《来宜昌 追国潮丨结果揭晓！宜昌非遗"十佳"等你一键收藏》，彭湃新闻网，https：//www. thepaper. cn/newsDetail_ forward_ 9512942。

心和自豪感①；陕西延安市安定镇中心学校举行了"2020年非物质文化遗产戏曲、陕北民歌进校园专题活动"，陕北民歌手走进课堂为广大师生们讲述了传统戏曲脸谱、服饰、唱腔、念白、戏曲"四功五法"以及陕北民歌的渊源、种类、用途、唱法等相关知识②；陕西西安市中铁中学举办了"陕北民歌艺术团进校园"活动，传承人冯健雪、王向荣为师生们演唱了《走西口》等传统民歌，让学生们零距离感悟到了陕北民歌的魅力③；深圳大学附属实验小学举办了"学校艺术节暨第十届客家山歌进校园"活动，这是该校连续十年举办的"传统文化进校园"活动中的重要内容④。

12月，陕西西安市东厅门小学举办了"2020西安鼓乐进校园"活动，大唐芙蓉园东仓鼓乐社为师生们演奏了西安古乐的韵曲《朝天子》、坐乐《雁落沙滩·花打》、《霸王鞭·法鼓段》等传统节目⑤；陕西神木市三中举办了"非遗进校园"活动，陕北民歌传承人贺文彪为师生们讲述了信天游的历史渊源、发展现状、演唱技巧等，并以一曲《船夫曲》将讲座推向了高潮⑥；广东惠州市澳头第一小学和大亚湾第二小学分别举行了"广东省2020年戏曲进校园（客家山歌剧）"活动，传承人从山歌展示与教学、山歌剧《初心》展示、互动教学三个方面对"客家山歌剧"进行了讲解⑦；福建漳州市新圩中心小学因"畲家民歌"的传承效果突出，入选了漳州市

---

① 陈曦：《贵州七星关：民族文化进校园"非遗"传承放光彩》，人民网贵州频道：http：//gz. people. com. cn/n2/2020/1103/c393084 - 34392090. html。

② 今日网天下：《安定镇中心学校举办"2020年非物质文化遗产戏曲、陕北民歌进校园"专题活动》，百度，https：//baijiahao. baidu. com/s？id =1683138288307229394。

③ 王燕：《欣赏陕北民歌 感悟非遗魅力 2020年陕西省文化惠民活动走进西安市中铁中学》，西安新闻网，http：//wap. xiancn. com/content/2020 - 11/20/content_ 3651355. htm。

④ HAKKA信息港：《深圳大学附属教育集团实验小学艺术节暨第十届客家山歌进校园活动》，网易新闻网，https：//www. 163. com/dy/article/FSPF0K6H0535IK1D. html。

⑤ 赵鹏：《东厅门小学开展"聆听西安鼓乐 品味传统文化"活动》，西安网，http：//news. xiancity. cn/system/2020/12/07/030802524. shtml。

⑥ 文画之旅：《神木市文化馆开展非物质文化遗产进校园活动》，网易新闻网，https：//www. 163. com/dy/article/FSQKCTUI0521DS4A. html% EF% BC%8C。

⑦ 坚定文化自信：《推动戏曲的传承发展，丰富校园精神文化生活》，网易新闻网，https：//www. 163. com/dy/article/FTEHIO5H05417SZS. html。

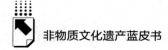

"非遗传承特色学校"①；在海南琼中黎族苗族自治县第二小学开展的"非遗进校园入课堂——海南省2020年公共数字文化建设海南省非物质文化遗产代表性项目宣传片微视频推广活动"中，黄照安老师带来了七件黎族传统乐器，逐一为学生们讲解、演奏和互动②。

此外，自1999年起，纳西族白沙细乐开始举行"非遗进校园"活动，10余年来不仅在云南丽江古城区青少年活动中心、黄山完小、白龙潭小学、漾西完小等学校设立了纳西族白沙细乐、丽江洞经音乐、纳西东巴舞、纳西族童谣等保护传承点，还与云南大学旅游学院、古城区职高等大中专院校联合开展了"非遗进校园"民族文化宣传展示展演系列活动，让年轻一代感受到"白沙细乐"的传统文化魅力③。自2008年起，云南弥渡开始实施"花灯民歌进校园工程"至今已有11年，形成了花灯、民歌传承从娃娃抓起的长效机制，取得了可喜的成效④。自2012年起，福建莆田就启动了"莆仙戏曲进校园"试点工作，截至2020年全市共有40所小学列入"莆仙戏曲进校园"试点学校，试点学校同时还组建莆仙戏"十音八乐"演奏队，全市两年举行一次"莆仙戏唱腔比赛"，每三年举行一次"十音八乐比赛"以传承地方非遗文化⑤。

（二）"非遗进校园"：高校非遗传承

相较于2019年"非遗进校园"的学术讲座、专项人才培养、校园演出

① 文明在漳州：《非遗进校园/漳州华安：畲歌是山哈人的心灵之声》，搜狐新闻网，https://www.sohu.com/a/438465173_681362。
② 毛雷：《海南非遗进校园入课堂宣传推广活动走进琼中》，人民网海南频道，http://hi.people.com.cn/n2/2020/1203/c231190-34454204.html。
③ 和春雷：《丽江玉龙白沙完小：民族文化走进学生课堂》，丽江网，http://www.lijiang.cn/ljxw/yqsx/2020-09-08/52081.html。
④ 大理日报：《弥渡县实施花灯民歌进校园工程创佳绩》，大理白族自治州人民政府网，http://www.dali.gov.cn/dlrmzf/c101533/202006/db78c2d03433443782aa339b706de09a.shtml。
⑤ 许爱琼：《传承经典 少年有戏——市教育局推动"莆仙戏曲进校园"融入学校教育》，莆田网，http://www.ptxw.com/news/wh/kj/202008/t20200805_281697.htm。

等传承模式来看，2020 年度的"非遗进校园"更加注重非遗传统文化的美育功能、课堂互动性，以及"高校非遗传承基地"的建设与运行。

8 月，闽南师范大学 2020 级龙人古琴成人本科音乐学（古琴方向）函授班正式启动，并在 8 ~ 11 月采用线上、线下相互结合的方式举办了古琴进校园、古琴名家音乐会、海峡两岸古琴文化研讨会等文化活动①。

9 月，安徽大学举行了传承人主讲的"国家级非遗凤阳民歌专题学术讲座暨音乐会"②；中国音乐学院"新山歌社"举办了兴山民歌讲座活动，传承人陈家珍、万会知向同学们示范并教唱了《五更》《交情哥》等传统兴山民歌③；巢湖学院"巢湖民歌传承基地"揭牌④。

10 月，榆林市神木职业技术学院举办了"西安鼓乐"专场音乐会，西安城隍庙鼓乐社的艺术家们展示了行乐、坐乐、念词等各种西安鼓乐的演奏形式，演奏了《紫金冠》《出鼓》《尺调双云锣座乐全套》等传统经典曲目⑤；内蒙古大学满洲里学院、满洲里俄语职业学院等举办了"达斡尔族民歌进校园"活动，传承人教学生们演唱了《弹起木库莲把歌唱》等达斡尔族民歌，受到学生们的广泛互动和喜爱⑥；中北大学艺术学院走进国家非遗基地"河曲民歌二人台艺术团"，开展"走进传统、走进非遗、走进民歌"的艺术实践活动⑦；河套学院举办了河套民歌"爬山调"传承人马成士的

① 洪晓琳：《以琴为媒 守正开新 第十届龙人古琴文化季正式启动》，漳州新闻网，http：//www.zznews.cn/zhuanti/system/2020/08/10/030280392.shtml。
② 谢慧敏：《音乐学院周熙婷老师"国家级非遗凤阳民歌专题学术讲座暨音乐会"在安徽大学艺术学院成功举办》，滁州学院音乐学院网，https：//yyx.chzu.edu.cn/2020/0926/c2722a218535/page.htm。
③ 新华网：《非遗进校园｜陈家珍、万会知携兴山民歌走进中国音乐学院》，新华网，http：//www.xinhuanet.com/culture/2020 - 09/18/c_ 1126509215.htm。
④ 巢湖学院艺术学院网，《副校长朱定秀出席巢湖民歌传承基地揭牌与服务地方工作研讨会》，巢湖学院网，https：//www.chtc.edu.cn/kyc/2020/0901/c1380a103286/page.htm。
⑤ 崔亚军：《世界非遗进校园——西安鼓乐走进神木职业技术学院》，神木新闻网，http：//www.sxsm.com.cn/whly/202011/t20201102_ 218448.html。
⑥ 满洲里市融媒体中心：《铸牢中华民族共同体意识 达斡尔族民歌走进大学校园》，搜狐新闻网，https：//www.sohu.com/a/429160058_ 120817739。
⑦ 刘维佳：《艺术学院赴河曲民歌二人台艺术团"走进传统 走进非遗 走进民歌"艺术实践活动》，中北大学官网，http：//www.nuc.edu.cn/info/1353/17624.htm。

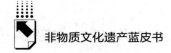

"河套音乐赏析课"，其演讲和范唱获得了热烈掌声和一致好评①；吉首大学举办了"土家族打溜子传承人群研修班"，20 名土家族打溜子的学员们进行历时一个月的研修培训②；四川师范大学举办了"唱响民歌，奏响中国风味器乐作品及民族音乐说课"颁奖音乐会，维吾尔族民歌《一杯美酒》等说课内容精彩纷呈且与学生互动热烈③。

11 月，中国音乐学院"新山歌社"举办了徽州民歌和昌黎民歌讲座，徽州民歌传承人操明花讲解了徽州民歌"滚声哈哈腔"④，冀东民歌（昌黎民歌）传承人刘荣德教唱了《捡棉花》《卖丝绒》等传统曲目⑤；重庆水利电力职业技术学院举办了"川江号子传承基地"揭牌仪式，传承人曹光裕与该校共建了"川江号子"体验馆、大师工作室、传承基地等，共创了展演剧作、育人教材等，形成了可看、可感、可悟、可体验的水文化育人环境⑥；南京信息工程大学举办了"华夏霓虹 民族团结主题音乐会"，维吾尔族民歌《一杯美酒》等大受师生欢迎⑦；天门职业学院举办了"天门民歌"讲座，数百名学生和多位老师参加⑧。

12 月，左权民歌传承人刘改鱼的"左权民歌专场讲座"在中国音乐学

① 河套学院艺术系：《国家级非物质文化遗产河套民歌"爬山调"传承人马成士先生在我系举办学术讲座》，河套学院艺术系网，http：//www. hetaodaxue. com/ysx/index. htm。
② 彭克锋等：《吉首大学 2020 年度土家族打溜子传承人群研修班开班》，红网，https：//xx. rednet. cn/content/2020/10/21/8533379. html。
③ 陈鑫婕：《音乐学院第二届"唱响民歌，奏响中国风味器乐作品及民族音乐说课"比赛颁奖音乐会》，四川师范大学音乐学院网，http：//music. sicnu. cn/p/0/？StId = st_ app_ news_ i_ x637396557707855612。
④ 杨亚楠：《非遗进校园 中国音乐学院举办徽州民歌专场》，光明网非遗网，https：//feiyi. gmw. cn/2020－11/17/content_ 34374101. htm。
⑤ 新华网：《非遗进校园｜中国音乐学院"新山歌社"举办冀东民歌专场》，新华网，http：//www. xinhuanet. com/culture/2020－11/02/c_ 1126685803. htm。
⑥ 陈仕川：《"川江号子"传承基地在重庆水电职业技术学院揭牌》，永川网，http：//news. ycw. gov. cn/html/2020－11/18/content_ 51156501. htm。
⑦ 华嘉婕：《高雅艺术进校园——"华夏霓虹"音乐会走进南京信息工程大学》，天际新闻网，https：//news. nuist. edu. cn/_ s17/2020/1122/c1147a167755/page. psp。
⑧ 天门社区网：《天门民歌》进天门高校！这个活动真给力》，搜狐网，https：//www. sohu. com/a/432049249_ 365477。

院"梦想剧场"举行①；鄂温克族民歌传承人乌日娜应邀来到中国音乐学院"新山歌社"课堂上，与现场和线上的同学们一起讲授与分享了鄂伦春族民歌《鄂呼兰德呼兰》等4首呼伦贝尔民歌的魅力②，等等。

（三）"非遗学科化"进程持续加强

2020年度，"非遗学科化"是非遗领域中的热点。北京师范大学在12月召开了"非物质文化遗产教育与学科建设"国际学术论坛，来自文化和旅游部非遗司的决策者和管理者，美国、日本、韩国等国家高校与学术团体，北京师范大学、中国社会科学院、中山大学、复旦大学等20多所国内高校的非遗研究者，以及多位国家级、省市级非遗传承人等参加了此次学术会议③。

非遗保护的学科化工作也在中小学和高校持续深入开展。6月，湖南龙山县第二中学举办了"世界遗产进校园"科普课堂活动，该校以东西部扶贫协作为契机，引进了山东济南已经成熟的非遗教育课程，为学生提供了咚咚喹、家族摆手舞、打溜子、茅古斯、西兰卡普、梯玛歌等丰富的课程资源，推进国家、地方、学校的三级课程体系建设④；广东惠东县平山中学作出了"惠东渔歌进校园"未来三年的规划方案⑤，并将"惠东渔歌"作为学校重点美育课题，研讨编写了《渔歌情》《织网谣》等渔歌教材，让惠东渔歌成为校园课程建设的重要部分⑥。8月，四川大邑县花水湾镇学校（西

---

① 新华网：《非遗进校园｜中国音乐学院举办左权民歌专场》，新华网，http：//www. xinhuanet. com/culture/2020 - 12/09/c_ 1126838906. htm。
② 新华网：《非遗进校园｜中国音乐学院"新山歌社"举办呼伦贝尔民歌专场》，新华网，http：//www. xinhuanet. com/culture/2020 - 12/17/c_ 1126871913. htm。
③ 焦思雨：《北京师范大学召开"非物质文化遗产教育与学科建设"国际学术论坛》，北京师范大学新闻网，http：//news. bnu. edu. cn/zx/zhxw/119877. htm。
④ 彭杰：《龙山：文化和自然遗产走进校园》，湘西凤凰会议网，http：//www. fhmeet. com/info/show. asp？ id = 9654。
⑤ 县广播电视台：《"惠东渔歌进校园"项目启动》，惠东县人民政府网，http：//www. huidong. gov. cn/hdxwz/zwgk/zwdt/zwyw/content/post_ 3918148. html。
⑥ 文明惠东：《把"惠东渔歌"带向世界，惠东这所学校了不得！》，搜狐新闻网，https：//www. sohu. com/a/418582349_ 100001813。

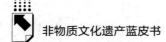

岭山歌传承基地）将西岭山歌作为特色文化课堂融入到了学校的课程教育
之中①。9月，福建泉州市培元中学举办"闽南传统文化（南音）进校园"
活动，并与泉州南音传承中心联合开发了《南音生南国》南音教材，并在
初中部开设了"南音认知课程"，在高中部开设了"南音鉴赏课程"②。10
月，重庆万盛区青年小学举办"更鼓红苗芦笙舞进校园"活动，每周开设3
节课，教孩子们吹奏芦笙、跳芦笙舞，将非遗教育渗透到了该校的日常教育
教学之中③；上海浦东新区东方小学举办"上海码头号子进校园"活动，开
设了包含搭肩号子、肩运号子、堆装号子、杠棒号子、单抬号子等五大类别
九个品种的"码头号子"非遗课④。11月，贵州安顺市把路小学举办"民
族文化进校园"活动，传承人带领学生们排唱了《苗家迎客歌》等苗族民
歌，把当地民族音乐融入学校音乐教学之中⑤；湖南辰溪黄溪口镇中心中学
举办"茶山号子传习基地"授牌仪式，该校自2015年成立"茶山号子瑶娃
合唱团"起聘请传承人米庆松为指导教师，在每周三下午开设瑶乡特色课
程，传授茶山号子的演唱方法⑥。12月，江苏泰州市永安洲实验小学举行
"江苏省乡村学校少年宫优秀成果展演"，参展的兴化市茅山中心学校带来
了茅山号子《金色少年》，茅山号子已经成为该校非遗文化传承与发展的特

① 大邑县教育局：《花水湾镇学校西岭山歌队参加央视新闻"云游中国·四川站"直播拍摄活动》，网易新闻网，https：//3g. 163. com/dy/article/FJNPEPNU0514N514. html？f = common - recommend - list。
② 廖培煌：《培元中学广泛开展闽南传统文化进校园——生生知南音，生生唱南音》，泉州通网，http：//www. qztqz. com/p/92991. html。
③ 万盛新闻网：《青年小学："非遗"进校园 文化有传承》，《重庆晨报》，https：//www. cqcb. com/county/wansheng/wanshengnews/2020 - 10 - 20/3147886_ pc. html。
④ 吴旭颖：《把"码头号子"唱到年轻人的心里，"上海声音"在这里薪火相传》，百度，https：//baijiahao. baidu. com/s？id = 1681054079069715325。
⑤ 杨诗雨：《贵州推动民族文化进校园：美育有特色，传承有活力!》，川观新闻网，https：// cbgc. scol. com. cn/news/627495。
⑥ 辰溪县融媒体中心：《县非物质文化遗产保护中心为"茶山号子"传习基地授牌》，辰溪县人民政府网，http：//www. chenxi. gov. cn/chenxi/c113816/202011/0aaf64b379b4440583475b0 ae5eebb64. shtml。

色课程①；山西新绛县西街实验小学将鼓乐教育作为"礼乐文化"中"乐教"的主要内容，开展了"鼓乐进课堂"活动②；广东中山市侨中英才学校将经典吟诵引入课堂，语文教师在班级开展吟诵教学，并利用晨读、午读时间带领孩子一起感受吟诵的声律美③。当涂民歌传承人陶小妹等在当涂实验学校、振兴路小学、团结街小学、青山小学等学校开展的"当涂民歌进校园活动"中，全年累计266学时，教唱学生10600多人次，取得了较好的传承效果④。

自2006年起，福建福州市台四小学建立了"茶亭十番音乐培训基地"，每逢寒暑假学校都会举办集训活动，邀请专家、民间艺术大师入校指导。与此同时，"茶亭十番音乐"传承人在福州大学、台江区第四小学、台江区第三小学等开设了十番音乐课程，在校园中开展传承活动⑤。自2014年起，"十番古乐"传承人在福州市连江县琯头中心小学成立了"十番民乐团"，每周一、周三下午固定训练，全校近400名师生学习了"十番音乐"的演奏技巧，已排练曲目十余首⑥。自2016年起，安徽巢湖学院艺术学院将《巢湖民歌赏析》作为必修课引入了课堂，并且每年修订一次培养方案，截至2020年"巢湖民歌"已经被引进到声乐课、合唱课、舞蹈课、器乐合奏等课程中⑦。

---

① 陆曙堂等：《兴化茅山号子参加全省乡村学校少年宫优秀成果展演》，中国网·东海咨讯，http：//jiangsu. china. com. cn/html/jsnews/around/10791251_ 1. html。
② 李宏伟：《新绛：不忘初心 全面育人》，运城新闻网，http：//www. sxycrb. com/m/content_ 181659. html。
③ 中山市侨中英才学校：《传统文化进校园 经典吟诵入课堂——侨中英才学校开展"传统文化校园建设"系列活动》，美篇，https：//www. meipian. cn/3ahfpkwl。
④ 当涂县文明办：《当涂民歌进校园，热烈非凡》，百度，https：//baijiahao. baidu. com/s? id ＝1689959133359299747。
⑤ 林少斌：《茶亭十番音乐》，福州新闻网，http：//news. fznews. com. cn/dsxw/20210215/602a2eee481c6. shtm。
⑥ 连江县文化馆：《非遗文化进校园，传承发扬育新人》，搜狐网，https：//www. sohu. com/a/401557362_ 120057591。
⑦ 郑连军等：《唱不够的巢湖民歌！那生生不息的血脉》，快资讯，https：//www. 360kuai. com/pc/9acdf8c98da412e57? cota ＝3&kuai_ so ＝1&sign ＝360_ 57c3bbd1&refer_ scene ＝so_ 1。

近年来贵州黔西南州深入挖掘"民间、民俗、民族"的"三民"文化，在黔西南望谟民族中学编制了布依族民歌《刺梨花》、坎边村布依民歌《呦阿咧》等校本教材，把民族团结教育和民族非遗文化引进课堂，融入教学①。黔西南布依族苗族自治州望谟县民族中学将布依族勒尤、唢呐等民族乐器，布依族古歌《坎边山歌》《布依敬酒歌》《布依童瑶》等引入学校课堂教学②。贵州清镇市以腰岩小学"苗族口弦"传习所为抓手，将"苗族口弦""歪梳苗盛装制作"两个非遗项目引入校园开展培训，并设置了每学期30人和32个课时的课堂教学安排③，等等。由此可见，在持续的"非遗进校园"过程中，非遗融入国民教育体系的学科化问题得到了持续的关注。

三 社会传承：管理工作全面深化，民众参与持续提高

2020年，从非遗的社会化传承来看，非遗管理部门的保护工作进一步深化，将非遗保护工作与乡村振兴、脱贫攻坚、文化惠民、优秀传统文化复兴等国家政策紧密结合，取得了良好的宣传和保护效果。民众参与非遗研究、保护与传承的热情和积极性也在持续提高。

（一）管理部门的非遗保护工作全面深化

1月，广东潮州市委领导带队在潮州市音乐家协会进行调研工作，调研工作围绕潮州音乐的传承发展、擦亮潮州文化品牌等方面听取了专家学者和传承人意见④。

---

① 吴雨：《黔西南：传统体育进校园　传承文化强体魄》，新华网贵州频道，http：//www. gz. xinhuanet. com/2020 - 11/06/c_ 1126704819. htm。
② 黔西南日报：《学校里的"特色"课，你都知道哪些？》，彭湃新闻网，https：//m. thepaper. cn/newsDetail_ forward_ 8592368。
③ 清镇市人民政府：《我市 2020 年非遗传承人进校园工作圆满结束》，清镇市人民政府网，http：//www. gzqz. gov. cn/zxfw/bmlqfw/xxly/whycbh/202012/t20201218_ 65637028. html。
④ 梁佳涛：《潮州市领导带队调研潮州音乐传承与发展工作》，潮州市人民政府网，http：//www. chaozhou. gov. cn/ywdt/czyw/content/post_ 3704627. html。

　　6月，新疆塔什库尔干塔吉克自治县文工团，结合脱贫攻坚、惠民政策等政策内容，在热斯喀木村为村民演出塔吉克族民歌、塔吉克族鹰舞等非遗节目①。

　　7月，楚雄市党委主办的以"决胜全面小康、决战脱贫攻坚"为主题的彝族山歌宣讲活动在楚雄市紫溪社区举行，宣讲内容涵盖"两不愁、三保障"等系列政策，通俗易懂的彝族山歌吸引了众多市民前来参与②。

　　9月，全国首部《非物质文化遗产保护　左权民歌　开花调》和《非物质文化遗产保护　左权小花戏》在山西左权县正式发布。两部地方保护标准的发布，对民族音乐文化资源的保护和民族艺术文化内在价值的彰显等具有重要意义③。

　　10月，北京市委宣传部主办的"2020年北京古琴·运河文化展"在通州图书馆举办，持续10天的展览将"大运河"与"古琴"两个世界级遗产相融合，在为古琴爱好者提供了学习、交流平台的同时，彰显了"大地为琴，运河为弦"的礼乐文明④；云南宾川县鸡足山镇党委以沙址村列为"白族优秀传统文化发扬传承示范基地"为契机，在该村正式建设和挂牌了"沙址洞经音乐传习所"，以进一步保护、传承和发扬洞泾音乐⑤；在武汉军运会的仪式音乐中，监利民歌《啰啰咚》成为提示音乐、入场音乐、颁奖

────────────────

①　宫辞：《帕米尔高原上"流动的文化盛宴"》，光明网，https：//culture. gmw. cn/2020 - 06/10/content_ 33901835. htm。

②　周福秀：《楚雄市唱响唱活彝族山歌　筑牢彝乡新时代宣讲阵地》，云南网楚雄频道，http：//chuxiong. yunnan. cn/system/2020/07/30/030843769. shtml。

③　贤达：《国家级非物质文化遗产左权民歌开花调和左权小花戏地方标准发布》，中国质量新闻网，https：//www. cqn. com. cn/zj/content/2020 - 09/02/content_ 8629280. htm。

④　张思宇：《2020 北京大运河文化节【古琴·运河文化展】一连 9 天文化盛宴等你来看!》，千龙网，http：//mil. qianlong. com/2020/1110/4981590. shtml。

⑤　高顺文等：《搭建发扬与传承洞经音乐新平台，沙址洞经音乐传习所正式挂牌成立!》，快资讯，https：//www. 360kuai. com/pc/933056a614a42f62f? cota = 3&kuai _ so = 1&sign = 360 _ 57c3bbd1&refer_ scene = so_ 1。

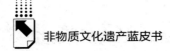
音乐、退场音乐的主要旋律元素①；通辽市文化旅游广电局主办了为期10天的潮尔（蒙古族弓弦乐）传承人培训班，邀请到了潮尔国家级非遗代表性传承人授课，各级潮尔非遗代表性传承人及相关从业者、爱好者等共30余人参加了本次培训②；临高县青少年活动中心举办了"哩哩美渔歌青年合唱团第五期培训班"，70名团员参加了本期培训，并练习了《渔家庆丰谣》等临高渔歌③；惠东县文化馆主办的"惠东渔歌传承与保护讲座"在该县文化馆举行，传承人张喜英、李福泰讲授了惠东疍家人的由来、惠东渔歌的源头、历史、保护、传承等，并教唱了《乾隆登基十六年》《新时代为民来造福》等惠东渔歌④；在上海市青浦区人民政府主办的"首届长三角生态绿色一体化发展示范区法治文化节文艺汇演"中，嘉善田歌《敬法守法你我他》和宣卷《宪法护航中国梦》以通俗易懂的方式传唱出新时代依法治国、依宪治国的法治理念⑤；巢湖民歌"李家莲民间文艺工作室"入选第一批合肥市宣传文化名家工作室⑥；在浙江省消防救援总队主办的舟山市"消防安全知识竞答"比赛中，主办方准备了舟山锣鼓等民俗表演⑦；龙岩市文旅局和连城县政府主办的"国家非遗·又见十番　闽西十番音乐大赛"在福建连

① 张惠君：《武汉军运会奖牌、奖杯正式亮相　融入中国文化元素》，新浪湖北，http：//hb. sina. com. cn/news/tyzx/2019 – 10 – 10/detail – iicezzrr1240117. shtml。
② 张静：《通辽市潮尔（蒙古族弓弦乐）传承人群培训班开班》，中国通辽网，http：//www. tongliaowang. com/2020/11/09/99475283. html。
③ 王信隆：《临高70名哩哩美渔歌青年合唱团团员受训》，搜狐网，https：//www. sohu. com/a/433064229_ 100117618。
④ 古志勇等：《改编创作移步不换形！惠东开讲渔歌传承与保护》，快资讯，https：//www. 360kuai. com/pc/96cebaa564561fe3c？cota = 3&kuai_ so = 1&sign = 360_ 57c3bbd1&refer_ scene = so_ 1。
⑤ "绿色青浦"公众号：《首届长三角生态绿色一体化发展示范区法治文化节文艺汇演在青浦举办》，上海市青浦区人民政府网，https：//www. shqp. gov. cn/shqp/qpyw/20201202/806991. html。
⑥ 戴小花：《合肥市首批19名宣传文化名家工作室今日授牌》，合肥在线，http：//www. hf365. com/2020/0922/1315315. shtml。
⑦ 何蒋勇等：《浙江各地消防开展"119"消防宣传月系列活动》，中国新闻网，http：//www. zj. chinanews. com/jzkzj/2020 – 11 – 10/detail – ihacsfnp8346216. shtml。

城木偶艺术传习中心举行①。

11月，北京市文联等部门主办的"古琴文化传承与创新研讨会暨东方雅乐音乐会"在北京举办②；当涂县关工委将传承人陶小妹的"当涂民歌传习所"设定为"当涂民歌进校园"示范站，为当涂民歌的传承与发扬设立了标准化的平台③；剑川县人民政府在第四轮意识形态领域"行业扶贫"宣讲过程中，通过"剑川白曲宣讲团"的宣讲活动，用群众的话讲理论，用身边的事说政策，以群众喜闻乐见的方式宣传政策，丰富群众文化生活④。

12月，文化和旅游部中国艺术研究院等主办的"《智化寺京音乐》（复合出版物）首发式"在北京举行，为学术界提供一份集录音、采访报告和传世乐谱为一体的全方位、多载体的第一手史料，智化寺京音乐代表性传承人胡庆学与乐师们的现场表演，展示了智化寺京音乐的艺术风貌⑤；安徽六安市委宣传部主办的红色题材民族歌剧《大别山之恋》在金寨上演，展现了"坚贞忠诚，牺牲奉献，一心为民，永跟党走"的大别山精神⑥；在重庆巴南区鱼洞街道鱼新街社区举办的"百姓名嘴"进村居活动中，宣讲团成员将理论宣讲与木洞山歌、三句半等文艺形式相结合，开展了110余场学习贯彻党的十九届五中全会精神的宣讲活动⑦。

此外，湖北恩施州民族宗教委员会自2019年起累计投资115万元，创

① 文旅龙岩：《"国家非遗·又见十番"闽西十番音乐大赛开赛啦!》，彭湃新闻网，https://m. thepaper. cn/baijiahao_ 10049988。
② 蔡健雅：《古琴文化传承与创新研讨会暨东方雅乐音乐会成功举办》，千龙网，http://mil. qianlong. com/2020/1111/4986700. shtml。
③ 县文化旅游体育局：《当涂民歌传习所在太平府文化园揭牌》，当涂县人民政府网，http：//www. dangtu. gov. cn/xwzx/bmdt/79811001. html。
④ 赵爱春：《白曲宣讲进乡村：甸头村群众共享文化盛宴》，剑川县人民政府网，http：//www. jianchuan. gov. cn/jcxrmzf/c102087/202011/b2e9fd6f20f24f61a89366cf62cb272a. shtml。
⑤ 彭丹：《打开〈智化寺京音乐〉，聆听"中国古代音乐活化石"》，文汇网，http：//www. whb. cn/zhuzhan/jjl/20201202/382536. html。
⑥ 六安政府网：《红色题材民族歌剧〈大别山之恋〉即将在金寨上演!》，六安文明网，http：//la. wenming. cn/jjla/201907/t20190716_ 5955288. htm。
⑦ 新华网：《重庆"百姓名嘴"让党的十九届五中全会精神进村居》，新华网，http：//www. xinhuanet. com/photo/2020 – 12/02/c_ 1126812001. htm。

办利川灯歌、恩施灯戏、建始丝弦锣鼓、巴东堂戏、宣恩三棒鼓、咸丰板凳龙、来凤西兰卡普、鹤峰围鼓八大少数民族非遗大师传习所，多措并举推动民族文化传承发展[①]；泉州市北管传承保护中心自2015年起持续开展"泉州北管"的公益传承培训班，聘请非遗传承人进行教学，每年可传承300人次以上[②]。等等。

（二）民众参与非遗保护、传承与研究的热情持续提高

2月，标志着崖州民歌文化研究正式展开的"崖州民歌文化研究中心"在海南海口市琼台书院揭牌[③]。4月，"沙溪古镇茶马古道白曲创研室"在云南剑川县成立[④]。7月，山东淄博市聊斋俚曲艺术团为市民带来了聊斋俚曲《蓬莱宴》《旷野逢仙》等公益演出，该团自成立以来致力于发扬、传承、宣传、推广聊斋俚曲，已举办公益演出近2000场次[⑤]。8月，剑川县举办了"白曲演唱暨龙头三弦弹奏培训班"，来自全县的85名白曲爱好者跟随传承人姜宗德、李宝妹等学习白曲乐理、演唱技法、三弦弹奏，进一步传承和弘扬剑川白曲文化[⑥]。9月，"2020年怒江州民族民间传统音乐传承与发展研讨会"在云南怒江举行，怒江州所辖四县市的多位傈僳族民歌代表性传承人和民间艺人参加了研讨会[⑦]。11月，淄博市民歌协会等主办的"2020聊斋俚曲研讨会"在

---

① 中共湖北省委统一战线工作部：《恩施州多措并举推动民族文化传承发展》，中共湖北省委统一战线工作部，http：//www.hbtyzx.gov.cn/mzzj/xwdt/26587897452910581.shtml。
② 郑莉莉：《泉州北管：古乐情缘两岸传》，闽南网，http：//www.mnw.cn/quanzhou/news/2241010.html。
③ 陈望：《海南省崖州民歌文化研究中心揭牌　弘扬海南优秀传统音乐文化》，南海网，http：//www.hinews.cn/news/system/2020/12/01/032467173.shtml。
④ 王文开：《剑川县沙溪古镇茶马古道白曲创研室成立》，大理白族自治州人民政府网，http：//www.dali.gov.cn/dlrmzf/c101533/202004/9169a86dc6fe47cdb52fd15e47e7e1c2.shtml。
⑤ 杨峰：《淄博剧院27日上演〈聊斋俚曲〉》，鲁中晨报，http：//news.lznews.cn/luzhong/zibo/202007/t20200724_11608469.html。
⑥ 产婉玲：《剑川白曲传承育乡才》，光明网，https：//m.gmw.cn/2020-08/23/content_1301487918.htm？source=sohu。
⑦ 怒江州文化馆：《2020年怒江州民族民间传统音乐传承发展主题研讨会在怒江西岸举行》，搜狐网，https：//m.sohu.com/a/416966403_99915812。

淄博举行，淄博民歌协会、淄博聊斋俚曲艺术团等进行了聊斋俚曲的表演①；中国传统文化促进会主办的横跨五省市历时 2 个月的 "2020 中国古琴文化艺术交流会暨太古遗音全国古琴巡演音乐会" 在江西南昌揭开序幕②，等等。

此外，自 2013 年起 "京族独弦琴艺术培训基地" 作为京族聚居区唯一的京族独弦琴培训单位，承担了京族独弦琴的教学、保护、传承、展示等工作。截至 2020 年，该基地已累计培养学员 6100 余人次，有 100 余名学员在荣获全国、全区获得各项大奖③。近年来，"黎族竹木器乐" 代表性传承人黄照安在海南 "黎族传统竹木器乐传习所" 中教授鼻箫、口弓、哩咧、哔哒、口拜、灼吧等黎族竹木器乐，学员日益增多，一定程度上缓解 "非遗" 后继乏人的难题④。近年来，云南大理州成立了剑川白曲、白族阿吒力民俗音乐、石宝山歌会、白族布扎、梅园石雕等 11 个传习所，举办 "剑川传统工艺大讲堂" 9 期，每年开展 4 次以上白曲演唱和龙头三弦弹奏培训班、2 次以上剑川白曲进校园进课堂活动等，受益人群达 800 多人，传承后劲不断增强⑤。由此可见，在非遗管理部门的积极推动下，社会民众参与非遗保护、传承与研究的热情越来越高。

四 社会传播：项目竞赛、展播演出、文旅融合的 "三位一体" 模式

从非遗传播来看，2020 年在通过项目竞赛、展播汇演等进行非遗技艺、

---

① 张铭：《雅俗共赏传承百年：2020 聊斋俚曲研讨会举行》，搜狐新闻网，https：//www. sohu. com/a/432229248_ 224177。
② 《2020 中国古琴文化艺术交流会暨 "太古遗音" 古琴巡演音乐会盛大举行》，搜狐网，https：//www. sohu. com/a/432655954_ 120166798。
③ 东兴京族独弦琴艺术培训基地：《东兴京族独弦琴艺术培训基地公益培训班招生啦》，东兴旅游资讯，https：//www. sohu. com/a/394091794_ 99900322。
④ 王晓斌：《海南保亭黎族 "非遗" 项目创新中焕发 "又一春"》，中国新闻网，http：//www. chinanews. com/cul/2020/09－27/9301310. shtml。
⑤ 大理州委统战部：《大理剑川：非遗之花绽放在脱贫攻坚一线》，中共云南省委统战部，http：//www. swtzb. yn. gov. cn/ggbf/202011/t20201125_ 1034999. html。

技能和文化传播的基础上，另与"文化旅游""非遗文创"等形式紧密结合，形成了多元化的非遗传播模式。

（一）"项目竞赛"与非遗传播相结合

1月，广东梅州市举办了"献礼新中国成立70周年——客家山歌微信群歌友擂台大赛"，大赛以"以歌会友　广结歌缘　切磋砥砺　共襄传承"为主题，展示了客家山歌非遗文化魅力，共有72位来自不同"客家山歌爱好者"微信群的山歌手同台即兴斗歌，冯宗胜等四位山歌手获得了金奖①。5月，广东乳源瑶族自治县举办"2020瑶族民歌微视频大赛"②。8月，上海浦东新区举办了第三届"惠南杯"青少年琵琶邀请赛，来自惠南镇、康桥镇、新场镇的18名青少年以三镇联合的方式参赛，体现出了惠南传承、发扬"琵琶艺术·浦东派"，打造"琵琶艺术之乡"的努力和决心③。11月，安徽凤阳县举办了"滁州市首届民间吹打乐大赛"，此次大赛良好的推进了皖东地区民间吹打乐保护传承④；广东深圳市举办"第三届阳台山全国实景山歌大赛总决赛暨闭幕式颁奖晚会"，共有来自全国15个省份的200多名选手参赛，兴国山歌代表性传承人谢立华夺得"客家山歌王"⑤；贵州黔东南州举办了"第二届苗族民歌百村歌唱大赛（台江赛区）"，来自凯里、黄平、剑河、雷山、施秉、台江等地区的九大苗族民歌支系，共展示和传承

---

① 汪思婷：《72名选手即兴"斗山歌"！梅州客家山歌擂台赛金奖出炉》，快资讯，https：//www. 360kuai. com/pc/9187e8577bfe73130？cota＝3&kuai_ so＝1&sign＝360_ 57c3bbd1&refer_ scene＝so_ 1。

② 乳源瑶族自治区非遗保护中心：《唱响非遗旋律，寻找最美乡音》，乳源文化广电旅游体育局，http：//www. ruyuan. gov. cn/sgrywgj/gkmlpt/content/1/1804/post _ 1804895. html？jump ＝false#6327。

③ 张琪：《首次携手新场康桥开展青少年琵琶比赛　惠南打造"琵琶艺术之乡"又出新招》，https：//www. 360kuai. com/pc/91b313ed9874d48da？cota ＝3&kuai _ so ＝1&sign ＝360 _ 57c3bbd1&refer_ scene ＝so_ 1）。

④ 市文化馆、公共服务科：《市文旅局召开首届民间吹打乐大赛工作协调会》，滁州市文化和旅游局，http：//ct. chuzhou. gov. cn/xxfb/gzdt/1104126741. html。

⑤ 刘珊伊：《兴国山歌手谢立华"封王"》，快资讯，https：//www. 360kuai. com/pc/92ad9a78 fc0a3a51b？cota ＝3&kuai _ so ＝1&sign ＝360_ 57c3bbd1&refer ＝scene ＝so_ 1。

了 36 支古歌、20 支飞歌、20 支情歌、14 支青少年苗歌，其中，凯里苗岭笙歌队《开天辟地》荣获古歌类一等奖、凯里交榜合唱队《脱贫攻坚颂歌》荣获飞歌类一等奖、台江歌舞协会方召情歌组合《相思最是催人瘦》荣获情歌类一等奖、台江番省小学《俩俩哩》荣获青少年苗歌传承类一等奖①；辽宁沈阳市举办"辽宁鼓乐对棚展演赛"，来自全省的 13 支鼓乐队登台对棚竞赛，演奏了《逐逐镲》《句句双》《小朝元》《得胜令》《花池》等鼓乐曲目，展示了辽宁鼓乐保护与传承的优秀成果②。湖北枝江市举办"枝江市第五届民间吹打乐大赛"，来自全市的 14 支代表队同台比拼，演奏 20 支枝江民间吹打乐经典曲目，为观众带来了非遗艺术盛宴③；青海西宁市举办"民族团结杯 第七届扎木念弹唱大赛"，甘肃省甘南州玛曲县的选手尕藏扎西获得冠军④。12 月，甘肃肃南裕固族自治县举办了"春绿陇原 喀尔喀蒙古长调民歌大赛"，来自内蒙古自治区、甘州区平山湖蒙古族乡、肃南县白银蒙古族乡的 45 名参赛选手展开激烈角逐，展示了流传千年的蒙古族长调独有的魅力⑤。

总体而言，以"项目竞赛"促进相关非遗项目（特别是少数民族非遗项目）技艺、技能、文化的传播，在 2020 年具有突出代表性。

（二）"展播演出"与非遗传播相结合

1 月，"山东省非物质文化遗产月"启动仪式在山东剧院举行，菏泽市

---

① 邓东风：《2020 年黔东南民族文化生态保护实验区第二届苗族民歌百村歌唱大赛（台江赛区）隆重举行》，贵州省文化和旅游厅，http：//whhly.guizhou.gov.cn/xwzx/wldt/202011/t20201130_65428455.html。
② 王秒：《辽宁鼓乐对棚展演赛举行》，沈阳网，https：//news.syd.com.cn/system/2020/11/23/011884748.shtml。
③ 章巧慧等：《枝江举办民间吹打乐大赛助力非遗传承》，荆楚网，http：//yc.cnhubei.com/content/2020-11/13/content_13446812.html。
④ 青海网络广播电视台：《"民族团结杯"第七届扎木念弹唱大赛圆满落幕》，新华网，http：//www.qh.xinhuanet.com/2020-11/21/c_1126771509.htm。
⑤ 赵鹏等：《肃南县举办"春绿陇原"喀尔喀蒙古长调民歌大赛》，快资讯，https：//www.360kuai.com/pc/918b4b0199568111d？cota=3&kuai_so=1&sign=360_7bc3b157。

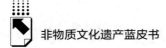

文化馆倾力打造的鲁西南鼓吹乐精品力作——《鼓乐丰年》参加了此次开幕式①。6月，山东嘉祥县举办了非遗宣传展演活动，嘉祥鲁西南鼓吹乐、山东梆子、渔鼓坠子、山东琴书等形式多样的非遗项目精彩亮相②。7月，广东广州市举办了国家艺术基金2019年度舞台艺术创作资助项目《合乐古今踏歌行——广州大剧院童声合唱团非遗作品音乐会》，广州大剧院童声合唱团作为年轻一代的"非遗文化使者"，演出了根据土家族咚咚喹、哈尼族民歌、布朗族民间曲调、蒙古族民歌等改编的《咚咚喹》《其多列》《月亮宝贝》《欢乐的那达慕》等众多曲目③。8月，山东日照市举办了精品剧目汇报演出，鲁南五大调之首的《满江红》获得了民众的热烈欢迎④。9月，内蒙古鄂尔多斯市举办了"第三届内蒙古地方戏优秀剧目暨沿黄省区地方戏展演活动"，准格尔旗乌兰牧骑原创漫瀚调音乐剧《牵魂线》参加展演，并荣获最佳剧目奖、个人导演奖、编剧奖、优秀表演奖、新人奖、舞美设计奖等8项大奖⑤。10月，广州增城区举办了"金秋丰收庆双节　广东汉乐月光音乐会"，艺术家们表演了传统广东汉乐演奏、广东汉乐吹打乐齐奏、广东汉乐舞蹈、笛子独奏、二胡独奏、客家山歌等，为市民上演了一场精彩的月光音乐会⑥；福建厦门市举办了"汇聚正能量　自豪中国人"致敬中国最美逆行者大型文艺汇演，黑龙江伊春森林之声艺术团表演的《林区采运号

① 李德领：《菏泽市国家级非遗项目鲁西南鼓吹乐亮相省非遗月开幕式》，大众网山东新闻网，http：//sd. dzwww. com/sdnews/202001/t20200120_ 4787075. htm。
② 好客山东：《嘉祥县：78项非遗项目亮相"文化和自然遗产日"》，澎湃新闻网，https：//www. thepaper. cn/newsDetail_ forward_ 7881859。
③ 曾震宇：《"合乐古今踏歌行——广州大剧院童声合唱团非遗作品音乐会"举行》，《光明日报》，https：//news. gmw. cn/2019 –07/23/content_ 33022714. htm。
④ 庞远栋：《东港区国家级非遗项目〈满江红〉精彩上演》，日照市东港区人民政府网，http：//www. rzdonggang. gov. cn/art/2020/8/24/art_ 33469_ 9675246. html。
⑤ 准格尔文化旅游：《喜讯！漫瀚调音乐剧〈牵魂线〉荣获大奖!》，彭湃新闻网，https：//www. thepaper. cn/newsDetail_ forward_ 9224016。
⑥ 徐静：《广州增城广东汉乐团：在荔乡奏千年古乐》，广州日报大洋网，https：//news. dayoo. com/gzrbrmt/202011/02/158543_ 53633138. htm。

子》在该次汇演的 138 个参赛节目中获得了唯一的"特金奖"①。

此外，山西"河曲民歌二人台艺术团"赴广东中山市参加"第十二届中国民间艺术节"，并以《三天路程两天到》《打蓝靛》两支歌曲参加了开幕式和艺术节的公益表演②。"广东省中小学广东音乐交流展示活动"在广东省外语艺术职业学院举行，本次展演共收到报送节目 107 个，共评出一等奖 16 个、二等奖 26 个、三等奖 43 个、优秀组织奖 9 个，极好地促进了"广东音乐"在广东省内中小学的传承、传播和交流③。总体而言，各级各类的公益性参展和社会性演出等，都极大地促进了相应传统音乐类非遗文化的传播。

（三）"文旅融合"与非遗传播相结合

5 月，安徽宁国市举办了"健康旅游·美好安徽——安徽省 2020 年'中国旅游日'主题活动"，畲族民歌、宁国民歌等在该活动中进行了文化展演，彰显了安徽非遗文化的旅游潜力和文化魅力。该活动同步举办了"赏花、听戏、看非遗""旅游达人邀您一起云游云梯花溪谷"等网络直播宣传和营销活动④；湖北丹江口市将吕家河民歌与乡村旅游结合在一起，大批游客来到吕家河采摘品尝新鲜蓝莓时，原汁原味的吕家河民歌让现场游客纷纷叫好，甚至开启了点歌模式，气氛格外欢乐⑤；广东乳源文化广电旅游体育局为了进一步保护和传承瑶族民歌，在瑶歌《十二月花》的基础上，

---

① 邢国军：《"森林之声"唱响群众文化主旋律》，中国新闻网，http：//www. hlj. chinanews. com/hljnews/2020/1208/79783. html。

② 河曲民歌二人台：《河曲民歌二人台艺术团赴广东省中山市参加第十二届中国民间艺术节》，戏曲网，http：//www. xijucn. com/errentai/101557. html。

③ 朱薇：《承传优秀岭南文化 广东省中小学"广东音乐"交流展示活动成功举办》，央广网，http：//m. cnr. cn/news/20201128/t20201128_ 525345878. html。

④ 宁国市文旅局：《健康旅游·美好安徽——安徽省 2020 年"中国旅游日"宣城市宁国市主题活动在云梯花溪谷举行》，宁国市文旅局，http：//www. ningguo. gov. cn/OpennessContent/show/1877167. html。

⑤ 彭涛：《丹江口市：听吕家河民歌 品太子道蓝莓》，十堰广电网，http：//syiptv. com/article/show/122032。

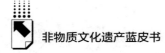
创作出了瑶歌新作品《瑶花花开》，并将其作为"非遗进乡村""非遗进集市"等系列活动的主题曲而广为传唱①。7月，湖南龙山县苗儿滩镇被授牌为"2020年湖南省十大特色文旅小镇"，该镇的国家级非遗土家族咚咚喹、原生态土家民俗风情等与当地的惹巴拉旅游景区、惹巴拉宫影视基地等旅游景点紧密结合，2020年虽受疫情影响，仍接待了40.7万人次的游客，实现旅游收入3.05亿元②。9月，"第七届安徽省文化惠民消费季——徽州民歌非遗专场"在黄山市徽州大剧院举行，来自黄山市三区四县以及江西省婺源县的徽州民歌传承人同登台，以各自方言共唱徽歌③。10月，浙江绍兴市举办了以"文创赋能 融合发展"为主题的"2020绍兴文化产业发展大会"，嵊州吹打、嵊州泥塑、嵊州竹编、嵊州根雕等非遗产业在会上举行了充分展示④。

此外，自2012年起，重庆川江号子与"印象·武隆"山水实地演出相互结合，至今已经演出了接近3000场，观演人数突破额300万人，仅门票收入就达到了4亿元，让当地近10万人吃上了"旅游饭"，3万余名贫困群众因从事旅游服务而脱贫⑤。自2017年起，西岭山歌演出队每年节假日都在成都西岭雪山游客中心处实景演出，西岭山歌已经成了大邑文化旅游响亮的诗意名片⑥。近年来，云南泸水市设立了5个"傈僳族民歌"传承点，在六库向阳桥江东桥头每天一小时的"傈僳族民歌"展演活动，并在傈僳

① 乳源瑶族自治区非遗保护中心：《唱响非遗旋律，寻找最美乡音》，乳源文化广电旅游体育局，http：//www.ruyuan.gov.cn/sgrywgj/gkmlpt/content/1/1804/post_1804895.html？jump=false#632。
② 李孟河：《苗儿滩：土家风情惹人醉》，《湖南日报》，http：//www.hunantoday.cn/article/202007/202007260833592838.html。
③ 胡高华等：《方言唱响徽歌 遗韵留住乡愁——"徽州民歌非遗专场"在徽州大剧院上演》，安青网，http：//www.ahyouth.com/news/20200929/1487198.shtml。
④ 嵊县傀：《嵊州"大片"最新出炉，惊艳绍兴》，大嵊州网，https：//www.bigshengzhou.com/detail/31556。
⑤ 余俊杰等：《非遗进景区为文旅发展注入新动力》，新华网，http：//www.xinhuanet.com/2020-11/09/c_1126717542.htm。
⑥ 大邑水务：《"雪山下的公园城市·大邑"之诗意雪山》，网易新闻网，https：//www.163.com/dy/article/FUHB2O1S0514N516.html。

"阔时节""尚旺节"等系列活动中，开办了"旅游发展综合培训班"，有效促进了"傈僳族民歌"保护传承的文旅融合①。近年来，甘肃酒泉阿克塞哈萨克族自治县将非遗与旅游有机结合，以阿肯阿依特斯传承基地、民族歌舞传习基地促进生产性保护，以哈萨克冬不拉弹唱传承基地、民族刺绣基地等"非遗进校园"实现薪火相传，打造"激情阿克塞·好客哈萨克"特色文化旅游品牌②。近年来，藏羌戏曲进校园走进景区系列活动"在四川阿坝州九寨沟景区举行，并在黄龙景区、四姑娘山景区、达古冰川景区同步开展，在九寨沟景区会场，南坪曲子、藏羌戏曲经典等曲目剧目的展演吸引了3000余名游客驻足观赏③。

"非遗文创"的迅猛发展，成为2020年非遗传播的重要内容。11月，裕固族民歌、裕固族服饰等肃南非遗项目在上海举办的"第三届中国国际进口博览会"中亮相，传承人在博览会现场介绍了裕固族历史、传统文化，展示了别具特色的裕固族民族服饰、精美的裕固族工艺产品并现场演唱裕固族民歌等，吸引了众多当地居民、周边商家和游客驻足观赏，国外友人也对裕固族丰富多彩的民俗文化和文创产品赞叹不已④。12月，在第十三届海峡两岸（厦门）文化产业博览交易会中，来自贵州黎平县侗族大歌艺术团的4位侗族姑娘热情献唱了侗族大歌、侗族琵琶歌等，让游客、展商和厦门市民领略到了"多彩贵州"的文化魅力⑤。12月，"首届四川省文创大会"在成都开幕，73岁的"南坪曲子"传承人黄德成与6位当地民间艺术家携手，

---

① 泸水市文化和旅游局：《泸水市文化和旅游局2020年工作总结及下半年工作计划》，泸水市人民政府网，https：//www.ynls.gov.cn/xxgk/MB0X3186X/info/2020–152670.html。
② 陈德胜：《文旅融合"唱大戏""诗和远方"在阿克塞》，中国酒泉网，http：//www.chinajiuquan.com/2020/0103/2107.shtml。
③ 胡江：《"藏羌戏曲"走进阿坝州四大景区》，阿坝藏族羌族自治州人民政府网，http：//www.abazhou.gov.cn/abazhou/c101955/202005/53312ab2f3f2486d9297bb96dad7b79b.shtml。
④ 肃南裕固族自治县融媒体中心：《肃南：裕固族国家级非物质文化遗产走进进博会》，澎湃新闻网，https：//www.thepaper.cn/newsDetail_forward_9918698。
⑤ 黔东南身边事：《黎平侗族大歌亮相第十三届海峡两岸（厦门）文化产业博览交易会》，快资讯，https：//www.360kuai.com/pc/97a4b81a38af66e50?cota=3&kuai_so=1&refer_scene=so_3&sign=360_da20e874。

在现场展示了"背工曲子"和"花调曲子"两大门类的南坪曲子①，等等。

总体而言，2020年非遗传播，在秉承2019年度"走出去"与"请进来"的文化交流，"媒体性"与"表演性"的文化传播，"论坛性"与"雅集性"的文化展示等常规性传播模式的基础上，形成了通过项目竞赛、公益展演、文旅融合的"三位一体"进行传播的多元化非遗传播格局。

五　创新发展：网络平台构建

3月，贵州黎平侗族大歌艺术团"云音乐会"正式上线，市民朋友可在线免费观看侗族大歌、侗族琵琶歌，第一期上线的侗族琵琶弹唱《移民新村喜事多》，唱出了侗家人民歌颂党、感恩党的心声②。

4月，石柱县组织"石柱土家啰儿调"等非遗项目进校园、进景区、进乡村，并组织非遗项目参加各种文化交流展演的相关活动，先后在央媒、其他省市级媒体转载100余次，重庆市内媒体宣传200多次，自媒体宣传转载超过500万次，累计点击量超过5000万次③。

6月，"文化和自然遗产日"期间，"2020年左权民歌汇"活动掀起了一股民歌热潮，全民文化的创造力得到了极大彰显。在人民网、新华网、光明网、凤凰网、今日头条等平台各种形式的推送后，网上总阅读量突破3亿人次，报名总人数达3266名（组），比2019年报名总人数2079人增加1187人增长57.1%，其中硕士博士178人占比15.8%。截至7月6日人民网的总投票数达到783万余票，网络点赞达1.18亿人次，是2019年的5.4

① 杨艺茂等：《大熊猫、南坪曲子、蜀绣、竹编，在四川文创精品馆，看见文创开发新可能》，四川在线：https：//sichuan.scol.com.cn/ggxw/202012/57975678.html。
② 贵州省文化和旅游厅：《声临其境！贵州黎平侗族琵琶歌开启"云音乐会"》，澎湃新闻：https：//www.thepaper.cn/newsDetail_forward_6476771。
③ 彭光灿等：《石柱：康养之城　绿色崛起》，人民网重庆频道：http：//cq.people.com.cn/n2/2020/0410/c365411-33938913.html。

倍，"左权民歌汇"已经成为山西一张耀眼的文化名片①；云南红河州非遗展演活动在云南红河李怀秀李怀福非遗传习所举行，彝族海菜腔、烟盒舞、哈尼族多声部民歌、四季生产调、花腰民歌对唱、彝族吹奏弹拨乐、栽秧鼓等非遗项目纷纷亮相网络直播活动，观看人数超过12.5万人次②；湖北武当山清微道院围绕五武当山宫观道乐、武当武术、武当山道教医药三项非遗项目举行了"非遗主题直播活动"，吸引近4万人观看③；"惠东渔歌·筑梦深蓝"非遗主题直播在广东惠州举办，吸引总观看量高达1150万人次，高峰在线观看人数达到了18.2万人。"我要去惠东·最美秀出来"的微博话题新增阅读量5580万，全平台曝光量高达6730万，在全网掀起了游惠东、观山海、赏非遗的关注热潮④。侗族琵琶歌《特殊礼物》进行网络直播，以湘江战役为故事主线，彰显了"不忘初心，牢记使命"的时代主题⑤；湖北宜昌市夷陵区紧扣"非遗传承　健康生活"主题，通过网络平台对"宜昌丝竹"等4项国家级非遗代表性项目进行了展示⑥。

9月，"2020年傈僳族民歌展演"在云南怒江州举行，并通过云南公共文化云平台进行同步直播。傈僳族民歌传承人阿车恒、李学华等先后带来了《创世纪》《瓦肯》《石月亮的声音》《傈僳儿女歌颂党》等多首木刮、摆时、优叶的傈僳族民歌代表作⑦。11月，"2020池州杯长三角民歌邀请赛"

---

① 路丽华、史俊杰：《翻山越岭觅"知音"　好歌恰在太行山——"左权民歌汇"释放全民文化创造力》，彭湃新闻网，https：//www. thepaper. cn/newsDetail_ forward_ 8222088。
② 李捷：《云南红河：直播带货走出"非遗"推广新路子》，中国网，http：//union. china. com. cn/txt/2020－06/15/content_ 41186395. html。
③ 周仑：《直播间里看非遗　网友直呼过瘾　武当3个项目精彩亮相》，十堰市文化和旅游局网，http：//wlj. shiyan. gov. cn/xwzx/xqdt/202006/t20200616_ 2062538. shtml。
④ 惠州市惠东县平海镇人民政府：《"惠东渔歌·筑梦深蓝"惠东非遗直播活动在平海镇顺利开展》，惠州市惠东县平海镇人民政府网，http：//www. huidong. gov. cn/hzhdphz/gkmlpt/content/3/3918/post_ 3918737. html#3729。
⑤ 金凯乐：《侗族琵琶歌〈特殊礼物〉》，广西网视，http：//tv. gxnews. com. cn/staticpages/20200615/newgx5ee75999－19622289. shtml。
⑥ 宜昌市夷陵区文化馆公众号：《非遗展示网络化　夷陵瑰宝进万家》，彭湃新闻网，https：//www. thepaper. cn/newsDetail_ forward_ 7835763。
⑦ 和倩等：《赏傈僳族民歌展演享视听盛宴》，怒江大峡谷网，https：//www. nujiang. cn/2020/0904/80547. html。

在安徽池州市举行，来自江浙沪皖四地的 14 支民歌队伍展开了激烈的角逐，浙江景宁畲族民歌《高皇歌》、东至民歌《洗菜苔》荣获最佳传承奖，大别山民歌《慢赶牛郎在高山唱山歌》、徽州民歌《牧牛山歌》等荣获最佳表演奖，贵池民歌《欢迎客人池州来》、上海民歌《上海港码头号子本帮篇》、当涂民歌《秧歌号子——唱的绿海泛金波》、高邮民歌《隔趟栽》获最佳创编奖。本次大赛通过国家公共文化云、安徽公共文化云全程网络直播，播放量总计超过了 50 万次。①

此外，四川凉山彝族自治州成立了专门演唱彝族民歌的"拾光者计划"合唱团，截至 2020 年底，该合唱团的快手账号"小乌力——拾光者计划"已经拥有了超过 18 万的粉丝，通过网络平台将彝族民歌带给了全国听众②。漫瀚调国家级非遗传承人奇附林家带领弟子们搞起了快手直播，通过网络唱响这"天下第一调"，粉丝量达到 15 万。通过文艺演出、书本记录、开班授课等方式，传承人带领漫瀚调走出了山沟峁梁，走向了艺术殿堂③。总体而言，网络平台的传播优势和便利性，不仅让上述传统音乐类非遗项目得到了极大的创造性转化和创新性发展，而且对于所有的"170 项传统音乐类项目"而言，都是极具示范意义和借鉴可行的发展方向。

六　建议与展望

其一，学术研究方面，在继续保持高水平学术刊物文章、学术专著、硕博士学位论文持续产出的同时，需要更加深刻的思考和论证传统音乐类非遗文化与中华优秀传统文化全面复兴之间的关系；少数民族传统音乐类非遗文化与铸牢少数民族中华民族共同体意识之间的关系；传统音乐类非遗文化的

---

① 池州市文化和旅游局：《2020 '池州杯' 长三角民歌邀请赛成功举办》，百度，https：//baijiahao. baidu. com/s？id ＝ 1684783733954766650。

② 蔡世奇：《山里有个年轻的彝族合唱团　借助快手为全国观众唱民歌》，封面新闻，https：//www. thecover. cn/news/7331261。

③ 来春誉等：《一曲漫瀚情悠悠》，人民网内蒙古频道，http：//nm. people. com. cn/n2/2020/0721/c196667 – 34171755. html。

海外传播与海外华人华侨中华民族共同体意识之间的关系，以及非遗文化与人类命运共同体之间的关系，等等。

其二，校园传承方面，在持续推进"非遗进校园""非遗进课堂""非遗进课程""校园非遗基地"建设等校园传承模式的基础上，需要思考和论证将属地非遗项目、非遗文化纳入属地国民教育体系中的相关问题，并需要持续论证和推进非遗学历教育、非遗"本硕博"三级学位教育、非遗从业资格教育等非遗学科化的相关问题。

其三，社会传承方面，需要在各级党委政府的领导之下，将非遗的社会化传承与乡村振兴、文化惠民、优秀传统文化复兴等国家战略紧密结合，充分发挥传统音乐类非遗对象的文化特点和文化属性，将自身技艺、技能、文化的社会传承与国家的战略宣传、政策普及结合在一起，充分发挥传统音乐类非遗对象的文化宣传功能。

其四，社会传播方面，进一步推进项目竞赛、展播演出等传播方式的深入发展，并核心关注、论证和研究传统音乐类非遗项目融入属地文化旅游的途径、方式和方法。将传统音乐类非遗项目的保护、传承、传播融入属地旅游之中，全过程、多角度、全方位的实现文旅融合，创建文化品牌，创新旅游产品，培育文旅热点。

其五，创新发展方面，面对新冠肺炎疫情的影响，如何通过网络平台的建立和使用，促进自身技艺、技能和文化的创造性转化和创新性发展，是所有"170项传统音乐类项目"需要思考、借鉴和实施的。

非遗的保护发展进入了新时代，随着国家"十四五"规划的全面铺开；随着优秀传统文化全面复兴、乡村振兴、全域旅游等国家重大战略的全面推广和实施；随着非遗学科化、非遗全民化、非遗共享化、非遗产业化等方案和路径的持续论证、出台、施行和深入等，"170项传统音乐类项目"的传承、保护、发展和创新，也必将在新时代迎来更大的机遇。

B.4
守正创新：戏曲艺术实践与理论的再认识

——2020 年度传统戏剧发展研究报告

倪彩霞 *

摘　要：　2020年,在新冠肺炎疫情面前，中国民众上下同心，不仅控制
了疫情蔓延，还完成了脱贫攻坚的任务，实现全面建成小康
社会的百年奋斗目标。在这一年，传统戏剧的保护实践和理
论探讨围绕"守正创新"主题进一步深化和拓展。保护实践
在继承艺术传统、探索艺术创新、加强专业人才培养、推进
行业整体性保护等方面做出努力；理论探讨从戏曲史、剧种
史、艺术体系建构等诸多角度深入，进行学术反思、调整和
完善，其中"戏曲现代化"问题受到热议。在明确"守正创
新"的总体发展思路基础上，传统戏剧尚需在以下方面寻求
突破：厘清非遗语境中"传统戏剧"与"戏曲"概念的适用
范围；重建地方戏的乡村文化生态，真正做到"还戏于
民"；丰富、探索传统戏剧的传播途径和展演方式。

关键词：　守正创新　抗疫扶贫　戏曲现代化　乡村文化生态　沉浸式戏剧

一　守正、创新——传统戏剧传承发展的关键词

2020 年 10 月 12～13 日，习近平总书记赴广东考察，先后到潮州、汕头

---

* 倪彩霞，文学博士，中山大学中国非物质文化遗产研究中心、中文系副教授。

等地调研。在广济楼，习近平观看非遗传承人现场制作演示，深入了解潮州传统技艺传承情况，指出："潮州文化具有鲜明的地域特色，是岭南文化的重要组成部分，是中华文化的重要支脉。以潮绣、潮瓷、潮雕、潮塑、潮剧和工夫茶、潮州菜等为代表的潮州非遗，是中华文化的瑰宝。要加强非遗保护和传承，积极培养传承人，让非遗绽放出更加迷人的光彩。"① 传统戏剧是我国非物质文化遗产十大类之一，是中华优秀传统文化的重要组成部分，348 个剧种以及木偶戏、皮影戏充分体现了我国传统戏剧的文化多样性。

10 月 23 日，习近平回信勉励中国戏曲学院师生，再一次提到传统戏剧是"中华文化的瑰宝"，对中国戏曲学院在传统戏剧的传承发展中所起作用提出殷切期望，指出："戏曲是中华文化的瑰宝，繁荣发展戏曲事业关键在人。希望中国戏曲学院以建校 70 周年为新起点，全面贯彻党的教育方针，落实立德树人根本任务，引导广大师生坚定文化自信，弘扬优良传统，坚持守正创新，在教学相长中探寻艺术真谛，在服务人民中砥砺从艺初心，为传承中华优秀传统文化、建设社会主义文化强国做出新的更大的贡献。"② 在中国近百年的奋斗史中，中华优秀传统文化、革命文化、社会主义先进文化为国家和广大民众提供了生生不息的精神力量，在今后将继续发挥基石的作用。守正创新，就是在全面了解传统戏剧的历史脉络、艺术体系和文化传统的基础上，把握表演艺术的本体特征和文化内核，面向未来探索新的故事和表现形式，在实现中华民族伟大复兴中国梦的道路上凝聚民心、锻铸民魂。

中国政府把非遗保护纳入国家发展规划，相关部门相继出台政策，对推动包括传统戏剧在内的非遗传承和发展产生重要影响。教育部在 6 月 3 日发布的《关于开展 2020 年中华优秀传统文化传承基地遴选工作的通知》中提到，2020 年计划在全国普通高校"遴选产生 20 个左右中华优秀传统文化传承基地。传承项目主要包括：民族民间音乐、民族民间美术、民族民间舞

---

① 《以更大魄力在更高起点上推进改革开放》，《人民日报》2020 年 10 月 16 日，第 1 版。
② 《在教学相长中探寻艺术真谛》，《人民日报》2020 年 12 月 26 日，第 1 版。

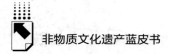

蹈、戏剧、戏曲、曲艺、传统手工技艺和民族传统体育等"①。近年来，教育部与文旅部合作，积极推动中华优秀传统文化传承学校和基地的建设。2020年全国已建设1484所中小学中华优秀文化艺术传承学校，依托80所高校建设中华优秀传统文化传承基地。对于十三届全国人大三次会议第9852号建议："推进'非遗进校园'工作常态化全面加强青少年人文教育和劳动教育。"教育部与财政部、文旅部协商后做出答复：将通过基础教育、高等教育、职业与成人教育等不同层面进一步做好"非遗进校园"的制度保障和实践工作，加强非遗专业教师队伍建设，积极构建多层次非遗课程体系。② 以上举措对推动包括传统戏剧在内的非遗深入民心、夯实基础认知、增强根本认同有着积极作用。

文旅部2019年审议通过的《国家级非物质文化遗产代表性传承人认定与管理办法》于2020年3月1日开始施行，从制度到操作层面规范和细化了非遗代表性传承人的认定与管理工作，进一步加强对代表性传承人的品行和道德操守的要求，完善传承活动的评估体系，落实代表性传承人退出机制。从艺术生产的角度来说，传统戏剧关系着编创者、表演群体和观众群体，实际上是集个体传承、集体传承与大众实践于一身的项目，对传统戏剧的代表性传承人认定应该有一个更加开放的思路。该办法中提道："对于主要依靠集体传承、大众实践的项目，要更加审慎地推荐认定个人为国家级非物质文化遗产代表性传承人。鼓励试点开展代表性传承团体认定工作。"这是代表性传承人认定工作的一种进步，也对管理工作提出新的挑战。文艺工作呼吁"高峰"，期待代表性的作品和表演艺术家，对于艺术水平、艺术素养、艺术德行俱佳的传承人应该积极认定，而对于艺术水平尚可、艺术素养和品行有缺憾、群众口碑不怎么样的传承人应该谨慎

---

① 《关于开展2020年中华优秀传统文化传承基地遴选工作的通知》，教育部官网，http://www.moe.gov.cn/srcsite/A17/moe_794/moe_628/202006/t20200615_466006.html。
② 《对十三届全国人大三次会议第9852号建议的答复》，教育部官网，http://www.moe.gov.cn/jyb_xxgk/xxgk_jyta/jyta_jkw/202009/t20200921_489387.html。

认定，从多年基层剧团的田野调查来看，传承人个人认定存在"权力至上""矮子里面拔高个儿""德艺不配位"等现象，传统戏剧传承人宁缺毋滥，可以尝试团体认定。

为了推进非遗的传承发展，文旅部通过了第五批国家级非遗代表性项目的评审，2020年12月22日至2021年1月19日对新列入推荐名录的337项非遗进行公示。其中传统戏剧9项，分别为南路丝弦、吉剧、满族新城戏、杂剧作场戏、宁河戏、端公戏、白族吹吹腔、巴贡、土生土语话剧。文旅部与粤港澳大湾区建设领导小组办公室、广东省联合制定《粤港澳大湾区文化和旅游发展规划》，把文化与自然遗产、非物质文化遗产的系统性保护与人文湾区的建设结合起来，对包括粤剧在内的非遗的中长期发展有着积极意义。

二 抗疫、扶贫——传统戏剧保护实践的重要主题

2020年是我国全面建成小康社会和"十三五"规划收官之年，这一年的非遗保护实践紧扣"扶贫""抗疫"主题展开。在新冠肺炎疫情期间，传统戏剧的跨国交流、研讨受到影响。上半年各类展演活动转为线上进行，下半年疫情得到有效控制后，线下活动逐步得到恢复，由此传统戏剧的保护实践摸索出线上线下互为补充、充分利用互联网拓展活动形式的路径，与传统戏剧相关的视频号、公众号、小程序、直播、小商店等数字化工具的开发利用，进一步激活了传统戏剧的文化公益价值和商品市场价值。传统戏剧的展演与非遗日、非遗周、非遗月、非遗展演、非遗博览会相结合，活跃于线上线下。传统戏剧的专题研讨会、传承人培训、保护工作培训、助力精准扶贫和服务区域发展座谈等，也充分利用互联网展开。

春节、元宵节是中国人最为重视的传统节日，"非遗过大年，文化进万家"系列文化活动于2020年元旦前后在全国展开。"传统戏剧、曲艺、传统美术、传统体育游艺与杂技、民俗等多个非遗门类，共覆盖全国142个贫困县，26个省（区、市）共组织140支非遗小分队，举办约300场文化活

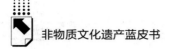
动，为基层群众送去丰盛的'文化年货'。"① 传统戏剧以国家级、省级非遗代表性项目为主力，剧团、民间班社组队到县城、乡镇和村落开展"送戏进社区""送戏进校园"等活动，一系列传统剧目与经典折子戏为老百姓带来艺术的盛宴，迎接春节的到来。

一场突如其来的疫情在华中地区悄然降临，传统戏剧的展演活动迅速转为线上进行。在疫情"震中"地区，武汉市杖头木偶戏传承人庄源和同事们不能回剧团，"做为木偶演员，手里没有木偶，就像战士没有了枪"②。大家想出一个办法：利用旧视频重新配音和剪辑，创作了木偶短片《抗病毒小宣传》。作品于2020年2月2日对外发布，2月4日向武汉各小学、幼儿园全面推送，给孩子们送去精神食粮。福建省晋江市掌中木偶艺术保护传承中心1月31日接到征集抗击疫情主题文艺作品的通知，马上组织编创了时事剧《亲姆拜年》。"在非常时期，作为文艺工作者的我们也肩负着社会责任感和使命感，用木偶这种形式提醒民众提高防范意识，也为防抗疫情前线的医护人员、工作人员鼓劲加油。"③ 主创团队在做好个人防护的前提下合成彩排、录制，2月4日开始在晋江电视台播出，大获好评。江苏省推出"宅家看大戏"线上展演，"国家级非遗代表性项目昆曲代表性传承人石小梅，其工作室联手省昆剧院等推出'2020春风上巳天·云看戏'系列活动，召集来自全世界39个国家和地区的2221位昆曲爱好者在'云端'共赏四场昆曲演出，并将3.7万元线上'打赏'收入全部捐献给武汉协和医院"④。

传统戏剧传承人和保护单位以抗疫为题材，创作出一批紧扣现实、正向宣传的短剧、戏歌和唱段，通过数字化工具合成、剪辑和演播，表现出传统

① 《"非遗过大年 文化进万家"系列活动广泛开展尽显文化"年味"》，中国政府网，2020年1月9日，http：//www.gov.cn/xinwen/2020 - 01/09/content_ 5467892.htm。

② 《武汉杖头木偶传承人：用木偶短片向儿童宣传防疫知识》，中国非物质文化遗产网，2020年2月5日，http：//www.ihchina.cn/project_ details/20567/。

③ 《掌中木偶"戴"口罩 非遗战"疫"有新意》，中国新闻网，2020年2月4日，https：//baijiahao.baidu.com/s？id = 1657586174738659168&wfr = spider&for = pc。

④ 参见《江苏非遗不缺席，携手抗疫暖人心》，中国非物质文化遗产网，2020年2月21日，http：//www.ihchina.cn/Article/Index/detail？id = 20617。

戏剧反映现实生活、与时俱进的创新能力。湖南省花鼓戏、皮影戏、祁剧涌现《携手待凯旋》《无双国士钟南山》《同心协办抗疫情》《温暖雁峰》《乡村战"疫"》《誓将毒魔一扫光》等一批原创短剧。① 江苏省淮剧、锡剧、扬剧传承人创作了《天使逆行征途跨》《勠力同心战疫魔》《待到山花烂漫时，共看祖国好风光》《选择坚强》《军民同心战病魔》《定把抗疫战打赢》等一批戏歌和戏曲唱段《只见你目光如炬眉如画》等。

随着夏天的到来，疫情逐渐得到控制，非遗的线下活动在谨慎地恢复。6 月 13 日是 2020 年的文化和自然遗产日，浙江"遗产日"活动与 2020 年"浙江好腔调"全省传统戏剧展演相结合，6 月 5 日在绍兴启动，采取现场录制、线上播放的形式演出了经典剧目《三请樊梨花》。展演活动在全省十一个城市举办，持续至 10 月 25 日在杭州收官，现场观演逐步放开，满足戏迷身临其境的审美需求。与此同时，通过网络平台推出经典剧目短视频，对全省 24 个国家级传统戏剧项目"通过变装、对比、唱腔、传承、绝活、故事、创意等角度，挖掘浙江传统戏剧保护传承亮点，呈现台上台下感人故事，让更多人了解传统戏剧精粹，让更多新生力量参与到非遗保护与传承中来"②。"浙江好腔调"展演活动结合抗疫现状，积极探索多种途径，以活泼多样的形式吸引年轻人参与，成为一个积极实践的案例。

如果说传统戏剧保护实践上半年以"抗疫"为主题，那么下半年则与"扶贫"相结合。随着线下活动的逐步恢复，传统戏剧作为文化旅游线路开发的非遗资源，被纳入区域文化整体性发展的版图，助力国家的乡村振兴和精准扶贫工作。8 月 8～11 日，河北省在山海关举办"长城脚下话非遗"系列展览展示活动，以长城脚下"见匠心""亮手艺""品美食""唱大戏""论传承"等主题活动把长城沿线北京、天津、山西、内蒙古、辽宁、吉

---

① 参见《湖南非遗传承人创作 40 余部（件）作品助力疫情防控》，文旅部官网，2020 年 2 月 11 日，https：//www. mct. gov. cn/whzx/qgwhxxlb/hn_ 7731/202002/t20200211_ 850723. htm。

② 《"文化和自然遗产日"下周启幕　非遗传承看浙里：好物好戏好活动》，浙江新闻网，2020 年 6 月 5 日，https：//zj. zjol. com. cn/news. html？id ＝ 1461318&from _ channel ＝ 52e5f902cf81 d754a434fb50。

林、黑龙江、山东、河南、陕西、甘肃、青海、宁夏、新疆等 14 个省（区、市）的非遗资源和长城文化关联起来，展示和探讨长城沿线文化生态的整体性保护、长城沿线非遗资源的挖掘与传承。10 月 11～12 日，安徽省"2020 非遗进景区——全省传统戏剧扶持项目汇演比赛"在黄山市歙县举办，皖北、皖中、皖南地区的黄梅戏、徽剧和泗州戏等地方剧种的优秀传统剧目参赛，以浓厚的地方气息丰富了安徽的文化旅游资源。11 月 23～26 日，云南省第二届传统戏剧曲艺汇演在红河州蒙自市举办。滇剧、彝剧、白剧、傣剧、壮剧、花灯戏、关索戏、大词戏、皮影戏、佤族清戏、端公戏、白族大本曲等 14 个剧种和 7 个曲种的 36 个剧（节）目参演，全省非遗代表性传承人和民间班社传承人共 700 余人参加，是云南非遗资源的一次生动展示。

这一年涌现出一批脱贫攻坚题材的戏曲作品，为戏曲现代戏创作增添了一道独特的景观。10 月 17 日至 12 月底，中宣部、文旅部、国务院扶贫办、中国文联共同举办"全国脱贫攻坚题材舞台艺术优秀剧目展演"活动。"参演的 67 部优秀剧目，除了彩调剧《新刘三姐》、豫剧《重渡沟》、黄梅戏《鸭儿嫂》和淮剧《村里来了花喜鹊》等 12 部作品在北京集中演出 23 场外，其余 55 部作品在当地剧场展演。这些优秀之作，涵盖了戏曲、话剧、歌剧、舞剧、歌舞剧、音乐会等多种形式，其中，戏曲有 44 部，占了约 65.7%。44 部剧作的集中展示作为 2020 年中国戏曲界的一大盛事。"① 在"十三五"期间，文旅部、国家发改委等部门积极推动非遗助力精准扶贫工作，传统戏剧在其中发挥了积极的作用。

三 传统戏剧研究的主要方向和关于
"戏曲现代化"问题的热议

受疫情影响，2020 年的学术会议多数取消或延期，有的转为线上会议。

---

① 康海玲：《戏曲现代戏创作的独特景观》，《艺术评论》2020 年第 12 期，第 93 页。

传统戏剧研究以独立思考为主，学术论文以及科研项目在戏曲史、剧种史、戏曲文献、戏剧形态、戏剧理论、戏剧遗产等方面都有涉及，研究路径从文献整理、文学艺术、表演形态、文化传播拓展到跨学科视域，表现为问题的纵深探究、路径的跨学科拓展两个主要方向。

王学峰就 2015～2019 年国家社科基金项目立项情况，分析戏曲研究的近况：戏曲文献的搜集、整理与研究得到全面推进；戏曲史研究继续"下移"；戏曲理论寻求重点突破；地方戏曲剧种、少数民族戏曲、中国戏曲的域外传播等领域的研究比较突出。① 从 2020 年国家社科基金各类项目以及教育部人文社科基金项目的立项情况来看，传统戏剧仍以传统的戏曲研究为主，非遗视域下的戏剧研究得到关注，在昆曲戏衣传统制作技艺、滩簧腔系剧种的文化生态、皮影戏的传承与创新、戏曲文化的跨媒介传播、戏曲类非遗的动漫开发等专题上开展了研究。

在这一年的传统戏剧研究中，戏曲现代化的问题受到热议。中国戏曲现代化，指"戏曲在现代化的背景下，在精神、价值层面向现代社会转变，从而具备现代性的时代特征，以适应现代人的思维和审美模式"②。从历史角度看，戏曲艺术历经宋元南戏、元杂剧、明清传奇、花部，一直处于与时俱进的"现代化"过程。如果"现代化"对应中国现代社会背景下戏曲的发展，那么早在 20 世纪初中国知识分子已经开始了戏曲现代化的讨论。基于对戏曲的社会教化功能的重新认识，学者们意识到戏曲在救亡图存的当时有存在价值，提出了戏曲改良的观点。随着戏曲改良实践的推进，梅兰芳和欧阳予倩分别在北方和南方推出一批古典剧目，以不同的戏剧观念尝试着戏曲的变革。"欧阳予倩受'西风东渐'时代思潮影响，以西方现代戏剧的本质属性'戏剧性'为纲，以传统戏曲的艺术元素、表现手法和美学风格为目，以改革旧戏，尝试建立中国现代戏剧，是为'西体中用'；梅兰芳则以

---

① 王学锋：《近五年戏曲学发展的回顾与思考——以 2015—2019 年国家社会科学基金相关项目为观察中心》，《艺术百家》2020 年第 1 期，第 96～100 页。

② 杨耐：《"非遗"保护语境下反思现当代中国戏曲表演艺术的得与失》，《戏剧文学》2020 年第 2 期，第 8 页。

立足本土为基本立场，跳出明清戏曲藩篱，探寻民族艺术的内在理路，通过对古典艺术遗产的深层开掘与创造性转化，在复原古典美学风格的同时，使其具备现代生命，是为'以今化古'。"刘汭屿认为，两人的戏曲改良实践出于不同的戏剧观念，欧阳予倩以西方的"戏剧体戏剧"为本位，而梅兰芳则"坚持本土主体立场，立足民族艺术"①。从文献来看，梅兰芳自己并没有提出明确的戏剧观念，作者所谓的"本土主体"和"民族艺术"是不是指"戏曲体戏剧"或者"民族戏剧"？当我们强调中国戏曲艺术的"民族性"、"独特性"或者"本土自主性"时，是不是已经抛开了基本的艺术分类，把戏曲作为世界上绝无仅有的表演艺术？董每戡、周贻白、任半塘等前辈早在 20 世纪中叶已经明确提出中国戏剧与戏曲的关系，如果戏曲作为戏剧的一种形态，那么戏曲与戏剧的本体不应该是一样的吗？

　　杨耐认为，讨论戏曲现代化问题，首先要明确戏曲艺术的本体是什么？"戏曲似乎应该有两种，一种是以程式为本体的京昆大剧种，一种是以歌舞演故事为本体的其他剧种。换句话说，京昆这样古老的大剧种可以强调程式，其他剧种只要是歌舞演故事，基本就算合格了。"这样一来，不仅抛开戏剧来讨论戏曲的本体问题，而且把戏曲艺术分列出两个本体。作者以为，以程式为本体的戏曲才是成熟的戏曲，以歌舞为本体的戏曲是不成熟的戏曲，非遗保护应该重点保护成熟的戏曲，并且重点保护传统戏，而不是现代戏和新编戏。"将现代戏、新编戏连同传统戏一起共同作为戏曲振兴的对象，那么就必须考虑到，作为一个'命运共同体'，其内部相互消解的可能，尤其是现代戏对于传统戏的消解。"② 以歌舞演故事，是王国维对戏曲的定义，也是作者所谓的"不成熟的戏曲"，包括京昆以外的其他地方大戏。作者以不断划重点的形式规划非遗保护的重点范围，最后把对象确定为京昆的传统剧目。如果非遗保护重点在传统戏，那么戏曲的现代化应该从何

---

① 刘汭屿：《南欧北梅——民初京剧红楼戏与戏曲现代化的两种路径》，《文艺研究》2020 年第 12 期，第 113、121 页。

② 杨耐：《"非遗"保护语境下反思现当代中国戏曲表演艺术的得与失》，《戏剧文学》2020 年第 2 期，第 10、14 页。

着手？是致力于传统戏的剧本复原还是改编，或者舞台形式做出调整？

对于这个问题，徐大军提出，"戏曲现代化，必定要面对戏曲已经存在的一切，包括内容上的、形式上的，甚至精神上的，其中负载着我们这个文化族群关于戏曲的知识体系和情感内涵；对它们的承续、变革和创新，都需要面对传统戏曲所负载的这些知识体系与情感内涵问题"。其实就是主张戏曲的守正创新，在继承传统的基础上合理变革。作者认为，"相对于故事题材、人物形象、思想观念上的变革，戏曲表意符号体系的变革更为不易。……通常有两条路径，一是改造旧元素，二是加入新元素。改造旧元素，即把戏曲的传统表意手段予以变革。加入新元素，即在戏曲的传统表意手段中加入新的表意符号"。不管戏曲内容还是舞台表演形式，创新的关键在于新旧之间的融合与平衡。①

在守正与创新关系上，王鑫以晋剧新编传统戏《烂柯山下》为例，讨论新编传统戏的创作观念。该剧讲述朱买臣休妻的故事，这一题材的戏曲作品有元传奇《朱买臣休妻记》、元杂剧《会稽山买臣负薪》《朱买臣风雪渔樵记》、明传奇《朱翁子》《佩印记》《露绶记》、清传奇《烂柯山》《渔樵记》以及昆曲、梨园戏、绍剧、庐剧等相关传统剧目。② 晋剧《烂柯山下》是以现代人对人性思考为出发点的老戏新编，该剧"既从思想层面深入现代人的思考语境，具备了鲜明的现代性特征，又在舞台搬演层面充分回归传统戏曲排演方式。由此实现了现代性与传统戏曲美学的无缝对接，践行了梅兰芳'移步不换形'的戏曲编创理念"。作者提到梅兰芳在20世纪50年代提出的关于戏曲变革的"移步不换形"理念，其核心看法是："戏曲改革分思想和技术两个方面，二者不应该混为一谈，后者原则上应该保留，前者也要经充分准备和慎重考虑再行修改，才不发生错误。"③ 梅兰芳在1949年提

① 徐大军：《戏曲现代化进程中应当处理好的三个关系》，《文化艺术研究》2020年第1期，第54、55页。
② 《中国曲学大辞典》，浙江教育出版社，1997，第213页。
③ 王鑫：《移步不换形：论传统老戏的现代编创——以晋剧〈烂柯山下〉为例》，《戏剧文学》2020年第12期，第75页。

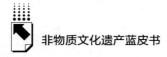

出了对于京剧改革的意见："我认为京剧艺术的思想改造和技术改造最好不要混为一谈，后者在原则上应该让它保留下来，而前者也要经过充分的准备和慎重的考虑，再行修改，才不会发生错误。因为京剧是一种古典艺术，它有几千年的传统，因此，我们修改起来也就更得慎重，改要改得天衣无缝，让他们看不出一点痕迹来，不然的话，就一定会生硬、勉强，这样它所达到的效果也就变小了。"① 梅兰芳是京剧表演艺术家，他没有纠结于戏曲本体，也没有提出明确的戏剧观念，而是用一生的艺术实践思考京剧表演艺术的规律，他的变革原则在非遗语境下再一次引起人们的关注。《烂柯山下》的创作在他的"移步不换形"理念指导下，在剧本内容方面做出新的叙述，在舞台表演方面尽量恪守古典戏曲的美学原则，以此努力实现戏曲艺术的现代转化。

在关于戏曲现代化的讨论中，学者们普遍认为，戏曲在历史上经历了形态的变化，在现代社会也无法回避变革的话题，戏曲艺术应该哪些地方"守正"、哪些地方"创新"。在剧本创作方面，改编传统戏固然重要，新编现代戏和历史题材剧也不见得是对艺术传统的消解。王馗、郑雷《中国当代戏曲的发展走向与高峰标识》一文提出："已经进行了百年的中国戏曲现代化的实践，在今天已经通过大量优秀的艺术实践，取得了重要的艺术成就。在戏曲传统延续的时代命题中，已经通过大量优秀传统剧目的整理、改编、提升，让传统经典始终驻足于不断发展变化的中国人生活中；在戏曲传统创造转化的时代命题中，已经通过大量优秀历史剧、古装故事剧目的创作、演出、推广，让时代经典不断地进入中国戏曲艺术体系结构中；在戏曲传统扩容创新的时代命题中，已经通过现代戏、现实题材、小剧场戏曲、都市戏曲等诸多实践，让更加多元灵活的创作贴近新观众群体的审美视野。在这个过程中，任何题材领域、形式领域的创新发展都会带来中国戏曲庞大艺术体系的持续拓展，尤其是现实题材创作的艺术挑战是决定中国戏曲在新时

---

① 刘彦君：《梅兰芳传》，中国戏剧出版社，2014，第286页。

代高峰再造的重要内容。"① 该文坚持传统戏、现代戏、新编历史戏"三并举"原则，对今后戏曲作品创作提出了指导性意见，那就是坚持时代性和人民性的原则。

艺术来源于生活，生活在变化，故事也在变，艺术表现也跟着发生改变。在舞台表演方面：表演程式和技法，不管是新编历史剧还是现代戏的内容都有一些传统程式无法表现的，比如拿枪、开车、坐电梯，比如表现人物微妙的、丰富的、激烈的心理斗争的舞蹈动作，传统的表演程式和技法都面临新的挑战；音乐唱腔，传统的戏曲音乐和唱腔大多节奏比较慢，抒情性强，随着社会节奏、生活节奏的加快，人的情感和审美节律也在变化，传统的音乐节奏和大段抒情性曲文必须做出调整，通过语言、动作的穿插改变叙事和表演的节奏；舞台装置，传统的戏台上一幅守旧，加上一桌二椅，充分体现虚拟的空间，随着人们掌握的技术不断进步，舞台可以做出更加丰富的效果，即便为了强调虚拟性的舞台空间，拒绝花径、亭台楼阁以及分场、过场等设置，运用灯光技术造成明暗场、追光和聚焦，既不违背传统的舞台美学原则，也丰富了表现方式。传统艺术的守正不是复古，守正与创新也并不矛盾，符合戏曲美学特征和艺术规律的改变是可以接受的。因此梅兰芳的"移步不换形"理念，在非遗语境下，可以发展性阐释为"移步换形不变神"，坚守戏曲的本质，戏剧本体以及虚拟性、程式性、综合性的美学特征不变，戏曲的题材、人物形象、思想主旨可以变，讲述今人的故事或者以今人的眼光重新讲述古人的故事，塑造有一定现代性的人物形象，充分吸收中国传统文化的精粹，丰富舞台表现手法。

四　建议与展望

传统戏剧不仅是中国优秀传统文化的代表，是我们重要的文化资源，还

---

① 王馗、郑雷：《中国当代戏曲的发展走向与高峰标识》，《中国文化报》2020 年 1 月 6 日，第 3 版。

是社会主义文艺的重要组成部分。近些年发布的一系列文件《关于支持戏曲传承发展若干政策的通知》（2015）、《关于戏曲进乡村的实施方案》（2017）、《关于新形势下加强戏曲教育工作的意见》（2017）、《关于戏曲进校园的实施意见》（2017）、《关于进一步做好戏曲进校园工作的通知》（2017）等，从国家层面为传统戏剧保护和发展提供了政策支持。保护实践从戏剧传统的保护、艺术创新、专业人才培养、行业整体性保护等方面推进，理论探讨从戏曲史、剧种史、艺术体系建构等诸多角度逐步深入，取得成果的同时也在不断反思、调整和完善。在明确"守正创新"总体思路的基础上，尚需在以下方面继续努力。

（一）厘清非遗语境中"传统戏剧"与"戏曲"概念的适用范围

2006 年，中国建立了四级非遗保护名录体系，把非遗分为十大类：民间文学；传统音乐；传统舞蹈；传统戏剧；曲艺；传统体育、游艺和杂技；传统美术；传统技艺；传统医药；民俗。2011 年，《中华人民共和国非物质文化遗产法》以法律形式明确非遗的定义和内容，"本法所称非物质文化遗产，是指各族人民世代相传并视为其文化遗产组成部分的各种传统文化表现形式，以及与传统文化表现形式相关的实物和场所。包括：传统口头文学以及作为其载体的语言；传统美术、书法、音乐、舞蹈、戏剧、曲艺和杂技；传统技艺、医药和历法；传统礼仪、节庆等民俗；传统体育和游艺；其他非物质文化遗产"。据此"传统戏剧"概念被最终确定。

这一概念实际上经过了学术界近百年的讨论，从王国维在《宋元戏曲史》（1912）中提到戏剧与戏曲这两个概念开始，学者们就一直就两者关系展开讨论，以戏剧史命名的专著先后有卢前《中国戏剧概论》（1934）、周贻白《中国戏剧史略》（1936）、董每戡《中国戏剧简史》（1949）、周贻白《中国戏剧史》（1953）、唐文标《中国古代戏剧史》（1985）、徐慕云《中国戏剧史》（2001）、叶长海《插图本中国戏剧史》（2004）、廖奔《中国戏剧图史》（2012）、康保成《中国戏剧史新论》（2012）、傅谨《中国戏剧史》（2014），同时也存在多部以戏曲史命名的论著。学术界经历了从以戏曲指称中国传统戏剧，到把戏曲作为中国传统戏剧一种形态的过程。宋元时期，中国传统戏剧进入"戏曲"发展阶段，在此之前称之为"戏剧"，宋元南戏、元杂剧开始有了成套的南北曲、生旦净末丑或生旦净杂的角色行当体制，最关键的是留下了完整的剧本。戏曲形成后，中国传统戏剧依然存在不同于戏曲的艺术形态，仪式戏剧、少数民族戏剧以及木偶戏和皮影戏。戏曲、仪式戏剧、少数民族戏剧、木偶戏和皮影戏构成中国传统戏剧的全部内容。

2017 年全国戏曲剧种普查结果表明，中国现存 348 个戏曲剧种，除了木偶戏和皮影戏，仪式戏剧和少数民族戏剧涵盖在内，戏曲剧种的统计范围遵循了《中国戏曲志》对"戏曲"的判定标准。傅谨《戏曲剧种国家名录与疑难试释》一文认为，这次戏曲剧种普查虽然数据可靠，"但'剧种'是当代概念且内涵混乱，目前多数剧种是 20 世纪 50 年代划分与命名的，划分标准并不一致。因此普查时默认了戏曲边界的模糊性，如木偶、皮影、少数民族戏剧、祭祀性戏剧是否应列入戏曲剧种的争论，都未展开"①。其实，这次戏曲剧种普查，不是因为"剧种"概念不够严谨而出现混乱，而是在"戏曲"概念上意义指向不明确而导致的混乱。

如果，我们坚持把戏曲等同于中国传统戏剧，那么仪式戏剧、少数民族戏剧、木偶戏和皮影戏都应该统属戏曲。如果我们认为，戏曲有着内在的规约和艺术特征，比如由人装扮角色表演故事，有着曲牌体和板腔体的音乐体制、生旦净杂和生旦净末丑的角色行当体制、唱念做打的程式化表演体制，那么就应该按照这一标准，不仅传统戏剧中的仪式戏剧、木偶戏、皮影戏被排除出去，不符合以上标准的民间小戏也要排除出去。刘文峰说过："从民国初年到现在，无论是官方还是民间都使用它，戏曲已经成为中国传统戏剧的官称、正名。西方的话剧、歌剧、舞剧等戏剧形式传入中国后，一些崇洋媚外的学者把中国传统戏曲排除出戏剧之外，但对中国戏曲有真知灼见者把包括中国传统戏曲在内的所有戏剧形式统称为戏剧。如张庚先生在 1946 年

---

① 傅谨：《戏曲剧种国家名录与疑难试释》，《民族艺术》2020 年第 4 期，第 134 页。

9月10日出版的《读书生活》4卷9期上发表的《戏剧的国防动员》。"① 不是什么崇洋媚外的观念把戏曲排除出戏剧之外，是缺乏逻辑思维的观念把戏曲排除出戏剧之外。如果说戏曲就是戏剧的一种形态，这个问题前辈学者早就解决的，那么我们应该在非遗语境下终结"戏曲"与"戏剧"的概念混战。仪式戏剧、少数民族戏剧、木偶戏、皮影戏、民间小戏是既非歌舞也非曲艺的表演艺术，它们既有角色扮演和故事也是代言体，因此只能是我们土生土长的传统戏剧。2015年开始的这次戏曲剧种全国普查为什么还以"戏曲"命名，我们的传统戏剧保护政策基本都是以"戏曲"命名呢？因为"戏曲"作为中国传统戏剧的成熟形态，在很长时间里已经约定俗成指称传统戏剧，人们习惯了"戏曲剧种""地方戏曲"等说法，而不是"传统戏剧剧种"和"地方戏剧"。如果我们坚持约定俗成的说法，那么戏曲是否可以做两解，广义的戏曲指称中国传统戏剧，狭义的戏曲是中国传统戏剧的成熟形态。这是一种折中的办法，无法彻底终结名实的混战。

2018年10月开始，连续三年在昆山举办"戏曲百戏盛典"，2020年11月收官。全国348个剧种以及木偶剧、皮影戏的408个剧目陆续上演。"举办百戏盛典是颇具创造性的顶层设计，也是2017年结题的全国最新戏曲普查成果的补充与完善。"② 展演结束后，演出的视频资料、剧种的道具、剧本和服装、传承人口述史都集中保存在中国戏曲百戏博物馆，成为进一步研究的重要资料。"348个剧种放在一个平台上共同展示、互相对照，有利于总结一个剧种体系的整体特征，也有利于厘清同一类型不同剧种之间的区别。当前，一些剧种呈现出趋同现象，剧种特征变得越来越模糊。剧种意识的觉醒，能够扭转这一趋势。创作者会更多考虑如何把剧种独特的艺术风格和艺术价值体现出来，创作思维的变化，将给戏曲发展带来深远影响。观众

---

① 刘文峰：《戏剧戏曲学的由来及其他——对张庚先生关注的几个理论问题的浅见》，载《中国传统戏曲传承保护研究》，学苑出版社，2012，第5页。
② 万素：《泱泱大国世世代代的情感传递"百戏盛典"随想》，《中国戏剧》2020年第12期，第65页。

的审美视野也得到拓展。剧种意识的觉醒，还激发了整个戏曲界尤其是基层、弱势剧种的活力和热情，让艺术工作者看到了希望，明确了方向。无论势头强劲的大剧种，还是仅有民间班社的濒危剧种，大家都是 348 这个大家庭中的一个‘1’，一个都不能少。"① 这次展演对构建中国传统戏剧体系，无论是实践层面还是理论层面都意义深远。希望在进一步研究中能最终解决从概念、观念到艺术体系的问题

（二）重建地方戏的乡村文化生态，真正做到"还戏于民"

产生于农耕社会的传统戏剧进入现代社会后，文化生态发生了变化，传统戏剧作为非遗得到重视和保护，但如果没有文化生态的重建，传统戏剧依然面临生存发展的困境。姚磊在《地方戏传承的场域变迁与实践选择》中提出，地方戏被列入各级非遗保护名录，虽然提高了社会关注度，但是"加速了地方戏从乡村生活民俗中剥离出来，逐渐远离了大众生活世界。可以说，自 2006 年以来，地方戏的生存状况陷入了一种表象复苏、实质危机加剧的矛盾困境中"②。该文列举了地方戏的实际生存现状：民间戏班生存更加困难、"送戏下乡"成了非遗保护传承单位的剧团争抢的机会、地方戏的资本价值被过度关注而成为一种被建构的文化消费行为、地方戏的传承实践背离"生活属性"成为实践主体谋取利益的工具。该文认为，解决地方戏的传承危机，关键在于乡村文化生态的重建。

地方戏、民间戏曲的复兴是乡村发展的重要途径，乡村建设的核心问题在于"空心化"、乡土传统的消失，只有重建乡村文化，才能把人心聚拢回来，乡土传统得到恢复，"空心化"才真正得到解决，而地方戏、民间戏曲是乡土文化的点睛之笔。2020 年是中国"脱贫攻坚战"的收官之年，并不意味着乡村建设的止步，新农村建设依然在路上。

---

① 陈鹏：《推动戏曲繁荣的新起点》，记者周飞亚采访整理，《人民日报》2020 年 11 月 12 日，第 20 版。

② 姚磊：《地方戏传承的场域变迁与实践选择》，《云南民族大学学报》2020 年第 2 期，第 30 页。

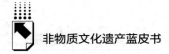

　　《传统节日文化传承与乡村发展——以皖南绩溪县伏岭村春节为例》一文从春节切入，分析节日民俗在乡村社会网络构建中的积极意义。村民通过"三十值年"这一传统，把从乡村走出去的人拉回到村里，组织民俗活动，通过与村里人交往培养了感情、增强对村落的认同感，从而形成一种社会网络，提升了个人以及村落的社会资本。在节日民俗中，舞傩、游灯、演戏是村落的公共文化，传统戏剧在构建乡村文化共同体方面起到了积极作用。"只有乡村生活成为现代文明不可或缺的一种生活方式，乡村文化成为现代文化的重要组成部分，乡村才具有战略意义。伏岭村基于传统节日习俗的现代传承，拥有了较为罕见的社会资本存量，让我们看到了一个宜居的、令人留恋不舍的乡村。这个村并不富裕，但有自己的文化传承，有一种文明的力量。"① 虽然该文着眼于乡村社会的发展，对传统戏剧的保护也有启发意义。对于国家的乡村发展战略来说，经济建设、社会建设固然重要，文化建设才是最基底的。"十三五"期间，政府职能部门通过"戏曲进乡村"项目、贫困地区公共文化服务设施项目、国家文化和自然遗产保护利用设施项目等，为乡村文化生态重建打下了基础，"扶贫攻坚战"之后是新农村建设，应该致力于乡村文化生态的重建，恢复传统良俗，营造传统文明与现代文明和谐共生的文化氛围，为传统戏剧等非遗的传承发展提供一个良好的生态环境。

　　重建乡村的文化生态，才能真正做到"还戏于民"。邵敏《民俗视域下的地方戏传承简论》一文认为，"'民俗化'是中国传统戏曲的原生样态。中国传统戏曲起源于农耕文明的乡野沃土，长久以来一直是中国人最直接、最重要的群体性娱乐方式，也是社会普罗大众的价值诉求、审美趣味、生存智慧、生活状态的形象表达。常态的地方戏，对应着特有的戏曲民俗，二者共生共荣、相依为命、不可割裂。……地方戏有没有未来，取决于它所依赖的那种民俗文化能否传承延续"②。相对于文化设施的建设、

---

　　① 季中扬：《传统节日文化传承与乡村发展——以皖南绩溪县伏岭村春节为例》，《中原文化研究》2020 年第 1 期，第 58 页。
　　② 邵敏：《民俗视域下的地方戏传承简论》，《艺术百家》2020 年第 5 期，第 106 页。

"送戏下乡"等公共文化服务，乡土良俗的复兴才是乡村文化生态重建的核心所在。

（三）丰富、探索传统戏剧的传播途径和展演方式

现代社会不仅改变了传统戏剧的生存环境，也给传统戏剧的传承发展带来新技术、新契机。2015 年《关于支持戏曲传承发展的若干政策》指出："发挥互联网在戏曲传承发展中的重要作用，鼓励通过新媒体普及和宣传戏曲。"[1] 数字化技术与传统戏剧似乎格格不入，却随着现代社会的发展与传统戏剧发生了关联。1905 年中国第一部戏曲电影《定军山》，代表着传统戏剧与现代技术的第一次融合。随着计算机以及互联网的发明和应用，数字化技术为传统戏剧的保存、转化和传播提供了越来越多的便利。传统戏剧的保存由文字记录扩展为音频和视频，由老唱片的技术复原扩展为老艺术家表演的音配像；传统戏剧的传播由影片的制作放映、电视频道和网络平台的日常播放，拓展为网络直播和短视频录播、弹幕互动，再到全景拍摄技术和全息影像技术带来的超新体验。"面对万物皆媒的 5G 网络时代，戏曲文化生态环境时刻在发生着变化。戏曲从业者应坚持文化自信，以开放的姿态拥抱互联网时代，勇于担当和探索，在保护中国戏曲的路上步履不停，多方合力推动中华优秀传统文化的创造性转化、创新性发展，让戏曲重新回归大众。"[2] 网络是年轻观众接近传统戏剧的一种方式，也是传统戏剧回归大众的有效途径，运用数字化技术积极探索传统戏剧的保存和传播途径，是非遗保护的现实，也是未来一个趋势。

与此同时，传统戏剧的展演形式也在进行新的尝试。2016 年 2 月 4 日粤剧《船说》在珠江的一艘游船上首演，讲述红船时期粤剧名伶与戏班的故事，演出在不同的舞台上展开，有西关大屋、移动的红船、游船船舱、老戏台，通过新媒体和机械装置、全息投影等数字化技术把观众带回到红船时

---

① 《国务院办公厅印发关于支持戏曲传承发展若干政策的通知》，中国政府网，2015 年 7 月 17 日，http：//www. gov. cn/zhengce/content/2015－07/17/content_ 10010. htm。

② 范锐：《网络直播让更多人走近传统戏曲》，《中国文化报》2020 年 1 月 6 日，第 3 版。

期,近距离感受粤剧伶人的戏剧人生。这是中国传统戏剧的首次沉浸式演出,距离孟京辉导演的《死水边的美人鱼》首演不到八个月的时间,后者是我国首部沉浸式戏剧,2015 年 6 月 17 日在北京首演。"沉浸式娱乐来自国外,可分为两类:一类是以沉浸式戏剧为代表的演出形式,起源于英国,受美国百老汇文化的浸润,最终由环境式戏剧演变而来,其特征是强调剧情的现场体验;一类是以日本 teamLab 团队创作的各种沉浸式体验作品为代表,相对于剧情它更加注重场景体验,尤其是运用现代科技手段营造的全新场景体验。"[①]

沉浸式戏剧演来源于环境戏剧,传统戏剧的实景演出最早见于 2001 年,上海越剧院在上海青浦大观园实景演出越剧《红楼梦》。从 2017 年开始,中国戏曲文化周在北京园博园举行,每一年都尝试新的展演方式。头一年尝试了园林实景戏曲,第二年利用全息成像、智能人机互动等技术打造沉浸式戏曲表演《梦回·牡丹亭》,第三年尝试沉浸式戏曲,在 2020 年的中国戏曲文化周,沉浸式演出的剧目有北京曲剧《茶馆》和评剧《花为媒》。传统戏剧的舞台以"空"为美学统领,充分突显虚拟性的艺术特征,实景乃至沉浸式演出方式,对传统戏剧的表演艺术会不会造成破坏呢?第四届中国戏曲文化周的艺术总监程辉认为,所谓实景演出或沉浸式演出,并不是随便把一出戏放到某个实景当中,而是要考虑场景与戏能不能构成审美的关系。"要让戏和环境发生关系,并不是和这个具体的房子或者假山发生关系,并不是让观众认为这个故事真的就是在这里发生的,是氛围感带给观众的更加丰富的、美的想象,而不是用实景取代和关闭想象。如临其境和真临其境是有区别的,我相信这种'诱发'会使观众心中再造的空间比眼前还美,还有味道,这也是戏曲艺术本身具有的写意魅力所带来的。"[②] 当然,这只是主导方的看法,甚至好奇的、年轻的观众们的喜爱也不代表着这种展演方式就是成功地发展了传统戏剧的舞台艺术。但展演方式的新尝试,无疑丰富了

---

① 王刚:《沉浸式演出对传统戏剧的发展作用》,《中国戏剧》2020 年第 4 期,第 59 页。

② 《别让违和的"戏曲 + 实景"关闭观众的想象》,《北京青年报》2020 年 11 月 13 日,第 B05 版。

传统戏剧的舞台形式和观演体验，是一种有意义的艺术创新，值得继续观察和深入讨论。不管数字化技术如何发展，传播途径和展演方式如何革新，都离不开好剧本、好表演，过度追求新技术和新形式容易本末倒置，影响传统戏剧的传承与发展。

B.5
曲艺类非遗保护发展报告

倪诗云*

摘　要：　2020年是极不平凡的一年，突如其来的新冠肺炎疫情给世界
格局带来深刻转变，并影响着社会的方方面面。曲艺类非物
质文化遗产传承传播亦受到疫情影响而发生变化，主要体现
在"互联网＋曲艺"融合加深，网络曲艺社群凝聚加强，曲
艺观赏行为变化明显等。曲艺类非物质文化遗产的传承发
展，一方面获得了新的机遇，线上演出平台的纷纷搭建，展
现出其数字化传播的巨大潜力；另一方面则面临着数字化传
播尚未模式化、传承主体转型困难和版权纠纷日益凸显等问
题，需要一系列措施促进其发展。

关键词：　曲艺类非物质文化遗产　互联网＋曲艺　曲艺网络社群

一　2020年度曲艺类非物质文化
遗产保护情况概述

　　曲艺类非物质文化遗产（以下简称"曲艺非遗"）是特定区域内的群体将
说和唱相结合，经过长时间发展演变而形成的传统表演艺术，以及与其相关
的事物、器具和文化空间等。曲艺非遗的传承是通过师徒口传身授进行的，

---

* 倪诗云，中山大学中国非物质文化遗产研究中心、中文系博士研究生。

并且与民风民俗有密切关系，一些曲艺非遗演出时还需要多个表演者合作完成表演，有较强的聚集性。新冠肺炎疫情（以下简称"疫情"）突如其来，为避免人群聚集，全国范围内的线下演出均被取消或延期，以集体参与为特点的曲艺非遗正常活动亦被中断。各大文艺院团、演出机构，包括国家大剧院、北京人民艺术剧院、天桥艺术中心、广州粤剧院、广东粤剧艺术中心等，为抗疫取消了（或延期）演出活动，众多民间曲艺社团亦停止相关活动。

（一）名录建设

2020 年，湖北省公布了省级非物质文化遗产代表性项目名录，新增曲艺类项目 1 项（浠水鼓书）。① 广东省公布了省级非物质文化遗产代表性项目代表性传承人名单，曲艺类传承人共计 2 人。② 截至 2020 年，国务院公布四批共 1372 项（子项 3145 项）国家级非物质文化遗产代表性项目，曲艺类共计 193 项（新增项目 155 项，扩展项目 38 项）；2020 年，文化和旅游部公示了第五批国家级非物质文化遗产代表性项目名录推荐项目共 337 项，曲艺类新增项目 18 项，曲艺类扩展项目 2 项（见表1）。③ 国家文化主管部门命名五批共 3068 人为国家级非物文化遗产代表性传承人，其中曲艺类有 207 人。

表1　第五批国家级非物质文化遗产代表性项目名录推荐项目（曲艺类）

新增曲艺类项目（共18项）		
序号	项目名称	申报地区或单位
1	蔡家洼五音大鼓	北京市密云区
2	屯留道情	山西省长治市屯留区

① 《关于公布第六批省级非物质文化遗产代表性项目名录的通知》，湖北省人民政府网站，2020 年 1 月 21 日，http://www.hubei.gov.cn/zfwj/ezf/202001/t20200121_2013632.shtml。
② 《关于公布第六批省级非物质文化遗产代表性项目代表性传承人名单的通知》，广东省文化和旅游厅网站，2020 年 4 月 10 日，http://whly.gd.gov.cn/open_newsjfb/wlsj/wlml/content/post_2969603.html。
③ 《关于第五批国家级非物质文化遗产代表性项目名录推荐项目名单的公示》，文化和旅游部网站，2020 年 12 月 18 日，http://zwgk.mct.gov.cn/zfxxgkml/wysy/202012/t20201221_920077.html。

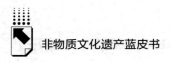

非物质文化遗产蓝皮书

续表

新增曲艺类项目（共 18 项）

序号	项目名称	申报地区或单位
3	陵川钢板书	山西省晋城市陵川县
4	苏北大鼓	江苏省宿迁市宿城区
5	三跳（湖州三跳）	浙江省湖州市
6	南昌清音	江西省南昌市东湖区
7	都昌鼓书	江西省九江市都昌县
8	江西莲花落	江西省萍乡市
9	陕州锣鼓书	河南省三门峡市
10	天门渔鼓	湖北省天门市
11	竹板歌	广东省梅州市兴宁市
12	末伦	广西壮族自治区百色市靖西市
13	嘎百福	贵州省黔东南苗族侗族自治州
14	旭早	贵州省黔南布依族苗族自治州三都水族自治县
15	大本曲	云南省大理白族自治州大理市
16	古尔鲁	西藏自治区拉萨市
17	陕西快板	陕西省
18	龙头琴弹唱	甘肃省甘南藏族自治州玛曲县
曲艺类扩展项目（共 2 项）		
1	乐亭大鼓	河北省唐山市滦南县
2	单弦牌子曲（含岔曲）	天津市

（二）法规政策

　　各地有关非物质文化遗产（以下简称"非遗"）的法规政策不断完善。2020 年，宁夏回族自治区发布《宁夏回族自治区非物质文化遗产保护管理暂行办法（2020）》；江苏省、福建省、四川省、河北省均印发了关于本省的非物质文化遗产代表性传承人认定与管理办法；广东省、安徽省分别发布《广东省文化和旅游厅关于广东省省级文化生态保护区的管理办法》和《安徽省徽州文化生态保护区管理办法（2020）》，为包括曲艺非遗在内非遗保护和发展提供了制度保障。

（三）展示传播

受疫情影响，2020年曲艺展示展演活动以"线上为主，结合线下"的形式开展，兴起了曲艺非遗线上展示传播的新模式。例如2020年3月，第十五届马街书会优秀曲艺节目展演采用网络展演形式举行；10月，在浙江宁波举行的全国非遗曲艺周，在线上平台集中展播了127项国家级曲艺非遗的258个优秀节目。[①]

2020年12月，由文化和旅游部非遗司指导，光明日报社、光明网主办的2020"中国非遗年度人物"推选宣传活动确定了100名候选人名单，其中国家级曲艺非遗代表性传承人白明理（陕北道情）、何祚欢（湖北评书）、谈敬德（锣鼓书）等入选候选人名单。[②]

（四）传承培训

2020年，四川、内蒙古、湖南等省（区）分别开展了国家级非物质文化遗产代表性项目保护单位负责人培训班，通过优秀实践案例分享、业务梳理、专题讲座等形式，进一步提高国家级非物质文化遗产代表性项目保护单位的履职能力和尽责意识。11月19日，表演艺术类联合国教科文组织非物质文化遗产名录（名册）项目后继人才培养经验交流活动在福建泉州举办，研究讨论了后继人才培养、"非遗进校园"和涵养演艺生态等问题。11月30日，"2020年中国非遗传承人群研修研习培训计划经验交流活动"在苏州举行，此次活动交流和总结了"十三五"时期研培工作经验，讨论了"十四五"时期研培工作的目标任务。此外，中国曲协启动了第三批牡丹绽放曲艺英才培育行动项目，扶持优秀中青年曲艺人才。

---

① 张帆、戴谦：《"2020全国非遗曲艺周"在浙江宁波开幕》，人民网，2020年10月10日，http：//zj.people.com.cn/n2/2020/1010/c186327 - 34341176.html。

② 杨煜：《2020"中国非遗年度人物"100人候选名单公布》，光明网，2020年12月18日，https：//news.gmw.cn/2020 - 12/18/content_ 34473305.htm。

（五）助力乡村振兴

2 020 年是脱贫攻坚决胜关键时期，曲艺非遗在助力决战决胜扶贫攻坚、助力乡村振兴方面发挥积极作用。2020 年，陕西渭南市举办了"渭南市决战决胜脱贫攻坚扶贫扶志曲艺乡村行"系列展演活动，激发了乡村文艺新气象。① 11 月，中国文联、中国曲协在北京举办了新时代曲艺星火扶贫工程巡展，新时代曲艺星火扶贫工程自 2015 年实施开展，以教育培训、爱心捐助、志愿演出等多种方式，服务基层，传递乡音，有效挖掘曲艺非遗在文艺扶贫上的功能。② 同月，中国曲协、浙江省文联在浙江省台州市举办了"助力乡村振兴"系列活动，活动内容包括基地采风、农副产品直播推介、项目交流会以及惠民演出等等，充分展现了新时代乡村发展的新成果。③。

（六）权益保护

随着社会知识产权意识的提高，人们开始逐步意识到知识产权的重要性，曲艺版权保护问题进一步得到关注。2020 年 4 月，中国曲协在线上启动第二届"曲艺版权宣传周"，此次宣传周的主题是"为曲艺绿色未来而创新"。"曲艺版权宣传周"自 2019 年开始举办，有效促进了广大曲艺工作者版权意识的提高和良好创作风气的营造。但如何界定曲艺作品的侵权标准、如何进行有效维权等问题还需进一步探索。

---

① 骆苏第：《陕西渭南"曲艺乡村行"助力脱贫攻坚》，《中国艺术报》，2020 年 7 月 29 日，http：//www. cflac. org. cn/zgysb/dz/ysb/history/20200729/index. htm？ page ＝/page ＿ 2/202007/t20200728＿ 488728. htm&pagenum ＝2。

② 中国曲协：《探索独具特色的曲艺扶贫之路》，《中国艺术报》，2020 年 12 月 30 日，http：//www. cflac. org. cn/zgysb/dz/ysb/history/20201230/index. htm？ page ＝/page ＿ 14/202012/t20201230＿ 521653. htm&pagenum ＝14。

③ 赵志伟：《中国曲协等举办"曲艺助力乡村振兴"系列活动》，《中国艺术报》，2020 年 11 月 30 日，http：//www. cflac. org. cn/zgysb/dz/ysb/history/20201130/index. htm？ page ＝/page＿1/202011/t20201130＿ 517149. htm&pagenum ＝1。

（七）学术研究

学科建设和论著方面。自 2003 年起，中国曲协和辽宁科技大学合作编撰首批全国高等院校曲艺本科系列教材，历经 8 年时间，2020 年底全部出版，包含《中国曲艺发展简史》《中国曲艺艺术概论》《中华曲艺图书资料名录》等 12 册。各地曲艺研究论著陆续出版，例如天津人民出版社出版的《北方曲艺音乐初探》上、下两辑，介绍了京韵、西河、梅花、山东琴书等 10 个曲种的曲艺音乐理论；高等教育出版社出版的《国外学者论中华曲艺》，是研究中外曲艺交流的珍贵史料；浙江大学出版社出版的《浙江曲艺史》，展现了浙江曲艺历史发展面貌等。

研讨会方面，2020 年 11 月，厦门市曲艺研讨会在厦门市文联召开，与会专家对曲艺的传承和发展进行了探讨。同月，广州市举办了地方曲艺与戏曲专题研讨会，加强地方曲艺、戏曲成果交流。12 月，国际说唱艺术联盟主办，中国曲艺家协会（简称中国曲协）承办的第二届国际说唱艺术研讨会（中国分会场）在浙江省杭州市开展。

论文发表方面，在中国学术期刊网络出版总库以"曲艺"为关键词，检索 2020 年发表的期刊文章，共有 647 篇。面对疫情影响，一些专家学者就曲艺非遗生存发展问题进行了讨论。张小卫、胡玉强和炜熠的调查报告《新冠肺炎疫情对当下曲艺演出经营实体影响调查分析》指出"互联网曲艺方兴未艾，曲艺线上舞台的大幕正在徐徐拉开，2020 年或将成为曲艺行业线上迭代升级元年"[①]。吴可的文章《从"科普曲艺"到"曲艺科普"——试论后疫情时期的曲艺科普之路》梳理了"曲艺科普"历史，认为新冠肺炎疫情在一定程度上促成了"曲艺 + 科普"的产生和发展，如何借助互联网向"曲艺科普"的方向发展，还需要进一步的探索。[②] 潘树、陈思、孙程程在《文化科技创新：文艺与"互联网 +"、新媒体的融合创新》一文中指

---

① 张小卫、胡玉强、炜熠：《新冠肺炎疫情对当下曲艺演出经营实体影响调查分析》，《曲艺》2020 年第 5 期，第 48 页。

② 吴可：《从"科普曲艺"到"曲艺科普"——试论后疫情时期的曲艺科普之路》，《曲艺》2020 年第 9 期。

出"互联网直播生态下的曲艺,是平民娱乐的一种回归",要营造良好的"互联网+"文艺生态,利用好新的传播渠道将传统曲艺发扬光大。[①] 刘帅在《新媒体传播视野下民间艺术的突围——二人转艺术元素网络直播认知》一文中剖析了二人转与网络直播结合的合理性和必然性,并认为网络直播对时空维度的突破能够打破传统艺术的时空壁垒,为新的传播次序结构的建立提供了可能性。[②]

二　曲艺发展之变局

新冠肺炎疫情在一定程度上加速了曲艺非遗与现代社会融合的步伐,特别是曲艺非遗网络化进程。疫情下的曲艺行业展现出新气象:第一,线上平台纷纷搭建,传统线下演出转移到线上,构建起以互联网为核心的传播渠道。第二,曲艺表演交流空间由剧院等转向网络,微信群等成为曲艺社群日常切磋交流重要阵地。第三,曲艺受众接收曲艺信息的途径更加多元化,直播、短视频等成为疫情期间受众欣赏和讨论曲艺表演的重要方式之一。创作者与受众的关系在网络空间中更加密切。

(一)"互联网+曲艺"的传播业态

受疫情影响,传统线下演出转移到线上,曲艺欣赏场所从公共空间(剧院、公园等)转向私人空间(家庭),网络传播平台成为曲艺表演和欣赏的重要渠道与趋势。

部分演出场所和机构在网络平台、曲艺公众号和自媒体上提供了相关演出活动及作品的视频。2020年1月25~27日,各地曲艺剧场积极响应全国曲艺表演场所协作发展联盟发出的"网络开箱"建议,踊跃参与"抗击疫情,

---

① 潘树、陈思、孙程程:《文化科技创新:文艺与"互联网+"、新媒体的融合创新》,《科技导报》2020年第5期。

② 刘帅:《新媒体传播视野下民间艺术的突围——二人转艺术元素网络直播认知》,《戏剧文学》2021年第1期。

曲艺在行动"主题活动。2月4日,上海评弹团开设了《网络乡音书苑》,满足了众多评弹爱好者"宅家"听书需求。观众还可以在公众号"曲艺杂志融媒"(中国曲艺家协会指定媒体发布机构)上观看"第十一届中国曲艺牡丹奖颁奖仪式暨第二届中国苏州江南文化艺术·国际旅游节汇报演出""巴山欢歌——新时代曲艺星火扶贫成果巡礼展演"等重要活动的直播及视频回放。各新媒体上播放着相声、京韵大鼓、梅花大鼓、乐亭大鼓、西河大鼓、河南坠子、山东琴书、二人转、上海说唱、扬州清曲等多个曲种的新创演节目,观众可以随时随地欣赏自己喜爱的曲艺作品,满足了个性化欣赏需求。

与此同时,曲艺非遗短视频增多,其数字化传播需求提升,可以说,曲艺界已呈现出"互联网+"的传播趋势,并深刻影响着曲艺非遗的传承与发展。

(二)网络曲艺社群的构建和凝聚

网络社群是指由某种社会关系联结起来、以互联网为交流互动渠道并共同进行活动的具有一定稳定性的集合体。它以虚拟空间为平台,打破了现实地域的限制,成员可以来自五湖四海,并随时随地进行沟通交流,具有很强的便捷性。而传统曲艺社群则呈现出分散性的特点,并且由于时间空间的限制,参与人群数量也极为有限,传承与传播力有待提升。随着新媒体技术的发展,传统曲艺开始借用各种新媒体,以不同形式活跃在网络平台上;疫情放大了传统曲艺社群的困境,将曲艺互动交流的环节推向了网络社群平台,曲艺社群对网络的功能诉求增加。所谓网络曲艺社群,主要表现在活跃于微信群、QQ等网络社区的曲艺群体以及他们所使用的网络平台,是人群和虚拟空间的集合体。

网络曲艺社群打破了时空的限制,为曲艺非遗传承提供了新的情境,在曲艺非遗的记录、传播和传承中发挥了重要作用。中国曲协、各地曲艺家协会以及民间曲艺社团的微信公众号上,许多曲艺非遗以文字、图片、视频的形式被展现出现;一些公众号依托学术研究团队,多方位、多视角对曲艺非遗进行整理和研究,有利于曲艺非遗知识的普及。同时,网络曲艺社群使用的各种社交媒体平台,例如抖音、快手、bilibli、微博等App,逐渐成为年

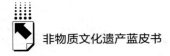

轻人接触曲艺非遗的主要窗口，加快了曲艺非遗的传播速度，丰富了曲艺非遗传播形式。另外，众多曲艺从艺者、爱好者等创建了或加入了相关的微信群、QQ 群，大家在群里交流和学习，形成了良好的传承氛围。

（三）曲艺欣赏行为的变化

媒体的碎片化宣传形式契合着人们快节奏的生活方式和心理需求，曲艺非遗的消费方式悄然从精神文化熏陶转向"快餐式消费"。精神文化熏陶是慢速的、潜移默化的、深层思考的欣赏行为。"快餐式消费"是精简的、快速的感官刺激。部分参与短视频制作的曲艺从艺者，为了迎合大众口味，呈现出的节目有碎片化、表面化倾向。在新媒体中，观众可以直接对表演进行关注、点赞和评论，视频的点赞量和播放量存在某种程度的关联，并关系到系统的推送，视频的播放结果直接反馈到视频上传者，从艺者和观众的距离进一步拉近，进而影响着曲艺视频的创作演出。

三　曲艺非遗数字化面临的主要挑战

（一）曲艺非遗数字化传播尚未模式化

近年来，我国数字化技术快速发展，并应用于曲艺非遗的采集、保存、管理和展示传播等诸多方面，为曲艺非遗的保护传承开启了新的形式。但是，我国曲艺非遗数字化传播仍然处于初级阶段，尚未有明确系统的行业规范和共识，新媒体中各类曲艺非遗亦处于各自为政的状态。疫情导致曲艺非遗的数字化传播需求提升，规模化的曲艺非遗传播亟须建立。第一，传播形式还需进一步丰富。疫情引发了"宅家听曲"的热潮，一些传播度较好、名气高的曲艺非遗顺时上传各类新媒体平台，例如评书、相声、二人转等，但其中多为线下实景演出的直接搬运，难以满足更多受众的需求。同时由于线上信息混杂，传播主体也难以及时作出反映和调整。第二，配套法律政策还需完善。非遗数字化在国内还属于初级阶段，相关配套的政策法规尚未形成。相关法律法规的缺失不利于形成系统化的非遗数字化传播体系。第三，曲艺非遗数字化传播效率有待提高。曲艺非遗数字库、数字博物馆是曲艺数字化保护方式之一。就目前曲艺数字博物馆来看存在互动性弱、内容创新不足等问题，传播效率也有待提高。另外，曲艺非遗相关数字产品体系还不成熟，主要还是以短视频、直播为主，曲艺IP打造任重而道远。

（二）曲艺传承主体面临数字化转型挑战

曲艺非遗历史源远流长，其延续、发展和革新的重要力量就是传承主体。传承主体往往掌握着扎实功底和技能，在其社区或群体中有着深刻的影响力。疫情导致线下演出活动停滞，一些曲艺非遗传承人将表演节目上传线上平台。

在数字转型过程中，相关传承主体面临思想文化和技术上的挑战。首先，曲艺非遗传承人面临老龄化严重、后继乏人的问题，部分年老艺人陆续退出曲艺演出舞台，而年轻人尚未完全形成相应梯队，严重制约曲艺非遗的传承和发扬。其次，从思想文化上看，由于许多曲艺非遗传承人年事已高，对新事物的接受能力有限，对数字传播接触较少、认识不足，不利于促成其传承项目的数字化转型。再次，从技术上看，曲艺非遗的传统传承方式通常是口传心授，代代相传，而在数字化转型过程中，由于时间空间的限制，难以将曲艺非遗的文化内涵进行完整表达。

（三）曲艺版权保护问题日益凸显

随着数字技术的发展和成熟以及人们生活习惯的改变，互联网已成为大众曲艺文化消费的重要载体之一。曲艺非遗在数字化进程中，面临着日益严重的网络版权侵权问题。网络版权侵权方式多种多样，例如未经许可发布或转发完整曲艺作品或片段；未经许可改编或表演曲艺作品并上传平台等。由于曲艺版权保护意识淡薄、曲艺版权交易和保护的行业规范缺失、曲艺产权界限不明晰甚至混乱、相关人才和理论研究的不足等多种因素，导致曲艺版

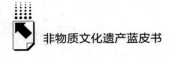

权维权难度大、侵权责任难认定等诸多问题。总之，数字化背景下的曲艺版权问题愈发凸显，曲艺版权保护水平亟待提高。

四 曲艺类非遗保护发展对策

（一）重视曲艺非遗，鼓励文化消费

第一，落实曲艺非遗发展的相关政策，对曲艺行业给予经济支持。2019年7月，文化和旅游部印发了《曲艺传承发展计划》，要求"不断提高曲艺传承发展能力，充分发挥曲艺在文化建设中的积极作用，推动曲艺为建设社会主义文化强国做出更大贡献"，并明确了主要任务和保障措施；2020年2月，文化和旅游部印发《关于用好货币政策工具做好中小微文化和旅游企业帮扶工作的通知》，要求加大对受疫情影响较大的旅游娱乐、住宿餐饮、交通运输等行业，以及对防疫重点地区的支持力度。作为聚集性较强的曲艺行业，在疫情中受到了严重影响，应加大对从艺者的支持力度，例如金融信贷支持、财税优惠、补贴以及一对一的精准帮扶等，充分发挥有关部门在曲艺非遗保护中的积极作用。另外，各级曲协可通过评奖、展演等活动对会员予以适当补贴，重视传承困难的非遗曲种，在相关补贴上给予一定的倾斜。

第二，提升行业信心，引导观众回归。在疫情得到有效控制，保障人民健康安全的前提下，有关部门可以通过发放消费券等方式鼓励和吸引观众走进剧场，提升群众的文化消费意愿。进一步完善文化惠民政策，扩大惠民范围，让更多人享受文化之美之乐。各级曲协可通过灵活有效的方式，帮助曲艺行业恢复信心，凝聚人心，抱团取暖，并对观众文化消费进行适当引导。

（二）推动曲艺非遗 IP 化发展

所谓 IP，在文化产业中主要指的是"知识产权"。在非遗语境下，

IP就是要将非遗资源打造成具有商业价值和传播价值的品牌，转变成为具有可持续性和创造性的非遗资产。曲艺非遗IP化发展具有可能性。首先，作为民间地方说唱艺术的曲艺，受众广泛，并具有较强创造性和传播力，并能通过多种形式形态与其他行业融合发展，在商业性的文化产业中也能发挥其优势。其次，各具特色的、受众不一的曲种使得每个曲艺IP具有了人格化的标志，在实现引流和增加用户黏性上占据了上风。再次，"能融尽融"的文旅融合的现实需求让曲艺非遗IP化发展具有了无限的可能。最后，年轻一代近年来对传统文化的关注与日俱增，再加上疫情带来的曲艺非遗数字需求的上升，曲艺非遗IP化发展是时代的要求。

推动曲艺非遗IP化发展是对中共中央国务院办公厅2017年印发的《关于实施中华优秀传统文化传承发展工程的意见》（以下简称《意见》）的贯彻和实践。《意见》中"重点任务"中指出"滋养文艺创作。善于从中华文化资源宝库中提炼题材、获取灵感、汲取养分，把中华优秀传统文化的有益思想、艺术价值与时代特点和要求相结合，运用丰富多样的艺术形式进行当代表达，推出一大批底蕴深厚、涵育人心的优秀文艺作品"。曲艺非遗IP化发展中，要注意结合自身特点和优势、当代人审美需求等方面进行合理创编和开放，打造一套专业成熟的曲艺IP全产业链发展系统。

（三）加强构建曲艺非遗数字传播模式

首先，我国曲艺非遗的数字化传播模式亟待建立。可以针对不同的受众群体，提供具有选择性的传播形式，例如为年轻群体提供曲艺非遗的严肃性游戏、直播、动画等；为年长群体提供相关电视节目、微信推送、广播等。还可以根据曲艺非遗的现状，提供不同的传播形式，例如对濒临失传的曲种使用数字博物馆、短视频等直观方式进行展示；对传承较好，人们熟悉的曲艺非遗采取互动式、沉浸式的传播方式，充分挖掘其文化内涵。其次，我国曲艺非遗的数字传播理念还需更新，应重视曲艺非遗文化内涵和社会价值的挖掘。当前大众媒体上主流的非遗曲艺数字产品还是以曲艺的外在表现形式的刻画，尚未传递出其完整的文化价值。需进一步明晰曲艺非遗深厚的历史底蕴、丰富的文化内涵以及珍贵的社会价值，并在数字化传播中着重刻画，在不脱离语境的情况下使其生动化。最后，我国曲艺非遗数字化传播效率需提升，要不断完善曲艺非遗数字博物馆的建设。丰富数字文化服务，定期维护，及时更新相关内容，实现有效的信息传递。

（四）培育曲艺非遗数字化、现代化人才

一方面，要更新传统的非遗传承思维，加强培育传承人的数字思维。老一辈的曲艺非遗传承人对其所承载的曲艺文化有着深刻的理解，是重要的知识宝库。但部分曲艺传承人由于年事已高，对数字传播和项目了解不足且学习能力有所衰减，自行进行数字化传承困难较大。政府可以积极发挥作用对其进行帮扶，普及相关数字知识，在传承人有意利用数字技术进行传承的基础上，为其提供相关助手予以技术帮扶。另外还可以出台相关曲艺非遗相关文创产业、企业的优惠政策，鼓励相关文化产业与传承人对接与合作，形成良好的数字化传承的市场氛围。

另一方面，要注入年轻血液，促进曲艺非遗保护的数字化、现代化。不仅要培育年轻一代传承人数字化思维，还要加强其数字技术接受能力、学习能力，进而发展其创新能力。另外，曲艺非遗的发展离不开现代化的管理，要注重引进和培养既了解传统曲艺文化又了解现代市场的复合型专业管理人才，以有效整合曲艺非遗资源，指导和推动曲艺市场发展，指同时能够预判、抵御相关风险，促进曲艺非遗生产性保护。

（五）重视曲艺版权问题

加强政策对曲艺产业发展的规范和引导，充分维护著作权人的合法权益。曲艺因为传播得以传承和发展，一方面，要严格依据《著作权法》规范网络传播作品的传播行为，积极打击违法传播行为；另一方面，可以在尊重和保护著作人的合法权益基础上，适当开放曲艺传播授权，促进曲艺的传

播和共享。与此同时，要细化相关法律法规，明确曲艺作品保护的范围、类型等相关内容，并利用科学技术对曲艺作品传播状态和路径加以追踪，被用于商业目的的曲艺作品传播，版权所有者有权获得相应的报酬。此外，相关文艺团体、文化企业应加强建立曲艺内部版权管理体系，对曲艺作品进行数字化梳理和存储，建立分类科学、管理有效的曲艺作品资源库。只有理清了"家底"，才能进行有效的授权与维权。总之，重视曲艺版权的保护，尊重和维护著作权人的合法权益，不仅是对曲艺行业创造力的保护，而且对曲艺非遗的可持续发展有着重要意义。

B.6
传统美术类非遗保护发展报告

董 帅*

摘 要： 2020年是"十三五"规划收官之年，是脱贫攻坚战最后一年，是全面建成小康社会目标实现之年。站在"两个一百年"的历史交汇点上，2020年传统美术类非遗保护呈现新气象、新作为、新趋势：以"工艺扶贫"为主的非遗助力精准扶贫取得开创性成果；以"非遗购物节"为典型的全媒体云传播，赋予传统美术新的网络生态；"文艺抗疫"让传统美术更加嵌入提高社会治理能力的主流话语；在满足人民对美好生活的需要、推动经济社会可持续发展和服务国家重大战略的进程中，传统美术从项目单体保护向系统性保护转型，正在催生新美学、新业态、新文化空间、新消费市场，呈现出在现代生活中广泛应用的前景。

关键词： 传统美术 工艺扶贫 文艺抗疫 系统性保护

一 传统工艺振兴纵深推进中的传统美术保护现状

2020年是《中国传统工艺振兴计划》发布后的第四个年头。在《中国传统工艺振兴计划》的总体目标中指出："到2020年，传统工艺的传承和再创造能力、行业管理水平和市场竞争力、从业者收入以及对城乡

---

* 董帅，文学硕士，广州市文化馆（广州市非物质文化遗产保护中心）馆员。

就业的促进作用得到明显提升。"在这一年，全面建成小康社会带来的机遇与新冠肺炎疫情全球肆虐带来的挑战并存，传统美术保护发展呈现新面貌。

（一）法规政策

2020年，多地制定本地域的传统工艺振兴目录，充实了《中国传统工艺振兴计划》自上而下的政策体系。9月，浙江省杭州市公布了第一批传统工艺振兴目录、福建省泉州市公布了第一批传统工艺美术品种和技艺暨传统工艺美术振兴目录；12月，上海市文旅局公布第一批上海市传统工艺振兴目录、山西省文化和旅游厅公布山西省第一批传统工艺振兴目录、辽宁省朝阳市公布第一批传统工艺振兴目录。这些地域性传统工艺振兴目录的遴选和发布，是旨在选取一批具备传承基础和生产规模、有发展前景、有助于带动就业的传统工艺项目，推动形成可推广的经验案例，带动本地域范围内传统工艺振兴，因而具有较高的整体性保护和生产性保护示范意义。

与此同时，单项的传统美术项目也得到了更多立法及政策保护。如2020年1月起施行的《德阳市绵竹年画保护条例》，不仅提振了年画行业的文化自信，还体现出"良法更善治"的立法初衷①。2020年11月，青海省政府出台《"青绣"提升三年行动计划（2021—2023）》，致力打造"青绣"品牌，推动"青绣"高质量发展②，并提出加大对"青绣"产业的信贷支持力度、培训"青绣"人才5万人次等具体任务。这种单项非遗条例和行动方案是对传统美术振兴的有益借鉴。

此外，在国家层面，还有一些新公布的文件与传统美术振兴事业有关。如2020年1月由中共中央、国务院颁布的《关于抓好"三农"领域重点工作确保如期实现全面小康的意见》明确指出扶持农村非遗传承人；2020年6月由农业农村部、国家发展改革委等九部委联合印发的《关于深入实施农

---

① 《四川德阳：良法善治 全国年画行业首部地方性法规"管用"》，中国新闻网，2020年12月16日，https://www.chinanews.com/gn/2020/12-16/9363366.shtml。

② 《青海省出台"青绣"提升三年行动计划》，《中国文化报》2020年11月19日，第1版。

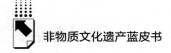

村创新创业带头人培育行动的意见》提出，挖掘乡村工匠、文化能人、手工艺人等能工巧匠，支持创办手工作坊，保护传统手工艺。这些中央文件，都为传统美术振兴提供了明确指引。

（二）文艺抗疫

2020年，面对新冠肺炎疫情影响，传统美术传承人群在抗疫中立足自身领域，发挥专业特长，积极投入到防疫主题艺术创作、防疫作品捐赠、居家文化生活营造中，积极当好"战斗员"和"宣传员"，增强了广大群众打赢疫情防控阻击战的决心和信心。

其一，以主题作品宣传抗疫知识。如四川乐山市夹江县年画传承人群创作出"战疫情保健康"系列主题年画；河南洛阳"王城之春"第十二届牡丹插花花艺展用"祖国加油""众志成城"等五组作品表达全国人民抗击疫情的拼搏精神；还有各地剪纸、面人、雕刻艺人们纷纷创作抗疫主题作品，提醒市民做好防护，传递齐心抗疫正能量。

其二，以实物捐赠助力抗疫一线。如衡水内画传承人按照国礼级肖像要求绘制68件作品赠予衡水支援湖北医疗队、徐州马庄香包工作室制作3000余个"防感辟秽"香囊驰援湖北等。

其三，以文化活动充实居家防疫生活。如一些面塑、刺绣传承人在疫情期间以直播课、微课、公众号等形式，开展免费的公益教学供民众居家学习。山东临沭县青云镇党委政府就充分发挥手工柳条编织在家就能制作的优势，让放货员在线把加工指标分配给村民，村民先做成半成品等疫情结束由柳编企业统一回收，从而在居家防控疫情的同时也增加村民收入①，又很好地配合了农村实施封闭式管理的政策。

（三）云传播

在网络经济活跃的当下，作为传统业态的传统美术的传播亟待实现从线

---

① 《抗"疫"闲不住　临沭县青云镇柳编户在家安心编柳编》，大众网，2020年2月18日，http://linyi.dzwww.com/news/202002/t20200218_17287987.htm。

下到线上的转型。特别是在新冠肺炎疫情影响下，为尽量避免人群聚集，保证经济和社会生活秩序正常运转，"云学习""云办公""云消费""云旅游"等线上生活成为常态。与此同时，在记录与分享的时代，非遗作为一种"国潮"或"国粹"，在短视频、直播等传播媒介吸引粉丝眼光方面有着得天独厚的优势。基于此，2020年传统美术行业的一大转变，就是更加广泛而活跃地走向线上，除了以往较普及的开网站、办网店、公众号推广、游戏植入外，典型表现在直播带货、短视频社交、云教学三个方面。

其一，传统美术的直播带货。网络直播因高频次、全实时的互动性，让传统美术打开了与大众直面沟通的窗口，取得了良好的传播效益。如央视新闻联合文旅部非遗司、中国手艺网共同推出"把非遗带回家"专场带货直播节目，出现了徐州香包被直播网友强烈要求加单1000份的热潮①；还有一点资讯"非凡的非遗"全球大型直播计划的北京兔儿爷直播、"福建非遗之花高原绽放"唐卡漆画跨界碰撞连线直播活动等等，让传统美术借力直播充分引流；除了在线带货，传统美术借助直播手段还可反哺创作端。如苏州玉雕馆就开创了在线定制服务，通过直播作品的创意设计过程，在线与客户进行交流，从而得以满足不同消费群体的需求，避免了无效创新与方向错误②。

其二，传统美术的短视频社交。当前，短视频行业月活用户超8.2亿，通过短视频社交，传统美术短视频发布者可与其他用户之间建立起互动关系，再由用户之间的转发分享、模仿拍摄等互动使传统美术产生裂变式传播。比如"文化和自然遗产日"期间快手上线了#快手有非遗#话题标签页活动，截至6月15日已有7万多件作品上传至该标签页面，累计播放量达2亿余次③。在2020年，许多传统美术传承人在短视频平台上成绩喜人，比

---

① 《"把非遗带回家"专场直播带货收获满满》，中国手艺网，2020年6月17日，http：//www. wodsy. com/news/0984cc51ad844949af18eb9ac42310ad. html。

② 《"后疫情期间"的苏州玉雕创意设计市场考察记》，中国美术报网，2020年5月20日，https：//www. sohu. com/a/396436165_ 819453。

③ 《"非遗购物节"，上新！》，《中国文化报》2020年6月17日，第2版。

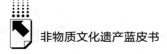

如快手平台上的"萧占行面塑"拥有 110 万粉丝,河南浚县泥塑传承人"泥巴哥"两年来借助短视频帮助手艺人们卖出泥塑 10 万件等。

其三,传统美术云教学。不同于传统的线下培训,云教学可以跨时空、受众广、多媒介,为 2020 年度的传统美术传承人群培训和民众云学习都带来新气象。传承人群能力建设方面,如内蒙古科右中旗图什业图王府刺绣带头人王金莲组织微课堂刺绣群对 93 位绣娘开展云教学;哈萨克族刺绣传承人玛依努尔采用抖音短视频对 200 多位学员线上教授刺绣技艺;2020 年 7 月上线的"快手非遗学院"利用直播课程,从专业技能、文化视野、品牌建设、互联网技能等维度帮助非遗传承人提高传承实践能力①。民众云学习方面,比如,2020 年文化和自然遗产日的"云游非遗·影像展"、国家图书馆中国记忆项目中心的《他们鉴证了文明——非遗影像公开课》系列云端课程、中国华文教育基金会实景课堂、多地推出的线上非遗公开课等云课堂,都让观众们足不出户即可感受传统美术魅力。

(四)品牌活动

2020 年第一季度受新冠肺炎疫情影响,传统美术各类节会、展览、赛事活动开展较少,5 月渐趋恢复,6 月"文化和自然遗产日"倡导复工复产后,下半年各类活动复苏势头较明显。从活动的主题和内容来看,相较往年,更聚焦于新媒体新技术的应用、对产业高质量发展的探索和新生活面貌的呈现。

新媒体新技术的应用方面,如 2020 年 6 月"文化和自然遗产日"期间,在文旅部非遗司、商务部流通发展司、电子商务司,国务院扶贫办开发指导司共同支持下,阿里巴巴、京东、苏宁、拼多多、美团、快手、东家等电商网络平台联合举办非遗购物节,各省市也纷纷举办本地域的非遗购物节分会场,成为许多传统美术传承人群转型线上、探索新媒体传播的新起点;

---

① 《2020 快手非遗生态报告:苏绣、泥塑、紫檀雕刻等是快手热门非遗项目》,环球网,2021 年 1 月 8 日,https://baijiahao.baidu.com/s? id = 1688305176911407230&wfr = spider&for = pc。

"2020中国·南阳（云）玉雕节"也打破传统办节方式，运用大数据、云计算、区块链、人工智能等前沿技术，实现了玉文化产业与大数据的有效嫁接。

高质量发展探索方面，如9月在辽宁岫岩举办的中国·岫岩第十一届玉文化艺术节就是贯彻《关于推进岫岩玉产业高质量发展的实施方案》，旨在打造岫岩玉"玉根国脉"品牌，推进岫岩玉产业高质量发展①；国庆前后在山东临沭举办的第七届中国（临沭）柳编旅游文化产业博览会，则融合国庆节、农民丰收节、旅游黄金季、田园综合体等丰富内容，成为展现临沭柳编高质量发展的生态名片②。

新生活面貌呈现方面，如8月在青海湟源举办的湟源排灯文化旅游暨河湟美食嘉年华活动，旨在推进美丽幸福湟源建设；9月在青海西宁举办的第三届"民族团结进步""青绣"大赛暨黄河流域刺绣艺术大展，则以"传承文化根脉，锦绣美好生活"为主题；9月在陕西旬邑举办的首次全国性彩贴剪纸专题展"纪念库淑兰诞辰100周年全国彩贴剪纸艺术大展"则旨在反映社会主义新时代的社会风貌。

（五）产业提升

2020年，在文化产业高质量发展的大背景下，传统美术的产业提升，也正围绕体验经济、休闲旅游、科技驱动等不同侧面，走出差异化发展、特色化经营之路。

其一，产业园区打造。较显著的案例，有西藏拉萨于年内打造全国规模最大、产业链最完整的唐卡文化艺术产业园，建筑面积2万余平方米，集唐卡艺术品制作、加工、展示、销售、研习、体验于一体，园内唐卡绘制艺人

---

① 《推进岫岩玉产业高质量发展——全国玉石雕刻"玉星奖"评选活动暨中国·岫岩第十一届玉文化艺术节在中国玉都岫岩举办》，中国日报网，2020年9月15日，https：//baijiahao.baidu.com/s？id=1677898130971617610&wfr=spider&for=pc。

② 《2020中国农民丰收节暨第七届中国（临沭）柳博会开幕》，央广网，2020年9月29日，https：//baijiahao.baidu.com/s？id=1679149926754316617&wfr=spider&for=pc。

和从业人员达千余人①；江苏苏州于年内重点打造了总建筑面积达 3 万多平方米上午苏州古玩玉石城，吸引 500 多家玉雕工作室入驻，这座"相王弄·新家"使得玉雕传承人群的创作环境得以良好改善；年内开放的剑川木雕艺术小镇规划面积 3 平方公里，以剑川木雕为核心，融历史、文化、商业、电子商务、休闲、景观、体验、旅游于其中，致力打造高品质木雕旅游小镇②；江苏东海县围绕"世界水晶之都"城市定位，加快推动水晶产业向"国际化、年轻化、生活化"发展，建立电商物流园、直播电商产业园等产业地标，在 2020 年全县水晶行业从业人员已达 30 万多人、年交易额达 200 多亿元③。

其二，产业提升行动。2020 年，一系列传统美术产业提升行动层见叠出，比如上海大学中国艺术产业研究院与驻上海大学中国民协中国玉雕研究院联合推出的"2020 年度全国玉雕市场创意设计提升计划"、青海省黄南藏族自治州唐卡区块链项目、中国妇女发展基金会多特瑞妇女创业项目、云南牟定"彝州工匠·指尖生花"彝族刺绣创新创业大赛等，都是针对传统美术产业发展中的创意不足、版权问题、传承内生动力不足等状况而有针对性开展的提升项目。

其三，区块链推广应用。在 2020 年度各类产业提升新举措中，区块链技术在传统美术业界的推广应用引人关注。基于传统美术作品可溯源、去中心化的优势，区块链可以确保交易记录的准确和全面，以此维护良好的艺术品交易秩序；借助区块链技术，传承人可以声明对某个作品的所有权，并确认作品编号，从而防止冒名顶替等情况的发生。青海省黄南藏族自治州唐卡区块链项目，就是通过区块链技术完成传统唐卡交易的溯源以及唐卡知识产

---

① 《拉萨建设唐卡产业园》，中国经济网，2020 年 5 月 7 日，https：//baijiahao. baidu. com/s？id = 1665990306091069949&wfr = spider&for = pc。
② 《美丽县城剑川：木雕艺术小镇开启双驱动模式》，云南网，2020 年 10 月 8 日，https：//baijiahao. baidu. com/s？id = 1679954727189721625&wfr = spider&for = pc。
③ 《2020·第二届全国水晶雕刻大赛在江苏东海启动》，金台资讯，2020 年 6 月 10 日，https：//baijiahao. baidu. com/s？id = 1669095767218265623&wfr = spider&for = pc。

权IP的复用与增值，更好地维护唐卡艺术的知识产权①。青田石雕行业也在年内签约了《区块链技术赋能青田石雕产业发展战略合作协议》，青田石雕溯源服务平台依托浙江数据链，形成高度透明、不可篡改的石雕溯源链条，为石雕传承人、收藏家与消费者提供石雕艺术品申报确权、数字化管理、全流程溯源的一体化服务。

其四，行业标准出台。2020年一系列传统美术行业标准、地理商标的制定和出台，也进一步规范了传统美术的产业发展。比如西藏自治区传统贴（堆）绣唐卡地方标准、柘荣剪纸团体标准、鄂州雕花剪纸传习地方标准、象山竹根雕地理标志证明商标等，为延续传统美术的技艺水准、促进行业规范有序发展奠定了规范基础。

（六）精品力作

2020年，传统美术在发展中涌现出不少精品力作，有些作品以巨型的尺幅、宏大的叙事主题、突破性的艺术呈现，让人赞叹于大国工匠的品质追求。如青海省玉树藏族自治州的获英国WRCA世界纪录认证的最大规模《格萨尔王传》，由37位藏文书法家历时3年多完成，是藏文书法的一次恢宏展示；常州金坛的长101.26米、宽1.16米的新版《大运河》金坛剪纸长卷，由20多名刻工历时3个月完成，已申报上海大世界基尼斯纪录之最长的刻纸长卷项目；四川省阿坝州的巨幅唐卡《大熊猫百图唐卡长卷》，由40多名阿坝州唐卡大师历经1年创作完成，是世界以熊猫主题绘制的规模最大、长度最长、内容最丰富的唐卡巨作；东阳木雕《百年伟业》由国家级传承人陆光正与国内四位雕塑名家联手创作，四幅木雕屏风每幅宽7.1米，高3.1米，厚1米，是东阳木雕中首次引入舞台艺术立体呈现样式的宏大叙事主题创作。

（七）研究出版

2020年，受新冠肺炎疫情影响，上半年各类传统美术研讨活动较少，

---

① 《智慧黄南数字唐卡区块链项目稳步推进》，《潇湘晨报》2020年11月17日，https://baijiahao.baidu.com/s？id=1683602724933836394&wfr=spider&for=pc。

自 10 月起举办较为集中。较有影响力的，有 10 月在北京举办的"复兴百工，生活即道"中国传统工艺振兴优秀案例论坛，10 月在湖南长沙举办的以"传承、创新、筑梦"为主题的全国职业院校传统技艺传承与发展研讨会，11 月在广东广州举办的第二届"博物馆手艺传习"研讨会，11 月在江苏苏州举办的以"自然·人文·可持续发展"为主题的第五届传统工艺青年论坛，11 月在内蒙古赤峰举办的草原线条——西拉沐沦·2020 蒙古文书法学术研讨会，12 月在湖南举办的"融合·赋能·创新"——第二届传统工艺振兴发展论坛等。这些研讨活动，涉及职业教育中的传统美术传承、博物馆领域的传统美术传习、中华民族共同体意识下的传统美术传承等专门领域，具有较强的实践指导性。

在传统美术专著出版方面，2020 年也有一些成果，如开封市第一部全面反映汴绣历史的《汴绣志》，填补了中国刺绣专业志书的空白；《虎丘泥人一千年》出版，填补了学术上虎丘泥人的研究空白；图书《中国符号·手艺仁心》让篆刻、留青竹刻、榄雕等传统美术跃然纸上；此外还有青田石雕专著《东方石魂》、乐清黄杨木雕专著《乐清黄杨木雕天空里的星座》、朱仙镇木版年画专著《木和纸朱仙镇木版年画》等，都是单项传统美术的系统性梳理著作。

二　精准扶贫，传统美术扶贫取得开创性成果

2020 年 1 月 2 日由中共中央、国务院颁布的《关于抓好"三农"领域重点工作确保如期实现全面小康的意见》指出："实施乡村文化人才培养工程，支持乡土文艺团组发展，扶持农村非遗传承人、民间艺人收徒传艺，发展优秀戏曲曲艺、少数民族文化、民间文化。"在我国农村有着基数庞大的传统美术类非遗传承人队伍，得益于非遗助力精准扶贫的多措并举，在 2020 年实现了非遗传承和扶贫产业的双丰收，实现了扶贫和扶智、扶志的双丰收。据统计，截至 2020 年 6 月，各地设立非遗扶贫就业工坊超 2000 所，带动非遗项目超 2200 个，培训了将近 18 万人，带动近 50 万人就业、

20 多万建档立卡贫困户脱贫①；截至 2020 年 10 月，在国家级贫困县开设非遗扶贫工坊逾 830 家，助力数十万人实现增收②。

传统美术之所以能在精准扶贫中发挥重要作用，基础在于传统美术本身具有的经济价值和社会价值。习近平总书记在决战决胜脱贫攻坚座谈会上强调，巩固脱贫成果难度很大，已脱贫的地区和人口中，有的产业基础比较薄弱，有的产业项目同质化严重，有的就业不够稳定，有的政策性收入占比高。传统美术作为一种产业看，正是巩固脱贫成果的一剂良方：它们扎根乡土基础良好，特色鲜明同质率低，"手艺是活宝，走遍天下饿不倒"的稳定性强，在民间世代相而并不完全依赖政策。因而，传统美术扶贫所取得的作用，正如中国社会科学院荣誉学部委员刘魁立所论："通过非遗扶贫，扩大了非遗的功能。其中最重要的一点，就是培育扶贫对象本身的造血机能，只有这样才能使贫困地区彻底脱贫，永久脱贫，走上致富的康庄之路。"③

在 2020 年，传统美术扶贫涌现许多有益举措、经验和成果，形成如下成效。

（一）形成政府引导，企业、传承人、社区、社会组织共同参与的工作格局

在传统美术扶贫中，多主体加强协作，统筹力量，形成了政府引导，企业、传承人、社区、社会组织共同参与的工作格局，为拓宽传统美术的参与度、提高传统美术的产业水平奠定了工作机制基础。

如内蒙古图什业图王府刺绣形成"企业 + 协会 + 基地 + 农牧民"模式，已带动全旗 2.1 万人从事刺绣产业，与 17 家企业形成了长期合作关系④；

① 《非遗扶贫，激发乡土文化的创新活力》，央广网，2020 年 10 月 26 日，https：//baijiahao. baidu. com/s？id = 1681581526214674600&wfr = spider&for = pc。

② 《全面小康　非遗同行——第六届中国非物质文化遗产博览会综述》，《中国文化报》2020 年 10 月 27 日，第 3 版。

③ 刘魁立：《非物质文化遗产的时代机遇》，《中国文化报》2020 年 6 月 11 日，第 4 版。

④ 《图什业图王府刺绣：创业好路子　脱贫好抓手》，《中国文化报》2020 年 1 月 22 日，第 7 版。

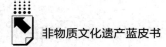
贵州松桃苗绣形成"政府引导+市场运作+金融支持+企业投入+贫困户"的"五位一体"利益联结机制，引入金融机构以就业帮扶、托管帮扶等方式带贫益贫，吸纳了当地2000名建档立卡贫困户从事苗绣生产，人均年收入达2万元①；四川道明竹编形成"公司+集体经济组织+农户"的模式，用"利益捆绑"的方式粘接整个产业链上下游，其中有一定技法的村民日收入可达400元②。可见，在传统美术扶贫中形成的这种多位一体的"链式"工作格局，打破了以往由政府向传承人单向输送扶持的路子，对于产业全链条发展、传承人群收入提高都有很大帮助。

（二）形成传承人群扩大、传承能力提高的传承面貌

非遗扶贫是一项参与人群广泛的事业，比如非遗扶贫就业工坊往往就是依托覆盖面广、从业人员多、适于带动就业的非遗项目而设立。近年来，在传统美术的扶贫进程中，通过发掘传统美术的深厚群众基础，并对农村手艺人们进行有针对性的、受众广泛的培训提升，从而使得传承人群规模得以进一步扩大，传承能力进一步提高。

首先，广泛培训传承人群，有效拓展了传承人群基数。例如，辽宁省通辽市妇联设立的互动式巾帼脱贫服务平台"通辽巧娘"，自成立以来，已培训妇女1万余人次，其中建档立卡妇女800余人次③。山西岚县把"岚县面塑"打造成为市级劳务品牌，列入全民技能提升工程培训工种，培训200余名面塑传承人，100余户家庭增收，实现了"培训一人，就业一人，脱贫一户"④。

---

① 《"贷"动"绣娘""绣爷"脱贫致富　人行铜仁市中支金融助力"松桃苗绣"走向世界》，中国金融新闻网，2020年6月8日，https：//www.financialnews.com.cn/qy/tlyd/202006/t20200608_192780.html。

② 《道明竹编"小课堂"，却有"大作为"》，澎湃新闻网，2020年4月27日，https：//www.thepaper.cn/newsDetail_forward_7160341。

③ 《巧娘巧手绘制美好生活》，中国经济网，2020年10月22日，https：//baijiahao.baidu.com/s？id=1681230812769860983&wfr=spider&for=pc。

④ 《小手艺里的大人生　岚县面塑街里话脱贫》，人民网，2020年7月28日，http：//sx.people.com.cn/n2/2020/0728/c384011-34189175.html。

其次，在培训内容上，开展精准培训，与精准扶贫宗旨相契合。其一，传统美术一般是民众"自在"创作的，而在精准扶贫中多需根据订单而创作，因而传承人群必须实现由"自在"到"自为"的转型。比如5月由科右中旗蒙古族刺绣协会举办的蒙古族刺绣建档立卡贫困户培训班，主要培训内容就是如何用国际标准线绣花、大订单如何完成等①；8月的云尚绣梦·上海穆驰订单式绣娘培训班则以当前刺绣的流行趋势、订单图案的细分解、下单品种和面料要求等为内容，以图解决订单式刺绣中遇到的实际困难②。其二，传统美术过去往往只在传承地销售，而在精准扶贫中借力电商可以让产品行销全国，因而传承人群应学会由在地传播到全网传播的转型。比如4月在崇州道明竹艺村启动的"Dou in 竹艺村"，开展道明竹编非遗传承人新媒体培养计划，以图让"村民带货"成为地方经济发展的新引擎③；10月的"中国非遗传承人群（布老虎制作技艺、雕塑制作技艺）高级研修班"，天津大学与淘宝大学合作带来电子商务、IP打造、淘宝直播营销等全新课程，为布老虎传承人带来线上销售技巧④；12月的中国时尚文化人才培养计划互联网营销师凉山项目培训班，内容包括互联网营销师形象管理、内容制作、声音训练等，引导学员完成彝绣绣娘到带货主播的转变，还为考核合格的学员颁发"互联网营销师岗位能力证书"⑤。

（三）形成融合现代设计、适用当代生活的产品体系

在非遗扶贫中，扶贫产品如何与日新月异的广阔市场相对接？如何为当

---

① 《「只争朝夕决战决胜脱贫攻坚」科右中旗举办建档立卡贫困户湘绣技艺培训班》，科右中旗发布，2020年9月22日，https：//baijiahao. baidu. com/s？id = 1678521804907423770&wfr = spider&for = pc。
② 《云南元阳县：学刺绣　助脱贫》，云南网，2020年8月17日，http：//honghe. yunnan. cn/system/2020/08/17/030891391. shtml。
③ 《崇州：道明竹编搭上短视频"新列车"》，人民网，2020年4月22日，http：//sc. people. com. cn/n2/2020/0422/c345167 – 33965615. html。
④ 《"非遗加速度"：数字化让布老虎、雕塑技艺"活"起来》，中国社会科学网，2020年10月19日，http：//ex. cssn. cn/zx/zx＿gjzh/zhnew/202010/t20201019＿5196487. shtml。
⑤ 《凉山彝绣绣娘变身带货主播　文化产业扶贫铺就致富路》，环球网，2020年12月31日，https：//lx. huanqiu. com/article/41K6YPeKGhi。

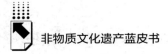

代人所喜爱并乐于购买？从传统美术的扶贫实践看，守正创新、跨界融合是关键。即在传统美术基本文化内涵的基础上，依托跨界资源，进行创造性转化、创新性发展，从而提升设计与制作水平，丰富产品品类。

在 2020 年，一批设计师、高校美院团队与传承人群深度合作，相关实践成果层出不穷：如唯品会设计师们提取凉山彝绣元素，设计出时尚、精美、大众化的服饰并销往全国；北京服装学院与凉山州妇联也以彝绣为元素合作推出了贴近生活的时尚产品；湖南大学设计艺术学院引导花瑶绣娘对传统的挑花图案进行提取与创新，设计了 190 件厨房纺织用品，获企业订购 2000 多套[1]；河南浚县西杨玘屯村的文创产业合作社，围绕泥咕咕积极推动与各大高校美院的深度融合，如今西杨玘屯村泥咕咕年销售总额达 2600 多万元[2]。

此外，在"传统美术 + 扶贫 + 旅游"中，通过开发旅游纪念品、衍生品，也涌现出硕果。比如乌鲁木齐县胡拉莱民族手工艺农民专业合作社将刺绣技艺与旅游产品结合，设计制作美观大方的旅游纪念品，合作社绣娘每月 2800～4500 元；安徽潜山推行"非遗 + 扶贫 + 旅游"文化扶贫模式，传统舒席被转化为拖鞋、鞋垫、包装盒、扇子、沙发垫等衍生产品。可见，扶贫产品的研发，对于传统美术当代产品形态的改进是有所助益的。

（四）形成东西部协作、资源跨区域分配的产业格局

东西部扶贫协作和对口支援，是加强区域合作、优化产业布局、拓展对内对外开放新空间的大布局。东西部地区围绕传统美术资源的扶贫协作，也使得许多传统美术产业布局得以更新，由以往地缘性的乡土产业、区域产业，转变为跨地域的产业，由此也带来从生产端到终端的全方位资源互补。

---

[1] 《湖南大学创意扶贫结出幸福果　花瑶挑花变身畅销文创产品》，新湖南，2020 年 8 月 13 日，https：//baijiahao. baidu. com/s？id＝1674911146276594329&wfr＝spider&for＝pc。

[2] 《浚县小小泥咕咕，承载村民致富大梦想》，河南日报客户端，2020 年 7 月 28 日，https：//baijiahao. baidu. com/s？id＝1673430466881486035&wfr＝spider&for＝pc。

在生产端，主要表现在异地生产和两地非遗融合发展。如在广东顺德的对口帮扶下，四川凉山美姑县的彝族绣娘们融合广绣技法和彝绣花样，在实现精准脱贫的同时，也让广绣在西部扎根；在"福建农民漆画创新工程"孵化下，福建漆艺与西藏唐卡被培育成一项全新的艺术形式唐卡漆画，使唐卡更易保存，推动了藏族文化走出去；此外，还有很多易地扶贫搬迁安置中发展传统美术产业的案例，如贵州松桃在安置点开设了100多个苗绣扶贫工坊、山西岚县在易地扶贫搬迁小区开设岚县面塑街，成为城乡协作传承传统美术的典型。

在销售端，主要表现在跨地域销售。比如通过东西部扶贫协作"消费扶贫"项目的帮扶，四川阿坝州马尔康格桑娜传统手工编织专业合作社的藏织品入驻"阿坝非遗工坊"淘宝店，浙江订单纷至沓来①；文化和旅游部恭王府博物馆以销售柜台对口支援静乐，静乐剪纸艺人将恭王府"福"文化设计到剪纸中，从而开拓了推广和销售的渠道②。

（五）形成以人为本、扶智扶志的人文价值效益

扶贫先扶志，扶贫必扶智。传统美术本身承载了千百年来人民群众的生活智慧、心理情感和道德观念，因而在扶贫过程中，除了创造经济价值外，也充分发掘其人文价值，发挥出深刻的社会效益。这些社会效益，既有传统人文意义上的追求美好生活、求吉祈福、维持社会公序良俗、启迪民众智慧等，更有为解决贫困地区现实存在的社会问题而发挥的新的社会效益。

如湖南苗绣扶贫项目"让妈妈回家"，通过文化和旅游部持续的推动，已经让当地3000多位妈妈不用再去外地打工，实现家庭团圆，解决了留守儿童问题和孤寡老人问题这两大社会问题；此外还有河北邯郸市大名县的草编培训班免费培养100余名建档立卡贫困残疾人、云南剑川县为残疾人免费

---

① 《四川马尔康：致富带头人格桑娜姆用巧手"织"出美好生活》，四川观察，2020年7月17日，https：//baijiahao.baidu.com/s？id=1672450878711601171&wfr=spider&for=pc。

② 《"非遗+扶贫"：助力静乐打赢脱贫攻坚战》，《中国文化报》2020年6月23日，第4版。

提供吃住让其学习彩绘木雕、四川炉霍县民族手工艺技术培训基地对残疾人的炉霍郎卡杰画派唐卡培训等实践，在让残疾人实现家门口就业的同时，也让他们用劳动来创造和体现着自身存在的意义。

（六）形成讲好中国脱贫攻坚故事、融入主流话语的传播维度

相对于当代流行文化而言，日渐"边缘化"的传统美术想要得到更多传播推广，必须努力嵌入社会主流话语。籍非遗扶贫之契机，讲好传统美术助力脱贫的故事、讲好传统美术服务国家重大战略的故事、讲好传统美术弘扬时代精神的故事，从而开拓了传统美术的新传播维度。

如2020年9月，由文化和旅游部非遗司、国务院扶贫办开发指导司指导，中国文化传媒集团有限公司主办，中国手艺网承办的"非遗扶贫品牌行动和优秀带头人名单"发布，旨在弘扬非遗助力精准扶贫蕴含的时代精神，宣传推广非遗助力精准扶贫工作成果，其中疆绣扶贫行动、让"妈妈"回家、"妈妈制造"等多个传统美术领域的扶贫品牌行动上榜①。此外，10月在山东济南举办的第六届中国非遗博览会，以"全面小康非遗同行"为主题，集中展示非遗在脱贫攻坚、乡村振兴、黄河生态保护等国家战略中发挥的重要作用②，彰显了传统美术蕴含的"中国特色、中国风格、中国气派"。以上这类典型的大事件，都是将传统美术置于更宏观的国家视野下，从而让其得到更广泛的传播。

三　系统性保护理念下，传统美术如何在现代生活中广泛应用

经过10多年探索，我国非遗保护工作进入了系统性保护新阶段。2020

---

① 《"非遗扶贫品牌行动和优秀带头人"名单发布》，《中国文化报》2020年10月14日，第1版。
② 《第六届中国非物质文化遗产博览会泉城开幕》，《中国文化报》2020年10月24日，第2版。

年10月29日,在党的十九届五中全会通过的《中共中央关于制定国民经济和社会发展第十四个五年规划和二〇三五年远景目标的建议》指出:"强化重要文化和自然遗产、非物质文化遗产系统性保护,加强各民族优秀传统手工艺保护和传承。"

非遗的系统性保护是贯彻新发展理念和构建新发展格局的必然要求,需要加强前瞻性思考、全局性谋划、战略性布局、整体性推进,使非遗在推动经济社会可持续发展和服务国家重大战略中的作用更加彰显,从城乡建设、社会治理、营商改善、人的全面发展等方面着手,协同单体保护与整体环境的关系,推动非遗的融合性发展。简而言之,即非遗保护不仅是从非遗项目单体保护本身出发,而是纳入整个新发展格局之中来看待非遗的传承发展。

(一)传统美术系统性保护的必要性分析

1. 传统美术当前的诸多瓶颈,有待通过系统性保护理念来解决

当前,除了极少数传统美术因原料禁用、技法失传而致使生命力缺失外,大部分传统美术的困境都在于现代语境下的转型难。通过系统性保护的理念,进行前瞻性思考、全局性谋划、战略性布局、整体性推进,改善传统美术的生存环境、产品用途、消费需求等,将指引传统美术破解这些瓶颈问题。

比如,近些年来,随着民间风俗的淡化和变异,导致剪纸、泥塑、年画、面花这类依托民俗空间而存续的传统美术变为了"无用"之物,这就需要塑造新文化空间使他们重新"有用";刺绣、雕刻、编织这类传统美术技艺难度高、工作强度大、学艺时间长、收益回报慢,造成了传承人老龄化和后继乏人的问题,这就需要营造尊重工匠的社会氛围,让更多人想当工匠;随着工业自动化的飞速发展,机器生产的廉价的批量作业代替手工制作,造成"劣币驱逐良币"的市场境况,这就需要改善手工从业者的营商环境;因为生活方式的变迁,比如空调的普遍使用让竹席、葵扇无用武之地,鳞次栉比的现代建筑也很难保有砖雕、石雕、木雕、灶头画的一席之地,这就需要用创新设计来满足当代生活方式需求;还有就是传统美育的断层,让诸如书法、篆刻、盆景艺术等深具美学内涵的传统艺术很难令今人共

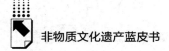

鸣，这就需要将美育融入人的全面发展中来。

2. 从前一阶段《中国传统工艺振兴计划》总体目标的完成度来看，传统美术还需通过系统性保护来实现更高质量的振兴

2017 年发布的《中国传统工艺振兴计划》总体目标指出："到 2020 年，传统工艺的传承和再创造能力、行业管理水平和市场竞争力、从业者收入以及对城乡就业的促进作用得到明显提升。"在 2017～2020 年，通过建立国家传统工艺振兴目录、实施研修研培计划、举办各类工艺美术大展等举措，特别是如上一节所述的传统美术扶贫各项举措，使得传统美术的传承和再创造能力、行业竞争力、传承人群收入、就业促进程度等都得到了明显提升。

但我们也要看到，虽经过 3 年振兴，但传统美术在整个社会中的认知度、在社会经济发展中的贡献度都还不够高，根据《工艺美术产业白皮书（2020）》显示，截至 2019 年底全国工艺美术行业规模以上企业共计 4870 个，累计完成营业收入 8275.4 亿元[①]，仅占当年 GDP 的 0.8%，且需要指出的是，其中大部分都是珠宝首饰等当代工艺，传统工艺占额更少。在 2020 年，疫情下的传统美术更是遭遇危机，许多生产单位和传承人工作室面临倒闭边缘。与此同时，传统美术行业也存在盲目扩大产业规模的急躁问题，比如博兴县草柳编文化创意产业园就因使用率低问题而被山东广播电视台《问政山东·回头看》列为问政焦点。

3. 我国全面建成小康社会之后，在向着全面建成社会主义现代化强国奋进的新征程上，传统美术的系统性保护势在必行

2020 年，我国全面建成小康社会，人民群众的幸福感、获得感、安全感得到明显提升。从 2021 年起，我国将进入一个新的时期，乘势开启全面建设社会主义现代化国家新征程，则要聚焦人民群众对美好生活的新向往新期待，把新发展理念贯穿发展全过程各领域。在这一伟大征程上，系统性保护下的传统美术大有可为。

---

① 《〈工艺美术产业白皮书（2020）〉正式发布》，国家工艺美术平台，2020 年 7 月 24 日，https：//baijiahao. baidu. com/s? id = 1673063209409232936&wfr = spider&for = pc。

（二）传统美术系统性保护的实现路径和前景分析

1. 提供优质文化服务，满足人民的美好精神生活向往

中国特色社会主义进入新时代，文化已成为衡量人民幸福指数的重要尺度。当前，我国文化需求和文化供给之间的结构性矛盾仍然比较突出，"缺不缺、够不够"问题总体上得到解决，但还存在"好不好、精不精"问题，高水平文化服务相对缺乏。基于此，传统美术应当努力提供优质文化服务，满足民众的美好生活向往。

与当代流行文化不同，传统美术在提供文化服务时有两个特殊属性：一是地域个性，可以满足大众差异化的文化需求；二是传承性，作为活着的文化传统，可以满足大众对于"乡愁""寻根""精神园地"的心理需求。正如文旅部非遗司负责人所言："以传统工艺类非遗为主的产品，植根于深厚的中华传统文化，有着独特的魅力，符合当下多样化、个性化、定制化消费的趋势和潮流。"[1]

具体实现路径上，一是促进文旅融合，提供旅游服务，比如在 2020 年内就有湖南省泸溪县打造的浦市古镇旅游演艺——新编历史民族音乐剧《帝之辛女》，将"踏虎凿花""苗族挑花"作为为剧情元素搬到了游客面前。二是融入文化惠民工程，开展群众性文化服务，比如 2020 年首演的京味儿原创话剧《北京兔儿爷》，就通过惠民演出形式，将北京文化符号"兔儿爷"呈现给当地市民；还有鄂州雕花剪纸通过公益培训，依托市、区、街道、社区、家庭五级阶梯式传习，形成十名代表性传承人、百名传习员、千名会员的"双十百千"传承模式。三是举办符合当代美好生活需求的定制体验活动，开展个性化服务，比如佛山木版年画传承人刘钟萍组织的年画公众开放日，有喜神和合二仙脱单专场、状元及第考神逢考必过专场、二胎神器天姬送子专场等，将市民的文化需求与传统美术的当代功能精准对接。

---

[1] 《多地推"非遗 + 扶贫"模式　拉动住宿餐饮交通等产业发展》，第一财经，2020 年 6 月 14 日，https：//baijiahao.baidu.com/s？id=1669467495559910630&wfr=spider&for=pc。

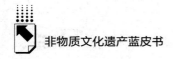

2. 发展新兴文化业态，助力文化消费

健全现代文化产业体系，需要发展新型文化业态、文化消费模式。在传统美术的系统性保护中，循着新发展格局，将新型文化消费作为传统美术发展的主要引擎之一，从而形成需求牵引供给、供给创造需求的动态平衡。

从 2020 年的众多案例看，传统美术在文化消费方面的新趋势为健康消费、体验消费、国潮消费、空间美学消费四大趋向。

其一，健康消费。2020 年新冠肺炎疫情下，消费者的认知发生了巨大转变，普遍提高了对健康生活方式的关注，引发了购买健康产品的消费趋势。中国艺术研究院副研究员王焕就指出："体现绿色、环保、科技的新工艺是当代人追求的生活目标。"[①] 宏观看，2020 年全国文化和自然遗产日非遗宣传展示系列活动的主题就是"非遗传承健康生活"，在此基础上掀起了轰轰烈烈的非遗购物节，引领起传统美术的健康消费。微观看，嵊州竹编开发出绿色环保的纯手工茶具、收纳盒、提篮，徐行草编文创馆开发的可循环利用的草编月饼礼盒，黄春萍汉绣团队创作出的抗疫香囊、抗疫口罩、抗疫健康眼罩"锦绣抗疫三宝"等，都是 2020 年健康消费催生的"爆款"。

其二，体验消费。在体验经济、品质生活、"慢生活"、亲子 DIY 等理念的驱动下，手作体验成为越来越多行业重要的营销点和发力方向。在北京、深圳、上海等大城市众多商业综合体内，草编、木作、扎染等受到商家和消费者追捧。一些传统美术销售场所，正由单纯的产品展销更新为集观光打卡、技法演示、DIY 体验、销售于一体的功能综合体，形成产品经济与体验经济的优势互补。

其三，国潮消费。国潮是指带有中国特定元素的潮品，既有时尚潮流特色又有传统文化元素，成为深受年轻人喜爱的潮流审美。国潮的全面崛起，是近两年传统美术产业发展的重要机遇期，一方面传统美术给予国货复兴源源不断的灵感和创意，另一方面传统美术随着国货的畅销而搭上营销快车道。在 2020 年，湖南省湘绣研究所出品的"环佩玎珰×静秋"随心搭湘绣

---

① 《融入生活　实现工艺创作时代价值》，《中国文化报》2021 年 1 月 10 日，第 3 版。

手工荣获金物奖·新国货（湖南）创新大赛冠军，上海美术学院"上海公共艺术协同创新中心"与澄城刺绣携手为森马打造限量款刺绣卫衣、结合藤编工艺生产藤编车篮凤凰牌自行车、与贵州竹编跨界推出"竹报平安"哈氏点心礼盒篮，光福核雕传承人许静健一日卖出600多个"核雕盲盒"，满族刺绣传承人桑菊研发的满绣BJD娃娃得到"娃圈"认可，等等。这类传统美术融入国潮的案例不胜枚举，它们用年轻人喜爱的新潮玩法和潮流审美，促进着传统美术的"破圈"消费。

其四，空间美学消费。在长期从事美学经济研究的北京师范大学学者邱晔看来，我国已经成为美学生产大国和美学消费大国，中国美学经济的新时代已然来临①。围绕美学需求进行供给侧和消费侧改革，成为推动我国经济高质量发展的新途径。2020年，在传统美术的空间美学应用方面就有一些鲜活案例，比如浦城剪纸应用于餐厅的餐具、墙壁、窗户、桌椅、柜台、灯罩等处，打造出40多家剪纸主题餐厅；还有爆款民宿"云上院子"、网红民宿品牌"隐居乡里"等，都将传统美术元素应用于居住空间中，营造出一种传统美学经济潮流。

3. 助力城乡建设，推进整体保护

非遗的系统性保护要求全局性谋划、整体性推进，将单体保护融入整体环境。在传统美术的系统性保护中，传统美术正与城市建设、旧城改造、新型城镇化建设、美丽乡村建设、农耕文化保护相结合，从而更好地作用于社会主义现代化强国建设。正如方李莉在对景德镇手工艺的研究中发现的那样："将景德镇的遗产变成可视、可感、可体验的人文环境，营造一个既传统又具有高科技以及未来感的文明城市，这就是世界未来的趋势。景德镇的手工艺驱动的复兴模式为中国城市文化重建，为中国现代化路径，提供了一个新的可能性。"②

就2020年的实例来分析，传统美术在城乡建设中的具体发展模式，根

---

① 《美学经济引路，乡村振兴有了更多可能性》，《中国文化报》2020年10月10日，第3版。
② 《景德镇"窑变"的文化启示》，《中国文化报》2020年10月18日，第1版。

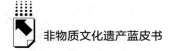

据城市、街镇、村落三种聚落形态，可分为利用传统美术景观进行城市"微改造"、建设传统美术特色街镇、建设以传统美术为特色的美丽乡村三种模式。

其一，城市"微改造"中的传统美术景观建设。这种模式多年前已有之，据邱春林分析，自2004年以来，受国家在非遗保护政策利好的刺激下，有的城市的传统工艺美术重新在自然风光带、城市旅游文化区、工业遗产园、创意文化园等地找到位置，并成为城市文化的名片①。不过，彼时主要是产业空间的保存，如今则多着眼于城市功能的更新。在2020年，广州市荔湾区西关永庆坊的"微改造"，就建设成集展示、展销、体验、传承、交流、培训于一体的由10间大师工作室组成的非遗街区，成为历史文化传承和当代都市生活融合的城市更新示范项目②；四川成都的"非遗宽窄院"则坐落于宽窄巷子，包含"趣玩、技说、创意、味道"四大板块，为游客营造院落非遗体验场景③。

其二，传统美术特色街镇建设。近年来，特色街镇建设如火如荼，经历过"扎堆建设、批量倒闭"的曲折发展后，如今正在形成一条"产业特色鲜明、要素集聚、宜业宜居、富有活力"的特色小镇高质量发展之路。其中，有些传统美术特色街镇的成功让人看到这一发展模式的良好前景。如苏州镇湖苏绣小镇致力打造苏绣特色网红街区，并举办2020"双12购物节"苏绣专场等，吸引大批年轻人打卡消费；东阳木雕小镇形成影视拍摄、木雕文化体验、旅游休闲等业态，仅2020年10月就吸引了4000名学生来此研学；聊城的运河葫芦风情文创小镇含有葫芦风情种植园、葫芦文化体验园、福禄演艺剧场、宝葫芦开发空间、葫芦工艺互动街巷等十余种业态，形成了"买天下葫芦、卖天下葫芦"的集散效应。

---

① 《城市升级该给传统工艺美术留下空间》，《中国文化报》2020年6月21日，第4版。
② 《广州永庆坊：老街区涌动新活力》，中国经济网，2020年11月2日，https：//baijiahao. baidu. com/s？id＝1682197604448243286&wfr＝spider&for＝pc。
③ 《成都："非遗宽窄院"体验文化传承》，新华社图片新闻，2020年6月13日，https：//baijiahao. baidu. com/s？id＝1669369279356986425&wfr＝spider&for＝pc。

其三，以传统美术为特色的美丽乡村建设。"绿水青山就是金山银山"，从绿水青山中孕育的传统美术，成为美化村容村貌、改善居住环境、发展乡村文旅项目的特色资源。入选 2020 非遗与旅游融合发展优秀案例的崇州"竹艺村让非遗在乡村振兴中绽放"，就是传统美术助力美丽乡村建设的一个范例：道明镇竹艺村将道明竹编与创意设计、会展布景、家居装饰等结合，建设竹编博物馆、品牌民宿、乡村酒馆、养生小院、诗文书院等，其中极具艺术感的公共建筑"竹里"还登上过威尼斯建筑双年展①，堪称美丽乡村的一张名片。

4. 参与社会治理，融入国家重大战略

《中共中央关于制定国民经济和社会发展第十四个五年规划和二〇三五年远景目标的建议》指出："建设人人有责、人人尽责、人人享有的社会治理共同体。"传统美术本身就具有文化认同和社会教化的社会治理作用，正如宋俊华所言的"非遗的世代传承，让非遗所在社区、群体建立了以非遗项目为核心的文化共同体"和杨红所言的"非遗保护，关系到每一位中华儿女的身份标识和价值追求，有助于维系文化认同、增强社会凝聚力"②，因而是可以在新时期社会治理中发挥作用的。

除了前文已述的传统美术抗疫、传统美术扶贫的"扶志""扶智"外，在 2020 年，我们还能看到传统美术参与社会治理的其他一些新动向，让民众依托传统美术参与共建共治共享成为现实。其一，"传统美术＋法律宣传"，如孝感市孝南区司法局与孝感雕花剪纸研究所合作完成《民法典》实物雕花剪纸画册，首创利用民间剪纸艺术宣传《民法典》的做法；其二，"传统美术＋消防宣传"，如西藏的《消防唐卡组图》、普洱的消防元素傣族剪纸作品创作等；其三，"传统美术＋光盘行动"，如重庆梁平的"吃得文明从我做起"主题年画；其四，"传统美术＋禁毒教育"，如西安以"凤翔泥塑""民间剪纸"为题材的非遗禁毒邮资明信片；其五，"传统美术＋乡

① 《崇州·竹艺村入选全国 2020 非遗与旅游融合发展优秀案例》，崇州市文化体育旅游局，2020 年 10 月 24 日，https://www.163.com/dy/article/FPNOV9CL0514QM66.html。

② 《非遗与小康社会》，《中国文化报》2020 年 6 月 11 日，第 2 版。

风文明建设"，如贵州三都水族自治县中和镇的水族马尾绣富民强镇项目，通过开展"好绣娘""好媳妇""好婆婆""好儿女""好丈夫""好邻居"等评比活动，引导亲人爱家守法、勤俭节约、诚实守信、尊老爱幼、邻里和睦，提升家庭幸福指数；其六，"传统美术＋绿色发展"，比如四川阿坝州的《大熊猫百图唐卡长卷》就旨在共同倡导人与自然和谐共生的生态理念，还有青海囊谦的藏族编织合作社社员们将每年纯收入的5%用于当地的环保事业，用实际行动推动绿色发展；其七，"传统美术＋重大事件"，如在北京冬奥会开幕倒计时500天时，在北京八达岭长城上举行的"激情冬奥、剪彩冰雪"优秀剪纸艺术作品征集活动，旨在通过剪纸艺术更好地宣传冬奥这一国家重大事件。

在这些鲜活实践中，广大民众以传统美术为媒介参与社会治理、践行国家重大战略，将传统美术置于更宏观的全球视野、国家视野中，令人看到大国非遗形象。正如林继富展望的那样："中国非遗所蕴含的中国人宽广包容的生活情怀、积极乐观的生活态度、爱国爱家的和谐理念，正在影响世界，彰显出中华文化的亮丽多彩和中国积极推动构建人类命运共同体的使命担当。"①

5. 融入国民美育体系，厚植传承土壤

将传统美术融入国民美育体系，是传统美术系统性保护的重要实现路径，既能够培植传统美术的传承土壤，也有助于实现人的全面发展。在2020年，传统美术的美育建设从政策和实践上都展现出了良好前景。在此，按照校园美育、城乡民众美育2种载体形态，来剖析传统美术的美育发展前景。

其一，将传统美术融入校园美育。2020年10月中共中央办公厅、国务院办公厅印发《关于全面加强和改进新时代学校美育工作的意见》，指出"大力推广惠及全体学生的非遗展示传习场所体验学习""让陈列在大地上的文化艺术遗产成为学校美育的丰厚资源，让广大学生在艺术学习过程中了解中华文化变迁，触摸中华文化脉络，汲取中华文化艺术精髓"等举措，

---

① 《非遗与小康社会》，《中国文化报》2020年6月11日，第2版。

并制定出"到2022年，学生审美和人文素养明显提升"的阶段性目标。该意见为传统美术融入校园美育打下了坚实的政策基础。在2020年的实践中，有立足童趣创造力与审美表现力的"圆梦小康"2020年全国青少年创意剪纸大赛等美育赛事；还有各类传统美术传习基地、传承示范校、师资班、特色课程等在各地校园普遍开花，形成"传统美术进校园"的热潮。

其二，将传统美术融入城乡民众美育。传统美术蕴含深厚的审美价值，城乡民众"日用而不自知"，正如潘鲁生在论及工艺扶贫时曾说的那样："农村真正需要的是天人合一的自然观，材美工巧的造物观，境生象外的艺术观和美善统一的审美观，而这些本身都是有基础的。"① 因而，不仅只是学生阶段需要接受传统美术美育，它应当是贯穿国民教育始终的。关于这方面，在2020年各地也有着不少可资借鉴的经验。比如为挖掘乡村美育资源，浙江美术馆在全省精选了50个村落的50位非遗传承人，建立影像档案，并结合该档案开展绘画、雕塑、篆刻、手工艺等相关艺术活动②；湖北大悟县举办首届"亚泰杯"千人旗袍秀和最美绣娘评选，吸引近千名汉绣绣娘参赛③。可见，为促进人的审美素养提升乃至全面发展，通过城乡美育、校园美育建设，从传统美术中发现美、发现美、培育美、创造美、展示美，对于实现传统美术的进一步振兴无疑是极具意义的。

---

① 《中国民协主席潘鲁生开讲"工艺扶贫"吁精准介入扶智》，中国新闻网，2020年9月23日，https：//baijiahao. baidu. com/s? id = 1678622899158727841&wfr = spider&for = pc。
② 《乡村美育：更长效更多元更接地》，《中国文化报》2020年10月11日，第1版。
③ 《多特瑞之爱——汉绣项目助力大悟乡村振兴》，澎湃新闻，2021年1月22日，https：//www. thepaper. cn/newsDetail_ forward_ 10906512。

B.7
传统技艺类非遗保护发展报告

陈　熙*

摘　要：　2020年，新冠疫情席卷全球。在抗疫的无数个日夜里，人类
习以为常的交流交往和交换方式受到严重影响。互联网作为
沟通的桥梁作用得到重视。文化和旅游部《关于推动数字文
化产业高质量发展的意见》像一针强心剂，支持非物质文化
遗产通过新媒体传播推广。短视频等互联网技术，为更多更
广泛的传统技艺类非遗传承人和手艺人提供了新的出路。然
而，巨大的直播流量和光鲜的数据背后是新老问题的涌动，
需要引起相关单位的重视。

关键词：　传统技艺类非物质文化遗产　新媒体推广　直播带货

2020 年，新冠疫情席卷全球。1 月 23 日，武汉封城，我国举国抗疫
正式开始。此后，其他国家也相继进入抗疫状态。"隔离""社交距离"
成为生活中的高频词。疫情不仅让人们更重视公共卫生，还在一定程度
上改变了人们的经济文化生活方式。与日常生活息息相关的传统技艺类
非物质文化遗产及其保护工作也在"隔离"与"复工复产"的悖论中寻
到了新的生机。然而，机会与发展中也暴露出一些值得调研和反思的
问题。

＊ 陈熙，法学博士（民俗学），中山大学中国非物质文化遗产研究中心研究人员。

一　保护概况

1. 疫情加速新政策的出台

2019年12月底，文化和旅游部办公厅、国务院扶贫办综合司共同发布了《关于推进非遗扶贫就业工坊建设的通知》。该通知旨在"以传统工艺为重点，支持国家级贫困县设立一批特色鲜明、示范带动作用明显的非遗扶贫就业工坊（下称"非遗工坊"），帮助贫困人口学习传统技艺，提高内生动力，促进就业增收"。通知同时提出了八条工作路径，其中第六条明确提出"鼓励结合互联网电商平台和各类商场，加大非遗工坊产品的线上线下展示和销售力度。"[①]

2020年1月底开始的一场至今尚未结束的新冠疫情曾让许多国家关闭国门，迫使许多单位、企业、公司一度停摆。人与人面对面交流的可行性随疫情变化而变化，互联网成为不可替代的沟通渠道。

2020年11月18日，文化和旅游部发布《关于推动数字文化产业高质量发展的意见》，在"培育数字文化产业新型业态"一条中明确提出"促进优秀文化资源数字化……支持非物质文化遗产通过新媒体传播推广，鼓励线下文艺资源、文娱模式数字化，创新表现形式，深化文化内涵。鼓励依托地方特色文化资源，开发具有鲜明区域特点和民族特色的数字文化产品，助力扶贫开发"[②]。政府对短视频、网络直播等线上内容生产新模式和在线经济模式在非遗保护与发展领域的应用给予认可和鼓励。

短视频和网络直播不是2020年的新事物，却在这一年获得政府更明确

[①] 《文化和旅游部办公厅　国务院扶贫办综合司关于推进非遗扶贫就业工坊建设的通知》，文化和旅游部网，网址：http://zwgk.mct.gov.cn/zfxxgkml/fwzwhyc/202012/t20201206_916891.html，访问日期：2021年4月23日。

[②] 《文化和旅游部关于推动数字文化产业高质量发展的意见》，文化和旅游部网，网址：http://zwgk.mct.gov.cn/zfxxgkml/cyfz/202012/t20201206_916978.html，访问日期：2021年4月23日。

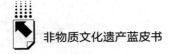

的支持，也引得更多传统技艺非遗传承人的关注和使用。人与人之间面对面的互动受到极大限制的同时，传统技艺类非遗项目传承人也在这种逆境中探索、尝试着新的生存和发展方式。

2. 自上而下的举措

国内新冠疫情得到有效控制后，复工复产成为社会最大的诉求。疫情期间，社交生活方式的改变让网络媒介为传统技艺的传播及其产品的推广销售提供了更广阔的天空。政府的主导行为起到了抛砖引玉的作用。

"非遗购物节"为传统技艺类非遗项目提供了平台，通过网络在线展示来宣传、推广和销售相关产品。2020 年 6 月 13 日 "文化和自然遗产日"（以下简称 "遗产日"）前后，在文化和旅游部非物质文化遗产司（以下简称 "文旅部非遗司"），商务部流通发展司、电子商务司，国务院扶贫办开发指导司的支持下，阿里巴巴、京东、苏宁、拼多多、美团、快手、东家等网络平台联合举办 "非遗购物节"；非遗相关单位、企业和非遗工坊也同期在各网络平台开展销售活动。文旅部非遗司一级巡视员王晨阳认为，该节从消费端发力，有利于帮助广大非遗传承人特别是非遗工坊拓宽销售渠道，推动复工复产，助力脱贫攻坚；有利于让广大传承人通过市场销售检验自己的作品和产品，及时全面地了解当下人民群众的需求，进一步提升技艺，促进传承。①

各地也纷纷借助 "遗产日"，推出了本地版的线上线下 "非遗购物节"，例如 "广东非遗购物节"② "非遗购物节·浙江消费季"③、"江苏省非遗购物节"④

---

① 《"非遗购物节" 扮靓遗产日》，文化和旅游部官网：https：//www.mct.gov.cn/preview/special/2020whhzrycr/fygwj/202006/t20200611_854379.htm，访问日期：2021 年 5 月 14 日。

② 《遗产日直播＋线上拍卖，广东首届 "非遗购物节" 很有料》，中国非物质文化遗产网：http：//www.ihchina.cn/news2_details/21136.html，访问日期：2021 年 3 月 25 日。

③ 《玩转 "云上购物节" 浙江非遗 2 个月线上销售额近 9 亿元》，中国非物质文化遗产网：http：//www.ihchina.cn/news2_details/21335.html，访问日期：2021 年 3 月 25 日。

④ 《"非遗传承　健康生活"——江苏省 2020 年 "文化和自然遗产日" 非遗宣传展示活动回顾》，中国非物质文化遗产网：http：//www.ihchina.cn/news2_details/21270.html，访问日期：2021 年 3 月 26 日。

"第二届吉林非遗节"① "四川非遗购物节"② "云南非遗购物节"③ "京城非遗老字号购物节"④ "上海非遗购物节"⑤ "天津非遗购物节"⑥ 等等。各省市区县的传统技艺类非遗产品成为展示和销售的主要商品。

事实上，"非遗购物节"期间，全国各地共举办3700多项非遗宣传展示活动，涉及各级非遗项目约4500项，非遗产品种类8万多种。"非遗购物节"相关数据显示：最受消费者欢迎的传统技艺类非遗中，与"吃"相关的前五位是酿酒技艺、制茶技艺、火腿制作技艺、粽子制作技艺和传统面食制作技艺；"穿"的前四位是手工制鞋技艺、扎染技艺、蜡染技艺、香云纱技艺；"用"的前四位是陶器烧制技艺、宣纸制作技艺、琉璃烧制技艺、张小泉剪刀锻制技艺。⑦ 需要注意的是，网络平台在非遗购物节中主要是与享有传统技艺的非遗老牌或老字号商家展开合作，所以在网络浏览量等数据方面有较好的成绩，成为疫情后复工复产的领头羊。⑧

以"美团点评"为例，他们与地方政府合作，开展了多项消费促进活动。2020年5月，美团与上海市政府联合举办五五购物节"国潮老字号"

① 《精彩夜吉林·2020消夏演出季暨第二届吉林非遗节举办》，中国非物质文化遗产网：http：//www. ihchina. cn/news2_ details/21398. html，访问日期：2021年3月26日。

② 《2020文化和自然遗产日数据分析报告正式发布》，中国非物质文化遗产网：http：//www. ihchina. cn/news2_ details/21350. html；《文化和自然遗产日丨全川总动员，人人皆是文化传承者》，中国非物质文化遗产网：http：//www. ihchina. cn/news2_ details/21133. html，访问日期：2021年3月26日。

③ 《云南省2020年"文化和自然遗产日"宣传展示活动综述》，中国非物质文化遗产网：http：//www. ihchina. cn/news2_ details/21275. html，访问日期：2021年3月27日。

④ 《2020年文化和自然遗产日北京市非物质文化遗产系列活动拉开大幕》，中国非物质文化遗产网：http：//www. ihchina. cn/news2_ details/21125. html，访问日期：2021年4月10日。

⑤ 《上海市2020年"文化和自然遗产日"系列活动启动》，中国非物质文化遗产网：http：//www. ihchina. cn/news2_ details/21081. html，2021年4月10日。

⑥ 《非遗赋彩 健康生活——天津市2020年"文化和自然遗产日"活动回顾》，中国非物质文化遗产网：http：//www. ihchina. cn/news2_ details/21324. html，访问日期：2021年3月26日。

⑦ 《首届"非遗购物节"述评》，文化和旅游部官网：https：//mct. gov. cn/whzx/whyw/202006/t20200617_ 855056. htm，访问日期：2021年5月14日。

⑧ 以餐饮老字号为例，可参考《"餐饮老字号"数字发展报告2020》，中文互联网数据资讯网：http：//www. 199it. com/archives/1065440. html，访问日期：2021年5月17日。

促消费系列活动，多渠道为上海地区"老字号"品牌搭建展示自身品牌文化的平台。燕云楼、洪长兴、上海老饭店、德兴馆等知名"餐饮老字号"品牌依托美团点评大数据，形成上海地区"国潮老字号美食攻略"榜单。6月，美团点评在"遗产日"期间举办了"非遗美食节"活动，联手北京、上海、成都、广州四地知名"餐饮老字号"品牌在大众点评 APP 以沉浸式直播形式向社会公众展示老字号"非遗"传统美食技艺，并推出多项线上套餐折扣优惠，实现餐饮文化"非遗"传承与"老字号"企业线上引流促销的完美结合。①

网络平台不仅助力传统技艺类产品的销售，还利用销售中获取的数据帮助传承人（群）了解消费者对产品的需求，促使传承人不断推出产品更新。例如，五芳斋粽子在阿里巴巴和京东平台上都是销售前五的热销产品。京东生鲜和五芳斋尝试"用户直连制造"模式，通过京东的大数据采集、分析能力，精准分析出消费群体对于产品的需求，进而再反馈给生产端，这样一来，五芳斋粽子除了传统产品，还新增黑猪肉高汤粽、蛋黄黑猪肉高汤粽，精准直供京东生鲜平台的中高端用户。②

3. 名录情况

2020 年，非遗代表性项目名录和代表性传承人名录的增长速度放缓。国家层面暂无新增名录，各省市则依据实际情况有一些新增项目。根据政府官网网络搜索，河北、山东、辽宁、湖北和澳门分别公布了省级非遗代表性目录（如图 1）③，传统技艺类非遗项目仍然属于占比较大的一类。此外，海南公布了第四批省级代表性传承人、广东省和上海市分别公布了第六批省级代表性传承人（如图 2）④。上海市新增的传承人名录注明了传承人年龄，反映了当地传承人年轻化的趋势（如图 3）。

---

① 《美团研究院：2020 "餐饮老字号"数字化发展报告》，中文互联网数据资讯网：http://www.199it.com/archives/1065440.html，访问日期：2021.5.17。
② 《首届"非遗购物节"述评》。
③ 表一横轴上数字 1~5 分别代表河北省、山东省、澳门、辽宁、和湖北省。
④ 表二横轴上数字 1~3 分别代表海南省、广东省和上海市。

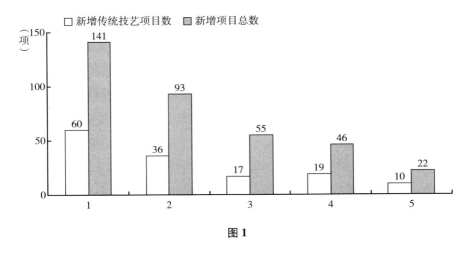

图 1

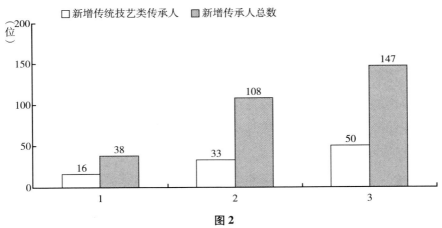

图 2

4. 线下展示展演与线上展播

2020 年，展示展演展销更注重策展的专业性，更关注年轻人的喜好，体现中央政府的数字文化政策，同时借力网红主播推广。

1）浸润日常经济生活的展演赛

随着传统技艺类非遗保护工作的推进，传统的线下展示、展演一直在探索更能融入生活的体验和推广方式。

浙江省以体验为核心开展展示展演活动。2020 年春节，传统工艺工作

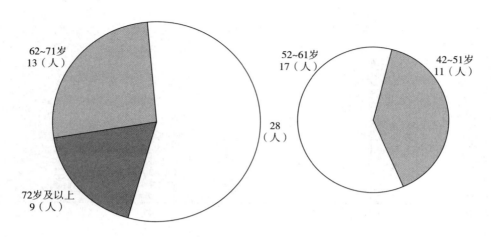

图3 上海新增传统技艺传承人年龄分布情况

站拱墅站联合中华老字号杭州知味观在杭州商业中心街区打造"国潮"线下体验店。许多市民、游客在现场踊跃体验传统木版年画拓印技艺，仅元旦一个晚上便印了超过1000张年画。很多市民意犹未尽，又购买了木刻体验包，打算深度体验、分享这一技艺。①

宁波泥金彩漆国家级非遗传承人、宁海东方艺术博物馆馆长黄才良在宁海县的非遗文化产业园内建起了"岚月山房"民宿，推出非遗研学实践课程和体验班。有游客表示，在世外桃源般的美景中休憩，还可以体验和学习泥金彩漆、清刀木雕、传统女红等，养身又养心。②

为充分发挥非遗在乡村旅游中的独特作用，江西省巾帼农家乐非遗美食大赛"妈妈的味道"在安义古村群举行。9月13日，进入决赛的44个项目在安义古村精彩亮相。非遗项目幽兰画糖人、溪霞吹糖人、黄洲米粉制作技艺、石埠挂面制作技艺、九江桂花茶饼制作技艺、金溪藕丝糖制作技艺、德兴糯米籽糕制作技艺同台展演。大赛评出"妈妈的味道"金、银、铜奖等

---

① 《古老非遗如何实现当代发展》，百度百家号之人民网官方账号网址：https：//baijiahao. baidu. com/s？id=1668612345599424577&wfr=spider&for=pc，访问日期：2021年5月11日。
② 《古老非遗如何实现当代发展》。

146

奖项共计 16 个，"巾帼农家味示范基地" 15 个，江西省非遗研究保护中心获 "特别贡献奖"。除传统媒体，此次大赛还通过快手等平台同步直播。①

2）着力创新的展示展演

● 以产品创新为主旨

9 月 3~7 日，第二届大运河文化旅游博览会（以下简称 "运博会"）在江苏无锡主会场和江苏淮安分会场举办。此届运博会以 "融合·创新·共享" 为主题。在无锡主会场，苏绣、金箔、漆器、玉雕、石雕、绒花、金银细工、古琴、蓝印花布、紫砂陶、惠山泥人、青瓷等所属 18 家非遗参展企业的 400 余件非遗文创产品亮相。它们在设计上融入时尚元素，既满足了民众的日常生活需求，又在创造性转化、创新性发展中得以活态传承。

博览会期间，1990 年出生的南京云锦木机妆花手工织造技艺市级代表性传承人马娅受邀参加了非遗文创展。她认为，南京云锦要想得到良好的保护传承，一方面要做好云锦纹样的研究、复制，另一方面也要设计开发适应市场需求的高端云锦礼品、普适性日用品等，设计师的作用至关重要。马娅的观点代表了部分年轻传承人的较强的产品创新意识，而资深传承人也不都是固步自封，他们不断尝试各种形式的创新。例如，绒花制作技艺江苏省级非遗代表性传承人赵树宪在展会上带来了几十款绒花创意产品，典雅的蓝紫色胸针、色彩艳丽的耳坠得到了现场女孩子们的喜爱。受到时下汉服热的影响，他和他的团队推出的与汉服相匹配的绒花发簪也在线上平台大卖。②

12 月 28 日，由广东省振兴传统工艺工作站等单位主办的 "活力绽放——非遗新造物 2020 年度展览" 在广州 289 艺术园区岭南活力非遗艺术馆开幕。此次展览和相关评奖的重点是传统技艺和其它非遗类别产品的创意设计、创新价值以及年轻人的传承和传播。策展方强调 "新造物" 并非对

---

① 《"妈妈的味道"江西非遗美食大赛在安义举行》，中国非物质文化遗产网：http://www.ihchina.cn/Article/Index/detail？id=22017，访问日期：2021 年 4 月 10 日。

② 《非遗文创展亮相主会场——第二届大运河文化旅游博览会成功举办》，中国非物质文化遗产网：http://www.ihchina.cn/news2_details/21448.html，访问日期：2021 年 3 月 25 日。

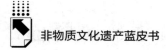

传统工艺的简单复刻，更是人文内涵的创造转化。参展作品从当代生活出发，重新连接传统工艺，塑造多元产品形态，使它们以一个更青春、更时尚的面孔，从未来向我们走来。

- 策展方式创新

2020年度，传统技艺类非遗项目的策展着力于从立体、多维的视角呈现相关项目产品，同时积极运用数字化手段增加展演的途径。7月31日，云上湖南非遗馆开馆暨第四届湖南传统手工艺网上博览会启动仪式在长沙举行。云上湖南非遗馆运用VR全景技术，将线下展会送达云端，打造24小时在线、365天不落幕的多维立体文化空间。游客可通过湖南非遗官网、湖南公共文旅云、移动WAP端、微信端、线下一体机5大端口进馆参观体验。与此同时，第四届湖南传统手工艺网上博览会启动，以"云上拾遗路 守护潇湘情"为主题，设"匠品之术""匠人之本""匠心之道"三大展区，汇集71项非遗、61位代表性传承人、5所研培院校和4个生产性保护基地，近180种非遗产品入驻京东湖南非遗商城，通过文字、图片、音频、视频等全方位、多角度诠释湖南传统手工艺的独特魅力。[①]

11月4~10日，第三届中国国际进口博览会（以下简称"进博会"）期间，遇见非遗展区以"非遗生活化"为理念，打造"非遗客厅"，使其成为进博会新闻中心传播中华优秀传统文化的一扇独特窗口。上海市的41个非遗名录项目参展，共计展品85件。其中，《秋之印象·上海》（犀皮漆髹饰工艺）、《红喜样样》（琉璃烧制技艺）、《佛手壶》（老凤祥金银细工制作技艺）、艺术挂毯《祖国吉祥》（丝毯织造技艺）、《时光》（石雕）、《"戒定真香"洒金三乳足桥耳炉》（传统铜香炉铸造技艺）、《围屏钟》（珐琅钟制作技艺）、《海派艺术屏风》（传统家具制作技艺）和非遗衍生品"非遗百宝箱"（中式家具制作技艺）等展品备受关注。除了技艺传承人展演、互动，知名网红主播李佳琦也现身非遗客厅，用他一贯激情澎湃的语言风格，

---

① 《云上湖南非遗馆开馆 第四届湖南传统手工艺网上博览会同步启动》，中国非物质文化遗产网：http://www.ihchina.cn/news2_details/21388.html，2021年3月25日。

介绍上海市国家级非遗项目"曹素功墨锭制作技艺"。①

为了降低传承人（群）推广的成本，江苏省苏州市非遗办在苏州博物馆设立了苏州首个线下非遗共享店——"非一般的甄选店"，为来自苏州各县市区的商户——如西山碧螺春茶厂，在人流量较大的旅游点轮流展销提供了平台。②

3）助力脱贫的展销赛活动

2020年度进一步推动展销赛助力传统技艺类非遗项目扶贫。12月12日，"壮美广西·多彩非遗"2020广西非遗助力脱贫攻坚和乡村振兴（北京）展示展销活动在北京广西大厦举办，广西非遗手工技艺类商品通过线上直播和线下展销的方式展示和销售。③

11月27～29日，第六届上海国际手造博览会在上海世博展览馆4号馆举行，聚焦"非遗美育""非遗扶贫""城市手工"方面的社会成果展示。为促进传统技艺类非遗项目的扶贫工作，博览会邀请来自中西部地区14个省市自治区的非遗工坊和非遗传承人，带来蜡染、刺绣、编织、竹编、泥泥狗、铁艺灯笼等非遗项目，涉及藏族、苗族、彝族、白族、土族、羌族、纳西族等十余个少数民族传承人，在现场进行非遗展演和销售，并提供民族服装体验拍照空间。④

有些省市保护单位还通过竞赛的方式来鼓励直播销售传统技艺产品。6月7日下午，湖南非遗购物节网红直播带货大赛决赛在长沙河西王府井商业广场举行。综合现场表现和线上直播带货数据，蜡染技艺传习者姚六菊等晋升10强。⑤

---

① 《第三届进博会新闻中心"非遗客厅"正式迎接八方来客》，中国非物质文化遗产网：http：//www. ihchina. cn/news2_ details/21851. html，访问日期：2021年3月25日。
② 《苏州推出首个线下非遗共享店，简直就是"非一般"的宝藏店铺》，中国非物质文化遗产网：http：//www. ihchina. cn/news2_ details/20982. html，2021年3月24日。
③ 《2020广西非遗助力脱贫攻坚和乡村振兴展示展销活动在京举行》，中国非物质文化遗产网：http：//www. ihchina. cn/Article/Index/detail？id=22017，访问日期：2021年3月25日。
④ 《2020年第六届上海国际手造博览会在上海世博展览馆举行》，中国非物质文化遗产网：http：//www. ihchina. cn/news2_ details/21886. html，访问日期：2021年3月25日。
⑤ 《湖南非遗购物节网红直播带货大赛完美收官》，中国非物质文化遗产网：http：//www. ihchina. cn/news2_ details/20970. html，访问日期：2021年3月25日。

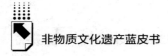

4）专题活动与会议

辽宁省6月13日举办"辽宁省传统技艺类非遗项目及传承人座谈会"，由省文化遗产保护中心相关人员与岫岩玉雕、琥珀雕刻、阜新玛瑙雕、松花石砚制作技艺等10个项目的传承人参加，探讨传统技艺传承发展的新思路、新方法、新途径，更加有的放矢地开展工作，为项目、为广大传承人提供更多更好的帮助和服务。会议围绕"聚焦电商平台，融入当代生活；聚焦项目保护，探讨新时代传承；聚焦融合，共同创新发展"三个主题展开，大多数传承人表达了对电商平台的肯定和个人经验。①

9月20~22日，第四届中国纺织非遗大会在沈阳召开。来自全国各地的设计师、文创企业非遗工作者、院校师生以及媒体记者代表共200余人出席了大会。21日，大会《2019~2020中国纺织非物质文化遗产发展报告》发布。王素娟等12位同志被授予2020年度中国纺织非遗推广大使。②

11月13日，由广东省文化和旅游厅指导，广东省文化馆（广东省非遗保护中心）主办的2020年"在粤"系列活动第二期："香云锦绣——屈汀南岭南非遗作品展"在广东省文化馆一楼展览厅正式开幕。香云纱与广绣是岭南特色服饰文化中极为重要的元素，也是独具岭南特色的非遗项目。近年来，屈汀南先生专注于研究中国特种丝绸和传统手工艺，专注钻研改良和发展以香云纱为面料设计的中国特色时装，努力用时尚的语言诉说古老的故事，将顶尖时尚设计融入岭南非遗，铸造东方美学生活方式。③

11月22日，再创东方漆文化高峰——2020第三届荆楚问漆国际学术研讨会在湖北荆州传统工艺工作站召开，与会的国内外专家、国内技艺传承人

---

① 《匠心文脉　赋能传统——辽宁传统技艺类非遗项目及传承人座谈会圆满召开》，中国非物质文化遗产网：http：//www.ihchina.cn/news2_details/21145.html，2021年3月24日。

② 《"提振非遗消费　创享美好生活"——第四届中国纺织非遗大会在沈阳召开》，中国非物质文化遗产网：http：//www.ihchina.cn/news2_details/21478.html，访问日期：2021年3月25日。

③ 《广东省文化馆"非遗秀场"举办》，中国非物质文化遗产网：http：//www.ihchina.cn/news2_details/21863.html，访问日期：2021年4月9日。

和专业刊物编辑就技艺的保护和传承进行了讨论。①

11 月 28 日、29 日，"中国活字印刷术"入选联合国教科文组织急需保护的非遗名录履约实践十周年系列活动在瑞安举行，先后举行了浙江省非遗旅游景区授牌仪式、中国印刷博物馆瑞安分馆授牌仪式、木活字印刷术传承人"良工奇绝"授礼仪式以及木活字印刷术项目社会认养签约仪式。②

二 网络平台对传统技艺保护的推波助澜

1. 政府官网与网络平台合作推广传统技艺

互联网作为一种媒介较早获得年轻手艺人的重视和运用，但尚属于少数的个体行为。新冠疫情之下，政府网介入并支持在线经济，掀起了非遗商品的销售浪潮，旨在激活经济增长潜能，满足群众对美好生活的向往。各大电商平台、短视频平台，为线上推广传统技艺类非遗商品提供了更广阔的空间。

网上购物馆和直播间成为传统技艺类产品的热推空间。6 月，广东"遗产日"期间，"首届非遗购物节"在广东韶关市举行。广东整合各大电商平台资源，重点打造了"两个线上购物馆"（广东美好生活非遗馆、非遗美食馆），开通了"一个现场带货总直播间"，举办了"两场线上宣传推销活动"（淘宝手艺人——广东非遗购物节好店推荐专场、非遗精品拍卖专场）。③ 以韶关当地传统技艺类非遗产品为例，米饼、曲江柴烧陶艺、宰相粉、畲绣等首次亮相拼多多直播间。截至 6 月 13 日下午 6 时，76 万拼多多网友围观，

① 《再创东方漆文化高峰——2020 第三届荆楚问漆国际学术研讨会召开》，中国非物质文化遗产网：http：//www. ihchina. cn/news2_ details/21891. html，访问日期：2021 年 3 月 23 日。
② 《"中国活字印刷术"履约实践十周年系列活动今日在瑞安启幕》，中国非物质文化遗产网：http：//www. ihchina. cn/news2_ details/21906. html，《瑞安木活字 履约世遗十周年》，网易号温州日报：https：//www. 163. com/dy/article/FSOJ0UPT0534AY7X. html，访问日期：2021 年 3 月 25 日。
③ 《遗产日直播＋线上拍卖，广东首届"非遗购物节"很有料》，中国非物质文化遗产网：http：//www. ihchina. cn/news2_ details/21136. html，2021 年 3 月 23 日。

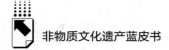

超过六成订单销往广东以外地区。拼多多首届"非遗购物节"同时开幕，平台多个非遗店铺单日销售额同比增长320%。①

专业主持人和带货网红受邀助力推广传统技艺产品。"遗产日"期间，由河南省文旅厅主办、河南省非遗保护中心承办的"非遗随手拍大赛"抖音平台登陆（@河南非遗抖音官方账号），拍摄展示河南非遗相关视频，带话题、赢活动大奖。② 6月6日、7日，河南电视台著名主持人韩佳还携手网络带货达人晓晓、小璐璐在抖音平台进行直播带货活动。部分非遗项目传承人与主播进行互动，宣传推介济世堂李占标膏药、信阳毛尖茶制作技艺、镇平玉雕、耗辣椒制作技艺、逍遥胡辣汤制作技艺、老粗布制作技艺、钧瓷烧制技艺、粉条制作技艺、梦祥银、登封窑陶瓷烧制技艺、花生糕制作技艺、汝瓷烧制技艺、七味草果仁酥制作技艺、大槐林腐竹制作技艺、宋室风筝、葫芦烙画等16个非遗项目产品，通过带货助力复工复产，推动经济发展。③

官方助力、平台配合的线上推广和销售方式成为2020年传统技艺产品展销的重要方式。

2. 短视频成为一种重要的传播和销售手段

在政府官网的大力推动下，短视频平台对传统技艺类非遗项目的传播、推广和销售功能日益凸显。

一方面，政府非遗保护机构一直在积极尝试有关传统技艺的在线微视频的制作与播放，旨在普及传统手工技艺相关知识及文化，鼓励年轻人对它们的学习和创造。2020年7月，湖南省非遗保护中心通过湖南省文化馆数字文化馆平台正式启动"千年传承、匠心之美"湖湘百工微视频三期资源建

① 《拼多多"云游中国·韶关站"第二场直播开启，76万人围观广东人代言广东非遗产品》，中国小康网百家号：https：//baijiahao. baidu. com/s? id = 1669549887729818486&wfr = spider&for = pc，访问日期：2021年3月23日。

② 《河南省2020年非遗随手拍大赛正式上线啦》，中国非物质文化遗产网：http：// www. ihchina. cn/news2_ details/20900. html，访问日期：2021年3月25日。

③ 《"非遗传承 健康生活——河南省2020年文化和自然遗产日非遗购物节"直播活动"豫"你有约》，中国非物质文化遗产网：http：//www. ihchina. cn/news2_ details/20897. html，访问日期：2021年3月25日。

设工作，主题为"雕琢湖湘"，从全省挑选了 6 个竹雕和木雕的非遗代表性项目开展资源建设。每个非遗项目都形成匠心（综述篇）、匠人（人物篇）、匠艺（工艺篇）、匠成（传承篇）、匠品（赏析篇）共 5 个微记录片，记录并体现它们的历史、发展、传承、匠人、作品等。6 个项目即 6 个主题，每个主题 5 集，每集约 7~8 分钟。①

另一方面，抖音等活跃的短视频平台专门为传承人及相关利益人提供了创作和推广销售的空间。2019 年 4 月，抖音平台正式宣布推出"非遗合伙人"计划，旨在通过加强流量扶持、提高变现能力、打造非遗开放平台及开展城市合作等方式，助力非遗传播，帮助发掘非遗的文化和市场价值。②到 2020 年 5 月 31 日，1372 个国家级非遗项目中，抖音涵盖 1318 项，国家级非遗项目相关视频数量超过 4800 万条，播放超过 2000 亿次，获得点赞超过 64.8 亿次。同年 10 月 23 日，抖音正式面向全国手艺人、手艺商家推出"看见手艺"计划，希望通过视频与直播的方式，把他们制作的产品以及制作的过程在镜头前呈现出来，拉近传统手工艺、手工艺品与公众的距离，同时也为手工艺品找到消费者，找到市场，从而帮助手工艺人走出困境，获得收入，乃至成为创新创富领头人。该计划主要扶持助力中小企业（个体手艺人）丰富收入渠道，改善收入水平，要让 1000 人年入 100 万，吸引更多年轻人回归传统手艺行业，实现传统手工艺在现代网络平台的复兴。③

同时，抖音从 2020 年初开始推出了传统技艺网络纪录片，分别为《走丢的神仙们》和《老手》。《走丢的神仙们》全片共 7 分 40 秒，以国家级非遗代表性项目银饰锻制技艺（苗族银饰锻制技艺）州级代表性传承人潘仕学的学艺之路为中心，讲述了贵州雷山县麻料村"苗族银饰"的传承状况。

① 《湖南省非物质文化遗产保护中心启动湖湘百工微视频三期资源建设》，中国非物质文化遗产网：http：//www.ihchina.cn/news2_details/21340.html，访问日期：2021 年 3 月 26 日。
② 《"提振非遗消费 创享美好生活"——第四届中国纺织非遗大会在沈阳召开》，中国非物质文化遗产网：http：//www.ihchina.cn/news2_details/21478.html，访问日期：2021 年 3 月 25 日。
③ 《抖音助力传统手工艺"破圈"》，中国网科技搜狐号：https：//www.sohu.com/a/427575625_100288184，访问日期：2021 年 4 月 13 日。

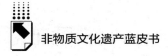

《老手》全片 4 分 38 秒，介绍的是三位传统技艺传承人：富阳油纸伞制作技艺的传承人闻士善、杭绣的传承人赵亦军和芜湖铁画的传承人储铁艺，以及他们的技艺。

2020 年 12 月 26 日，在故宫博物院、浙江文旅厅等单位指导下，抖音平台与中国民间文艺家协会等单位联合举办了第三届中国匠人大会，授予十位抖音手艺人"年度人气匠人"荣誉，例如创作者大能（抖音 ID：TNYP）、非遗鸿铭阁老李（抖音 ID：zb881）、铜雕大师朱炳仁（奇人匠心）（抖音 ID：dashi910）等、江书学（大江）书法、非遗竹编老李等。①

简言之，抖音等短视频平台利用自身数字资源优势，不仅为传统手工艺传承人或艺人提供了平台和流量、组织团队拍摄制作传统技艺网络纪录片，还与专业机构合作评出人气匠人，为推广传统手工艺等非遗文化及其产品和衍生物起到了积极作用。个别传承人成为第一批获益的人（群）②，也吸引了更多技艺人或群体使用短视频。

抖音上涌现出大量有关传统技艺类非遗项目的各种视频号，有非遗保护机构的，也有传承人个人的。以个人视频号为例，除了大师级别的传承人，越来越多其他传承人或艺人也开始尝试个性化展示自己的技艺和产品，甚或与之相关的日常生活。例如，贵州雷山银球茶制作技艺传承人毛鹃在抖音的拍摄不局限于采摘茶叶、制作茶叶的过程，还有意识地呈现与之相关生活方式。例如，她会在抖音视频中，穿着民族服装、头戴银饰、打着油纸伞、挂着草编包，欢迎游客来访；她有时还会穿着民族服饰制作当地美食。这些视频不仅让看官对银球茶有所了解，还可能激发他们去到当地旅游观光的兴趣。

---

① 《2020 抖音年度人气匠人揭晓，为传统手工艺注入新活力》，人民政协网：http：//mobile. rmzxb. com. cn/tranm/index/url/www. rmzxb. com. cn/c/2020－12－30/2750450. shtml，访问日期：2021 年 4 月 13 日。

② 《抖音推出"非遗合伙人"计划，一年至少让 10 位传承人实现百万收入》，DoNews 百度百家号：https：//baijiahao. baidu. com/s？id＝1630982435660957716&wfr＝spider&for＝pc，访问日期：2021 年 4 月 13 日。

3. 在线短视频、直播等培训

虽然用手机拍摄一条视频不难，但怎样拍出吸引眼球的视频并非易事。为了帮助更多传承人或技艺人利用网络平台，政府保护机构、商业机构等相继开展与网络直播、短视频相关的培训课程。由于短视频自媒体技术门槛低，入门简单，培训取得了较好效果。

各级政府保护单位纷纷举办相关培训课程。例如，9月22日，文旅部非遗司支持项目"湖南省非遗扶贫就业工坊负责人培训班"在湖南长沙开班，共设置10大专题，其中就包括非遗品牌化发展及"非遗+"的跨界赋能、"一节课带你玩转淘宝直播"、淘宝手艺人扶持政策和淘宝上的非遗创新案例分享、非遗产品线上直播带货、网店运营与推广等。培训期间，学员还将实地观摩雨花非遗馆，进行网店实操、开展经验交流座谈会，多位非遗企业负责人将分别从品牌宣传、传承发展、创业创新、网络购物等不同角度作典型分享。①

12月23日，由山东省文旅厅主办，山东省文化馆（省非遗保护中心）承办，聚匠网、中传锦绣（山东）文旅产业发展有限公司协办的"'大家创·云上齐鲁'——山东省传统技艺类短视频培训班"在山东省青岛市即墨区国际手艺创意设计交流中心举办。来自山东青岛、烟台、威海等市35位非遗代表性传承人参加培训。②

商业领域则更早就启动了相关培训。从流量倾斜、人才培训、产品扶持和官方认证等方面入手，抖音从2018年开始与贵州雷山、荔波、四川稻城亚丁等省市县合作，沿用非遗+旅游+扶贫的指导思想，推出"山里DOU是好风光"等项目，旨在帮助贫困县打造文旅品牌，促进当地持续增收，助力乡村振兴的项目。③ 在贵州雷山，抖音项目组于2018年重点针对161位

① 《湖南省非遗扶贫就业工坊负责人培训班开班》，中国非物质文化遗产网：http://www.ihchina.cn/news2_details/21471.html，2021年3月25日。
② 《"大家创·云上齐鲁"——山东省传统技艺类短视频培训班举办》，中国非物质文化遗产网：http://www.ihchina.cn/news2_details/22108.html，访问日期：2021年4月10日。
③ 《抖音@荔波："山里DOU是好风光"》，农民日报百度百家号：https://baijiahao.baidu.com/s？id=1632982569500144466&wfr=spider&for=pc，2021年4月13日。

传统技艺等非遗传承人，如银饰锻制技艺（苗族银饰锻制技艺）州级传承人潘仕学、银球茶制作技艺传承人毛鹃，进行了抖音视频使用和运营技能的培训。到 2019 年底，潘仕学所在的雷山麻料村得到了 5 万多元的订单和 60 余名银饰体验游客；银球茶销售额为 29 万元，惠及贫困茶农 400 余人；苗绣传承人杨阿妮 7 天售出三套纯手工苗绣嫁衣。受益后，传承人也体现出传播和传承技艺的主动性——"在抖音上，我能更好地了解消费者偏好，也能把手工制茶文化和苗族特色传播出去"，毛鹃说。[①] 到 2020 年，有 5000 多位手艺人在抖音售卖作品，"非遗手艺人@铁人小哥哥"直播一个月卖出 480 万元。[②]

三　传统技艺类非遗与经济扶贫

1. 传统技艺类非遗扶贫中传承人身份的转变

经过数年的实践，振兴传统工艺、传统工艺助力精准扶贫等政策和举措更进一步推动了部分传承人的个人发展，同时带动一批又一批相关人员走上传统工艺的脱贫道路。培育一批"非遗＋扶贫"能人，带领贫困群众赚上"非遗钱"的目标逐渐达成。

依托非遗传习所及非遗工坊，甘肃省张掖市山丹县积极开展传统工艺技能培训，培育扶持非遗扶贫带头人，将"非遗扶贫课堂"衍生到乡镇、村社及学校，帮助贫困群众学习传统技艺，现已建成省级非遗工坊 4 家，吸纳贫困户劳动力 200 多人，人均每月稳定增收 1000～2400 元。在对贫困地区妇女帮扶方面，该县余玲邑工艺有限公司负责人、刺绣技艺非遗传承人杜晓丽，利用农村贫困妇女熟能生巧的传统刺绣技艺和手工编织技能，不断壮大"绣娘"队伍，探索出"公司＋留守妇女＋扶贫车间＋自媒体带货"的发展模式，把带有浓郁地域特色的民间文化产品销往各地。她手把手地为建档立

---

① 《"山里 DOU 是好风光"：非遗手艺走出大山带脱贫》，搜狐网：https://www.sohu.com/na/428441686_ 162758，2021 年 4 月 13 日。

② 《来了！抖音 2020 年度报告》，搜狐网：https://www.sohu.com/a/444730206_ 347487，2021 年 4 月 13 日。

卡的贫困妇女授课，带动 100 多名农村妇女掌握技艺，截至 2020 年共开展培训 26 余次，培训学员有 2700 余人次。文创产品"马当先"获得了外观设计专利，产品销往全国。① 从 2015 年成为"陇原巧手"培训班的老师开始，到 2018 年成立"山丹余玲邑工艺有限公司"，杜晓丽从一名普通的手艺传承人转变为有多重身份的管理者和商人。身份的转变让她更有传承和发扬传统技艺的责任感："我希望爱好的姐妹都加入我们的团队，把刺绣传承下去，希望政府能对传承的姐妹们，给以经济上的鼓励。"②

南昌市非遗代表性项目"萧坛云雾"茶手工炒茶技艺第三代传承人李细桃自称来自做茶世家。2004 年退休后回到南昌市湾里老家。经调查，她发现当地许多人都世代种茶，但一年下来也就几千块钱收入。2007 年，她成立了集茗茶、油茶种植等于一体的华兴合作社，试图通过种茶制茶等事业"服务当地农民，带领大家走上共同致富的道路"。她对茶农开展免费技术培训，传授茶叶种植、施肥、修枝、采摘新技术。通过培训，不仅提高了茶农的种植技术，还加深了茶农对她的了解，赢得了茶农对她的信任，不少茶农加入了华兴合作社。

2014 年，李细桃投入 600 万元，注册成立了江西萧坛旺实业有限公司，采取"合作社 + 公司 + 家庭农场 + 农户 + 基地 + 互联网"模式，流转茶园 3000 余亩，着力打造"萧坛云雾""萧坛红""萧坛白茶"三大品牌系列茶叶。当年，茶叶产值达到 1000 多万元。这不仅坚定了华兴合作社社员们的信心，还安排了部分建档立卡贫困户到茶园就业，许多贫困户及农户也纷纷与公司签订了产销合同。2018 年，李细桃又组织成立了湾里萧坛旺茶业联合体，旨在建立品牌机制，以品牌效应推动茶叶制作技艺的传承，将它发扬光大。

从退休人员到合作社创始人再到公司领导，李细桃不仅运用制茶的传统技艺，还重视提高茶农的科学文化素养，引进了大量的茶叶科技人员，从而

---

① 《张掖市山丹县非遗成为精准扶贫新动力》，甘肃省文化和旅游厅网：http：//wlt. gansu. gov. cn/cyfz/32127. jhtml，2021 年 3 月 26 日。

② 《一针一线讲述非遗传承人的故事》，中国甘肃网官方百家号：https：//baijiahao. baidu. com/s？id = 1675518098030068263&wfr = spider&for = pc，2021 年 3 月 26 日。

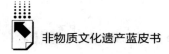
保证了当地茶叶的质量和销量。2015 年至 2020 年，江西萧坛旺实业有限公司被连续评为南昌市市级龙头企业，而李细桃则先后获得"中国合作经济十大人物""全国三农先锋人物""中国时代楷模和基层先进人物""中国优秀民营企业家""中国茶叶行业最具影响力人物"、南昌市"三八红旗手""中国新时代巾帼创新创业杰出人物"等荣誉称号。①

甘南州卓尼县洮砚乡国家级非遗项目洮砚制作技艺的州级传承人马万荣出生于制砚世家，已有 29 年的洮砚雕刻经验，曾获"甘肃工艺美术优秀技艺工者、甘南州"劳动模范"等荣誉称号。2014 年，在甘肃省、州、县三级文旅部门的支持和鼓励下，他带着在外创业所有积蓄，回乡办起了卓尼县万荣洮砚文化艺术品有限公司暨洮砚文化传承传习基地，与洮砚乡古路坪村 20 户贫困户签订三年协议，以洮砚加工销售、传承传习培训、电子商务、农副土特产、旅游纪念品研发、销售等方式带动他们共同发展致富。至今，洮砚文化传承传习基地前后吸收当地贫困户 100 余人，其中有很多年轻人向马万荣学习洮砚制作技艺。马万荣的徒弟中，已有 3 名州级非遗传承人和 7 名县级非遗传承人，而张红孝等 12 人被评为甘肃省工艺美术大师。②

目前，除技艺传承人和卓尼县万荣洮砚文化艺术品有限公司董事长的身份，马万荣还是卓尼县第十八届人大代表，卓尼县第十四届政协委员、甘肃省洮砚协会鉴定委员会常务委员、深圳市当代名家文房四宝博物馆副馆长，中华砚雕大师砚湖博物馆研究员、中国工艺美术协会中青委委员、甘肃省工艺美术协会理事、卓尼洮砚协会常务副会长兼副秘书长。③ 上述多重身份赋予马万荣的荣誉和资源在某种程度上推动和益于他返乡发扬技艺的同时回馈当地社会。

---

① 关于李细桃的经历参见《李细桃：把小茶叶做成大产业》，江西省供销合作社联合社网：http://gxls.jiangxi.gov.cn/art/2020/8/7/art_43190_2821977.html，2021 年 4 月 2 日。

② 《洮砚制作技艺：依托产业培育助力精准扶贫》，甘肃省文化和旅游厅网：http://wlt.gansu.gov.cn/xyjy/32705.jhtml，2021 年 3 月 26 日。

③ 《刀尖上的艺术家之马万荣》，"赴陇援西暑期社会实践"搜狐号：https://www.sohu.com/a/414534884_120813264，2021 年 3 月 26 日。

可以看到，在政策的帮扶下，无论是刺绣技艺县级传承人杜晓丽，还是"萧坛云雾"茶手工炒茶技艺市级传承人李细桃，她们都从个体传承人成为兼具更多责任和权力的管理者，带动了更多人学艺，甚至摆脱贫困。就算是出生世家、满载荣誉、外出创业的洮砚制作技艺州级传承人马万荣，也因优越的政策支持而返乡，传艺的同时帮助扶贫，并且获得更多社会身份和荣誉。换句话说，代表性传承人在扶贫助人的同时也受益于自己的贡献。然而，多重身份也可能是一把双刃剑，需善用。

2. 企业创立手工作坊的正面案例

商业发展与保护、利用和传承传统手工艺。创始人的经历决定她/他对传统手工艺的态度和认识。依文·中国手工坊由依文服饰股份有限公司董事长夏华创立于 2003 年。成立手工坊源于一个小故事。2000 年，夏华受邀代表中国品牌在全球奢侈品论坛上发言。先于她发言的演讲者都会介绍自己品牌和文化的传承、历史和价值，而那时的夏华无法表述自己的品牌文化。因此，三年后，她首先在贵州成立了自己的手工坊，希望将村寨里精美的刺绣艺术品与时尚相结合，让世人得以欣赏中国传统美学，同时也让绣娘们靠手艺过上美好的生活。夏华会带着她的团队去山村，去拜访一些老手艺人，去发现和整理——因为每一家都有不同的绣坊，每一家都有不同的传承和绣法，每一个纹样背后都有不同的故事，每一个手工艺技法都需要重新整理。由此建立了依文·中国手工坊的数据库，记录这些传承者的故事和美学密码，并把它翻译、解读成全世界的设计师都能够看得懂的、能够用的上的纹样。①

利人利己的双赢扶贫模式。2003 年，第一次开始和贵州大山里的手艺人坐在一起工作时，夏华和她的团队发现她们的"全球时尚"梦想，影响世界、让世界尊重中国品牌的梦想，在这些手艺人年复一年的贫困生活面前，显得很苍白。夏华很快意识到，如果他们的目标只是用中国手工艺去做

---

① 《夏华解读中国传统美学密码》，新华访谈·大家说益，网址：http://www.xinhuanet.com/gongyi/talking/djsy/01/index.htm，2021 年 4 月 2 日。

商业模式赚钱，很难坚持下去。相反，只有改变这一群人的命运，让她们相信用自己的手艺可以赚到钱，都能过上好日子，夏华和她的企业才能走向梦想。① 因此，依文·中国手工坊十六年来坚持以"消费扶贫"与"助力民族地区产业振兴"为宗旨，不断尝试寻找传统文化与现代应用相结合的突破口，建立并开放完整的线上数据系统，收录了 5000 余种民族传统纹样与 13000 余名深山绣娘的手工技艺，形成了一条数据化、IP 化、品牌化、市场化的产业扶贫之路。②

2020 年，剑川县政府与依文集团联手，将剑川木雕悠久的历史文化以及精湛的手工技艺带到都市，依托动机—场景—体验—个性化的"心"零售营销模式，不仅让久居都市的人们近距离感受白族的原乡生活，感受那一组组作品背后所雕刻的白族时光，也将同步实现产品市场化、多元化、产业化发展，打造"千年技艺 手工木雕"品牌，建立可持续发展的木雕产业模型，将指尖绝技"转化为"指尖经济"，巩固剑川地区的脱贫攻坚成果。

事实上，夏华在收集传统手工艺品的同时，既帮助了村寨中的传统手工艺，同时也积累了设计资源、建设了自己公司的企业文化。这背后的驱动力，除了希望在国际上与同行比肩，也有公司领袖的文化情怀和社会责任感。

四 问题与建议

在与新冠疫情抗争的一年中，人与人之间的经济文化交流方式以及相关的经济生产活动都受到影响。面对困难，国家层面迅速反应，提出了《关于推动数字文化产业高质量发展的意见》，旨在鼓励传统技艺传承人及相关从业者通过健康安全的方式，使用数字化资源平台为传统技艺等非遗项目提供展销渠道，促进复工复产，激活经济。政策面的支持的确让传统手工艺传

① 《夏华解读中国传统美学密码》。
② 《"指尖经济"守护脱贫成果》，中国非物质文化遗产网：http://www.ihchina.cn/news2_details/20884.html，访问日期：2021 年 3 月 29 日。

承人和手工艺人获得更便利的展销渠道，然而这部分人是否真正获利、获利多少、是否能持续做下去还需要进一步调查。下面本文将结合问题做简要分析和总结。

1. 经济扶贫开始暴露出的问题

从目前可查的公开信息来看，传统技艺类非遗项目扶贫主要是通过带动一批技艺传承人改善自身经济条件，起到示范作用；或鼓励和支持原本就有较好资源和能力的传承人做大做强，带动更多手艺人以及他们周边的人摆脱经济困扰。经济条件改善了，自然会培育出技艺好手。然而，现实情况可能比设想更复杂。

"公司＋农户"模式浮现出的手工艺品真假问题以及手艺人收益保障问题。多数情况下，深居山村的手艺人制作的物件在通过代理公司往更广阔的外部世界销售时，手艺人对销售另一端并不了解，更不懂在自己的利益受损时如何维权。最终，扶贫的效果大打折扣。

近年来，一些非遗爱好者乐于在淘宝等网络平台购买非遗传承人及其团队的传统手工艺品，也发现并暴露了一些值得关注的问题。以西州苗绣为例。由于西州苗绣主要是重庆酉阳的苗绣扶贫工作坊销售的绣品，在一些网络大 V 的热心推荐下受到更多传统文化爱好者的关注和投入。逐渐的，有消费者反映他们买到的苗绣并非真正的手工艺品，而是机器批量生产的贴片缝合而成的产品。事实上，工坊负责人（也是一位苗绣传承人）最后承认，有部分小件产品的确是绣片缝合而成。更甚者，有人反映，该工坊给绣娘开工资不论件数，而是论时间，压榨绣娘的利益。

在大量退货的情况发生之初，还有热心网友前往该工作坊，试图帮助当地政府保护机构和工坊负责人找到问题所在，并解决问题。暂不论这种"帮助"是否合适，但是助人者的初心是善良的。结果，这一举动不仅没有帮到当地绣娘，反而让工坊负责人一怒之下威胁说要"要解散电商部门"，并且辞退了当时的电商客服人员。工坊方面认为，"是大 V 想接管这里"，所以才帮助他们宣传。工坊负责人的子女表示要读完大学，以后不靠大 V，靠自己掌握命运；而一些因为扶贫购买过产品的网友则表示失望、难过，觉

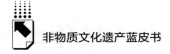

得自己的善心被利用，并没有真正帮助到绣娘，以后不会再买酉州苗绣产品。[①] 帮与被帮之间的认识差距显而易见。

这一案例反映出的"公司 + 农户"扶贫中存在的问题，需要相关保护部门的重视。如果扶贫只考虑经济收入，不对手工艺品质量进行把控；如果以扶贫之名获得的经济收益不能合理分配到手艺人，那么技艺的保护和传承就可能成为空谈。此外，工坊负责人对外来力量（如网络大 V）的帮助所持有的疑虑、不信任、甚至排斥，并非不可理解。一方面与工坊内部的生态文化有关，另一方面也与外来力量在不了解当地文化、关系网络、工坊组织关系等社会结构的情况下、在不了解工坊的真实需求的情况下单方面地授予妙方，最终导致好心没有办成好事的结局。从这一点来说，非遗专业人士的介入可能可以避免"好心办坏事"的情况。

此外，诸如依文这样重视中西文化相融合的服装公司，他们较早就主动寻访山野间的民间艺术、讲故事、建工坊和纹样数据库、将"深山市集"带到都市商场，但主要目的还是将传统手工艺元素融入成衣设计与制作，利于公司的国际发展。这一过程的确带动了一些地方传统技艺的保护和产品销售，起到了一定的扶贫作用。但是，花纹和艺人数据库也像一把双刃剑。企业和服装设计师很容易从该数据库中提取某种技艺本身或它最具代表性的产物，例如贵州独臂绣娘的蝴蝶绣花被绣到了高级时装上。独臂绣娘的个人经历具有故事性，经过依文公司的包装和推广，为绣纹和服装附加了巨大的 IP 附加值。与加入依文前的收入相比，绣娘增收了。然而，这种扶贫仍然隐含着现代服装设计与传统技艺设计理念之间的矛盾——技艺传承人难逃代加工的桎梏。当然，把技艺运用到不同领域，可以是发展的一种起步方式，但后续需要不断探索更利于传承人和技艺传承的路径。

2. 短视频的利与弊

数字化资源平台的利用在传统技艺保护领域并非新鲜事，但它因新冠疫

---

① 该事件的相关情况仍可在"微博"搜索"酉州苗绣"查看。

情而在 2020 年受到多方面的热捧，为传统技艺的推广和销售起到了积极作用。

事实上，2017 年，借短视频兴起之际，主流媒体中央电视台就制作并播出过 100 集《手艺中国》短视频节目，每集 5 分钟左右，介绍一位手艺人和他（她）的传统技艺。2019 年，央视又播出了每集约 30 分钟的、专门介绍和讲述传统技艺的纪录片《手艺中国》，以及旨在推动传统技艺传承、革新与发展的真人秀节目《老艺新生》，同时还在主流视频网站如腾讯视频、今日头条、优酷等播出。这些节目主要是从旁观者的视角去拍摄、讲述和宣传，节目制作质量高，却因"高冷"，成为小众接受的节目，且因商业价值小受到冷遇。①

然而，几乎在同一时期，隶属于杭州字节无穷科技公司、成立于 2018 年、针对传统文化领域、非遗老字号提供品牌运营及内容营销的 MCN 短视频机构"奇人匠心"，从与十余位手艺非遗大师的合作作为起点，在抖音、快手、微博等平台取得了傲人的业绩，且自称"最大受益者则是非遗与手艺人本身"② 在资本推动、流量配置、内容包装的共同作用下，奇人匠心从多维度重塑并推广了一批非遗大师及其技艺和产品。以和百度的合作为例，2020 年 7 月，百度百科博物馆推出了中日非遗传承人纪实直播系列节目《行走的匠魂》，第一季由"奇人匠心"及华人频道联合出品，中日十位非遗传承人参与，其中国内五位非遗传承人皆为奇人匠心签约大师。五场直播总观看人次达 1180 万次，多家媒体发布文章报道，百度百科词条获得亿级曝光。除了宣传，奇人匠心还与政府合作推出短视频公益培训，同时支持与之有关的文化研究。③ 截至 2020 年 12 月，奇人匠心旗下已有 50 余个非遗领

---

① 雷瑶：《守艺中国：〈乡土〉栏目非遗文化传播研究》，湘潭大学硕士学位论文，2020。
② 参见《奇人匠心一周岁！成为国内最大传统文化 MCN！》，新浪网新浪看点，网址：http：//k. sina. com. cn/article_ 6661806748_ 18d131a9c02700ib0j. html，访问日期：2021 年 4 月 29 日。
③ 《（2020 年）年终盘点 | 国内顶尖非遗 MCN 机构奇人匠心引领传统文化新传播！》，网易号，网址：https：//www. 163. com/dy/article/G0LGM0H30541FM5V. html，访问日期：2021 - 01 - 18 21：52：38。，访问日期：2021/4/29

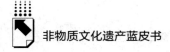

域大师账号，全网总粉丝达 3000 万+，月播放量超过 10 亿+，同比增长 300%。①

资本运作、流量支持与内容创作成就了"奇人匠心"这样的 MCN 机构，他们也将传统手工艺大师或原本就较为有知名度的传承人推向了一个更广阔的空间。

可是，无论是世界级、国家级还是省级、市级或区级，上了名录的传统技艺等非遗项目仅仅是代表性项目或代表性传承人。除了代表性的，还有许许多多技艺高超的手艺人，他们可能更需要被关注和给予支持。抖音、快手这样的短视频平台也让代表性传承人以外的手艺人能够展示自己的才艺。2020 年的疫情阻碍了交通和商业往来，却"迫使"越来越多传统技艺艺人开始利用短视频拍摄自己的技艺和生活、吸引眼球的同时，为自己的技艺谋生路。换言之，局内人开始尝试讲自己的故事，并引起网友的共情、兴趣或好奇，最终找到自己的出路。

在传承人或手艺人和保护单位之间还存在着一类人群。他们既不是手艺传承人，也不代表传统技艺的保护单位，但却热爱着某一种技艺，并因此做了许多有意义的推广，甚至发展出自己的技艺从业道路。2020 年前，已经有一些爱好者利用工作之余，自发在网络平台介绍自己喜爱的传统手工艺品，甚至会因为他们讲解的专业性而广受爱戴，拥有相当数量的粉丝群，并因此开始帮传统手艺人带货。虽然爱好者及其粉丝圈也有对彼此专业度的评价，但总体来说这些爱好者在一定程度上推动了传统技艺的传播和销售。例如微博主"李哥哥要当红军咕唧"（改名前叫"李蝈蝈要当红军咕唧"）就是因为热爱汉服而逐渐深入到与之相关的传统手工艺品，例如刺绣、绒花等等，并因此与一些传统手工艺人建立了良好的互动，做了大量的传统技艺及其产品的推广。再如微博主"卖夏布的四把刀"是一位热爱夏布织造技艺和制品的爱好者，她与技艺人合作，并亲自参与到苎麻的栽种、制作以及苎

---

① 《年终盘点 | 国内顶尖非遗 MCN 机构奇人匠心引领传统文化新传播!》，网易号，网址：https://www.163.com/dy/article/G0LGM0H30541FM5V.html，访问日期：2021/4/29。

麻服饰的缝制。她的粉丝虽远不及 MCN 机构运作下的粉丝庞大，但却是一群忠实的粉丝，默默热爱并支持着她的爱好和事业。

可以肯定的是，上述案例涉及的情况都有受益于短视频平台播放的一面。2020 年疫情期间出台的相关政策又为短视频播放或在线直播添柴加火。可是，一枚硬币始终有两面。看到利好的同时，也应注意潜藏的问题。首先，强者更强，甚至占有主要资源。不仅是 MCN 机构愿意率先包装推广，就连广大网民也是对历史上富有知名度的优势项目关注度高。例如网络搜索关键词"传统技艺"，出现最多的是制陶、刺绣、老字号美食等人们熟知的项目。可是，还有成百上千的传统技艺不为知晓，或不被重视，缺乏资源。其次，虽然传统手艺人可以通过短视频等网络平台展示自己的技艺与生活，甚至直接销售自己的产品，但是从长远来看，他们的作品已开始呈现出素材重复使用的情况。一旦短视频的内容失去了吸引眼球的东西，就可能失去粉丝，进而失去流量、失去客户。[①] 换言之，如果这些个体自媒体手艺人没有技术和内容上的指导，可能失去短视频这个推广和销售手工艺品的渠道。

3. 小结

新冠疫情几乎在一夜间改变了人与人之间的交流、沟通与交换方式。互联网平台在 2020 年凸显出交流与交换的平等、便利的优势。借着政策的春风，手工艺人可以通过网络平台为人所知、及时复工复产。这是 2020 年的一大特点，对传统手艺类非遗项目起到了积极作用。然而，从保护的角度来看，我们仍然要注意资源分配的问题，对于有生机却缺乏资源的传统技艺项目可以在调查的基础上给予一些资源方面的倾斜。同时，我们不能驻足于互联网"红利"，而应考虑后续可持续发展。事实上，看似红火的"非遗 + 互联网"背后已经开始出现处于停滞状态的平台，例如"京东非遗"（https：//feiyi.jd.com/）。该平台还能搜索，但已经没有内容更新，甚至很多栏目已空置。抖音、快手等短视频平台也同样面临同质化内容的风险。平台失去优势，必将影响短视频的播放和传播。所以，保护工作者应该在此时

---

① 相关内容参见朱银霞《非物质遗产短视频传播效果研究》，南昌大学硕士学位论文，2020。

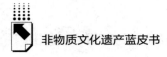

考虑长远一些，避免趋同地、过分依赖互联网，不断探索保护、推广的方式。

此外，非遗＋扶贫的实际工作切忌简单地卖货赚钱。如何在帮助手艺人和愿意学习手艺脱贫的人在改善经济条件的同时，保护和发扬技艺是一项复杂的工作。如果忽略现象背后的文化习俗和社会关系等因素，就可能出现西州刺绣事件涉事双方看法完全不同、事情难以解决的问题。假如有更多专业的非遗或民俗、文化保护人士参与到相关事件或问题的调查与研究，那么可能会给政府相关保护机构和相关人士提供有用的信息和建议。

其实，2020年的这场新冠疫情也在提醒我们，无论是传统技艺传承人、技艺人，还是保护工作者或研究者，都要不断学习，保持调查和研究，以应对变化无常的自然世界和人类社会。

B.8
民俗类非遗保护发展报告

张　磊*

摘　要：2020年民俗类非物质文化遗产保护工作继续发展，同时与现实社会生活相联系，呈现出诸多新的特点：各省开展新一批省级非物质文化遗产代表性项目及传承人的认定工作；疫情影响下，依托于互联网技术的"云上展示"更加突出；配合全面脱贫攻坚，非物质文化遗产的开发利用程度进一步提高，"非遗＋旅游"成为重要热点。与此同时，在非物质文化遗产的旅游开发过程中充满了交织往复的凝视关系，从这一角度可以更好地理解非遗旅游中存在的问题。如何把握好非物质文化遗产展示、利用和保护的各方平衡，仍待深入讨论。

关键词：民俗类非物质文化遗产　非遗扶贫　非遗＋旅游

一　2020年民俗类非物质文化遗产
传承与保护的总体概况

在"十三五"规划的收官之年，我国的非物质文化遗产传承和保护工作继续发展，在制度规范、项目认定、保护实践等方面都有了新的进步。

在制度规范方面，文化和旅游部出台的《国家级非物质文化遗产代表性传承人认定与管理办法》于 2020 年 3 月 1 日起正式施行，河北、四

---

* 张磊，中山大学中国非物质文化遗产研究中心、中文系博士研究生。

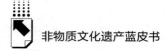

川、江苏、湖北等省份也纷纷出台省级非物质文化遗产代表性传承人的认定与管理办法。为了贯彻落实中宣部、文化和旅游部、财政部印发的《非物质文化遗产传承发展工程实施方案》的部属要求，北京、天津、广东等地也根据本地情况制订了相应方案，明确未来五年的工作目标和重点任务。

在项目认定方面，广东、安徽、甘肃、湖南、四川、青海、宁夏、北京、广西、吉林、天津等各省（区、市）相继启动新一批省级非物质文化遗产代表性项目和代表性传承人的认定工作。在国务院公布的前四批国家级非物质文化遗产代表性项目名录中，民俗类项目共有 426 个，占总数的 13.5%；在国家文化主管部门命名的前五批国家级非物质文化遗产代表性项目代表性传承人中，民俗类传承人共有 160 个，占总数的 5.2%。2020 年 12 月，文化和旅游部将第五批国家级非物质文化遗产代表性项目推荐项目向社会公示，共有推荐项目 337 项，其中民俗类项目 40 项，占总数的 11.9%。

在保护实践方面，除了"非遗进校园""非遗进社区"等活动外，依托于互联网技术的"云上展示"成为非物质文化遗产展示、宣传的重要手段。比如广西非物质文化遗产保护中心通过网站平台与微信公众号，围绕着"壮族三月三"开展"云赏三月三"专题系列报道，充分展示广西非物质文化遗产的独特魅力。① 2020 年 10 月 23～27 日在济南举办的第六届中国非物质文化遗产博览会，也是以线上和线下相结合的方式，其中线上活动设置了"非遗云展"、"云赏非遗"展播厅、"非遗好物"云销售等版块。② 另外，直播、短视频等多种传媒手段都为非遗的展示和宣传提供了新的途径，2020 年"文化和自然遗产日"开展"云游非遗·影像展"线上推广活动，促使非遗文化更加贴近年轻人的生活。

此外，2020 年 12 月 17 日，我国与马来西亚联合申报的"送王船——

---

① 《2020 云赏三月三 | 序篇》，广西非物质文化遗产网，2020 年 3 月 21 日，http：//www.gxfybhw. cn/news‒5787. html。

② 《第六届中国非物质文化遗产博览会信息》，中国非物质文化遗产博览会网站，2020 年 10 月 20 日，http：//www. cnfyblh. com/news/category23/29. html。

有关人与海洋可持续联系的仪式及相关实践"通过评审被列入联合国教科文组织《人类非物质文化遗产代表作名录》，引起了广大民众关注民俗类非物质文化遗产的新热潮。送王船是一种禳灾祈安的民俗活动，广泛流传于我国闽南地区和马来西亚马六甲沿海地区，2005 年入选福建省首批非物质文化遗产名录，2011 年厦门市申报的"闽台送王船"入选第三批国家级非物质文化遗产代表性项目名录。

二　从精准扶贫到助力产业振兴

2020 年是全面建成小康社会之年，也是脱贫攻坚战的决胜之年，非物质文化遗产也深度参与到精准扶贫中，各地在非物质文化遗产的保护与发展实践中探索出了多样化的融合模式，努力尝试激活地方文化资源，助力乡村振兴。

何研对非遗扶贫的具体形式做了探讨，她指出，目前非遗扶贫主要有"非遗＋电商""非遗＋展会""非遗＋景区"以及"非遗＋博物馆"等四大模式。① 在 2020 年的具体实践中，四种模式都有新的发展，在此基础上加以总结和概括，可以发现 2020 年非物质文化遗产助力脱贫工作的最亮眼的特点突出表现在两个方面，一是与电子商务密切配合的"非遗购物节"；二是"非遗＋产业"，即努力探索将非物质文化遗产开发利用进行产业化发展的长效机制。

2020 年 6 月 13 日"文化和自然遗产日"，各地线上线下联动，开展各类非遗购物活动，提振非物质文化遗产的经济效益。在文化和旅游部非物质文化遗产司，商务部流通发展司、电子商务司，国务院扶贫办开发指导司的支持下，阿里巴巴、京东、苏宁、拼多多、美团、快手、东家等多家网络平台在联合举办"非遗购物节"活动，借此契机，非物质文化遗产传承保护

---

① 何研：《非物质文化遗产保护与精准扶贫》，宋俊华主编《中国非物质文化遗产保护发展报告（2018）》，社会科学文献出版社，2019，第 178～180 页。

的相关单位、企业与非遗扶贫就业工作坊等上线各大网络平台，既有非物质文化遗产的直播展示，也有相关产品的电商销售①。各地也同时组织了各类线下"非遗购物节"活动，2020年6月6日，为期20天的广西首届"非遗购物节"活动正式启动，其中涵括了非遗节目表演、非遗茶品品鉴、制茶技艺体验，以及有多位非遗技艺传承人现场展示和演绎传统非遗技艺，现场还有来自广西各地市的212件非遗商品展出。②众多非物质文化遗产保护领域的专家学者都对"非遗购物节"活动的举办给予了高度评价，刘魁立指出，"非遗购物节"适应了时代发展的需求，拓展了非遗物化产品的销售渠道，同时利于培养非遗传承人的"电商"理念，运用现代科技手段保护与传承非遗；其次，符合新冠肺炎疫情防控常态化和脱贫攻坚的需要，帮助广大非遗传承人、项目保护单位、扶贫就业工坊和相关企业加快复工复产；另外，这也是非遗保护的新途径，有利于形成全社会共同参与非遗保护的良好氛围。③

除了以"直播＋电商"的方式拉动非遗消费，各地也在积极探索将非物质文化遗产开发利用进行产业化的方式，努力建立起长效机制，使非物质文化遗产成为激发地方文化资源、推动乡村振兴的助力器。

非遗扶贫工坊建设在各地渐出成效，成为非物质文化遗产开发利用产业化发展的重要切入点。自2018年起，文化和旅游部、国务院扶贫办大力推进非遗工坊建设，2018年7月确定第一批10个"非遗＋扶贫"重点支持地区，支持设立非遗扶贫就业工坊（以下简称"非遗工坊"），到2020年1月，各重点支持地区陆续设立156家非遗工坊，取得良好成效，形成一批可推广、可持续的经验做法。在此基础上，文化和旅游部办公厅、国务院扶贫办综合司下发了《关于推进非遗扶贫就业工坊建设的通知》，强调要以传统

① 《"非遗购物节"将亮相"文化和自然遗产日"》，新华网，2020年5月13日，http：//www.xinhuanet.com/expo/2020-05/13/c_1210616242.htm。
② 《"非遗＋购物"扮靓遗产日各地提升购物体验共享非遗之美》，新华网，2020年6月13日，http：//www.xinhuanet.com/travel/2020-06/13/c_1126107691.htm。
③ 《"非遗购物节"：为非遗保护和文化扶贫赋能》，《中国民族报》2020年6月12日，第5版。

工艺为重点，依托各类非遗项目，支持国家级贫困县设立一批特色鲜明、示范带动作用明显的非遗工坊，帮助贫困人口学习传统技艺，提高内生动力，促进就业增收，巩固脱贫成果。逐步建立稳定、长效的非遗工坊建设和运行机制，持续扩大覆盖范围和覆盖人群，促进非遗保护传承全面融入脱贫攻坚、乡村振兴等国家重大战略，在经济社会可持续发展中发挥更大作用。[1]以湖南为例，湖南省出台了《湖南省传统工艺振兴计划》，成立湘西传统工艺工作站，提出并实施"让妈妈回家"计划的苗绣文化扶贫项目，共挂牌6个基地、2个传统工艺振兴示范企业，举办技能培训100余期，培训绣娘8000余人，创造就业岗位近4000个，直接带动相关人员年增收5000元以上。湖南省文化和旅游厅还联合省扶贫办印发《关于推进非遗扶贫就业工坊建设的通知》，支持全省各地特别是已摘帽的国家级、省级贫困县设立一批特色鲜明、示范带动作用明显的非遗扶贫就业工坊。截至2020年上半年，全省51个已摘帽贫困县设立非遗扶贫就业工坊152家，参与人群12.9万人，带动建档立卡户7.2万人在家门口就业，助力6.8万人脱贫。[2]

此外，"非遗＋旅游"也成为助力乡村振兴与产业发展的一大热点。全国各地都大力推广文旅融合，非物质文化遗产以其独特的人文风貌与历史特色，被纳入旅游开发的视域之中，成为各地发展特色旅游产业所凭借的重要文化资源。在此基础上，各省份纷纷推出"非遗主题旅游线路"，将不同的地点的非物质文化遗产展示串联起来，多点协作共同助力旅游产业的发展。2020年10月18日，中国丹寨非遗周在贵州丹寨万达小镇开幕，当天还举办了中国非遗与旅游融合发展论坛，来自政府单位、旅游行业、研究机构的工作者、研究者、从业者等进行了广泛深入的交流与研讨，其间，全国非遗主题旅游线路征集宣传活动评选结果正式发布，专家学者根据旅游路线非遗

---

① 《文化和旅游部、国务院扶贫办大力推进非遗工坊建设》，文化和旅游部网站，2020年1月9日，https：//www.mct.gov.cn/whzx/whyw/202001/t20200109_850196.htm。
② 《湖南突出"四大抓手"促进文旅扶贫富民惠民》，文化和旅游部网站，2020年12月23日，https：//www.mct.gov.cn/whzx/qgwhxxlb/hn_7731/202012/t20201223_919965.htm。

占比、非遗体系化开发、市场化运营程度和市场、游客认可度及市场前景等四方面进行综合评价，最终北京城市中轴线非遗主题旅游线路、千里草原风景大道非遗支线、浙西南畲乡非遗技艺体验游、徽文化非遗研学之旅、齐风鲁韵非遗之旅、"屈原昭君故里"非遗之旅、广州老城新活力文化遗产深度游、中越边境非遗之旅、黔东南侗族非遗深度体验游、交响丝路非遗之旅、涛涛黄河非遗之旅、喀什民俗非遗主题游等 12 条线路入选。① 中国旅游报社自 2020 年 6 月份启动了 "2020 非遗与旅游融合发展优秀案例" 征集宣传活动，经过专家学者的评审，10 月 24 日在非遗博览会上揭晓了 20 个入选项目，涉及传统节庆类非遗旅游、非遗进景区、非遗旅游线路、非遗主题场馆或空间与旅游融合等多种形式。②

三　旅游场域中的资源化、凝视与文化权力

传统技艺类非物质文化遗产可以用来生产出工艺产品，传统音乐、传统舞蹈和传统戏剧可以进行舞台化展示，与这些相比，民俗类非物质文化遗产由于其与民众生活方式和信仰观念的高度关联而不易于从民众生活语境中抽离出来置于异语境中再现，因此，民俗类非物质文化遗产的开发利用因这些特性受到了一定的限制，而旅游则经常被认为是比较适于对民俗类非物质文化遗产进行开发利用的方式之一。有学者指出，民俗类非物质文化遗产 "既具有鲜明的民族性品格、原始文化品格，又有生活属性品格、动态积累品格、历史传承品格以及地域变异、社会阶层变异等多重品格，文化品位高，旅游吸引力和旅游体验性强，符合现代人旅游的心理需求，是最能吸引异国异域游客的特色旅游资源；再者，这种文化差异和特色正是一种强有力的旅游吸引力，是旅游活动的基础和前提，因此民俗类非物质文化遗产旅游

---

① 《12 条全国非遗主题旅游线路亮相中国丹寨非遗周》，光明网，2020 年 10 月 19 日，https：//difang. gmw. cn/2020 - 10/19/content_ 34279633. htm。

② 《2020 非遗与旅游融合发展优秀案例发布》，中国青年网，2020 年 10 月 24 日，http：//news. youth. cn/gn/202010/t20201024_ 12543894. htm。

开发价值较高"①。非物质文化遗产的旅游开发在学界并不是一个新话题，不过，随着近年来非遗旅游产品越来越多地被地方政府和旅游企业开发出来，同时也越来越广泛地为广大民众所熟知、接纳，我们应当再次审视这一日渐走红的新热点并重新思考与之相关的重要话题。

（一）非物质文化遗产旅游开发的基本逻辑：资源化

旅游开发对非物质文化遗产保护的积极作用，学界给予了充分肯定。在"非物质文化遗产"这一概念兴起之前，学界已经开始讨论民族民俗文化资源的旅游开发，张志寰在 1991 年时就从民俗与旅游的文化——生活复合体性质角度讨论了二者互动促进共同发展的可能性。② 在非物质文化遗产领域内，徐赣丽较早提出了引入旅游市场机制提升非物质文化遗产保护效能的想法，她强调，旅游开发并非只是像早期文化学者批判的那样会给地方文化带来冲击，实际上旅游市场的需求为保护非物质文化遗产提供了动力和条件，非物质文化遗产的旅游商品化能够激活传统、刺激文化传统的复兴。③ 刘建平等学者也指出，旅游开发可以为非物质文化遗产创造良好的生存环境、为非物质文化遗产寻找新的保护方式、为非物质文化遗产提供资金支持、为非物质文化遗产的传承培养群众基础。④

同时，学界也对非物质文化遗产旅游开发中存在的问题、矛盾与张力做了分析。赵悦和石美玉指出，非物质文化遗产旅游开发中存在着非遗保护与旅游开发的矛盾、开发主体之间的矛盾、利益相关者之间的利益冲突等三大矛盾。⑤ 赵巧艳在分析西部地区非物质文化遗产旅游开发的张力时指出，旅

① 曹诗图、鲁莉：《非物质文化遗产旅游开发探析》，《地理与地理信息科学》2009 年第 4 期。
② 张志寰：《民俗与旅游随谈——文化与生活复合体的共同性与互动发展的意义》，《民俗研究》1991 年第 3 期。
③ 徐赣丽：《非物质文化遗产的开发式保护框架》，《广西民族研究》2005 年第 4 期。
④ 刘建平、陈娇凤、林龙飞：《论旅游开发与非物质文化遗产保护》，《贵州民族研究》2007 年第 3 期。
⑤ 赵悦、石美玉：《非物质文化遗产旅游开发中的三大矛盾探析》，《旅游学刊》2013 年第 9 期。

游开发对非物质文化遗产保护同样会带来值得警惕的问题，比如遗产本真性消退、遗产整体文化空间的破坏、遗产依附群体受益低下等。①

重新审视关于非物质文化遗产旅游开发的各种倡导，不难发现，其遵循的基本逻辑就是民俗文化的资源化，其方式也大体一致，即"将文化符号化并进行移植，从而使一些独具特色的民族文化资源转化为文化产品打入主流社会、参与主流经济活动"。② 在这一过程中，民众日常生活中的一部分内容被抽离出来并被客体化，在拼接重组以后在旅游活动中被重新展示，成为可以被旅游者观赏的景观。许多学者都注意到，这个过程并不是自然发生的，而是基于特定目的的有意识选择，同时也是一个价值重构与再赋予的过程。山下晋司认为，文化遗产及文化遗产意义上的文化资源，虽然包含了生活文化性的民俗部分，但同时也有着强烈的历史性、艺术性和学术性等价值语感，他还指出，文化资源化的社会性场域包括微观日常文化实践场域、国家场域和市场场域等三个层面。③ 那么，市场场域中非物质文化遗产，是如何被旅游开发所选择和重新拼接包装的呢？旅游凝视理论，可以为我们提供一条新的路径来理解旅游开发中民俗文化资源化的选择过程。

（二）景观建构背后交织往复的凝视关系

1992 年，英国社会学家厄里在福柯的基础上提出了"旅游凝视"概念，他将旅游凝视理解为"旅游欲求、旅游动机和旅游行为融合并抽象化的结果，是旅游者施加于旅游地的一种作用力"，他强调，旅游凝视具有"反向的生活"性、支配性、变化性、符号性、社会性、不平等性等特征，其关注的重点在旅游者与旅游地居民之间的互动以及权力关系上。④ 虽然旅游凝视这一概念早期更侧重于外来旅游者的观看与凝视对旅游地的影响，但包括

① 赵巧艳：《西部地区非物质文化遗产旅游开发的张力》，《前沿》2011 年第 11 期。
② 徐赣丽、黄洁：《资源化与遗产化：当代民间文化的变迁趋势》，《民俗研究》2013 年第5 期。
③ 〔日〕山下晋司：《资源化的文化》，岩本通弥、山下晋司编《民俗、文化的资源化：以 21世纪日本为例》，郭海红编译，山东大学出版社，2018，第 15～17 页。
④ 刘丹萍：《旅游凝视：从福柯到厄里》，《旅游学刊》2007 年第 6 期。

厄里本人在内的众多学者都对这一概念进行扩充和完善，以色列学者达亚·毛茨提出了"东道主凝视"和"双向凝视"的概念，来理解旅游地当地居民对旅游者的影响。①

视觉呈现被认为是旅游体验的核心内容，也是旅游凝视最关心的要素，从这一点上来看，旅游开发中民俗文化资源化的选择过程，就是旅游地景观建构的过程。周宪分析过景观建构与旅游凝视之间的辩证关系，他认为，旅游者主体发出凝视的行动，其对象呈现出来的景观，从这一角度出发，"旅游的景观需要旅游者的凝视，它诉求于并塑造了旅游者的视线；同理，旅游者的凝视又总是寻找着符合旅游想象力和期待的景观，并从这样的景观中得到视觉体验"，同时他还强调，文化对旅游者的观赏具有制约作用，旅游者的凝视实际是自己文化的透射，换言之，旅游者看到的其实是他们的欲望，亦即他们自己内心想看的东西。② 如此说来，旅游开发中民俗文化资源化的选择过程，亦即旅游地的景观建构，需要考虑的重要问题就是游客想看到什么，换言之，要对民众生活文化进行爬梳，从中拣选有可能吸引游客的部分内容出来。一般来说，抱着猎奇眼光的游客们对那些与自己日常生活有明显不同的奇异风俗会尤为关注。这个过程正如厄里所讲的，游客所消费的其实就是意义符号所建构起来的特殊性，这种建构常需要符合并勾引旅游者凝视的欲望，因此，筛选与排除某些景点、意象便成为建构旅游欲望、树立旅游地形象的重要过程。③ 从这个意义上来说，被着意开发出来的旅游地或者旅游景观，在旅游凝视中并非是被动的状态，而是从景观建构的环节就开始谋划"主动地被游客凝视"。那么，对于景观建构者来说，在对民俗文化进行资源化筛选时，就要想象并规划游客的凝视过程，并且据此来选取合适进行旅游开发的民俗要素。这个想象和规划的过程，对最终的旅游景观呈现发挥着重要的影响。学界注意到了旅游景观规划者在旅游凝视中发挥的作用，有学者用"专家凝视"来指称各类旅游专家、学者和政府相关部门的工作人

---

① Darya Maoz. "The Mutual Gaze". *Annals of Tourism Research*, 2006（1），pp. 221 – 239.
② 周宪：《现代性与视觉文化中的旅游凝视》，《天津社会科学》2008 年第 1 期。
③ 刘丹萍：《旅游凝视：从福柯到厄里》，《旅游学刊》2007 年第 6 期。

员对游客凝视所进行的社会性地组织、定制、操纵。① 还有学者强调，游客凝视和东道主凝视实际上是旅游规划者通过专家凝视而建构的产物，是一种"被规划的凝视"，同时，"凝视"投射过程中的主客体之间互为主体与对象，所以"凝视"均是双向的。② 所以，非物质文化遗产的旅游开发过程中，实际上存在着这些交织往复的凝视关系，同时，这些凝视关系也在影响着民俗文化的资源化筛选过程。

（三）凝视的穿透力：文化权力的转换与文化表演的前后台

前文讨论了非物质文化遗产旅游开发时民俗文化资源化筛选过程中存在的复杂的凝视关系，接下来要分析的是，这些凝视背后的文化权力关系，以及这些凝视对旅游地居民生活文化的影响边界。凝视理论提供了一种理解旅游场域中文化权力政治的方式，在前文的讨论中可以看到，专家凝视在整个旅游凝视的投射过程中发挥着"规划性"的作用，本文接下来将从专家凝视的角度来理解非物质文化遗产旅游开发中的文化权力关系以及因此带来的问题。

光映炯和毛志睿指出，旅游是一种意义的实践，旅游场域的各行动者围绕着与旅游有关的文化资本进行转换、支配与控制，他们进而分析旅游场域中的文化权力生成策略：一是区别异己争夺大众，即要建构一种奇异性、特殊性来提升旅游吸引力；二是争夺资本获得霸权性，即谋得某种"名誉"或者文化保护体系的认证，这通常需要国家的在场与赋予；三是符号再生产追逐利益化。③ 对于非物质文化遗产的旅游开发而言，其资源化筛选的过程即是完成第一步策略；另外，作为国家文化行政部门认定的"非物质文化遗产"，也已经完成了第二步策略；因此，其面临最关键的环节就是第三步。肖坤冰在分析遗产运动中的权力话语时提到，在遗产旅游中，处于不同的目的与需求，游客、传统文化的承载者与旅游投资者三者之间构成了极不

---

① 吴茂英：《旅游凝视：评述与展望》，《旅游学刊》2012 年第 3 期。
② 成海：《"旅游凝视"理论的多向度解读》，《太原城市职业技术学院学报》2011 年第 1 期。
③ 光映炯、毛志睿：《旅游场域中文化权力的生成与表达》，《思想战线》2013 年第 1 期。

平等又互相依赖的关系，其中，旅游投资者通过大量的商业展演、场景重塑、宣传包装制造出遗产的幻想，以此满足游客的喜好并从中获利，而传统文化的承载者往往在遗产旅游中被边缘化。① 不难看出，在非物质文化遗产旅游开发过程中，旅游投资者、规划者等旅游专家作为经济资本占有者占据了主导地位，而传统文化的承载者占有的是文化资源，但是在实际开发过程中，文化遗产的承载者反而成为旅游企业的雇员或依附者。在旅游的专家凝视中，旅游开发的目的在于用充满地方特色的民俗文化去换取旅游者带来的经济利益，从这个角度上来看，"虽然旅游场域中的文化资本具有相对的独立性，但也是经济资本的从属物，经济资本处于最根本的位置"②。那么，从专家凝视的角度来审视旅游开发的过程，就更容易理解到，为什么会有很多仅仅将非物质文化遗产作为工具，只重开发利用而轻传承保护的情况了。正如刘晓春所言，"民俗文化旅游实际上是多种权力与资本共同作用下生产出来的一种文化符号，它试图达到的目的并不是真正地再现一种文化，而是表达了消费时代权力政治与资本的文化想象"③。

当然，来自田野的许多案例也告诉我们，旅游开发中的专家凝视虽然占据了主导地位，但是并不意味着民俗文化的传承者们就没有主体性，资源化过程中被筛选出来的内容得以在旅游场域中展示也并不意味着那些"被挑剩下"的民俗文化内容就会日渐湮灭。换言之，旅游场域中的凝视关系也有一个穿透力的限度，民众的日常生活与文化传统受旅游的影响也存在一定的范围。

在戈夫曼的"拟剧理论"基础上，美国人类学家马康纳提出了"舞台真实理论"，旅游地的东道主设置了舞台化场景，在前台向游客展示分享其生活文化的部分内容，后台则对游客关闭，而这些才是他们更真实的生活方式。④ 杨振之在此基础上，提出了民族文化保护与旅游开发的"前台—帷

---

① 肖坤冰：《遗产的"文化公权"与"发展私权"之争论——对遗产运动中几组行动主体的权力话语分析》，《徐州工程学院学报》（社会科学版）2012 年第 4 期。
② 光映炯、毛志睿：《旅游场域中文化权力的生成与表达》，《思想战线》2013 年第 1 期。
③ 刘晓春：《一个人的民间视野》，湖北人民出版社，2006，第 136～137 页。
④ 参见 MacCannell Dean, The Tourist: A New Theory of the Leisure Class, New York, 1976.

幕—后台"模式,在前台区向游客表演、展示民族文化,后台区是民族文化保护的核心空间,游客需要融入社区中体会民族文化的价值,帷幕区则是前台与后台的缓冲地带,分隔前台与后台并对后台起着保护作用。① 这一模式的提出在学界产生了重要影响,许多学者都沿用这一模式对民俗文化旅游进行了讨论,谢冰雪、胡旭艳反思了这一模式,指出其隐含的一个前提:旅游开发不可避免地对传统文化产生冲击,传统文化的前台展演是出于经济利益考量而做出的权宜、妥协与牺牲,后台则是为了社群内部保存文化根基,二者之间构成了一种二元对立结构。如果以前台与后台的视角来理解专家凝视下的旅游开发,那么在资源化过程中被筛选出来的内容是被放在前台向外展示的,而那些不便于展演的内容就只能归置于后台。需要强调的是,在这里,民众生活中的民俗文化传统被抽离分割到前台与后台两个场域里,发挥主导作用的并不是民众自身,而是受到旅游专家筛选与规划的影响。这样一来,旅游开发中被筛选出来的得到展示与宣传,作为地方与族群的文化符号,其面向外界的象征意义进一步增强,还有可能附加上某种价值表述,但是对内部而言消解了原初的意义,其传承的目的、手段和意义都发生了改变。许多文化学者批评的"旅游开发会冲击文化传统"也是面向这个层面来讨论的,也是旅游凝视能够穿透的部分。另外,生活后台里那些没有被选出来的内容,正是旅游凝视无法穿透的地方,因为无法受到更大范围的关注和展示,其传承与延续的状态更不容易被了解,但也有可能这一部分在民众生活的后台中能够保持其原有的文化意义,较好地传承地方文化传统的核心内容。不过,这还要依赖于文化拥有者自身的文化自觉意识。

结　语

综合前文的讨论,非物质文化遗产的旅游开发成为社会各界关注的热点

---

① 杨振之:《前台、帷幕、后台——民族文化保护与旅游开发的新模式探索》,《民族研究》2006 年第 2 期。

话题，我们不能对旅游开发抱有那种本真性想象的偏见，非物质文化遗产当然可以通过旅游开发的方式来加以利用，这对促进经济发展、改善非物质文化遗产生存环境、培养传承人等都有着重要的助益作用，但是非物质文化遗产的传承保护工作，并不能完全依赖旅游。从旅游凝视的角度切入，可以发现，在非物质文化遗产的旅游开发中，旅游投资者、规划者发挥着主导作用。通过对这一问题的分析，也给非物质文化遗产传承保护工作提出了一些警醒和启发。其一，在旅游开发中，政府部门也应该发挥对专家凝视的"凝视"作用，合理地把握开发利用与传承保护之间的度，做到两条腿走路；其二，与旅游开发重视民俗文化的前台展演不同，非物质文化遗产的传承保护工作需要重视那些未被展示、未被关注的生活后台的传统；其三，仍然需要着力培养文化拥有者的文化自觉意识和文化自信。在新的形势下，如何把握和处理好开发利用与传承保护的关系，如何构建合理的非物质文化遗产旅游开发方式，仍然值得在未来的实践中逐步探索。

年度热点

Annual Hotpots

B.9
非物质文化遗产数字化保护与科技融合[*]

段晓卿^{**}

摘　要：　自非物质文化遗产保护工作开展之初，数字技术便被应用于
非遗保护实践之中。经过数十年的发展，随着数字技术的不
断创新、发展和成熟，非遗数字化保护的实践形式也越发丰
富，逐渐由档案式的数字保存与传播模式，发展为非遗与数
字技术相融合的多元化数字传承与保护模式。虽然，新的技
术方法与结合模式的应用进一步加剧了非遗保护中传承人失
语的困境，增加了非遗的孤立化风险和价值体系变迁的挑
战，但通过树立正确的保护理念、多方面完善保障体制机
制、促进新技术的研发与实践、培养跨学科专业人才和提升
传承人技术素养等措施，不仅能够更好的发挥数字技术优

---

* 本文为国家社科基金重大项目"非遗代表性项目名录和代表性传承人制度改进设计研究"
（17ZDA168），教育部人文社会科学重点研究基地重大项目"非遗保护的中国经验研究"
（17JJD850005）阶段性成果。
** 段晓卿，文学博士，广东金融学院讲师。

势，实现非遗的"数字化生存"，也能够促进数字技术的创新与发展，实现非遗与数字科技的互利双赢。

关键词： 非物质文化遗产　数字化保护　文化与科技融合

数字化时代，利用数字技术对非物质文化遗产（以下简称"非遗"）进行保护已成为一门显学。早在非遗保护工作开展之初，数字化保护便已成为非遗保护实践的重要方法与途径，如在联合国教科文组织实施的"世界记忆遗产"（Memory of the World）项目、美国的"美国记忆"（American Memory）项目、欧盟的"欧洲文化遗产在线"（European Cultural Heritage Online，ECHO）项目中均用数字信息的形式对非遗信息资源进行了记录和再现；中国也开展了"中国非物质文化遗产数字化保护工程""中国记忆"等项目，进行非遗信息资源的数字化保存，开展非遗的数字化保护工作实践与相关理论的研究与探索。

2011 年，党的十七届六中全会通过的《中共中央关于深化文化体制改革　推动社会主义文化大发展大繁荣若干重大问题的决定》中提出了"文化与科技融合"的战略构想，指出"科技创新是文化发展的重要引擎"，要"依托国家高新技术园区、国家可持续发展实验区等建立国家级文化和科技融合示范基地，把重大文化科技项目纳入国家相关科技发展规划和计划"①，从而为我国非遗数字化保护提供了发展的方向。在 2019 年由科技部、中央宣传部、中央网信办、财政部、文化和旅游部、广播电视总局等六部门印发的《关于促进文化和科技深度融合的指导意见》中，则进一步明确指出"以数字化、网络化、智能化为技术基点，重点突破新闻出版、广播影视、文化艺术、创意设计、文物保护利用、非物质文化遗产传承发展、文化旅游等领

---

① 《中共中央关于深化文化体制改革　推动社会主义文化大发展大繁荣若干重大问题的决定》，中华人民共和国教育部网站，http：//old. moe. gov. cn//publicfiles/business/htmlfiles/moe/moe_ 1778/201110/125877. html，（2010 年 10 月）2021 年 3 月 21 日。

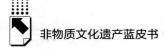

域系统集成应用技术，开发内容可视化呈现、互动化传播、沉浸化体验技术应用系统平台与产品，优化文化数据提取、存储、利用技术，发展适用于文化遗产保护和传承的数字化技术和新材料、新工艺"①，进而为非遗数字化保护制定了未来的发展目标与规划。可见，文化与科技融合已成为非遗数字化保护的大背景与发展方向，亦是当前非遗保护实践与研究中重要的问题。

一　非遗数字化保护实践发展

纵观非遗数字化保护实践的发展历程可以看出，随着数字技术的成熟与应用，以及非遗数字化保护实践的不断探索与发展，非遗数字化保护的实践形式，也逐渐由非遗与数字技术简单结合的档案式数字保存与传播的模式，发展为非遗与数字技术相融合的多元化数字传承与保护的模式，并在非遗保护实践中发挥出越来越重要的作用。

（一）档案式数字保存与传播

档案式数字保存与传播是数字技术最初应用于非遗保护实践的主要形式，以非遗数据库、非遗数字博物馆的建设为主要实践形式，其在真实、系统、全面记录和保存非遗项目的基础上，配合博物馆场馆、自媒体平台等多种途径、多种渠道对非遗进行推广和宣传，是非遗数字化保护发展的初级阶段也是重要基础。

1. 非遗数据库

数据库（DataBase，DB）②，一般指"存放在计算机存储器中，按一定

---

① 科技部等六部门印发《关于促进文化和科技深度融合的指导意见》的通知，中华人民共和国中央人民政府网站，http：//www.gov.cn/xinwen/2019 - 08/27/content_ 5424912. htm，（2019 年 8 月 27 日）2021 年 3 月 21 日。

② 根据伯尔尼公约议定书专家委员会的观点，所有的信息（数据率档）的编纂物，不论其是以印刷形式、计算机存储单元形式，还是其他形式存在，都应视为"数据库"。即从广义角度来说，凡是数据的集合都可视为数据库。本文采用狭义的观点，特指在计算机中存储的数据合集，特此说明。

格式事先编就的相互关联的数据集合"①。数据库作为管理数据的新方法和技术手段，具有永久存储、结构化和共享性等特点，且能够极大地提高对于数据的组织、管理、维护和利用的效率，从而成为信息社会中极为重要的技术。因而，建设非遗数据库，对非遗数据信息进行存档、保存成为非遗数字化保护工作的重要手段，亦是数字化保护实践进一步开展的重要前提与基础。

在我国非遗保护实践中，国家与社会各界都将非遗数据库建设视为非遗保护工作的重点内容。2005 年国务院印发的《关于加强我国非物质文化遗产保护工作的意见》中指出："要运用文字、录音、录像、数字化多媒体等各种方式，对非物质文化遗产进行真实、系统和全面的记录，建立档案和数据库。"② 同年，文化部批复中国艺术研究院启动了中国非遗数据库建设工作，2006 年非遗数据库普查管理系统软件开始在全国推广使用③。2010 年文化部启动了"中国非物质文化遗产数字化保护工程"，旨在通过先进成熟的数字信息技术，使我国大量珍贵、濒危的非物质文化遗产得到真实、系统、全面的记录，更加有效地保护、传承和发扬非物质文化遗产，展现我国优秀传统文化的丰富内涵④。2011 年实施的《中华人民共和国非物质文化遗产法》（以下简称《非遗法》）中再次明确指出："文化主管部门应当全面了解非物质文化遗产有关情况，建立非物质文化遗产档案及相关数据库。"⑤ 2013 年文化部在全国选取了 50 个国家级非物质文化遗产传承人进行抢救性记录试点，并于 2015 年全面展开国家级非物质文化遗产代表性传承人抢救性记录工作⑥。2016 年则对《非物质文化遗产数字化保护专业标准》中所包含的《物质文化遗产数字化保护 数字资源采集方案编制规范》、《非物

---

① 夏征农、陈至立主编《辞海》，上海辞书出版社，2009，第 2100 页。
② 宋俊华、王开桃：《非物质文化遗产保护研究》，中山大学出版社，2013，第 206 页。
③ 杨红：《非物质文化遗产数字化研究》，社会科学文献出版社，2014，第 17 页。
④ 《"中国非遗数字化保护工程（一期）"项目通过验收》，中华人民共和国中央人民政府网站，http：//www. gov. cn/gzdt/2011 – 12/27/content_ 2030693. htm，（2011 年 12 月 27 日）2019 年 1 月 7 日。
⑤ 宋俊华、王开桃：《非物质文化遗产保护研究》，第 215 页。
⑥ 王学思：《抢救性记录工程就是和时间赛跑》，中国民俗学网，http：//www. chinesefolklore. org. cn/web/index. php？NewsID =14756，（2016 年 9 月 11 日）2019 年 1 月 7 日。

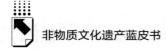
质文化遗产数字化保护　数字资源采集实施规范》以及《非物质文化遗产数字化保护　数字资源著录规则》等规范公开征求意见①，为全国非遗数字化信息采集、存档和保存等工作提供了工作规范和技术标准。2017 年，文化部全面启动非物质文化遗产记录工程②，"非遗记录工作由普查登记、建立名录向形成更全面、更系统的记录体系拓展"③。

截至 2018 年，国家建立了非遗普查数据库、非遗项目资源数据库、非遗专题资源数据库以及科研库和公众库等多种非遗数据库。④ 与此同时，各省区市也陆续开展了省级非遗数据库建设工程，在各省政府、图书馆、档案馆、纪念馆等机构与各种民间团体、企业的共同参与下，各省（区、市）纷纷建立起非遗数据库或非遗相关数据库，例如陕西省非遗数据库、河北省非遗数据库、海西州非遗数据库、楚雄彝族文献专题数据库、伏羲文化文献专题数据库、山西戏剧文物文献数据库等。此外，国家也积极参与国际非遗数据库的建设工作，2017 年由中国联合国教科文组织全国委员会、中国非物质文化遗产保护协会指导，永新华韵文化发展有限公司研发的联合国教科文组织国际非物质文化遗产大数据平台正式发布，该平台旨在保护、分享、交流非遗相关信息，并"收集超过 3 万项非遗项目，收录传承人 3000 余人，覆盖世界 105 个国家和地区"⑤。

2. 非遗数字博物馆

数字博物馆（Digital Museum）⑥ 是指"以采集、保护、管理和利用人

①　《关于文化行业标准〈非物质文化遗产数字化保护专业标准〉公开征求意见的通知》，中国民俗学网，https：//www. chinesefolklore. org. cn/web/index. php？NewsID = 14588，2019 年 1月 7 日。
②　《今年起我国将全面启动非物质文化遗产记录工程》，环球网，http：//china. huanqiu. com/hot/2017 - 06/10815321. html，2019 年 1 月 7 日。
③　项兆伦：《我国非遗保护的认识与实践》，《时事报告》（党委中心组学习）2018 年第 5 期。
④　宋俊华、王明月：《我国非物质文化遗产数字化保护的现状与问题分析》，《文化遗产》2015 年第 6 期。
⑤　许亚群：《国际非物质文化遗产大数据平台发布》，《中国文化报》2017 年 12 月 18 日。
⑥　数字博物馆也被称为"数字化博物馆""虚拟博物馆""电子博物馆""网上博物馆"等，这些称号内涵基本一致，在细节上有所差别，本文则采用"数字博物馆"这一表述。

类文化/自然遗产信息资源为目的，建立的信息网络服务体系"①。数字博物馆具有存储数字化、传递网络化、管理电脑化、资源共享化②的特点。相比实体博物馆，数字博物馆在藏品的征集、保管、展示、宣传、研究以及开放性等方面有着独特的优势，是实体博物馆服务在时间和空间上的延伸和拓展。③ 非遗数字博物馆是一种在非遗数据库建立的基础上，通过网络进行非遗展示与传播的重要形式。

　　自非遗保护工作开展以来，全国各地纷纷开展非遗数字博物馆的建设，其中比较典型的非遗数字博物馆便是广东省文化馆网站中"数字展馆"板块下的"非遗展厅"（http：//www. gdsqyg. com/html/index. html），该非遗展厅通过全景图片的形式将实体非遗展厅进行数字化，并将文本、图片、视频等信息资源有机的与全景图片相结合，人们通过网络利用鼠标与虚拟展厅进行交互，在虚拟非遗展厅中进行漫游与参观，并浏览相关文字介绍、展示图片或观看视频资源，从而足不出户便可参观文化馆中所展出的非遗资源。此外，还有中国非物质文化遗产网·中国非物质文化遗产数字博物馆（http：//www. ihchina. cn/index. html）、江西省非物质文化遗产数字博物馆（http：//www. jxfysjk. com/）、大理州非物质文化遗产数字博物馆（http：//www. dlzfy. cn/Index. asp）等采用普通网站④的形式，通过将文本、图片、音视频等形式的资源进行展示的数字博物馆。例如在江西省非物质文化遗产数字博物馆中，对江西省 12 个市所拥有的国家级与省级非遗项目，根据所属地区以及非遗的类别进行归类，并分别用文本、图片、视频等形式

---

① 陈刚、祝孔强：《数字博物馆及其相关问题分析》，《智能建筑与城市信息》2004 年第 9 期。

② 顾欣欣：《博物馆数字化与数字博物馆相关问题研究》，江苏省博物馆学会、《致力于社会和谐的江苏博物馆事业——江苏省博物馆学会 2012 学术年会论文集》，江苏省博物馆学会：南京博物院，2012 年 4 月。

③ 具体可参见陈刚《数字博物馆概念、特征及其发展模式探析》，《中国博物馆》2007 年第 3 期。

④ 一般而言博物馆等机构的网站也可以算作是数字博物馆的一种形式，也有学者认为普通的网站不能称之为数字博物馆，本文采用第一种观点，认为普通网站也是广义上数字博物馆的一种形式，是一种较低层面的数字博物馆。

进行介绍。在中国非物质文化遗产网·中国非物质文化遗产数字博物馆中，则不仅拥有"联合国名录""国家名录""传承人"三个板块对非遗项目及传承人进行介绍，还拥有"组织机构""法规文件""申报指南""保护论坛""记忆非遗"等板块以提供和发布非遗保护的相关资讯。另有不少未使用"博物馆"等字样的命名的与非遗相关的网站也是广义上非遗数字博物馆的组成，例如陕西省非物质文化遗产数据库（http：//www. sxlib. org. cn/dfzy/feiwuzhi/）、上海市非物质文化遗产网（http：//www. ichshanghai. cn/）、中国粤剧网（http://www. yuejuopera. org. cn/）等。

3. 非遗自媒体平台

自媒体（We Media）又称"公民媒体"或"个人媒体"，是指私人化、平民化、普泛化、自主化的传播者，以现代化、电子化的手段，向不特定的大多数或者特定的单个人传递规范性及非规范性信息的新媒体的总称，包括博客、微博、微信朋友圈、微信公共平台、QQ空间、百度贴吧、论坛/BBS等网络社区等[1]。自媒体具有传播个体化、内容多样化、方式多元化、功能设计人性化、传播目标精准化等特征[2]，相比于"主流媒体"的"自上而下"的信息传播，自媒体拥有更大的自由度与话语空间，实现了用户之间平等的交流与信息的共享。自媒体自身的优势带来了自媒体的快速兴起与发展，根据中国互联网络信息中心《第46次中国互联网络发展状况统计报告》显示，截至2020年6月，我国网民规模为9.4亿，其中手机网民规模为9.32亿，占比99.2%；在网民中微信朋友圈使用率为85%，基本保持稳定；短视频用户规模为8.18亿，占网民整体的87%[3]。可见，自媒体平台已成为人类社会信息传播的重要渠道。

因此，如何利用各种自媒体平台宣传非遗，成为非遗保护工作中不可忽视的问题。为此，各地非遗保护机构纷纷创建微信公众号，例如中国非物质

① 张通生、张洁：《自媒体发展对新闻传播的影响》，《青年记者》2011年第25期。
② 方云：《自媒体环境中的非物质文化遗产保护与传播——以二十四节气为例》，《民间文化论坛》2017年第1期。
③ 《第46次中国互联网络发展状况统计报告》，中国互联网络信息中心，http：//www. cnnic. net. cn/hlwfzyj/hlwxzbg/hlwtjbg/202009/P020210205509651950014. pdf，2021年4月7日。

文化遗产保护中心（中国艺术研究院）创建了"中国非物质文化遗产保护中心"微信公众号，旨在提供非遗领域的资讯传播、政策宣传、知识普及、资源展示、学术交流等服务。广东省文化馆也创建了"广东省文化馆"公众号，以普及和推广非遗保护。其次，也有不少社会团体或个人也创建了非遗相关的微信公众号，例如中国工艺集团有限公司下属的中国工艺非物质文化遗产艺术馆创建了"非物质文化遗产艺术馆"公众号，旨在通过设计研发、策划展览、展示销售，与中国工艺美术大师及其工作室、艺术院校、知名设计师相互合作，以产、学、研、销售相结合，带动手工技艺的传承与发展。

此外，随着短视频应用的快速发展，越来越多的团体和个人也开始利用短视频平台进行非遗相关活动的宣传和推广，例如杭州天禾文化创意有限公司在抖音短视频平台上创建了账号"天禾非遗艺术馆"，通过发布非遗相关的短视频内容进行非遗的宣传、推广。而京剧演员王佩瑜也在抖音上开通个人账号，通过发布短视频的方式在于网友互动、分享个人心得的同时，也为网友介绍和讲解京剧表演中的相关知识和技艺。

4. 非遗数字娱乐产品与其他传播实践

娱乐可被看作是一种通过表现喜怒哀乐或自己和他人的技巧而使与受者喜悦、放松，并带有一定启发性的活动①。数字娱乐则主要是指以动漫、游戏等基于数字技术的娱乐产品。② 娱乐作为人类的一种本能需求，对于人类的自我发展具有重要的作用③。娱乐不仅能够为人类个体带来愉悦舒缓压力，也能够开发智力、锻炼思维和反应能力、训练技能、培养规则意识，是人类教育过程中重要的组成内容。娱乐活动由于具有享乐性、随意性、社会性等特点，不仅可以提高人们参与其中的意愿与兴趣，也能够扩大娱乐活动的影响范围，从而成为与人们日常生活联系最为直接且最为紧密的实践

---

① 刘艳玲：《书写"娱乐"的精彩——论娱乐节目主持人的素质要求》，《中国传媒科技》2012年第20期。
② 李林峰：《论数字娱乐领域中的三维数字动画角色造型设计》，《明日风尚》2016年第5期。
③ 杨东妮：《笑着长大——娱乐对人成长的意义》，福建师范大学硕士学位论文，2010。

活动。

因此，许多非遗保护机构也在尝试通过多种形式，利用数字娱乐产品进行非遗的宣传、推广以及传承工作。其中不仅有非遗与动漫相结合的尝试，例如在 2017 年的"文化和自然遗产日"上，上海市文化广播影视管理局委托专业团队制作的《非遗特搜队》动画短片开播，该动画共 16 集，介绍了豫园灯会、海派素食、朵云轩木版水印、独角戏、乌泥泾手工棉纺织技艺、浦东绕龙灯、上海剪纸等 16 个非遗项目①。其次，也有通过虚拟现实、多媒体互动装置等宣传非遗的实践，例如佛山市非物质文化遗产保护中心发行的 AR 明信片，涉及剪纸、木版年画、石湾陶塑技艺、粤剧等 14 项国家级非物质文化遗产，用户通过扫描明信片上的二维码，下载并安装客户端，即可通过三维模型、音频等组合方式，动态观看明信片内容②。在广东省粤剧博物馆中的粤剧"脸谱填色"系统，用户通过肢体运动与系统进行交互，通过自主给粤剧脸谱上色学习角色脸谱的相关知识。同时，也有人将非遗与电子游戏相结合，制作出相关游戏应用，例如"剪纸高手"App，不仅可以学习包括十二生肖、花鸟鱼虫在内的多种剪纸纹样的剪法，也可以自由进行剪纸纹样的创作，还能够将现有图片转换成剪纸风格。

此外，随着数字技术的不断发展，新技术的不断出现，非遗数字化传播推广的形式也不断增加，例如上海师范大学中国非物质文化遗产传承研究中心发布了《上海非遗传习地图》，人们通过地图了解上海非遗项目的传承情况以及普及情况，不仅为非遗传承和研究提供了重要参考，还为非遗的宣传推广提供了极大的便利③。与之类似广东则将电子地图以 App 的形式进行发布，其中录入了广东省级及以上非遗名录的地理位置及传承人等相关文字、图片详

① 《上海：首部动漫短片〈非遗特搜队〉讲述"非遗故事"》，中央人民广播电台网站，http：//www.cnr.cn/shanghai/xsq/20170610/t20170610_ 523795044.shtml，（2017 年 6 月 10 日）2019 年 1 月 7 日。

② 《AR 技术让传统文化"动起来"佛山推出 AR 非遗明信片》，ChinaAR，https：//www.chinaar.com/ARzx/4521.html，（2017 年 2 月 27 日）2019 年 1 月 7 日。

③ 《首份上海非遗传习地图发布》，人民网，http：//sh.people.com.cn/n/2015/1213/c347221 - 27305893.html，（2015 年 12 月 13 日）2019 年 1 月 7 日。

细信息，用户通过 App 不仅能够便捷直观的了解非遗的相关介绍，还能方便的获取周边的非遗项目信息，从而极大促进了非遗的传播以及非遗旅游的推广。①

可以看出，虽然传播形式不断丰富多样，但所有的档案式非遗传播实践都是在非遗数据库基础之上实现的，其信息呈现形式仍以文字、图片、音频、视频等方式为主，虽然也使用了三维数字模型等新形式，但也主要用于模拟和再现非遗相关的作品，而非非遗的传承或实践活动。同时，在传播的内容上则主要以介绍非遗项目及相关研究成果为主，是一种对数据库内容的简单利用与呈现。在此模式下，所使用的数字技术往往是通用型技术手段，数字技术并未介入非遗实践过程，非遗与数字技术之间仅为简单的适配，尚未实现二者的深度融合与相互嵌套。

（二）多元化数字传承与保护

随着数字技术的不断成熟发展，非遗数字化保护实践的深入，人们也开始不断尝试以更加多元化、融合化的方式开展非遗数字化保护，数字技术开始逐步嵌入非遗传承、发展实践的过程之中，实现非遗文化与数字科技的融合发展。

1. 非遗传承的模拟仿真

有不少专家学者致力探究非遗数字化保护的新方式与新方法，不仅探究了数字技术的应用方法，还从非遗项目自身出发研发非遗数字化传承系统。例如彭冬梅等人以剪纸艺术为例，在创建了剪纸基础元素库、剪纸符号库和剪纸图案库的基础上，研发了计算机辅助剪纸设计系统 CACPCD 和计算机辅助剪纸展示系统 CACPCE，分别用以在借鉴传统剪纸图案的基础上对剪纸图案进行创新设计和展示剪纸图案、介绍剪纸艺术的相关知识②。朱赟则利用增强现实技术设计制作出宣纸技艺文化系统，参与者通过对宣纸技艺动作

---

① 《全国首个非遗 APP〈广东省非物质文化遗产电子地图〉开通上线》，广东文化网，http：//www.gdwh.com.cn/whwnews/2015/0614/article_ 26511.html，（2015 年 6 月 14 日）2019 年 1 月 7 日。

② 彭冬梅：《非物质文化遗产数字化保护与传播研究》，山东人民出版社，2014，第 158 ~ 198 页。

的模仿来学习和了解宣纸制作工序，并通过研究表明该系统能够激发用户去主动探索和学习宣纸技艺，其传播效果优于传统媒介。① 章立等则以惠山泥人为对象设计了三维交互展示系统，探讨了三维数字化影像采集及交互展示手段在非遗保护中的应用方式②。张文元等则开发了一套针灸铜人虚拟交互展示系统，"实现了穴位、经络和常见疾病等传统中医知识在三维场景下的快速可视化与交互查询"③，为非遗数字化保护应用提供了借鉴。

2. 非遗产业平台

生产性保护作为非遗保护的重要方式，主要指"在具有生产性质的实践过程中，以保持非物质文化遗产的真实性、整体性和传承性为核心，以有效传承非物质文化遗产技艺为前提，借助生产、流通、销售等手段，将非物质文化遗产及其资源转化为文化产品的保护方式"④。生产性保护作为一种符合非遗发展规律的保护方式，主要应用于"传统技艺、传统美术和传统医药药物炮制类非物质文化遗产领域"⑤，以期通过生产带动非遗的保护与传承。

在互联网高速发展并逐渐与渗透至各领域的背景下，2015年国务院发布了《国务院关于积极推进"互联网＋"行动的指导意见》，用以"加快推动互联网与各领域深入融合和创新发展"⑥。人们在非遗生产性保护的实践过程中也积极利用互联网技术，通过线上与线下的联动促进非遗产业的发

---

① 朱赟：《基于增强现实技术的宣纸文化传播新模式探究——以增强现实宣纸技艺文化系统构建为例》，《今传媒》（学术版）2016 年第 1 期。
② 章立、朱蓉、牛超、邵丝语：《非物质文化遗产三维数字化保护与传播研究——以惠山泥人为例》，《装饰》2016 年第 8 期。
③ 张文元、李晓旭、谈国新、孙传明：《针灸铜人三维可视化研究与应用》，《计算机应用研究》2018 年第 8 期。
④ 《文化部关于加强非物质文化遗产生产性保护的指导意见》，中华人民共和国文化和旅游部网站，https：//www.mct.gov.cn/whzx/bnsj/fwzwhycs/201202/t20120214_765156.htm，2019 年 1 月 7 日。
⑤ 《文化部关于加强非物质文化遗产生产性保护的指导意见》，中华人民共和国文化和旅游部网站，https：//www.mct.gov.cn/whzx/bnsj/fwzwhycs/201202/t20120214_765156.htm，2019 年 1 月 7 日。
⑥ 《国务院关于积极推进"互联网＋"行动的指导意见》，中华人民共和国中央人民政府网站，http：//www.gov.cn/zhengce/content/2015－07/04/content_10002.htm，2019 年 4 月 16 日。

展，从而带动非遗保护与非遗传承。这其中，有直接利用现有互联网平台进行产品销售、技艺传承的，例如拥有国家级非遗"内联升千层底布鞋制作技艺"的内联升，2011年分别在天猫旗舰店、京东等第三方平台开设网店"尚履商城"①。彝族银饰制作技艺国家级非遗传承人勒古沙日，则在开设网店的同时还利用手机远程教育学员，将银饰的设计图、制作模板等发给学员，传承非遗技艺②。此外，也有专门为非遗产品开发的产品交易平台、师徒平台等，用于支持非遗的生产性保护实践，促进非遗的传承与发展。例如2016年启动的非遗网（https：//www.feiyiw.cn/）就是一个非遗传承人、非遗传承企业重要展示交易平台，涉及民间文学、传统音乐、传统舞蹈、传统戏剧、曲艺、体育与杂技、传统美术、传统技艺、传统医药、民俗等十大类目、1300个项目，现上线800个非遗产品③。2018年上线的绝艺非物质文化遗产交易平台（http：//www.xn—jo0az7e.cn/home），则是一家服务于全球投资者的中国非遗传承人艺术品即知识产权交易平台，至今已签约300余位非遗传承人，并推出了相应的App应用④。

3. 非遗大数据研究

随着数字技术的发展与互联网的普及，信息在人类社会中的地位也不断提高，人类逐渐步入了信息时代。在信息时代中人们对于信息的生产、传播、处理以及应用的能力也得到了极大地提高，但与此同时整个社会的信息也出现了爆炸式的增长，其增长速度远超人类的理解速度，人类常规的信息处理和应用手段已无法满足信息爆发的需求，即人类已开始进入大数据时代。大数据（Big Data）主要指无法在一定时间范围内用常规软件工具进行捕捉、管理和处理的数据集合，是一种需要新处理模式才能具有更强的决策

① 《"非遗"老字号求新求变网上卖"非遗"产品》，中国新闻网，http：//www.chinanews.com/cul/2014/03 –20/5975433.shtml，2019年1月7日。

② 《63岁银饰非遗传承人开起了网店！互联网＋非遗新尝试》，东方头条网，http：//mini.eastday.com/a/181029072507273 –2.html，2019年1月7日。

③ 《非遗网关于我们》，非遗网，https：//www.feiyiw.cn/index.php？app＝article&act＝view&article_ id＝127，2019年1月7日。

④ 绝艺网，http：//www.xn—jo0az7e.cn/home，2019年1月7日。

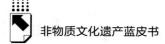

力、洞察发现力和流程优化能力的海量、高增长率和多样化的信息资产①。大数据一般具有数据体量巨大（Volume）、数据种类繁多（Variety）、流动速度快（Velocity）、价值密度低（Value）等特性②。面对大数据的爆发，云计算、分布式数据库、数据挖掘、数据可视化等信息处理技术与方法则为人类利用大数据提供了可能。

在大数据时代，人们以往根据经验或直觉而做出决策和判断的模式，将逐渐被在数据的基础上通过分析做出决策和判断的模式所取代，而大数据所带来的这种影响和改变也将不仅仅局限于商业领域，也会逐步影响到学术研究、政治、军事等领域。在非遗研究领域，已有研究者尝试使用大数据的手段与方法对相关问题进行研究，例如孙艳在《大数据中的中国非物质文化遗产：300 年国际知名度分析》中利用谷歌图书馆的图书大数据，通过分析我国入选《人类非物质文化遗产代表作名录》的 38 项非遗项目其名称在近300 年来的英文书籍中出现的频率，以研究其国际知名度的变迁和特征，并认为"非遗和非遗的国际知名度紧密相连，并受到跨国交流、现代化进度和民族文化自觉意识的影响"③。汤立许在《基于 CSSCI（2003 ~ 2013）的我国非物质文化遗产知识图谱分析》中则根据 2003 年至 2013 年 CSSCI 数据库中收录的与"非遗"或"非物质文化遗产"相关的研究文献，利用可视化技术分析了非遗研究领域的成果和热点。④ 此外，也有不少学者针对大数据背景下的非遗保护进行了研究并提出了相应的对策，这里不再赘述。

可以看出，随着数字技术的发展与成熟，以及非遗数字化保护实践的发展与深入，非遗数字化保护实践也开始逐渐脱离档案式、静态式的保护阶段，开始步入非遗与科技相互融合、深度嵌套的保护阶段，数字技术在应用的过程中更加具有针对性，数字技术开始嵌入到非遗传承、发展与研究的实

---

① 刘守喜：《大数据在图书馆管理中的运用研究》，《赤子》（上中旬）2017 年第 6 期。
② 陶雪娇、胡晓峰、刘洋：《大数据研究综述》，《系统仿真学报》2013 年第 S1 期。
③ 孙艳、黄荣贵、洪岩璧：《大数据中的中国非物质文化遗产：300 年国际知名度分析》，《学术论坛》2016 年第 6 期。
④ 汤立许、米同顺：《从基于 CSSCI（2003 ~ 2013）的我国非物质文化遗产知识图谱分析》，《广西民族研究》2016 年第 1 期。

践过程之中；同时，非遗也开始主动利用数字技术或相关技术平台，以更加积极主动的姿态去学习和接纳数字技术，实现非遗在数字化社会中的创新与发展，使非遗更加适应现代社会的发展特征，满足现代社会的发展需求，在数字化时代开辟自身的传承空间与生存土壤。

二 非遗与数字技术融合的困境

非遗数字化保护的发展，新技术、新方法、新模式的应用不仅带来了非遗数字化保护的广阔前景和发展机遇，同时也带来了更为复杂、严峻的危机与挑战，为非遗数字化保护工作科学合理地深入开展带来了冲击与挑战。

（一）传承人失语困境

非遗的传承人在非遗的生存与发展过程中具有重要的地位，其不仅是非遗实践活动的实践者，同时也是非遗实践与文化内涵和意义的传递者和创造者，在非遗的活态传承和文化意义建构方面发挥着关键的作用。然而，现有的非遗传承人大多出身民间且年龄偏大，大多缺乏数字技术素养，对于数字技术的了解和掌握程度较低，能够熟练使用数字技术产品已属不易，几乎没有能够熟知数字技术原理并进行实践应用的传承人，这种数字技术与非遗实践之间存在的屏障，在非遗数字化保护实践中形成了新的话语霸权。同时，在非遗数字化保护实践中，应用的开发与维护过程都需要投入相应的资金与人力，而这些实践成本对于传承人而言往往难以承担，故而在非遗数字化保护实践中，往往由政府、科研机构、企业组织等担任实践主体，而这些"文化他者"往往会根据自己的立场和视野出发去审视非遗，建构非遗的文化结构和意义。

这一方面，使得传承人在数字化保护实践中常常处于失语状态，不仅难以阐释和表达非遗的文化内涵与价值，更无法参与数字技术环境下非遗文化的建构过程，甚至失去了对于非遗的处置权和决定权，沦为了纯粹的商品生产者；另一方面，也在一定程度上改变了不同传承主体之间的关系，扩大了

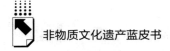
代表性传承人与非代表性传承人在经济、社会地位等方面的差距，进而造成传承人群体的人才流失。进而使得非遗的数字化保护难以准确的表达非遗的文化意义，造成对于非遗的曲解与误读，更导致数字化保护与非遗保护之间的根本性矛盾①，造成数字化保护工作的困境。

（二）非遗的孤立化风险

非遗并不是孤立存在的，非遗与所处地域的文化环境之间有着密不可分的关系。一方面，非遗都是在当地文化环境中形成的，当地的自然环境、文化传统、信仰、习俗以及生产、生活方式等因素，都对非遗的传承实践和形式特点产生了重要的影响②。另一方面，非遗也是当地文化环境的重要的组成部分，非遗与当地的社会生活、物质文化遗产以及其他非遗之间相互交织，共同构成了当地的文化环境。故而，自非遗保护工作伊始，整体性保护原则便是非遗保护领域的共识，并成为非遗保护实践中的重要理念。

然而，在非遗与数字技术融合的实践中，往往会以某个具体的非遗项目为对象，采取专业化的技术手段对非遗的传承或实践过程进行信息采集、储存、分析、模拟或再开发利用等，所使用的技术方案也具有较强的针对性，使得整个保护实践的关注局限在项目本身，而忽视了非遗所处地域的相关地方性知识和文化背景，导致最终的成品成为了一个独立于数字空间中的孤岛，成为了脱离其文化土壤的无源之水。其次，这样的实践模式也忽视了不同非遗之间的联系，导致非遗之间相互孤立，缺乏系统性，使非遗逐渐成为相互独立的文化事项，削弱了非遗之间的群聚效应，造成非遗的孤立化风险，不利于非遗的传承与发展。

（三）非遗价值的挑战

非遗对与人类而言具有历史、教育、审美、社会、文化、学术以及经济

---

① 宋俊华、王明月：《我国非物质文化遗产数字化保护的现状与问题分析》，《文化遗产》2015 年第 6 期。

② 参见王文章主编《非物质文化遗产概论》，文化艺术出版社，2006，第 64 页。

等多方面的重要价值①，在人类社会发展中发挥了重要的作用，这也是联合国教科文组织通过《公约》，开展非遗保护工作的重要前提。非遗的价值是一个多层次的复杂系统，不仅与非遗的属性有关，也与人的需求和非遗与人的关联度有关②。在非遗数字化保护中，由于数字技术的介入会直接或间接的改变人的需求以及非遗与人之间的关联，甚至还会对非遗的实践活动产生影响，从而影响非遗价值体系的结构。需要明确的是，数字化保护对于非遗的价值体系产生影响是不可避免的，也是客观发展的规律。然而，数字化保护是一把双刃剑，对于非遗价值体系所带来的影响也是有利有弊，甚至为非遗带来了价值风险，而在商业力量十分强大的如今，某些具有显著商业属性的非遗项目，面临的价值风险尤为显著。

首先，非遗数字化保护的应用，扩大了非遗的受众范围，让越来越多的普通民众开始关注甚至参与到非遗实践之中，大量外来民众的参与极大的改变了非遗的受众结构，进而导致需求的改变，例如对于当地民众来说，对非遗不仅有娱乐、审美等方面的诉求，还有历史、教育、文化以及经济等方面的诉求，而对于外来民众来说，由于缺乏地方性知识，其更加注重娱乐、审美等方面的诉求，大量外来民众的加入，导致原本多层次复杂的功能需求，向着单一化的方向发展，从而引发非遗价值单极化的风险。

其次，在非遗数字化保护中，为了宣传、推广等实践的需求，非遗需要迎合普通民众的接受习惯和兴趣爱好，对非遗表现的形式和内容进行调整，并重构非遗的审美习惯和文化内涵。然而，这不仅会造成了非遗的娱乐化、趣味化、浅显化，也忽视了非遗在历史传承、当地文化构建等方面的功能，致使当地民众对于非遗的多层次、复杂的需求无法得到满足，产生非遗价值的关联性风险，进而导致非遗在当地的生存土壤逐渐消失，面临生存危机。

此外，在非遗数字化保护过程中，数字化产业平台的出现，在某种程度

---

① 宋俊华、王开桃：《非物质文化遗产保护研究》，第 65 页；王文章主编《非物质文化遗产概论》，第 81 页。
② 参见宋俊华、王开桃《非物质文化遗产保护研究》，第 64 页。

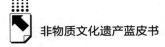
上进一步扩大了传承人群之间的割裂，激化了由于商业化开发而造成的传承人群生态的变化。对于有经济实力或是被选为代表性传承人的传承人而言，可以借助数字技术的力量更好的宣传自身，扩展销售渠道，从而获得更多的社会、经济收益，而对于普通的传承人而言，由于缺乏技术、资金等方面的支持，则会进一步被边缘化，甚至迫于生计而放弃从事非遗实践，致使经济价值在非遗价值体系中的比重逐渐增加，甚至造成非遗过度商业化的风险。

可以看出，随着非遗与数字技术的深入融合，数字技术对于非遗保护所带来的影响也更加直观和显著，加之应用技术的专业化与复杂化，从而加剧了非遗数字化保护实践中传承人失语的境况与危机。另外，在实践过程中，相比数字技术领域中的高新技术企业或组织，非遗的传承实践主体或保护主体在体量、资金、技术等多方面都处于弱势地位，从而进一步导致非遗传承主体在非遗数字化保护中话语权的式微，使非遗单纯沦为被数字技术产业发展所利用的资源库，而失去了非遗保护的初衷与目的。故而，如何把握非遗数字化保护的方向，保障非遗传承人群的主导权，协调各方利益分配，实现非遗保护和数字技术与产业发展的双赢，成为非遗数字化保护中所需要面对的越来越严峻的问题和挑战。

三 文化科技融合背景下非遗数字化保护对策

（一）树立正确的数字化保护理念

非遗数字化保护是一项涉及文化、科技、经济、社会等多个领域，需要传承人群、学术机构、科研机构、企业以及政府等各领域多个主体共同参与的系统性工程，通过宣传、教育等途径树立正确的非遗保护理念，统筹协调参与各方，是科学、合理、有效开展非遗数字化保护工作的重要前提。

首先，要树立全民保护理念。非遗作为各地区各民族文化发展的成果，是当地文化的重要组成内容，也是民众所共有的文化事项与资源，只有让全民参与非遗保护，使非遗回归民众的日常生活之中，创造出非遗的生存土壤才能够实现非遗的不断传承与延续。此外，全民参与非遗保护，还能够激发民众的文化自觉，使更多的社会力量主动参与到非遗保护工作之中，从而为非遗数字化保护工作提供了更多的社会资源，并加快了数字技术在非遗保护中应用的探索与实践。

其次，要树立活态保护理念。非遗处于不断的动态发展过程之中，活态性是非遗的本质属性之一，这使得静态、档案式的保护方法在非遗保护实践中所能够发挥的作用较为有限，不仅无法真正反映非遗，也无法实现非遗的传承与延续。在数字化保护过程中，只有在尊重非遗活态性的基础上，探索新的技术应用方式与数字化保护模式，才能实现数字技术与非遗的深层次结合应用，使数字技术在非遗保护实践中发挥更大的作用，甚至实现非遗的"数字化生存"。

再次，要树立参与式保护理念。非遗传承人和拥有者作为非遗活动的承载者，不仅主导着非遗的传承与实践，还不断的创造和革新非遗项目，是非遗活态性的关键因素。只有尊重传承人和拥有者在非遗实践中的主导地位，保证其在数字化保护实践中的话语权与参与度，才能保证数字技术在非遗保护实践中的科学、合理的应用，使非遗的数字化保护与传统非遗实践紧密联系，更好地实现保护非遗的目标。

最后，要树立整体保护理念。对于某一地域内的非遗而言，不同非遗项目之间往往有着千丝万缕的联系，许多非遗项目不仅是其他非遗项目所生存的文化环境的重要组成部分，其自身的所处的文化环境中也包含着诸多其他非遗项目。因此，在非遗保护实践过程中，需要整体考虑某一区域内相关联的非遗项目，不仅要考虑项目本身，也要考虑项目所存在的文化环境，综合进行保护。

（二）完善数字化保护保障体制机制

建立完善的数字化保护保障体制机制，不仅能够为非遗数字化保护工作提供指导，还能够为非遗数字化保护工作的全面展开提供坚实的基础与重要保证。首先，要完善非遗数字化保护制度。在《非遗法》等法律法规的基础上，结合《知识产权法》等相关法律法规，进一步完善非遗保护相关制度，建立完备的非遗保护制度体系，为非遗数字化保护提供法律法规的保障，使非遗数字化保护工作有法可依、有规可循。同时，也为数字化保护工作提供指导和监督，保证各项非遗数字化保护工作科学、合理、有效的开展和推进。此外，还需要建立完善的金融制度，为非遗数字化保护工作的展开提供现实的资金支持与经济基础。

其次，要完善数字化保护激励机制。通过建立合理的激励机制，鼓励企业、高校、科研机构参与非遗数字化保护工作之中，不仅能够为非遗数字化保护带来更多的社会资源，使更多社会力量参与非遗保护，也能够促进新技术的落地和应用，推进企业、高校、科研机构的产学研合作发展，为非遗数字化保护工作的开展提供重要的经济和技术基础。

再次，要完善数字化保护的协调机制。非遗数字化保护涉及非遗传承人、非遗保护机构、企业、高校以及科研机构等多个参与主体，各个参与主体所拥有的资源、发挥的作用以及利益的诉求也各不相同。通过建立良好的协调机制，建立不同参与主体间的分工合作机制，不仅能够优化资源的配置，也能够协调和平衡各个参与主体的诉求，充分发挥不同主体的优势，从而更好的实现非遗数字化保护工作，真正发挥数字技术在非遗保护中的作用。

（三）促进数字化保护技术的应用与研发

现阶段，我国非遗数字化保护仍处于初级阶段，其中一个重要的现实因素便是我国数字技术发展水平有限，主要表现为以下几个方面：（1）技术实施方案开发成本高，易用性较差；（2）技术最终呈现效果不理想，体验性较差；（3）技术应用形式较为简单，缺少深度应用。数字技术发展的不成熟，不仅提高了技术的使用门槛也削减了技术的适用范围，更限制了数字技术与非遗的深层次结合。

故而，促进数字化保护技术的应用与研发，成为现阶段非遗数字化保护工作中的重要内容。首先，对于较为常用的数字化保护技术而言，一方面可通过技术的更新与迭代，在降低技术应用成本的同时，提升技术的易用性与技术所带来的体验感；另一方面也需要设立相应的技术标准，保证非遗数字化保护工作的有效开展，不断提升信息资源的利用效率，降低了信息整合的难度，以便于全国数字化保护工作的统筹协调。

其次，要积极将新兴数字技术应用于非遗的数字化保护工作之中，特别是虚拟现实、大数据、人工智能等与非遗关联比较密切的数字技术，从而不仅可以探索非遗数字化保护的新途径与新方法，使数字技术在非遗数字化保护中发挥更大的作用，也能够促进新兴数字技术的成熟发展，加快技术的产业落地。

再次，在非遗数字化保护的过程中，还要以非遗项目为出发点，结合非遗自身特点与传承发展的需求，研发新的数字技术，探索全新的数字化保护途径，实现非遗对数字技术的吸收和融合，使非遗在数字化时代得以生存与发展。

（四）培养数字化保护跨学科专业人才

非遗数字化保护工作是一项涉及了民俗学、人类学、社会学、传播学、艺术学、计算机科学等多个学科的系统性工程，且具有较强的技术性与持续性，为了更加科学、合理、可持续的开展数字化保护工作，则需要组建高素质的复合型人才队伍，其不仅要熟知非遗相关知识，也要熟知信息技术相关知识，还要具有一定的管理能力。为此，需要高校、科研机构等加强在非遗数字化保护领域的人才培养，综合非遗学、人类学、民俗学、艺术学、设计学、传播学、影视学、信息科学、管理学等多种学科资源，培养既掌握非遗的概念、特征、类型、价值、发展规律以及非遗调查、研究、保护等理论和实践知识，又了解数字技术的基本原理、技术路线，实践方案以及该方案的特性、适用场景等内容，还具有协调管理能力，能够统筹协调参与各方的诉求，推进非遗数字化保护工作的高层次复合型人才，从而逐渐建立起一支"懂文化、通管理、精技术"[1] 的人才队伍，保障非遗数字化保护工作开展的科学性、技术性以及可持续性。

---

[1]　黄永林、谭国新：《中国非物质文化遗产数字化保护与开发研究》，《华中师范大学学报》（人文社会科学版）2012 年第 2 期。

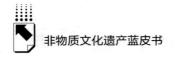

（五）提升传承人的技术素养

传承人作为非遗的承载者与实践者，在非遗传承实践中具有举足轻重的地位，非遗数字化保护自然也离不开非遗传承人的参与。然而，传承人由于年龄、文化水平以及受教育程度等现实因素的限制，对于数字技术的了解和掌握十分有限，大多数人仅能简单使用数字化产品，但面对数字时代所产生的新概念，新的生产生活方式以及新的数字技术应用则知之甚少，以致现阶段在非遗数字化保护工作中，往往是文化馆、图书馆、高校、科研机构等机构为实施主体，传承人则处于一种失语的状态。

为此，一方面需要文化馆、图书馆、高校等实施主体有意识的将传承人纳入非遗数字化保护工作中，尊重传承人的意见与诉求；另一方面，也需要通过传承人培训等途径，提升传承人的技术素养，特别要注重对于年轻一代传承人群的技术能力的培养，使其对数字技术的有较为基本的了解和认识，能够较好的学习和运用数字技术产品，甚至主动吸收和利用数字技术进行非遗的实践与创新，实现非遗在数字时代的生存与发展。从而逐步增强传承人在非遗数字化保护实践中的话语权，甚至成为非遗数字化保护工作的主导者，使非遗适应现代社会发展的趋势，提升非遗的生命力。

结　语

随着数字技术的发展与成熟，非遗数字化保护实践也逐渐脱离静态档案式保护阶段，开始进入融合发展的阶段，数字技术开始融入非遗传承、发展等各项实践中，成为非遗的组成部分。虽然，数字技术的深度介入，使得数字技术对于非遗传承实践的影响更加直接和显著，且在一定程度上加剧了非遗数字化保护中传承人失语、价值体系变迁的风险和挑战。但依旧要看到，数字技术的深度介入是非遗在数字时代寻求创新发展，拓展生存空间，实现"数字化生存"的必由之路，通过在非遗与数字技术之间建立科学有效的保障与协商机制，合理协调各方利益，积极培养专业人才提升传承人群技术素养，不仅能发挥数字技术优势，更好的实现非遗的传承、发展与保护，实现非遗的可持续发展与保护，也能够反向促进数字技术的发展成熟，促进高新技术的落地实践，从而实现非遗与数字技术发展的双赢。

B.10
非遗传承人群研修研习培训
实践和学术成果

——兼谈粤剧研修研习培训

谢文艳 *

摘　要： 非物质文化遗产传承人群研修研习培训计划实施以来取得了
　　　　　丰硕的成果，2019年便提前完成五年培训计划。现有相关的
　　　　　学术研究文献集中于非遗保护和非遗传承，培训实践中问题
　　　　　的提出引起学术界的注意。在现有政策、实践和学术研究基
　　　　　础上，以粤剧为案例，深入研究传承人群研培问题，粤剧
　　　　　"研培计划"应坚持戏剧本质为导向、传承为核心及保持粤
　　　　　剧独特性的原则。粤剧研培人群的分类应根据不同对象的特
　　　　　征和需求，安排不同的培训方式和内容，培训老师的选择也
　　　　　应以对象的需求为导向。

关键词： 非遗　传承人群　粤剧

一　非遗研修研习计划近况

非物质文化遗产（以下简称非遗）传承人群研修研习培训计划（以下简称"研培计划"），是2015年11月17日文化部办公厅与教育部办公厅联

---

* 谢文艳，中山大学中国非物质文化遗产研究中心、中文系博士研究生。

合发布的"研培计划"。① 该"研培计划"通过高校和设计企业等单位为非遗传承人群提供各种形式的培训，从而提高非遗保护水平和传承能力。该"研培计划"是符合《保护非物质文化遗产公约》所强调的以"正规和非正规教育"为内涵的"传承措施"，从而确保非物质文化遗产的生命力。该"研培计划"实施以来，我国从中央到各地方，投入了大量资金用于非遗"研培计划"，并取得了显著成绩。

自2013年起，我国近60亿元中央财政用于非遗保护，累计40多亿元地方财政用于非遗保护。其中，超4.7亿元用于非遗"研培计划"。② 2020年，中央财政通过国家非遗保护资金投入5500万元支持开展非遗传承人群研修研培工作。③

根据《中国非物质文化遗产传承人群研修研习培训计划实施方案（2018－2020）》可知，2015年至2018年4月，全国共举办各类研修培训390余期，参与人数达5.6万人次。④ 截至2019年底，全国累计举办各类非遗培训班758期，共有118所高校参与，参与培训的学员共计3.1万人次，传承人群覆盖10万人次。⑤ 经过全国各地一系列的努力，提前完成"5年时间，培训10万人次"的《中国非物质文化遗产传承人群研修研习培训计划

① 《文化部办公厅　教育部办公厅关于实施中国非物质文化遗产传承人群研修研习培训计划的通知》，教育部门户网站，2021年4月1日，http：//www. moe. gov. cn/jyb_ xxgk/moe_ 1777/moe_ 1779/201511/t20151127_ 221361. html。

② 《文化和旅游部对十三届全国人大三次会议第3207号建议的答复》，文化和旅游部政府门户网站，2021年4月1日，http：//zwgk. mct. gov. cn/zfxxgkml/zhgl/jytadf/202012/t20201204_ 907096. html。

③ 《文化和旅游部对十三届全国人大三次会议第8218号建议的答复》，文化和旅游部政府门户网站，2021年4月1日，http：//zwgk. mct. gov. cn/zfxxgkml/zhgl/jytadf/202012/t2020120 4_ 907053. html。

④ 《文化和旅游部　教育部　人力资源社会保障部关于印发《中国非物质文化遗产传承人群研修研习培训计划实施方案（2018－2020）》的通知》转引中国非物质文化遗产网·中国非物质文化遗产数字博物，2021年4月1日，http：//www. ihchina. cn/news_ 2_ details/ 8870. html。

⑤ 《文化和旅游部对十三届全国人大三次会议第3207号建议的答复》。

的通知》的培训预期目标。①

"研培计划"并未因五年计划的培训目标完成而终止，从《开好局起好步 推动文化和旅游工作开创新局面 2021 年全国文化和旅游厅局长会议工作报告摘要》可知，2021 年文化和旅游的工作主要任务和要求明确指出继续实施非遗传承人群研修研习培训计划。②

非遗传承人群的"研培计划"已取得了突破性的进展，2015 年 11 月至 2019 年底，四年左右的时间顺利完成既定五年计划，足见非遗传承人群的"研培计划"推行力度。在新的文化和旅游工作报告摘要中，继续体现"研培计划"，可见"研培计划"依然符合非遗保护工作要求。"研培计划"的开展在量的积累——培训次数已达到相对可观的成果，而质的体现——学术研究也应受到重视。

二 非遗传承人群的"研培计划"文献研究

截至 2021 年 4 月 1 日，通过"非遗培训"的主题检索中国知网，可得文献共 1376 篇，其文章发表年度趋势由 2010～2013 年逐年平缓上升，2014 年稍下浮后，2015～2021 年发表量快速增加（2018 年例外）。这些量化的数据可直接展现非遗研究对"研培计划"的关注。在这些文献中，前五位的主要主题为"非物质文化遗产"、"非物质文化遗产保护"、"非遗保护"、"非遗传承"及"非物质文化遗产传承"；次要主题前五位为"非物质文化遗产"、"传承人"、"非遗项目"、"非遗保护"及"非遗传承人"（见图 1、图 2、图 3）。

关于非遗传承人群"研培计划"的文献讨论了培训中遇到的问题、培训应遵守的伦理原则、培训课程设置等多项专题。部分观点详情介绍如下：

---

① 《文化部办公厅 教育部办公厅关于实施中国非物质文化遗产传承人群研修研习培训计划的通知》。
② 《开好局起好步 推动文化和旅游工作开创新局面 2021 年全国文化和旅游厅局长会议工作报告摘要》，2021 年 4 月 1 日，转引文化和旅游部政府门户网站，https：//www.mct.gov.cn/whzx/whyw/202101/t20210118_ 920807. htm。

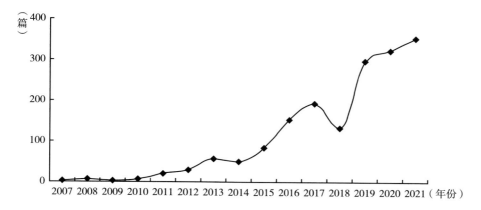

图1 "非遗培训"主题文章发表总体趋势（引自中国知网）

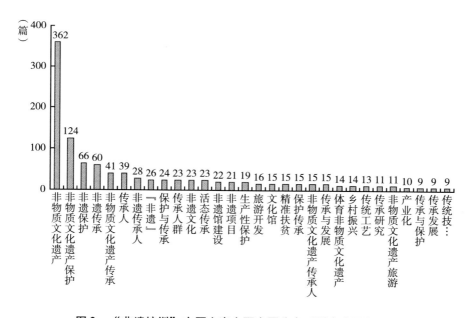

图2 "非遗培训"主题文章主要主题分布（引自中国知网）

陈竟（2016）认为抓教育是传承与发展非遗的关键，而非遗进校园，应该是将非遗传承人请入高校作为老师教授高校师生，而不是去当学生。作者通过调研，对非遗传承人群培训提出系列问题予以探讨，首先，非遗是应重抢救保护，还是开发经营；其次，非遗应在是民间传承，还是由学院培养；再

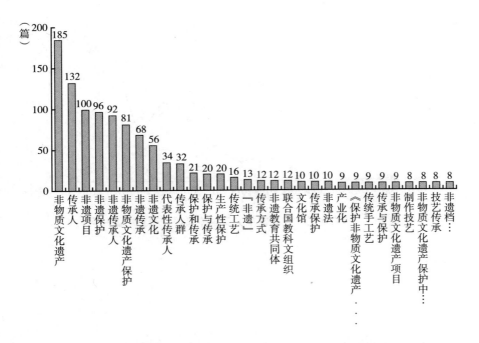

图 3 "非遗培训"主题文章次要主题分布（引自中国知网）

次，非遗培养的是中国非遗人，还是西方画家。① 宋俊华教授（2017）提出，非遗传承人群培训的依据是非遗自身发展需要、国际公约精神和伦理原则体现及国家的发展需求。非遗传承人群的研培存在伦理风险，应坚持伦理原则，即以"道"为主、"器"辅，具体为非遗实践内在精神为主，结合实践使用的工具、技术实践形式及产品的原则；以观念知识和方法内化学习为主；传承为主，传承与发展结合的原则；以"自律"为主，配合"他律"。② 孙发成（2017）首先剖析"非遗"传承人群研修研习培训具有以官方主导的本质特点，再以案例的形式分析部分培训的课程设置，进而总结培

---

① 陈竟：《谈谈非遗教育中的有关问题——对高校非遗人群培训研习班的探讨》，《文化遗产》2016 年第 5 期，第 12 ~ 15 页。
② 宋俊华：《非遗保护的伦理原则与非遗传承人群培训》，《文化遗产》2017 第 4 期，第 44 ~ 49 页。

训中出现的问题：传承群体复杂性与培训单一性、课程与项目的契合性、精英知识与民间知识的冲突、时间限制；作者提出的对策认为应该尊重文化多样性、传承与创新的辩证关系、尊重传承人群及培训主导多元化。① 张冬萍等（2017）认为非遗传人进校园和社区有利于双向互动，为双方提供更广阔视野和多元文化。文章通过四个回访案例发现非遗传承的现实问题，主要集中于非遗后继乏人，如何培养年轻继承人；传统文化与现代文化协调共生如何保持自身本质特性等问题。② 王瑞光（2017）认为高校对于非遗的传承和发展具有重要的优势。从学、研和产三方面促进非遗的从业者和高校学生的双向学习、非遗研究提升传承水平及产业发展提高非遗生存能力，从而增强非遗项目的活力和生命力。③ 张昕与高媛（2017）归纳出"湖美模式"的非遗研培是科学的跨师资队伍；立体化培训体系；课程设置应重基础、兼顾实践和理论，注重传承区域和传承人群的传承谱系研究。归纳出保护非遗的经验，即尊重非遗的原生性，保护非遗生态；以传承人为本，处理好非遗的活态性和流变性；同时非遗离不开人民的土壤。④ 宋立民等（2017）在解析艺术设计教育和培训"后价值"的概念后，总结艺术设计在教育培训出现的重理论轻实践、重形式轻内涵及忽视培训"后价值"等问题。以清华大学非遗班艺术设计教育培训为例，该文提出增加实践比重、融合多学科及关注"后价值"的建议。⑤ 杨聂昕（2018）的硕士论文通过分析多家非遗研培课程，认为课程设置中存在方法性教学、评估合理性和"非物质"过程关

---

① 孙发成：《"非遗"传承人群的"再教育"问题反思——以文化部"'非遗'传承人群研修研习培训计划"为例》，《民族艺术研究》2017年第30辑第4期，第110~118页。
② 张冬萍、邹丰阳：《大学与社区——对中青年非遗传承人群培训回访调研的思考》，《文化遗产》2017年第1期，第17~21页。
③ 王瑞光：《高校在非物质文化遗产保护和传承中的地位与作用——从山东艺术学院非遗传承人群培训谈起》，《齐鲁艺苑》2017年第4期，第13~16页。
④ 张昕、高媛：《探索创建"湖美模式"，研究传承培训体系——关于文化部教育部"非遗"传统雕塑传承人培训"湖美模式"的思考》，《湖北美术学院学报》2017年第1期，第43~48页。
⑤ 宋立民、于捷、张园园：《艺术设计教育培训创新方式研究——以清华大学美术学院非遗传承人培训项目为例》，《艺术教育》2017年第13期，第41~43页。

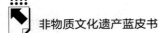
注等问题；非遗研培的教学流程环节中存在传承人档案完善、培训过程记录及培训评估等问题。最终提出"过程全记录"方法引入传承人培训体系、建立学者和传承人的互助机制、注重传承人的生存发展和多元化等建议。①王伟（2018）的硕士论文以山东艺术学院非遗研培为例，分析非遗传承人培训因项目门类、技艺层次、文化程度等不同因素，对非遗培训的需求也存在差异，在认为需求层次理论可引入非遗培训，并提出构建需求层次非遗培训理论模型。② 林耀恒（2018）的硕士论文以四川美术学院的陶艺传承人培训班为研究个案，通过田野调查方法，深入了解陶艺培训班的培训方案，对培训效果进行回访，从而总结艺术院校在非遗传承人培训的优势、意义和路径。③ 刘存杰（2018）以河南大平调的非遗培训为案例，在分析其培训过程和成效后，建议传统戏剧的培训应注重提高培训时长、加强身段和把子功、打破区域界限及扩大剧种和培训涉及范围等。④ 杨丹妮（2018）认为，"非遗传承人群"这个概念的提出，是有利于再认识和深化传承主体的，可明确文化权利及文化再创造的可持续发展。在深入剖析2016年度广西非遗传承人研培的内容和效果后，作者认为应建立系统化、长期化和规范化的非遗传承人群培训体系，从而实现可持续发展。⑤ 板俊荣与雷蕾（2019）首先分析曲艺的传承现状和理论研究，结合自身参与的南京白局表演培训的经验总结，认为"文化众筹"的传承模式可以纳入新型曲艺传承培训领域中，且由高校老师参与发起"文化众筹"，加以科学化管理，定能对其产生良好的传承效果。⑥ 吴新锋与柏仙爱（2020）认为当前"研培计划"面临的两大主

① 杨聂昕：《对〈非物质文化遗产传承人研修研习培训计划〉教学设计的问题分析》，重庆大学硕士学位论文，2018。
② 王伟：《需求层次理论下的非遗培训模式研究》，山东艺术学院硕士学位论文，2018。
③ 林耀恒：《艺术院校参与非遗传承人培训研究》，四川美术学院硕士学位论文，2008。
④ 刘存杰：《中国传统戏剧非遗传承人群研修培训浅议——以大平调为例》，《戏剧之家》2018年第35期，第16~17页。
⑤ 杨丹妮：《从能力建设到文化赋权：以2016年度广西非物质文化遗产传承人群研修研习培训计划为个案的研究》，《河南教育学院学报》（哲学社会科学版）2018年第5期，第16~22页。
⑥ 板俊荣、雷蕾：《非遗保护视野中南京白局传承及高校培训探索与众筹式经略思考》，《文化艺术研究》2019年第2期，第1~9页。

要争议为，传承人群主体地位和权利问题及培训过程中如何平衡保护传统与创新的问题。基于《保护非物质文化遗产公约》的精神，非遗研培中应注重不同参与主体"互动与尊重"及自主性的"选择与创新"。作者以石河子大学非遗培训为案例，充分解析传承人群意志的选择有利于非遗传承进行多种尝试，而非遗研培团队的自由选择有利于加强沟通，最终得出结论认为非遗研培离不开对各方充分地尊重和自由表达。①

三　以粤剧为个案，剖析传承人群研培计划

2009 年，经粤、港、澳三地联合申报，粤剧被联合国教科文组织列入《人类非物质文化遗产代表作名录》后，粤剧的保护和传承受到更加广泛地重视。在非遗传承人群"研培计划"国家政策的大前提下，粤剧作为人类非物质文化遗产代表作项目，其传承人群的培训同样应受到学术的关注，以此为例，为探讨传统戏剧类的"研培计划"提供一个视角。

（一）传统戏剧和曲艺"研培计划"的政策及实践

实践中，传统戏剧和曲艺的"研培计划"有时同期进行，两者的培训政策和培训实践便有相互参照的作用。

2019 年 7 月 12 日，文化和旅游部印发《曲艺传承发展计划》，其主要任务之一是通过"研培计划"，帮助曲艺表演团体及从业艺人，提高文化素养、演出水平和创作能力，从而更好满足演出市场现代需求。② 这一计划的颁布为曲艺传承人研修研培提供了政策支持，相应地，传统戏剧类传承人群也必受到鼓舞。

2015～2019 年，以中国戏曲学院、江苏省戏剧学院为代表的 28 所院校

---

① 吴新锋、柏仙爱：《主体互动与自由意志选择：非遗研培案例中的传承与创新》，《新疆艺术学院学报》2020 年第 18 辑第 4 期，第 107～115 页。
② 《文化和旅游部关于印发〈曲艺传承发展计划〉的通知》，文化和旅游部政府门户网站，2021 年 4 月 1 日，http://zwgk.mct.gov.cn/zfxxgkml/ghjh/202012/t20201204_906378.html。

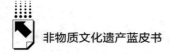

先后举办传统戏剧、曲艺类研培班共 58 期，培训学员超过 2100 人次①。

2020 年 10 月 17 日，江苏传统戏剧非遗传承人群研修班举行结业仪式。此次研培是"中国非物质文化遗产传承人群研修研习培训计划"指导下的戏剧类研培。2017 年至 2020 年 10 月，该戏校已承办了四期传统戏剧研培、研修班，培训近 200 名学员。②

2020 年 11 月，"长城文化带戏曲非遗传承人高级研修班"正式开班，此次研修班是由北京市文化和旅游局指导、中国戏曲学院承办，来自北京市、天津市、河北省等 12 个地区的 21 名学员进行为期一个月的研修学习。③

2008 年，首期"广东粤剧界表演艺术高级研修班"进行开班典礼，粤剧著名演员倪惠英、梁耀安、蒋文端、黎骏声等近百名学员都将参加此次研修班的学习。④ 该研修班第二期于 2009 年 3 月 18 日开班，教授者为国内著名京、昆剧表演艺术家冯志孝、王晶华、寇春华等，课程内容为戏曲程式、各行当表演理论和技巧。⑤

（二）粤剧研修培训模式历史渊源颇深

1. 摊手五传艺红船弟子

尽管说粤剧的传承人群研培计划是针对粤剧传承人群的培训，而传承人群肩负着传承的义务和使命，他们表演技能、审美水平、艺术修养的提高，

---

① 《文化和旅游部关于政协十三届全国委员会第三次会议第 4306 号（文化宣传类 276 号）提案答复的函》，文化和旅游部政府门户网站，2021 年 4 月 1 日，http：//zwgk. mct. gov. cn/zfxxgkml/zhgl/jytadf/202012/t20201204_ 907068. html。

② 《2020 江苏传统戏剧非遗传承人群研修班圆满结业》，转引江苏省文化和旅游厅网站，2021 年 4 月 1 日，http：//wlt. jiangsu. gov. cn/art/2020/10/19/art_ 695_ 9541146. html。

③ 《北京市实施 2020 年中国非遗传承人群研培计划举办长城文化带戏曲非遗传承人高级研修班》，北京市文化和旅游局，2021 年 4 月 1 日，http：//whlyj. beijing. gov. cn/zwgk/xwzx/gzdt/202012/t20201224_ 2184292. html。

④ 《首个"广东粤剧界表演艺术高级研修班"昨天上午在南海举行简朴的开班典礼》，戏曲文化网，2021 年 4 月 1 日，https：//www. xiquwenhua. com/yuequ/xinwen/24491. html。

⑤ 《"广东粤剧界表演艺术高级研修班"第二期开班》，戏曲文化网，2021 年 4 月 1 日，https：//www. xiquwenhua. com/yuequ/xinwen/29420. html。

对自身和继承者都有重要意义，实质是粤剧艺术整体提高的一种学习形式，而这种学习形式在粤剧形成早期便有此雏形，最早可以追溯至"摊手五"教授红船弟子。雍正年间，名伶摊手五自北京乔装至佛山，因其精通京戏昆曲①，便教授红船弟子，影响深远，并创立琼花会馆。尽管摊手五所精通的剧种记载较少，但可以肯定的是，作为北京名伶，摊手五的授艺给粤剧注入了一股新鲜血液，受他的影响，当时的粤剧发展艺术得到了整体提升，也为粤剧人才的培养做出了重要的贡献。摊手五的传艺行为，可谓以小见大，意义深远。

2. 薛觉先博采多长

粤剧大师薛觉先在粤剧领域成名后，不仅继续苦练粤剧基本功，并且不断进步、锐意改革，借鉴其他艺术形式的可取之处，融入至自己的表演特色，可以说这种模式是演员个体主动的艺术素养提升。尽管粤剧人员主动学习其他艺术的范例很多，但是薛觉先对粤剧的影响极其深远，所以极具代表性。他多次学习京剧技巧，甚至找了几个京剧演员在家中教他功夫，专程接受"培训"。因在上海开办过影视公司，薛觉先将电影中的化妆、舞美灯光等技巧运用到粤剧舞台表演中。薛觉先的博采多长，是一种自己主动的学习和提升，是传承人群研培的反向思路、为今天传承人群研修研培的内容和形式提供可借鉴的思路。

3. 中华人民共和国成立后，粤剧艺人参加研修研培活动

"百花齐放、百家争鸣"方针提出以后，戏剧界不断加强交流和学习。1960年，梅兰芳主持了表演艺术研究班，参加该研究班的有粤剧红线女、京剧言慧珠、越剧袁雪芬、豫剧常香玉及汉剧陈伯华等多个剧种的著名演员。参加此次研究班的学员皆为各大剧种的代表性人物，如果以非遗传承人的标准来衡量，部分人员堪比国家级代表性传承人群，此次研究班与当代的"传承人群研培计划"有异曲同工之妙。该研究班由萧长华、俞振飞等传授

---

① 麦啸霞：《广东戏剧史略，原载于年出版的《广东文物》一书，再刊于年由广州市戏曲工作室文艺创作室编印的《戏剧研究资料》，第78页。此处京戏，应有别于现代意义的京剧，摊手五于雍正年间来到佛山，此时京剧尚未形成，可推测为当时北京流行的剧种。

表演艺术,① 粤剧大师马师曾也在该时期担任三个月的义务教师②。粤剧著名演员林小群也曾在北京参加过三个月培训,其在美国传习粤剧、教授无基础学生戏曲知识时,所涉及表演基本功正受益于此次培训,可见此类培训的意义深远。③ 此次研究班的指导老师和学员都是所属剧种具有高水准的表演艺术家,从培训模式和教师配备等内容,对粤剧国家级代表性传承人群培训具有重要参考价值。

(三)粤剧"研培计划"应坚持的原则

粤剧作为一项非遗项目,其传承人群培训首先应在遵守《保护非物质文化遗产公约》和国内《非物质文化遗产法》及其他法规的相关规定,并符合《中国非物质文化遗产传承人群研修研习培训计划的通知》的基本要求。粤剧的当代教育主要是粤剧学校,辅之团代班、宗族传承和师徒传艺等方式,粤剧的培训机构为广东舞蹈戏剧职业学院与湛江艺术学校。④ 从粤剧培训机构的层次和数量上看,该两所学校难以满足粤剧传承和发展的需求,其"研培计划"安排应充分补充粤剧现有教育的不足。

粤剧作为地方性剧种,其"研培计划"的设计和开展可借鉴粤剧历史中有效的经验,也可以吸取其他剧种的优秀方法,为适应当前粤剧的发展和传承,创新是不可缺少的,在创新中,为避免引起对粤剧发展的伤害和粤剧传承人的伦理冲突,应在组织相关培训时,注意培训原则。

1. 粤剧"研培计划"应坚持"粤剧的本质是戏剧"为导向

粤剧的本质首先是中国传统戏剧,开展粤剧"研培计划"无论是单独粤剧剧种的培训,还是粤剧与多个剧种的共同培训,其培训宗旨都不应偏离粤剧是戏剧的本质。对于戏剧的本质,笔者认同"角色扮演"⑤ 的观点。

---

① 黄钧、徐希博主编《京剧文化词典》,汉语大词典出版社,2001,第652页。
② 刘绍唐主编《民国人物小传第5册》,上海三联书店,2015,第180页。
③ 引自于2020年11月7日笔者访谈林小群老师内容。
④ 广东省艺术研究所:《广东省地方戏曲剧种普查报告》,岭南美术出版社,2018,第24页。
⑤ 康保成主编,康保成著《海内外中国戏剧史家自选集康保成卷》,大象出版社,2018。

"研培计划"注重"强基础、拓眼界","拓眼界"应把握好"度",检验是否合"度"的标准便是"是否符合戏剧本质"为前提。中国传统戏剧具有虚拟性、程式性等特点,欣赏不同艺术形式固然可以提高艺术修养,但不能直接照搬,应以适合粤剧作为传统戏剧的本质。例如年轻人喜欢动漫,粤剧的传承可以考虑利用动漫表达的方法和媒介推广粤剧,但是再好的动漫形式表达无法替代粤剧表演,角色扮演变成了动画演出,戏剧的本质不在,便不是粤剧的培训,倒成了动漫利用粤剧元素的培训。

2. 粤剧培训应坚持以传承为核心

"研培计划"的本质是一种正规教育,是为了确保非遗生命力的传承措施,毫无疑问,传承人群的"研培计划"应坚持以传承为核心。粤剧的传承是粤剧在代际之间的延续,作为一门表演艺术,粤剧是在演员表演和观众欣赏的互动中进行的,离开任何一方都无法将粤剧传承下去。因此,粤剧的传承应综合考虑年轻一代学习粤剧,同时注重欣赏粤剧的观众培养,两者皆不可偏废。观众的培养虽不属于传承人群培养的阵列,却属于粤剧表演应注重吸引年轻观众的考虑范围。当前包括粤剧在内的传统戏剧,在传承发展中有多种尝试,这些尝试都可以作为传统戏剧培养年轻观众的考虑途径,但是作为"研培计划"的初衷,不能忽略培训以坚持粤剧的本质为传统戏剧的特征,只有符合粤剧发展规律的培训才是真正利于传承的。

3. 培训的效果应不丧失粤剧的独特性

实践中,粤剧的"研培计划"有时是和其他剧种共同举办,也有单独培训,无论何种方式,都应不知丧失粤剧的独特性。粤剧形成发展中借鉴了很多其他剧种元素,将其融合至粤剧的表演中。梅兰芳时期的表演艺术研究班,粤剧培训采用了运用京剧和昆曲的表演艺术教授学员,从而有助于粤剧基本功的综合提升。粤剧与其他剧种拥有共同的特点也有自身的独特性,粤剧培训应在学习其他剧种时,保持独立性,并且将所学内容合理变通地应用于粤剧艺术。例如,戏剧表演教育经常提及三大表演体系,即斯坦尼拉夫斯基表演体系、布莱希特表演体系及梅兰芳表演体系。戏剧表演体系理论可作为了解戏剧理论的背景知识,无须过分纠结于各个理论,生搬硬套的拿来主义不仅无法利于粤剧的真正发展，还会破坏粤剧自身的审美。为提高培训效果，达到"文化艺术素养、审美能力及创新能力"的进步，培训应尽量避免生搬硬套各种艺术形式，从而达到表面的创新地假象。粤剧的传承和发展应以适合粤剧的本质特征为前提，粤剧培训应将粤剧置于粤剧生态语境中，提升综合素养，应突出粤剧特色，避免丢失粤剧地本真性。

（四）粤剧研培人群的分类

根据不同培训对象，《中国非物质文化遗产传承人群研修研习培训计划》将培训分为三个层次，即研修（文化艺术修养、审美能力和创新能力提升为目标）、研习（跨界交流，为传承提出新思路）和普及培训（以文化素养、学习和领悟能力提高为目标，从而提升传统工艺的审美水平和实用程度）。这三层次的目标是针对非遗项目的一般性，且偏重传统工艺项目，因粤剧具有传统戏剧的本质特征，故粤剧研培课程的设置，可体现传统戏剧类的一般性，并且不违背粤剧的特殊性。粤剧传承人群培训的参与对象具有复杂性，培训课程简单的统一设置，无法满足个性化需求，故培训应在一般非遗人群培训的普遍基础上，加入粤剧特色，并因材施教。基于前述考虑，粤剧培训可根据培训对象的不同，分为不同类型的培训。

1. 研修

（1）国家级代表性传承人及其他非常优秀的代表性传承人

粤剧国家级代表性传承人属于粤剧的领军人物，其艺术修为和思想理念对于粤剧的传承发展具有重要的意义，且往往为粤剧创新的风向标；而"其他非常优秀的代表性传承人"，指其技艺及影响力已经公认地接近国家级代表性传承人的水平，但尚未进入国家级序列的各级粤剧代表性传承人。对此类传承人群的培训是最难把握的，首先他们是粤剧行内的权威人物，对于粤剧的艺术把握是普通教师难以超越的，一般性粤剧内容的培训难以起到"强基础"的目的，该类基础培训可考虑"他山之石可以攻玉"的思路；其次，关于"拓眼界"的需求也是因人而异，眼界影响创新，笔者认为该类传承人群培训前应充分调研各位传承人的需求，结合各位传承人的反馈结果，确定培训主题，辅之相关各类方法论的学习。

（2）除国家级的各级粤剧代表性传承人

参照国家级非物质文化遗产代表性传承人的义务，各级代表性传承人肩负着传承、保存资料、配合非遗调查及宣传等四项义务①，这四项任务中，除配合非遗调查，可以根据相关部门的指引完成，相对容易，而其他几项义务如培养后继人的传承及保管资料和公益宣传等均需要发挥积极主动性，难度相比较大，体现各自不同的实践执行规范和学术研究价值，极具有培训价值。从数量讲，相较国家级传承人，省市县各级传承人对于非遗传承和宣传推广操作性更强，是粤剧传承的中坚力量，对他们的培训应更具有可执行性。此类培训可考虑粤剧国家级代表性传承人或极其优秀的表演艺术家、其他剧种的优秀表演艺术家教授其戏剧表演技巧；同时应加强此类传承人群传承能力、艺术修养培养的课程。

2. 研习

研习的主要目标是手工与设计或技术等跨界交流，似乎偏重于传统手工艺，因非遗项目的多样性，结合粤剧的特点，对于粤剧研习来言，笔者认为应加入粤剧作曲、编剧、推广等人员的剧本写作、企业管理、市场推广等知识的培训，解决粤剧演出与观众的桥梁搭建问题。当前粤剧的发展，培养优秀的演员是关键，而维护并拓展观众群是保障。不可忽略的是，总体演职人员较少的粤剧院团更容易存在知名度高的演员肩负着开拓市场的重任，而过多精力的分散势必影响演员自身演艺素质的提高和粤剧的传承工作，应建立分工明确的行政管理和市场推广等岗位。演员与市场人员的明确分工有利于演员专心提升自身艺术素养，符合现代企业管理的责任分工化。建立此类人员的研习培训，说到底是为了粤剧传承服务，该类培训除了理论的讲解，应着重加入实践操作和应用，让接受培训的群体参与实践，了解实践需求。

3. 普及培训

根据《文化部办公厅　教育部办公厅关于实施中国非物质文化遗产传

---

① 《国家级非物质文化遗产代表性传承人认定与管理办法》，文化和旅游部网站，2019 年 11 月 29 日，http：//www. gov. cn/zhengce/zhengceku/2019 – 12/25/content_ 5463959. htm。

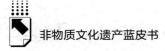

承人群研修研习培训计划的通知》，普及培训的对象为"传统工艺项目学徒或从业者"，可见，该研习计划未要求培训对象必须全部为代表性传承人。那么粤剧普及培训，笔者认为普及教育的受众群体应为一般粤剧演员。粤剧培养学校主要为前述两所学校，此类普及培训应该是补充两所学校粤剧教育的不足之处。从而加强粤剧基础性教育的专项培训为核心，重点介绍戏曲基本功、中国传统文化、传统美学等方面的知识，增强培训对象的粤剧基本功、文化艺术修养和审美能力。

（五）培训教师队伍的配备

如前所述，该研培计划的培训主体是通过高校和设计企业等，那么高校老师、企业资深优秀设计师理应可作为培训老师。为满足各类研培对象的不同需求，培训老师中的高校老师选择可在非遗专业、戏剧理论及创作相关专业、还应考虑加入人类学、中国传统文化等专业老师，具体可根据培训主题而设定；企业培训还可加入管理学、市场推广等方向课程。根据前文培训对象的不同，笔者认为还应在两大主体基础上加入粤剧权威的表演艺术家、其他剧种的优秀表演艺术家，以适应粤剧艺术素养提升的培训要求。

结　语

该研培计划自 2015 年 11 月实施以来，5 年 10 万人次的培训计划已经顺利完成，未来该研培计划还将继续开展，在满足培训数量的基础上，应注重培训质量和培训效果。粤剧作为传统戏剧类非遗，有其独特性，在该研培计划开展时，除满足非遗传承人群的一般性要求，还应符合粤剧培训对象不同需求的特点，粤剧研培的本质是服务传承，应坚持"粤剧的本质是戏剧"为导向；以传承为核心；培训效应不丧失粤剧的独特性为原则。

B.11
国家级文化生态保护区的建设经验
与发展对策研究

叶健莹*

摘　要： 2019年12月我国正式公布了国家级文化生态保护区名单。7个国家级文化生态保护区在多年的实践中积累了丰富的工作经验，为其他文化生态保护实验区提供了有益的参考。但这些国家级文化生态保护区仍存在保护资金来源渠道单一、专业保护人才缺乏的问题，需要各保护区建立多元化的投入机制，加强与社会力量的合作，更好地开展保护区建设工作。

关键词： 国家级文化生态保护区　文化资源　文旅融合

自 2007 年我国设立第一个国家级文化生态保护实验区——闽南文化生态保护实验区开始，多地陆续开展了文化生态保护实验区试点工作，截至2021 年 6 月，国家已建立了 7 个国家级文化生态保护区，17 个国家级文化生态保护实验区（见表 1）。2019 年 12 月，《文化和旅游部关于公布国家级文化生态保护区名单的通知》① 正式公布闽南文化生态保护区、徽州文化生态保护区、热贡文化生态保护区、羌族文化生态保护区、武陵山区（湘西）

　＊　叶健莹，中山大学中国非物质文化遗产研究中心、中文系硕士研究生。
　①　《文化和旅游部关于公布国家级文化生态保护区名单的通知》，中国非物质文化遗产网·中国非物质文化遗产数字博物馆，http：//www.ihchina.cn/Article/Index/detail? id = 19928，访问时间 2021 年 12 月 9 日。

土家族苗族文化生态保护区、海洋渔文化（象山）生态保护区、齐鲁文化（潍坊）生态保护区通过评估成为国家级文化生态保护区。

表1 国家级文化生态保护区及国家级文化生态保护实验区名单①

序号	名称	地区	保护实验区批复时间	国家级非遗代表性项目数（项）
1	闽南文化生态保护区	福建省（泉州市）、福建省（漳州市）、福建省（厦门市）	2007年6月	58
2	徽州文化生态保护区	安徽省（黄山市、宣城市、绩溪县）、江西省（婺源县）	2008年1月	24
3	热贡文化生态保护区	青海省（黄南藏族自治州）	2008年8月	6
4	羌族文化生态保护区	四川省（阿坝藏族羌族自治州茂县、汶川县、理县、绵阳市北川羌族自治县、松潘县、黑水县、平武县）	2008年10月	31
5	武陵山区（湘西）土家族苗族文化生态保护区	湖南省（湘西土家族苗族自治州）	2010年5月	26
6	海洋渔文化（象山）生态保护区	浙江省（象山县）	2010年6月	6
7	齐鲁文化（潍坊）生态保护区	山东省（潍坊市）	2010年11月	14
8	羌族文化生态保护实验区	陕西省（宁强县、略阳县）	2008年10月	\
9	客家文化（梅州）生态保护实验区	广东省（梅州市）	2010年5月	6
10	晋中文化生态保护实验区	山西省（晋中市，太原市小店区、晋源区、清徐县、阳曲县，吕梁市交城县、文水县、汾阳市、孝义市）	2010年6月	32
11	迪庆民族文化生态保护实验区	云南省（迪庆藏族自治州）	2010年11月	8

---

① 《国家级文化生态保护（实验）区》，中国非物质文化遗产网·中国非物质文化遗产数字博物馆，http://www.ihchina.cn/shiyanshi.html#target1，访问时间2021年12月9日。

续表

序号	名称	地区	保护实验区批复时间	国家级非遗代表性项目数(项)
12	大理文化生态保护实验区	云南省(大理白族自治州)	2011年1月	16
13	陕北文化生态保护实验区	陕西省(延安市、榆林市)	2012年4月	22
14	铜鼓文化(河池)生态保护实验区	广西壮族自治区(河池市)	2012年12月	9
15	黔东南民族文化生态保护实验区	贵州省(黔东南苗族侗族自治州)	2012年12月	72
16	客家文化(赣南)生态保护实验区	江西省(赣州市)	2013年1月	10
17	格萨尔文化(果洛)生态保护实验区	青海省(果洛藏族自治州)	2014年8月	4
18	武陵山区(鄂西南)土家族苗族文化生态保护实验区	湖北省(恩施土家族苗族自治州,宜昌市长阳土家族自治县、五峰土家族自治县)	2014年8月	22
19	武陵山区(渝东南)土家族苗族文化生态保护实验区	重庆市(黔江区、石柱土家族自治县、彭水苗族土家族自治县、秀山土家族苗族自治县、酉阳土家族苗族自治县、武隆县)	2014年8月	11
20	客家文化(闽西)生态保护实验区	福建省(龙岩市长汀县、上杭县、武平县、连城县、永定区,三明市宁化县、清流县、明溪县)	2017年1月	8
21	说唱文化(宝丰)生态保护实验区	河南省(宝丰县)	2017年1月	3
22	藏族文化(玉树)生态保护实验区	青海省(玉树藏族自治州)	2017年1月	11
23	河洛文化生态保护实验区	河南省(洛阳市)	2020年6月	8
24	景德镇陶瓷文化生态保护实验区	江西省(景德镇珠山区、昌江区、高新技术开发区、乐平市、浮梁县)	2020年6月	3

这7个保护区在建设过程中形成了各具特色的保护模式和实践经验，取得了阶段性成效，梳理和总结这些实践经验，有利于为其他文化生态保护实验区提供参考。这些已正式公布的文化生态保护区依然存在保护资金来源渠道较为单一、专业保护人才缺乏的问题，需要各保护区继续探索未来发展路径，不断加强本地非物质文化遗产（以下简称"非遗"）和与之相关的物质文化遗产、自然遗产相结合的整体保护，推动实现"遗产丰富、氛围浓厚、特色鲜明、民众受益"① 的建设目标。

一 各国家级生态文化保护区的建设经验

完成各地申报、专家评审、实地暗访、社会公示等工作程序后通过验收的7个文化生态保护区中，既有突出少数民族文化的羌族文化生态保护区、武陵山区（湘西）土家族苗族文化生态保护区，也有突出本地特色文化的海洋渔文化（象山）生态保护区等。各文化生态保护区在做好本地非遗资源调查工作的基础上，有序开展整体性保护工作，针对划定区域内的具体情况制订、实施文化生态保护区总体规划，切实推进文化生态保护区建设工作，积累了许多特色经验。

（一）闽南文化生态保护区：探索形成"五个结合"模式，深化海峡两岸互动

闽南文化生态保护区包括厦门市、泉州市、漳州市三地，三市联合推动文化生态保护区建设，厦门市、泉州市、漳州市皆对本地与闽南文化相关的非遗项目进行了全面的清查、记录和认定工作，并出台了《闽南文化生态保护实验区建设规划》《闽南文化生态保护区建设办法》等，完善当地非遗保护体系与保障机制，为进一步开展建设工作奠定基础。

作为国家第一个确立的文化生态保护实验区，区内的各级政府部门与社

---

① 《国家级生态保护实验区建设工作座谈会举行》，《中国文化报》2017年7月28日。

会各界大胆探索，闽南文化的保护工作形成了与对台交流相结合、与群众生活相结合、与学校教育相结合、与特色建筑相结合、与学术研究相结合的"五个结合"①模式。

闽南文化密切联系着闽台两地，闽南文化生态保护区坚持将闽南文化保护工作与对台的交流合作活动结合起来，与台湾地区合作举办了许多具有闽南文化特色的品牌活动：举办了十届综合性的文化产业博览交易会——海峡两岸文博会，增进了两岸间的文化交流。两岸携手打造闽南传统戏剧品牌，厦门市歌仔戏剧团与台湾唐美云歌仔戏剧团共同创演《蝴蝶之恋》，在两岸公演了200多场。在闽南地区的民间节日和民间信仰的基础上，厦门、台湾两地轮流举办"一区一节"的文化交流活动，如集美区的"端午龙舟文化节"、湖里区的"福德文化节"、思明区的"郑成功文化节"等。从举办展会、戏曲演出、民俗活动等多方面入手，闽南文化生态保护区有效提升了闽南文化对台湾地区的辐射力与影响力，深化两岸互动，大力促进海峡两岸地区文化的共同繁荣。

在促进闽南文化与群众生活结合方面，闽南文化生态保护区加大推进非遗项目走入群众，以群众自愿、专家论证、市区共担、社会参与的方式建立了14个非遗保护试点与26个非遗传习中心，带动南音、歌仔戏、闽南皮影戏等闽南传统戏曲的传播、传承，让群众在日常生活中接触到更多非遗项目，形成全民参与非遗保护的氛围。

闽南文化生态保护区鼓励各非遗项目保护单位、非遗传习中心在学校内设立传承基地，支持非遗代表性传承人到校园开展教学工作，例如厦门市歌仔戏研习中心、高甲戏保护单位厦门市金莲陞高甲剧团到民立第二小学、海沧区育才小学驻点教学传统戏剧，南音传承人、歌仔戏传承人整理、编写一些适合小学生演唱、演奏的作品，让学生对传统戏剧产生兴趣，从而为闽南传统戏剧的传承培养大批学员。

闽南地区古厝众多，近年来，闽南文化生态保护区对集美学村嘉庚风格

---

① 《关于闽南文化生态保护实验区的调研报告》，厦门人大网，https：//www.xmrd.gov.cn/rdlz/llyj/201905/t20190531_5282264.htm，访问时间：2021年12月9日。

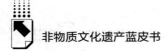

建筑与红砖古厝进行抢救性修复工作，修缮了大批特色建筑，保护好孕育闽南文化的环境，并用静态展陈和活态展演结合起来的方式宣传非遗项目，让这些特色建筑得到活化利用。

除了具体实践活动外，闽南文化生态保护区同样注重理论建设，发挥厦门大学、集美大学、台湾艺术研究院的学术优势，对闽南文化资源与保护区建设情况展开研究，编辑、出版了《闽南文化研究》《闽台民间戏曲的传承与变迁》《厦门市非物质文化遗产名录图典》等闽南文化书籍，丰富了闽南文化研究成果。

闽南文化生态保护区基于自身与台湾地区关系密切、传统戏剧资源丰富、拥有大量特色建筑与高校资源的特点，探索形成了"五个结合"的保护模式，大力推进闽南文化的保护与研究，进一步加强了海峡两岸的互动交流，对促进闽南地区经济社会与生态文明协调发展、实现祖国统一发挥了积极作用。

（二）徽州文化生态保护区：跨省联合，形成立体化保护格局

古徽州一府六县，徽州文化生态保护区在划定保护范围时相应地包含了安徽省黄山市、绩溪县、江西省婺源县等，由安徽省与江西省联合起来开展保护区建设工作，形成了两条文化生态发展轴、四种保护方式、九个文化遗产密集区、十六个重点项目的立体化保护格局。

围绕徽州境内的非遗项目与整体环境特征，徽州文化生态保护区打造了向东至浙江、向西至江西的祁门—黟县—休宁县—徽州区—歙县与向北至江苏、向南至江西的绩溪县—徽州区—歙县—屯溪区—休宁县两条文化生态发展轴，全方位、立体化地开展保护工作。因涉及区域广，徽州文化生态保护区划分出"屯溪密集区、徽城密集区、岩寺密集区、呈坎—潜口密集区、万安密集区、甘棠—仙源密集区、西递—宏村密集区、上庄—华阳—伏岭密集区、祁山—历口—渚口密集区"① 共九个文化遗产密集区，在密集区内建

---

① 张宜帆：《文化生态保护实验区建设问题探析》，《中国文化的根基：特色文化产业研究》第三辑，第 272 页。

设具有示范性的非遗小镇和非遗村落，开发徽州传统民俗体验游、非遗研学游等旅游线路，利用区内丰富的遗产资源研发非遗文创产品吸引游客，大力促进当地非遗融入旅游。

在开展非遗保护工作的过程中，徽州文化生态保护区采取抢救性保护、传承性保护、生产性保护、整体性保护四种保护方式，深入落实各项保护措施。优先对急需保护的、最能体现徽州非遗特色的徽州民歌、徽剧、徽州目连戏、祁门傩舞、徽州三雕、徽派传统民居营造技艺、万安罗盘制作技艺、徽墨制作技艺、歙砚制作技艺、祁门红茶制作技艺、屯溪绿茶制作技艺、徽菜烹饪技艺、徽派盆景技艺、新安医学、程大位珠算法、祭祖习俗（徽州祠祭）等十六个重点项目开展抢救性保护工作。对徽菜烹饪技艺、徽派盆景技艺、徽墨制作技艺、歙砚制作技艺、祁门红茶制作技艺、屯溪绿茶制作技艺、徽州三雕、新安医学等8个能产生一定经济效益的非遗项目进行生产性保护，推动非遗的产业化发展。另外，保护区探索出非遗与银行良性互动的新模式，由当地银行向非遗传承人开设"非遗贷""徽艺贷"等个人循环贷款，对一些通过银行评定的非遗企业提供重点支持，帮助这些非遗企业持续开展生产和运营工作，对徽州文化生态保护区非遗项目的保护与创新发挥了重要作用。

（三）热贡、羌族、武陵山区（湘西）土家族苗族文化生态保护区：探索非遗、旅游、扶贫三者结合新模式

热贡文化生态保护区、羌族文化生态保护区、武陵山区（湘西）土家族苗族文化生态保护区均是我国在少数民族聚居处设立的保护区，三个少数民族文化生态保护区充分发挥本地少数民族特色，培育独特的文化品牌，将本地非遗项目与旅游、扶贫结合起来，利用旅游市场推动非遗活态传承，并带动当地群众脱贫增收。

热贡文化生态保护区的保护区域涵盖同仁、泽库、尖扎三县，保留有大量藏传佛教文化资源，当地的唐卡艺术、黄南藏戏、土族於菟、热贡六月会等构成了独特的热贡文化，为发展文化旅游提供了内涵丰富的旅游内

容。当地政府积极将热贡文化转化为旅游资源，举办了青海·热贡文化旅游节、热贡唐卡绘制大赛、热贡文化论坛等大型活动，组织黄南藏戏、藏族民歌到景区演出，推出宗教文化朝圣游、非遗体验游、民俗体验游吸引游客，也与旅游公司合作开展文化旅游，当地居民通过接待游客、销售传统手工艺品增加了收入，开展非遗传播、传承工作的积极性有所提高。此外，热贡文化生态保护区设立的非遗传习中心、非遗展示宣传点也成为旅游景点，这些非遗传习中心、非遗展示宣传点集展示、授课、体验、销售于一体，既能为非遗传播、传承提供场地，也能促进热贡文化和旅游业的融合，让民众受益。

羌族文化生态保护区在建设过程中，大力开发羌族文化主题旅游，打造了阿坝州茂县古羌城、北川巴拿恰特色文化旅游商业步行街、羌绣文化旅游产业园等一批融合非遗体验与羌族文化产品销售的景区、景点。这些景区、景点形成了政府主导、社会参与、游客支撑的发展模式，政府相关单位安排当地居民在现场进行羌笛制作技艺、羌绣等非遗项目的展示活动，从而增加当地居民收入，带动当地居民的就业，不仅宣传、推广羌族文化，还为当地居民增加了收入。羌族文化生态保护区还举办瓦尔俄足节、六月初六北川民间祭大禹、羌族祭山会等节庆民俗活动，吸引众多游客，带动当地旅游业发展，进一步推动羌族非遗与旅游业相融合，实现社会效益和经济效益双丰收。

武陵山区（湘西）土家族苗族文化生态保护区充分利用旅游市场促进非遗活态传承，推动保护区建设成效惠及广大人民群众，带动群众脱贫增收。武陵山区（湘西）土家族苗族文化生态保护区采取了多项举措支持本地非遗与旅游产业相结合：鼓励苗绣、土家族织锦技艺、苗族银饰锻制技艺等非遗项目的传承人在技艺传承中加入现代元素，积极开发形式多样的非遗文创品投入到旅游市场中，把非遗"软实力"转变为增收"生产力"；将少数民族节庆活动打造为文化品牌，围绕土家族和苗族两个少数民族，在旅游景区内定期开展土家族社巴节、摆手节与苗族四月八节、赶秋节等节庆活动，令游客也能感受少数民族节日的魅力，实现民族传统节庆活动社会化、群众化、大众化；在旅游景区设立非遗大师工作室，湘西土家族苗族自治州博物馆非遗馆内设置了多个大师工作室，为非遗大师提供了对外展示交流的平台，不断深化非遗与旅游业的融合。

热贡文化生态保护区、羌族文化生态保护区、武陵山区（湘西）土家族苗族文化生态保护区三个聚焦于少数民族文化的保护区找准自身特色，以少数民族特色文化活动和产品吸引游客，探索出非遗、旅游、扶贫三者结合的新模式，在传承非遗、发展旅游的同时助力精准扶贫，既活化了本地非遗资源、提升了本地非遗项目的知名度，也为国家开展扶贫工作开辟出新路径。

（四）海洋渔文化（象山）生态保护区：形成"三位一体"综合保护模式，强化融合创新

浙江省宁波市象山县的海洋渔文化（象山）生态保护区着力突出海洋渔文化在当地非遗保护和经济社会发展中的引领作用，海洋渔文化（象山）生态保护区以非遗项目、非遗传承人、非遗传承基地"三位一体"的保护模式对本区渔文化进行综合保护，形成了特别的象山经验。

该保护区对全县40余项市级以上的非遗项目进行规范化管理，并评选出象山竹根雕、象山剪纸等3个市级示范项目和船模艺术、宁波农民画等7个优秀项目。2020年建成的象山县非物质文化遗产馆在馆内安排6位非遗传承人及一个传承团队长期驻馆开展非遗展示活动，并设置非遗微剧场和临展区，供县内非遗项目教学、展览、演出使用。海洋渔文化（象山）生态保护区大力建设了多个非遗传承基地，形成了"1个非遗街区、2个综合性非遗展示馆、3个民间非遗馆、7个乡镇非遗传习中心、13个非遗民宿、17个非遗体验基地、43个非遗点"[①]的格局，其中一些非遗基地由社会力量投入建设，一些非遗基地设立在旅游景区和学校里，促成了社会合力共同保护非遗的局面。

海洋渔文化（象山）生态保护区的建设亮点在于强化非遗与其他行业的融合创新，进一步促进非遗的保护、传承。象山县定塘镇以"非遗＋餐饮业""非遗＋农业"等跨界融合的方式建设成为非遗特色小镇：在线上与

---

① 马振：《海洋渔文化生态保护的"象山"实践》，《宁波通讯》2021年第3期。

线下销售麦糕、麻糍等本土特色美食，推动传统饮食类非遗融入餐饮业；依托定塘二月二习俗和大塘红庙庙会两个与农耕文化相关的节庆民俗活动，营造田园氛围，引起游客的关注，擦亮了非遗小镇的品牌。2020 年，象山县开展首批非遗民宿试点工作，极具创新性地把民宿和非遗联系起来，确立了13 个非遗民宿，以非遗提升民宿的文化内涵。游客们可以在入住民宿时体验当地非遗项目，非遗传承人也能够借助民宿的平台向更多人展示自己的非遗项目，更好地保护本地渔文化，从而对外输出象山经验，扩大海洋渔文化（象山）生态保护区的影响力，达到多赢的效果。

（五）齐鲁文化（潍坊）生态保护区：探索形成"1344"保护模式

经过多年建设，齐鲁文化（潍坊）生态保护区在基础设施建设、规章制度制订、非遗项目保护、文化生态优化等方面取得了显著成效，探索形成了一个建设路线图、三个建设理念、四个保护平台、四项传承工程的"1344"[①] 保护模式。

根据潍坊的地理特征，齐鲁文化（潍坊）生态保护区以白浪河主干线为轴，潍河、弥河为两翼，以及相连的 10 个文化特征片区作为重点保护区域，制订出科学的建设路线图，指导保护区的整体建设。在建设实践中，齐鲁文化（潍坊）生态保护区确立了将非物质文化遗产融入现代生活、融入现代文创产业、融入现代公共文化服务体系三个建设理念，向市民提供大量免费的非遗课程，组织非遗项目开展文化惠民活动，推进本地非遗融入市民的生活；利用潍坊文化艺术展示交易会、国际风筝节、海峡两岸博览会等活动平台，促进各地间展开文化合作，潍坊市的海峡两岸经济文化发展促进会与台湾发展研究院签订《文创产业合作协议》，合力推出更多非遗文创产品，促进非遗融入现代文创产业；把非遗保护纳入公共文化服务体系中，通过文化馆、图书馆、博物馆推动非遗进校园、进社区，切实保证全民共享非

---

① 　王执中主编《经济·中国非物质文化遗产蓝皮书》(2017)，经济日报出版社，2017，第 152 页。

遗文化。

此外，齐鲁文化（潍坊）生态保护区搭建了非遗传习平台、文化传播平台、学术研究平台、市场推广四个保护平台来开展非遗保护工作。以开设非遗社会传习讲堂、建立常态化非遗传习所、实施非遗师徒传承"百乡千人扶持计划"等方式，齐鲁文化（潍坊）生态保护区有序开展非遗传习活动，扩大非遗传承人队伍，增强了传承后劲。通过参加中国非遗博览会、国际文化产业博览交易会等大型展览活动、举办传统节日民俗文化活动与文化遗产日活动，齐鲁文化（潍坊）生态保护区开展了多样的非遗展示、传播活动，增强群众对保护区非遗项目的认同感，并依靠电视台、网站等发布保护区建设资讯，让公众了解保护区建设情况。该保护区内还成立了潍坊民俗学会、潍水文化研究会等多个学术研究组织，申报多项国家级、省级课题研究，并出版了大量非遗专著，丰富了齐鲁文化的相关研究。除了在各展会、博览会上销售、推广非遗产品，该保护区还利用电商渠道销售潍坊传统工艺品，并在杨家埠民间艺术大观园、齐鲁酒地文化创意产业园等文化园区安排非遗产品展销，有效拓宽非遗展示和产品销售的渠道。齐鲁文化（潍坊）生态保护区还实施了资源抢救工程、技艺培训工程、设施建设工程、非遗衍发工程四项传承工程，对保护区内的非遗项目实行抢救性保护、传承性保护、整体性保护与生产性保护，加强非遗项目和社会各界的联系，促进全民保护非遗、全民共享保护成果。

实施"1344"保护模式的齐鲁文化（潍坊）生态保护区在生态环境与非遗文化的良性互动中，做到非遗保护"见人见物见生活"，成功让非遗贴近大众生活，满足人民群众的精神文化需求，其做法可为我国其他文化生态保护实验区的建设提供参考借鉴。

二　国家级文化生态保护区开展建设工作的特点

7个国家级文化生态保护区尽管文化特色与保护内容各不相同，但在建设过程中都做到求实创新，摸清了保护区内的基本情况，对本区的物质遗

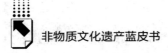
产、非遗资源以及生态情况有清晰的认知，具体开展实践工作时充分活化利用本地的非遗资源，注重突出本地区文化特色，促进文化和旅游的深度融合与协同发展。

（一）做好基础工作，对本区文化资源认知清晰

各国家级文化生态保护区在开展建设工作之前首先通过大量调查研究和工作实践摸清本地的基本情况，对保护区有清晰、准确的定位，为后续开展工作奠定基础。各保护区把建设国家级文化生态保护区作为当地经济社会发展的重要战略，持续完善工作机制，保护区内的政府单位出台大量规划文件与工作方案切实保障各保护区的建设工作有效开展。

各种规划文件与工作方案等配套性文件的出台明确了保护区的具体工作事项与工作要求，同时要求当地设立专门的工作机构，确保保护区建设工作有序开展，有力保证保护区的建设与管理法治化、科学化和规范化，扎实推进文化生态保护区的建设工作。

（二）注重突出本地区特色，形成独特的保护模式

国家级文化生态保护区除了开展常规的非遗保护工作外，还十分注重突出本地区的亮点，打造本地区的特色文化品牌，着重发挥特色文化品牌的引领作用，对新时期非遗保护与传承工作具有重要的示范性作用和引领意义。

以少数民族文化为亮点的热贡文化生态保护区、羌族文化生态保护区、武陵山区（湘西）土家族苗族文化生态保护区就将本地特色文化打造为该保护区专属的文化名片。例如，武陵山区（湘西）土家族苗族文化生态保护区把非遗保护与当地少数民族特色建筑结合起来，打造了矮寨—十八洞—吕洞山、山江—黄丝桥、芙蓉镇—老司城、里耶—惹巴拉、茶乡风情、沅水民俗共六个传统村落保护利用示范区，把民族资源丰富、发展历史悠久的传统村落联系起来，将村寨变景点，将非遗文化以现场体验、产品销售的方式深入到群众当中。此外，突出少数民族文化的国家级文化生态保护区关注到少数民族节日的特别之处，发掘其中的文化内涵，通过具

有少数民族文化特色的节庆民俗活动大力推广本地区非遗项目。其他以少数民族文化为亮点的文化生态保护实验区可学习这一点，与区域内的少数民族居民协商，在不伤害当地居民感情的基础上，利用少数民族的节庆民俗活动宣传、推广非遗项目，为非遗传承人提供展示非遗的平台，进一步推动非遗的活态传承。

通过多年的建设实践，各保护区针对本区情况探索出特别的保护模式，比如闽南文化生态保护区的"五个结合"模式、徽州文化生态保护区的立体化保护格局、海洋渔文化（象山）生态保护区的"三位一体"综合保护模式、齐鲁文化（潍坊）生态保护区的"1344"保护模式等，启示着各文化生态保护实验区应当积极探索，走出自己的特色之路，不盲目借鉴其他保护区的做法，形成符合自身特点的保护模式。

（三）活化利用非遗资源，深化文旅融合发展

各国家级文化生态保护区注重对非遗进行原生态、原真性保护的同时，活化利用保护区的非遗资源，做了许多效果显著的工作，取得了较好的社会效益和经济效益。

根据本地文化特色，国家级文化生态保护区创新开发出丰富的非遗文化创意产品，除了依托传统节日、文化遗产日的活动进行展览、销售外，各保护区还积极利用互联网平台，充分发挥互联网的优势开展非遗产品线上销售工作。如徽州文化生态保护区搭建了印象商城·潍坊礼物交易采购平台，可向全世界输出具有潍坊文化特色的非遗产品。武陵山区（湘西）土家族苗族文化生态保护区开发、建设了集管理、展示、销售为一体的云上湖南非遗馆，该非遗馆与电商平台上的湖南非遗商城实行互通，还举办了"云上拾遗路守护潇湘情"湖南传统手工艺网上博览会，安排百余项非遗产品入驻非遗商城，以展带销，为在线上观看展览、对非遗产品感兴趣的群众提供便利的购买方式。互联网平台传播的便利性，应当被文化生态保护区重视起来，在建设过程中，利用好互联网平台激活非遗的生命力，满足当代人的需求，促进非遗的可持续发展。

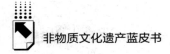
此外，国家级文化生态保护区不断深化非遗与旅游的融合发展，在开发旅游线路时把当地的非遗项目、非遗基地串联起来，推动文化生态保护区非遗的活态化传承。象山县在建设文化生态保护区时就将区内的非遗馆、非遗传习中心、非遗体验基地、非遗景区、非遗民宿等与非遗相关的场所标注到旅游地图上，向游客派发非遗地图，让游客直观了解区内有哪些非遗项目与非遗基地，加深了非遗文化与旅游的融合。借助旅游业，各国家级文化生态保护区的非遗文化有效转化为促进社会经济发展的动力，其他文化生态保护实验区亦应加强非遗与旅游的结合，既满足本地市民与游客的精神文化需求，也能向更多人彰显本保护区的建设成果。

三　国家级文化生态保护区存在问题与解决对策

通过国家验收的 7 个国家级文化生态保护区虽然在保护区建设中取得了阶段性成效，但仍存在资金来源渠道单一、专业保护人才缺乏的问题，需要各保护区加大保护工作力度，形成多元化投入机制，加强与社会力量的合作，拓展专业人才队伍。

（一）保护资金来源渠道单一，需加强建设多元化的投入机制

目前，各国家级文化生态保护区的建设资金来源渠道较为单一，主要依赖于国家、省级的专项资金和政府财政投入，文化生态保护区建设周期长，仍需加大经费投入保障建设工作持续有效进行。

各国家级文化生态保护区的管理单位需要进一步加大支持力度，加大对非遗保护资金的投入，将文化生态保护区建设经费列入本地财政预算，并按照财政年度收入比例适当调整保护区建设经费增幅。各国家级文化生态保护区还可多鼓励社会各界参与到保护区建设中，引入社会各方面的投资，给非遗保护注入新鲜血液，形成政府资金引导、社会力量参与的多元化投入机制，为文化生态保护区建设工作提供有力的经费支撑。同时，积极利用开发非遗旅游、非遗文化创意产品的方式，对非遗项目实行生产性保护，减轻非

遗传承人及非遗企业创收压力，让非遗传承人及非遗企业有充足的经费开展保护和传承工作。

（二）专业保护人才缺乏，需加强与高校等社会力量合作

实行整体性保护的文化生态保护区涉及区域广，建设工作专业性强，对工作人员要求高。而国家级文化生态保护区内的一些区（县）的专门保护工作机构尚未建立或完善，保护工作队伍存在着数量少、基础薄弱的问题，工作人员的专业能力有待加强。

各文化生态保护区应当落实非遗保护相关的人才政策措施，并建设有效的激励机制，加强对文化生态保护区工作人员的激励与保障。与高校、学术组织等建立合作，提供合适的优惠政策，促进高校根据当前形势调整教学目标，培养掌握非遗保护知识、适应文化生态保护区建设的专业人才，吸引专业人才加入保护队伍中，不断壮大保护队伍，提升保护队伍的专业性。充分利用高校、学术组织等的优势，向保护工作人员开设培训课程，帮助他们把握当下非遗保护工作中出现的新思想、新思维、新理念与非遗保护工作所面临的新形势、新任务、新要求，提高保护工作人员的能力水平，增强保护工作人员的使命感和责任感。

此外，各文化生态保护区还可考虑动员民间力量、组建志愿者队伍，发挥社会力量的优势与作用。比如，象山县非遗保护中心组建了一支非遗保护志愿者团队，该团队专门从事非遗保护相关工作，对当地部分非遗项目进行抢救性记录，为象山县海洋渔文化保护日活动等相关非遗宣传活动提供志愿服务，成为推动象山非遗保护的坚定力量。其他文化生态保护实验区也可学习借鉴象山县的做法，通过组建志愿者队伍，发挥志愿者的力量，更好地建设保护区。

结　语

进入"十四五"时期，国家对非遗保护工作提出新要求与新任务。文

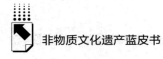

化和旅游部公布的《"十四五"非物质文化遗产保护规划》① 要求加强文化生态保护区建设，开展国家级文化生态保护实验区设立工作，建设 30 个国家级文化生态保护区，对国家级文化生态保护区建设情况进行检查，开展总体规划实施情况和建设成效评估。在国家政策的高要求下，各级文化生态保护区应继续加大保护力度，不断与时俱进，实现非遗的创造性转化、创新性发展，努力完成规划目标。各文化生态保护实验区应从已通过验收的文化生态保护区中汲取经验，探索出适合自身发展的特色道路，推动非遗保护事业取得更大进步。

---

① 《文化和旅游部关于印发〈"十四五"非物质文化遗产保护规划〉的通知》，中国非物质文化遗产网·中国非物质文化遗产数字博物馆，http：//www.ihchina.cn/Article/Index/detail?id=23021，访问时间 2021 年 12 月 9 日。

B.12
非物质文化遗产名录制度新论[*]

李　惠[**]

摘　要：　"归类与列入保护名录"是遗产的一个核心概念。《保护非物质文化遗产公约》在理论上衍生出两套具有层级关系的对话形式，为"清单"和"代表性名录"在遗产化进程中产生新功能提供了理论根源。这与权威遗产话语主导的制度化实践之间存在着巨大的张力，为名录制度"在地化"实践提供了空间。展开《送王船——有关人与海洋可持续联系的仪式及相关实践》在国际与国内两个名录制度体系中的比较，认识我国遗产化进程是受嬗变中的非遗保护理念影响的，由一系列法律法规构成的权威遗产话语所主导的自上而下的制度化实践。建立非遗清单弥补由"社区、群体，有时是个人"主导的关于遗产项目"地方性"的内部对话方式的缺失，将助力我国非遗实践的深入。

关键词：　非物质文化遗产　清单　名录　对话　制度化实践

　　哈里森（Rodney Harrison）指出，"归类（Catogorisation）与列入保护名录（Listing）"是遗产的一个核心概念。"归类、排序、列入名录，还有随之

---

　　* 本文系《广州大典》与广州历史文化专题研究 2018 年度课题"欧洲早期汉学与中国戏剧西传研究"（项目编号：2018GZY09）阶段性成果。
　　** 李惠，文学博士，中山大学中国非物质文化遗产研究中心教师。

而来的保护并（或）建档，是所有'遗产'的必经之路。"① 在《保护非物质文化遗产公约》（以下简称《公约》）框架下，国际与国内非物质文化遗产（以下简称非遗）保护实践都是从建立名录制度开始的。② 随着遗产化进程的推进，我国名录制度"在地化"实践及其理论的探讨空间在不断拓展。

一　我国非遗名录制度的"在地化"实践

我国非遗名录制度最初是仿效联合国教科文组织非遗名录制度建立起来的。《公约》生效以来，为了在国际一级保护非遗，UNSCO 推进了与"宣布人类口头与非物质遗产代表作"名称相似、理念相左③的"人类非物质文化遗产代表作名录""急需保护的非物质文化遗产名录""保护非物质文化遗产的计划、项目和活动"即"优秀实践名册"等，三种非遗名录建设。截至目前，在国际一级的遗产化进程中，我国共有 42 项遗产项目④被列入。

《公约》未对缔约国在国家一级建立非遗名录制度作具体要求，只在第三章"在国家一级保护非物质文化遗产"第十二条"清单"中规定："为了使其领土上的非物质文化遗产得到确认以便加以保护，各缔约国应根据自己的国情拟订一份或数份关于这类遗产的清单，并应定期加以更新。"⑤ 这赋予缔约国在遗产化进程中将《公约》保护理念与制度设想"在地化"的

---

① 罗德尼·哈里森：《文化和自然遗产：批判性思路》，范佳翎、王思渝、莫嘉靖、沈山、张力璠、韩博雅译，上海古籍出版社，2021，第 7 页。

② 宋俊华：《非遗名录制度建设的国际理念与中国实践》，《中国非物质文化遗产》2021 年第 2 期，第 14～22 页。

③ "宣布人类口头和非物质遗产代表作"中的"代表作（Masterpieces）"与"人类非物质文化遗产代表作"中的代表作（Representation），两者中文表述均为"代表作"。这掩盖了两者在理念上的区别，关于这两者的区别，请参看 Valdimar Tr. Hafstein，"Intangible heritage as a list Form masterpieces to representation"，Laurajane Smith and Natsuko Akagawa："Intangible Heritage"，London and New York：Routledge，2009，pp. 93－111。

④ 关于"遗产项目"请参看巴莫曲布嫫《遗产化进程中的活形态史诗传统：表述的张力》，《民族文学研究》2017 年第 6 期，第 20～35 页。

⑤ 《保护非物质文化遗产公约》，中国非物质文化遗产网·中国非物质文化遗产数字博物馆，http：//www. ihchina. cn/zhengce_ details/11668，访问时间 2021 年 7 月 16 日。

空间。

我国建构了一份具有中国特色的非遗"清单"。截至目前，我国共有列入"国家级非物质文化遗产代表性项目名录"的遗产项目 1557 项（子项目 3610 项）、认定"国家级非物质文化遗产代表性项目代表性传承人"3068 位、建成"国家级文化生态保护区"7 个（在建实验保护区 17 个）、公布"国家级非遗生产性保护示范基地"100 个[①]，并在全国范围内逐步完善四级（国家、省、市、县/区）名录体系。

两个特别行政区实行文化自治，《公约》分别于 2004 年 12 月、2006 年 9 月在香港和澳门生效。两地利用制度优势，参与了全国性的非遗名录建设，开展了非遗名录制度"在地化"探索，构建起了以"非遗清单"和"代表作名录"构成的两级体系，并不定期更新。[②]

二 清单（Inventories）与代表作名录
（Representative List）辨析[③]

观照《公约》与我国在地化实践，发现"清单"与"名录"在实践运用中是混淆模糊的。在历时与共时的两个维度中梳理概念的流变，重新认识两者在"归类与列入保护名录"这一遗产化进程中的功能与作用。

建立并公布遗产清单或名录并非《公约》首创，两者在遗产领域的使用由来已久。清单与名录都是为给某类型遗产项目予以法律或程序上的保护，对其辨认、描述、归类并公布的做法。

在《公约》中，清单（Inventories）出自第十二条，共两款。第一款是

---

① 数据来源于《清单》，中国非物质文化遗产网·中国非物质文化遗产数字博物馆，http://www.ihchina.cn/project.html，访问时间 2021 年 7 月 16 日。

② 关于香港与澳门"非遗清单"与"代表作名录"构成的两级名录体系，可参看李惠《粤港澳大湾区建设与非遗保护——以非遗清单构成与名录体系建设为例》，宋俊华主编《中国非物质文化遗产保护发展报告（2020）》，社会科学文献出版社，2021，第 253～266 页。

③ Representative List 直译应为代表性名录，代表作应为 Representation，但在非遗保护实践中一直称为代表作名录，近年我国非遗实践中规范性表述为代表性项目名录。

对缔约国在本国范围内建立并定期更新清单以确认和保护遗产项目的规定，第二款则明确了缔约国履约报告应包含清单建设情况。《公约》有两种名录（list）①，分别出自第十六、十七条。一种是《人类非物质文化遗产代表作名录》（Representative List of the Intangible Cultural Heritage of Humanity），另一种是《急需保护的非物质文化遗产名录》（List of Intangible Cultural Heritage in Need of Urgent Safeguarding）。从语法角度分析，代表作名录出现了变化，即"Representative"是限定和修饰"List"的。正如一些学者指出的那样，较之以前遗产领域的各种保护文件，《公约》有了非常重要的转变，即对列入保护名录中的项目，"关注的重点从单个传统具有'突出的、普遍的价值'，转向承认一种传统所具有的代表性已足以让它被容纳其中"，这让"一件本质上具有'地方性'的对话产生了'全球性'的影响"。② 这也是非遗保护中"清单"和"代表作名录"产生新功能的理论根源。

非遗的提出，拓展了遗产类型，在理论上衍生出两套具有层级关系的对话形式。第一个层级是关于"地方性"的内部对话，由"社区、群体，有时是个人"所主导，确认与确立遗产项目的身份。即，怎样的遗产项目能代表"地方性"列入非遗清单，是由遗产项目持有者决定的。第二个层级是关于"代表性"的外部对话，依然由权威遗产话语③主导，确认和确立遗产项目参与外部对话的范围。即，怎样的遗产项目能成为"地方性"的代表列入代表作名录，参与"区域性"甚至"全球性"对话，依然由权威遗产话语主导。同时，遗产项目需由内部对话确认与确立方能进入外部对话的范畴，即遗产项目的"地方性"是其"代表性"的依托。

---

① 优秀实践名册也是一种非遗名录，但这种名录不是对遗产项目的辨认、描述、归类并公布，而是对进入名录体系后遗产项目的保护计划与实践的管理和评价。

② 罗德尼·哈里森：《文化和自然遗产：批判性思路》，范佳翎、王思渝、莫嘉靖、沈山、张力璠、韩博雅译，上海古籍出版社，2021，第163页。

③ 史密斯认为，有一种自指式的"权威遗产话语"，其权威性部分来源于其对实践者和政策制定者"诉说"并对其美学体验产生影响的能力，并且这种影响可以通过国家和国际组织实践法规的制度化实践来实现。参见劳拉·简·史密斯（Laurajane Smith）：《遗产利用》，劳小燕、张朝枝译，科学出版社，2020，第14页。

《公约》衍生出的这种具有层级关系的对话形式，通过《实施〈保护非物质文化遗产公约〉业务指南》（以下简称《业务指南》）变成了一种制度化实践。根据业务指南的规定，进入《公约》建立的两种名录均需满足以下条件："在社区、群体，或适当时有关个人尽可以最广泛的参与下，在其自由事先知情同意下，该遗产得以申报……该遗产已按《公约》第十一条和第十二条的规定，列入申报缔约国境内的非物质文化遗产清单"。对参与遴选"优秀实践名册"的遗产项目也提出了这样的要求："如果申报缔约国、执行机构和社区、群体，或适当时有关个人的计划、项目或活动被选中，他们就愿意合作传播最佳做法"。① 制度化实践进一步巩固了这种具有层级关系的对话形式，强化了权威遗产话语在非遗名录体系中的主导作用。

可是，非遗概念的提出，本身就是对权威遗产话语的一种反思，它强调"社区、群体，有时是个人"即遗产项目持有者在自身遗产实践中的首要作用，遗产项目的价值不应受制于外部对其价值的判断。作为《公约》和《业务指南》的补充，2016 年公布的《保护非物质文化遗产的伦理原则》再次重申了这一理念。

《公约》这种理想化的遗产理念、理论化的制度设想，与权威遗产话语之间产生了巨大的张力，也使得非遗名录制度在实践中呈现出不同路径的在地化探索。

三 我国"在地化"实践中名录制度的拓展

今天"非遗无处不在"，我国非遗名录的类型与规模都在急剧的增长。我国非遗名录制度建设是自上而下的发展过程，是权威遗产话语的产物。不断完善的四级名录体系丰富了其中的对话层次，不断拓展的名录类型提出了

---

① 这两条亦存在于此后各修订版中，2014 年修订版将"清单"修订为"某一清单"。《实施〈保护非物质文化遗产公约〉业务指南》（2010 年修订版），中国非物质文化遗产网·中国非物质文化遗产数字博物馆，http://www.ihchina.cn/zhengce_details/18398，下载时间：2021 年 4 月 15 号。

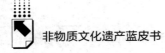

不同的归类方案。这不仅提高了遗产项目的能见度，也促进了非遗保护实践的发展。

我国代表性项目名录是效仿人类非物质文化遗产代表作名录最先建立起来的，在遗产化进程中这种制度化实践发生了深刻的变化。选取代表作"送王船——有关人与海洋可持续联系的仪式及相关实践"①，梳理其遗产化进程，比较它在国内和国际两个代表作名录体系中的区别，分析我国名录体系的特点。

表 1　"送王船——有关人与海洋可持续联系的仪式及相关实践"一览

	国家级非物质文化遗产代表性项目名录	人类非物质文化遗产代表作名录
名称	民间信俗(闽台送王船)②	送王船——有关人与海洋可持续联系的仪式及相关实践③
列入时间	2011 年(第三批)	2020 年
归类	民俗	社会实践、仪式、节庆活动④
申报地区	福建省厦门市	马来西亚和中华人民共和国
保护单位	厦门市闽南文化研究会	

① 这个遗产项目的名称几经变化。列入人类非物质文化遗产代表作名录时的这个名称，正反映了非遗保护实践开展以来人们对这一遗产项目的最新认识。可参看叶细致《"送王船"的申遗故事：文化还是迷信？这次定性了》，《决策探索》2021 年第 2 期。

② 《民间信俗（闽台送王船）》，中国非物质文化遗产网·中国非物质文化遗产数字博物馆，http：//www.ihchina.cn/project_ details/15155/，访问时间：2021 年 7 月 26 日。

③ 联合国教科文组织网站，https：//ich.unesco.org/en/RL/ong – chun – wangchuan – wangkang – ceremony – rituals – and – related – practices – for – maintaining – the – sustainable – connection – between – man – and – the – ocean –01608，访问时间：2021 年 7 月 26 日。

④ 联合国教科文组织网站所下载的此项目的提名文件（NO.01608），其中编号为 47758 – EN 的文件显示这个遗产项目所属的非遗领域为社会实践、节庆、仪式活动；中国非物质文化遗产网·中国非物质文化遗产数字博物馆网站，这个遗产项目类别介绍为有关自然界和宇宙的知识和实践。以教科文组织的信息为准。

续表

	国家级非物质文化遗产代表性项目名录	人类非物质文化遗产代表作名录
对话方式/程序	1. 2005 年福建省第一批省级非物质文化遗产名录项目名单:厦门送王船习俗(民俗),申报单位:福建省厦门市闽南文化研究会;① 2. 2008 年厦门市第一批市级非物质文化遗产名录项目名单:送王船(民俗),申报单位:厦门市闽南文化研究会; 3. 2009 年福建省第一批省级非物质文化遗产名录推荐扩展项目名单:闽台送王船习俗(民俗),保护单位:莆田市城厢区文化馆;② 4. 2009 年莆田市第二批市级非物质文化遗产保护名录:东汾端午节化龙船(传统习俗),保护单位:城厢区文化馆;③ 5. 2015 年厦门市海沧区首批区级非物质文化遗产保护名录项目:闽台送王船(民俗),保护单位:海沧区文化馆;④ 6. 2016 年厦门市湖里区首批区级非物质文化遗产代表性项目与代表性传承人保护名录:王船制作技艺(传统技艺),保护单位:湖里区钟宅畲族社区居委会,代表性传承人:钟庆丰;⑤ 7. 2018 年漳州市第七批市级非物质文化遗产代表性项目名录:送王船(民俗),保护单位:漳州开发区石坑保泉宫理事会、漳州台商投资区鸿渐村"送王船"民俗文化传习中心;⑥	1. 2011 年列入中国第三批国家级非物质文化遗产代表作名录:民间信俗(闽台送王船),36 份事先知情同意书;

① 《福建省第一批省级非物质文化遗产名录项目名单》,福建省文化和旅游厅网站,http://wlt. fujian. gov. cn/zwgk/sjfb/fycx/fwzwhycdbxxmml/202003/t20200319 _ 5219568. htm,访问时间:2021 年 7 月 26 日。

② 《福建省人民政府关于公布第三批省级非物质文化遗产名录的通知》,福建省人民政府网站,http://zfgb. fujian. gov. cn/5069,访问时间:2021 年 7 月 26 日。

③ 《莆田市人民政府关于公布第二批市级非物质文化遗产名录的通知》,莆田市人民政府网站,http://www. putian. gov. cn/zwgk/zxwjs/szfwj/200906/t20090628_156697. htm,访问时间:2021 年 7 月 21 日。

④ 此遗产项目的备注为:国家级项目(已公布),《关于公布海沧区第一批区级非物质文化遗产保护名录项目和代表性传承人的通知》,厦门市海沧区人民政府网站,https://www. haicang. gov. cn/xx/zfxxgkzl/zfxxgkml/hcqrmzfgwh/wtjyjysbyljslywh/201712/t20171214 _ 720007. htm,访问时间:2021 年 7 月 26 日。

⑤ 《湖里区人民政府关于公布首批区级非物质文化遗产代表性项目与代表性传承人保护名录的通知》,湖里区人民政府网站,http://www. huli. gov. cn/zwgk/zfxxgkzl/zfxxgkml/zcfg/qzfwj/201607/t20160701_102617. htm,访问时间:2021 年 7 月 26 日。

⑥ 《漳州市人民政府关于公布第七批市级非物质文化遗产代表性项目名录的通知》,漳州市人民政认网站,http://www. zhangzhou. gov. cn/cms/html/zzsrmzf/2018 – 07 – 24/653742469. html,访问时间:2021 年 7 月 26 目。

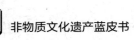

续表

	国家级非物质文化遗产代表性项目名录	人类非物质文化遗产代表作名录
对话方式/程序	8. 2019 年厦门市第一至第四批市级非物质文化遗产代表性项目名录的新增保护单位:(闽台送王船)厦门市思明区钓艚送王船民俗文化传习中心、湖里区钟宅畲族社区居民委员会、厦门市海沧区钟山村水美"送王船"民俗文化传习中心、厦门市海沧区芸美通济送王船文化传习中心、厦门市同安区西柯镇吕厝社区居民委员会、厦门市翔安区新店镇后村村社区居民委员会;① 9. 2020 年莆田市第一至第六批市级非物质文化遗产代表性项目名录新增保护单位:(送王船)瑞沟宫董事会(仙游县);笏石大丘埔万福坛董事会(秀屿区);② 10. 2020 年泉州市第六批市级非物质文化遗产代表性项目名录:送王船(民俗),保护单位:泉郡富美宫、晋江市新塘街道南塘社区老人协会、晋江深沪华峰镇海宫、南安郑成功庙;闽台富美宫王爷信俗(民俗),保护单位:泉郡富美宫。③	2. 2017 年列为马来西亚国家遗产,根据 2005 年《国家遗产法》(第 645 号法案): WangKang ceremony(王舡大游行),29 份事先知情同意书。

(一)遗产项目的"归类与列入保护名录"是制度化实践

1. 从 2005 年《国务院办公厅关于加强我国非物质文化遗产保护工作的意见》(以下简称《意见》)发布至 2011 年《非物质文化遗产法》(以下简称《非遗法》)颁布实施为第一阶段。这一时期,建立起了沿用至今的,我国遗产项目"归类与列入保护名录"的规范与程序。

我国非遗名录建设是自上而下的过程,是由一系列政策法规构成的权威遗产话语所主导的制度化实践。开启这种制度实践的纲领性文件正

---

① 《厦门市人民政府关于公布第五批市级非物质文化遗产代表性项目名录的通知》,厦门市人民政府网站,http://www.xm.gov.cn/zwgk/flfg/sfwj/202001/t20200102_2413317.htm,访问时间:2021 年 7 月 26 日。

② 《莆田市人民政府关于公布第七批市级非物质文化遗产代表性项目名录的通知》,莆田市人民政府网站,http://www.putian.gov.cn/zfxxgk/szfwj/qt/202003/t20200323_1456877.htm,访问时间:2021 年 7 月 26 日。

③ 《泉州市人民政府关于公布第六批市级非物质文化遗产代表性项目名录的通知》,泉州市人民政府网站,http://www.quanzhou.gov.cn/zfb/xxgk/zfxxgkzl/zfxxgkml/srmzfxxgkml/yzdggqtxx/202006/t20200601_2301700.htm,访问时间:2021 年 7 月 26 日。

是《意见》，它要求"通过制定评审标准并经过科学认定，建立国家级和省、市、县级非物质文化遗产代表作名录体系"。随文下发的《国家级非物质文化遗产申报评定暂行办法》和《非物质文化遗产保护工作部际联系会议制度》首次提出了"非遗"概念的中国化界定，建立起了遗产项目确认与确立的规范与程序，并通过设立各部委联席会议的方式使非遗保护实践获得了行政权力的支持①。2006 年出台《国家级非物质文化遗产保护与管理暂行办法》建立了国家级非遗代性项目保护单位的认定标准与管理办法，进一步明确了各级政府在非遗保护中的职责。② 全国性非遗保护政策的建立为各省级政府出台当地非遗保护政策和实施细则提供了依据。此后，各省、市级迅速展开遗产项目申报和非遗名录公布，被形象的称为"申遗时代"。

从表 1 看，由"厦门送王船习俗"归为民俗类非遗代表作列入福建省省级名录，开启了"送王船"的遗产化进程，至它以"民间信俗（闽台送王船）"归入民俗大类中的"民间信俗"小类列入国家级非遗名录，正是这一阶段名录建设蓬勃发展的结果。

2. 从 2011 年《非遗法》颁布实施到 2016 年文化部开展《非遗法》贯彻落实情况评估为第二阶段。这一时期，《非遗法》它以行政法的方式进一步稳固了"归类和列入保护名录"这一制度化实践。

3. 从文化部开展《非遗法》贯彻落实情况评估开始，至今为第三阶段。以文化部公布《各地贯彻落实〈中华人民共和国非物质文化遗产法〉情况评估报告》为契机，各省均完成了非遗行政法规的制定与实施，推动了省、市一级行政力量对"归类与列入保护名录"这一制度化实践的支持，带动了区一级非遗名录制度的建设，更重要的是引入了评估和退出机制。从表 1 看，遗产项目在其流传区域（闽南）进入更多的市、区一级非遗名录，其

---

① 《国务院办公厅关于加强我国非物质文化遗产保护工作的意见》，中国非物质文化遗产网，http：//www. ihchina. cn/zhengce_ details/11571，访问时间：2021 年 7 月 27 日。

② 《国家级非物质文化遗产保护与管理暂行办法（2006）》，中国非物质文化遗产网，http：//www. ihchina. cn/zhengce_ details/11595，访问时间：2021 年 7 月 27 日。

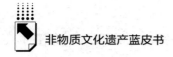

保护单位也在壮大。

由此看，在我国非遗实践进程中，由非遗政策、法规构成的遗产权威话语决定了"归类与列入保护名录"是制度化实践，并通过国家行政权力保障了这一实践的开展与深化。

（二）影响这一制度化实践不断深化的是我国非遗理念的嬗变

在《公约》框架下，我国非遗保护理念的嬗变主要受到了两方面的影响，一方面来自我国政府与学界对《公约》及其相关理念的理解与接受，另一方面来自我国在地化实践的深入。而非遗理念的嬗变主要体现在以下二个问题上。

1. 非遗概念的表述，以及由此产生的关于非遗领域的分类框架

非遗概念无疑来源于《公约》，但是《公约》中文本存在"前在本"（2003）和"订正本"（2006）两个版本。"前在本"是 2003 年随《公约》刊发的 UNSCO 六种工作语言版本中的中文本。它在非遗核心概念、术语、词汇的学理与逻辑方面存在诸多问题，表述又欠严谨，不符合国际法律文书的规范。鉴于此，我国在 2004 年宣布加入《公约》时未刊发此"前在本"，而是启动更正工作，至 2006 年方才刊布"订正本"①。可以认为，《公约》中文"订正本"是我国参与建构并迅速在地化的遗产话语体系。非遗领域（Intangible Cultural Heritage Domains），即非遗得以体现的"领域"。《公约》将非遗分列为五大领域，为确认非遗的表现形态提供了一个包容性分类框架。②

然而，《意见》《非遗法》等纲领性文件和法规并没有采用"订正本"中关于非遗概念的表述及其关于非遗领域的分类框架，甚至在非遗保护理念上都存在偏差。据学者巴莫曲布嫫调查研究，至少到 2015 年，上至联合国

---

① 巴莫曲布嫫：《从语词层面理解非物质文化遗产——基于〈公约〉"两个中文本"的分析》，《民族艺术》2015 年第 6 期，第 63～71 页。

② 联合国教科文组织著《非物质文化遗产领域》，巴莫曲布嫫译，《民间文化论坛》2020 年第 3 期，第 119～128 页。

教科文组织下至我国各地非遗保护中心均存在两个文本同时流传使用的混乱局面。① 这反映出一个问题，一方面我国积极参与《公约》遗产话语体系的建构；另一方面，我国各实践主体对《公约》所建构的遗产话语体系的传播与接受是参差不齐的。

《意见》中非遗的定义是"各族人民世代相承、与群众生活密切相关的各种传统文化表现形式（如民俗活动、表演艺术、传统知识和技能，以及与之相关的器具、实物、手工制品）和文化空间"，并由此产生出六种非遗领域。前五种与《公约》划分一致，第六种为"与上述表现形式相关的文化空间"。② 因此，在开展首批国家级非遗代表作申报时（2005 年），非遗领域被划分为：传统文化表现形式和文化空间两大类十七小类。③ 这个分类体系在公布第一批国家级非遗名录时（2006 年）被调整为沿用至今的十大门类。④

《非遗法》中非遗的定义是"是指各族人民世代相传并视为其文化遗产组成部分的各种传统文化表现形式，以及与传统文化表现形式相关的实物与场所"。⑤ 其所划分的非遗领域与名录制度使用的十大门类保持了一致性，从而保障了"归类与列入保护名录"这一制度化实践的持续性。

---

① 巴莫曲布嫫：《从语词层面理解非物质文化遗产——基于〈公约〉"两个中文本"的分析》，《民族艺术》2015 年第 6 期，第 63 ~ 71 页。
② 《国务院办公厅关于加强我国非物质文化遗产保护工作的意见》。
③ 语言被分列出来，但未进入申报范围。根据《文化部关于申报第一批国家级非物质文化遗产代表作的通知》非遗具体范围如下：1. 传统文化表现形式，主要包括：民间文学（包括作为文化遗产载体的语言）、民间美术、民间音乐、民间舞蹈、戏曲、曲艺、民间杂技、民间手工技艺、生产商贸习俗、消费习俗、人生礼俗、岁时节令、民间传统知识、传统体育竞技等。2. 文化空间，指按照民间传统习惯的固定时间和场所举行的传统的、综合性的民间文化活动。如庙会、歌圩、传统节日庆典等。中国非物质文化遗产网，http：//www.ihchina.cn/news_ 1_ details/11596.html，访问时间：2021 年 10 月 10 日。
④ 《国务院关于公布第一批国家级非物质文化遗产名录的通知》，中国政府网，http：//www.gov.cn/zhengce/content/2008 – 03/28/content_ 5917.htm，访问时间：2021 年 10 月 10 日。
⑤ 《中华人民共和国非物质文化遗产法》，中国大人网，http：//www.gov.cn/flfg/2011 – 02/25/content_ 1857449.htm，访问时间：2021 年 10 月 10 日。

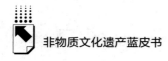

从《意见》到《非遗法》,非遗概念的修订彰显了保护理念的转变,这一转变突显了《公约》所秉持的遗产项目应由其"内部对话"确认与确立的理念。然而,从理念到实践并不是一蹴而就的过程。由概念产生的分类框架保持了持续性。有学者指出,分类系统不仅是信息管理的结构,可能同样重要的,它们是一种"记忆练习",即塑造了我们理解过去和现在的方式的一种生产和维护知识系统的结构。① 将非遗领域划分为十大门类,来源于我国对民族民间文化知识体系的理解与建构,与旧的学科分类有着密切联系。

2. 历次国家级非遗名录申报评审标准的调整,反映了的保护理念嬗变

目前,我国已公布五批国家级非遗代表性项目名录。历次申报与评审标准都有调整,这直观而生动的反映了我国保护理念的变迁。

表2　我国国家级非物质文化遗产名录评审标准一览表

批次	评审标准
第一批①	(一)具有突出的历史、文化和科学价值;(二)具有在一定群体中世代传承的特点;(三)在当地有较大影响;(四)符合以下条件,且处于濒危状态。
第二批②	已列入省级非物质文化遗产名录的非物质文化遗产项目,并符合下列标准:(一)具有突出的历史、文化和科学价值;(二)具有展现中华民族文化创造力的典型性、代表性;(三)具有在一定群体中世代传承、活态存在的特点;(四)具有鲜明特色,在当地有较大影响。
第三批③	已列入省级非物质文化遗产名录的非物质文化遗产项目,并符合下列标准:(一)具有突出的历史、文化和科学价值;(二)具有展现中华民族文化创造力的典型性、代表性;(三)具有在一定群体中或地域范围内世代传承、活态存在的特点;(四)具有鲜明特色,在当地有重大影响。

---

① 罗德尼·哈里森:《文化和自然遗产:批判性思路》,范佳翎、王思渝、莫嘉靖、沈山、张力璠、韩博雅译,第33页。

② 《文化部关于申报第一批国家级非物质文化遗产代表作的通知》,中国非物质文化遗产网,http://www.ihchina.cn/project_details/11596/,访问时间:2021年10月10日。

③ 《文化部关于申报第二批国家级非物质文化遗产名录项目有关事项的通知》,中国非物质文化遗产网,http://www.ihchina.cn/Article/Index/detail? id = 8950,访问时间:2021年10月10日。

④ 《文化部关于申报第三批国家级非物质文化遗产名录项目有关事项的通知》,中国政府网,http://www.gov.cn/zwgk/2009 - 07/21/content_ 1370541.htm,访问时间:2021年10月10日。

续表

批次	评审标准
第四批①	已列入省级非物质文化遗产代表性项目名录的非物质文化遗产项目,并符合下列条件:(一)体现中华民族优秀传统文化,具有重大历史、文学、艺术、科学价值;(二)具有体现中华民族文化创造力的典型性、代表性;(三)具有鲜明特色,在当地有重大影响;(四)在一定群体中或地域范围内世代传承、活态存在。 为避免造成资源浪费,提高工作效率,参照前三批国家级非物质文化遗产代表性项目申报数量与入选比例,每省(自治区、直辖市)推荐申报项目数量不多于30项。
第五批②	(一)符合《中华人民共和国非物质文化遗产法》和《保护非物质文化遗产公约》对非物质文化遗产的定义。(二)符合社会主义核心价值观,对增强中华民族的文化认同、维护国家统一和民族团结、促进社会和谐和可持续发展有积极作用。(三)体现中华民族优秀传统文化,具有重大历史、文学、艺术、科学价值。(四)体现文化多样性和中华民族创造力。(五)制定有具体可行的保护措施和保护规划,保护工作富有成效。 各省级文化和旅游行政部门从2018年12月31日前列入省级非物质文化遗产代表性项目名录的项目中遴选推荐,且推荐申报项目数量不多于30项。同等条件下,要关注体现大众实践、覆盖面广、民众参与度高的项目和民族地区、边远地区、贫困地区的项目。

我国"归类与进入保护名录"在地化实践是自上而下开展的,在国家级非遗名录申报与评审中建立的遗产项目确认与确立的标准,也是其他各级名录遵循的标准。从表2可以观察到评审标准和理念发生了如下变化:

(1)对"濒危状态"的扬弃,对"活态性""创造力"的肯定。遗产话语中的"濒危"一词来自现代性体验及其时间观念。遗产实践表明,与遗产关联最大的不是过去,而是我们与现在、与未来之间的关系。遗产项目具有"不断地再创造"的生命力,使现在关于过去的"记忆选择"用于塑造希冀的未来成为可能。

(2)从遗产项目具有"突出的普遍价值"到多元价值的"代表性"模式的转变。由于"代表性"模式本身具有的理想化色彩,因此,这一转变在标准中表现的更迁回曲折。遗产话语在全球建立起了一套关于"突出的

---

① 《文化部关于推荐申报第四批国家级非物质文化遗产代表性项目有关事项的通知》,中国非物质文化遗产网,http://www.ihchina.cn/project_details/8902/,访问时间:2021年10月10日。
② 《文化和旅游部关于推荐申报第五批国家级非物质文化遗产代表性项目的通知》,中国非物质文化遗产网,http://www.ihchina.cn/news_2_details/18874.html,访问时间:2021年10月10日。

普遍价值"的等级体系。非遗的提出，是希冀建立起多元价值的"代表性"模式。虽然"重大价值""典型性""代表性"已经取代了"杰出价值""突出价值"，但是，关于"代表性"的内部对话的缺失，使这一转变更多是通过更换或增加遗产项目的保护单位来实现的。

（3）对优秀实践成果的重视，这是对"归类与列入保护名录"这一遗产化进程目的的校正。确认与确立遗产项目，将其"归类与列入保护名录"，位于保护实践的最前端。它为在程序与法律上对遗产项目展开保护提供了基础。在经历过遗产项目数量和名录规模迅速膨胀的"后申遗时代"，有效控制遗产项目数量与名录规模，将保护实践的重心后移成为必然的选择。

（4）《非遗法》与《公约》并举，承认两者之间的差异，在实践中相互支撑补充。随着全球范围内非遗实践的拓展，非遗在建构国家民族文化认同、参与国际对话方面发挥着日益重要的作用，非遗实践逐渐成为国家文化战略的重要组成部分。因此，在《公约》的框架下进行在地化实践，生成我国的遗产话语体系，开展国际对话，成为新时期的任务。

（三）关于遗产项目确认与确立的内部对话缺失

我国非遗名录体系构建了多个层级的外部对话方式，却依然缺乏《公约》建构的确认与确立遗产项目关于"地方性"的内部对话方式。从表1、表2可以观察到，自2007年进入国家级名录就要求具有层级关系的对话；自2016年最基层的区级名录建设在全国范围内铺开。然而这些均是由法律、政策构成的权威遗产话语主导的制度性实践。由"社区、群体，有时是个人"所主导的确认确立遗产项目身份的内部对话方式依然没有建立起来。这正是在《公约》框架下更深入拓展非遗实践的关键。

以前文讨论的非遗领域的分类框架为例，这个分类框架的缺陷与不足逐渐被认识，重新构建科学的分类体系被广泛讨论。可是，如何理解由《公约》提出"非遗领域"这个术语以及由此产生的这个分类框架呢？有大量的批评指出非遗领域与领域相互重叠，有的遗产项目可归属不同的领域。然而，社会文化实践活动，通常都涉及来自多个领域的遗产项目。以"送王船"为例，其根源于其流传区域闽南（厦门、漳州、泉州）、台湾（金门、澎湖、西南沿海一带）①、马六甲当地民众庞杂而深厚的"王爷信俗"②。只有以"社区、群体，有时是个人"为主导，方能知道当地民众所信奉的"王爷"是哪一位神祇及其功用范围，"王船"的形制、技艺与功用，"送王船"仪式的表现形式及其社会文化功能，"送王船"时节各路舞队、阵头、演剧的形态与功能。从遗产项目持有者的立场出发，才能更准确地了解遗产项目的表现形态与社会功能，理解非遗领域的特性展开更充分的讨论。

"送王船——人类与海洋可持续联系的仪式"在国际与国内两个名录体制中的均是制度化实践，体现了发展嬗变过程中保护理念，展现出不同的对话方式，也为开展国际与国内遗产话语的对话提供了案例。

我国非遗名录制度建设依行政体制建构出了关于遗产项目的具有多个层级关系的外部对话方式；建立和不断完善了"归类与列入保护名录"这种制度化实践；并以此为基础拓展了非遗名录的类型，以生产性保护理念建立起了"生产性示范保护基地"名单；突破遗产项目的单一维度，以区域性整体性保护理念建立起了"文化生态保护区"名单。

四 建立以"社区、群体，有时是个人" 为主导的非遗清单

非遗的提出，遗产话语由遗产项目具有"突出的普遍价值"转向到多元价值的"代表性"模式。《公约》因此衍生出两套具有层级关系的对话形式。第一个层级是关于"地方性"的内部对话，由"社区、群体，有时是个人"所主导，确认与确立遗产项目的身份。即，怎样的遗产项目能代表

---

① 姜守城：《台湾地区王船信仰的地域分布及特征》，《湖南科技学院学报》2012 年第 1 期，第 84～88 页。

② 李玉昆：《略论闽台的王爷信仰》，《世界宗教研究》1999 年第 4 期，第 119～127 页。

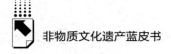
"地方性"列入非遗清单，是由遗产项目持有者决定的。

这是一种理想化的遗产理念、理论化的制度设想。在非遗已经进入国家文化发展战略的"十四五"时期，建立非遗清单完成遗产项目关于"地方性"的内部对话，推进非遗实践和理论向纵深发展，是否存在可能性呢？

这种可能性是存在的。首先，理论基础已经形成。关于非遗、非遗保护、非遗共同体、非遗实践范式等方面的讨论充分展开，各界对《公约》《业务指南》《伦理原则》的认识更充分。特别是随非遗实践发展，遗产项目持有者、实践者对非遗理念的认识、自身在非遗实践中的主体地位及其文化认同已发生了质的飞跃。其次，实践契机已经到来。香港和澳门，在遗产化进程中建立起以"非遗清单"与"代表作名录"构成的两级体系，其"非遗清单"是依托于"全港""全澳"非遗普查与随后开展的公众咨询与非遗专家委员审议。而《关于进一步加强非物质文化遗产保护工作的意见》提出要"开展全国非物质文化遗产资源调查"。《"十四五"非物质文化遗产保护规划》也提出推动非遗调查"研究启动第二次非遗资源普查"和开展"非遗在社区"工作。① 因此，可以以第二次全国非遗资源普查为契机，尊重"社区、群体，有时是个人"的主导作用与主体地位，运用基层机构的力量展开公众咨询，发挥专家咨询委员会的评审功能，展开充分的对话，建立起我国非遗清单。

遗产是一种"对话"模式，从这种新模式出发，遗产是从人、物品、场所与实践相互关系中诞生的，这里面既无"自然""文化"之别，更无所谓孰优孰劣，遗产涉及的是如何用各种各样的方式，将人与非人因素透过关联性联结起来，让历史在今天乃至未来仍具生命力。②

---

① 《"十四五"非物质文化遗产保护规划》，中国非物质文化遗产网，http：//www.ihchina.cn/ zhengce_ details/23021，访问时间：2021年10月10日。
② 罗德尼·哈里森：《文化和自然遗产：批判性思路》，范佳翎、王思渝、莫嘉靖、沈山、张力璠、韩博雅译，第5页。

B.13
论非遗学科化的理论建构与发展路径

孔庆夫*

摘　要：　自2004年全国人大常委会批准我国加入联合国教科文组织
　　　　　《保护非物质文化遗产公约》开始，非遗的学科化问题就成
　　　　　为学界关注的重要问题。近20年来，学界对于"非遗是不是
　　　　　学科？""非遗属于哪一门学科？""如何建设非遗学
　　　　　科？"等相关问题进行了系统性的学理思考和理论建构，从
　　　　　教育学、民俗学、民族学、音乐学、舞蹈、美术学、设计
　　　　　学等学科领域，以及高校非遗学科设置、职业院校非遗课程
　　　　　教学、中小学非遗课堂开展、非遗学科化建设的域外经验等
　　　　　诸多方面，对非遗学科化的理论建构和发展路径进行了学理
　　　　　思考，并形成了"非遗是学科""非遗是交叉学科""非遗
　　　　　是急需建设的新兴学科"等一致性的学术观点。新时代以
　　　　　来，随着"全面复兴中华优秀传统文化"等国家战略的持续
　　　　　施行，非遗学科化建设迎来最好的发展时期。

关键词：　非物质文化遗产　学科化　非遗课程　国民教育

　　自2004年我国加入联合国教科文组织《保护非物质文化遗产公约》开
始，"非遗学科化"就成为学界关注的重要问题。王文章《非物质文化遗产
概论》（文化艺术出版社，2006）的出版，拉开了"非遗学科化"建设的序

＊　孔庆夫，文学博士，中山大学艺术学院教师。

幕。随后，苑利、顾军《非物质文化遗产学》（高等教育出版社，2009），刘锡诚《非物质文化遗产：理论与实践》（学苑出版社，2009），宋俊华、王开桃《非物质文化遗产保护研究》（中山大学出版社，2013），向云驹《非物质文化遗产学博士课程录》（中华书局，2013）等一系列论著的出版，均为"非遗学科化"建设提供了逻辑路径和理论基础。同时，来自不同学科的诸多学者也从课程设置、案例分析、问题导向、建议对策等方面对"非遗学科化"问题进行了学理思考。

一 非遗学科化的概念提出与理论建构

从学术发展史来看，中山大学中国非物质文化遗产研究中心作为教育部唯一的国家级非遗研究平台，多年来一直在进行"非遗学科化"的学术思考、学术呼吁和理论建构，并得到了学界的广泛响应。

（一）非遗学科化的概念提出

早在 2009 年，宋俊华师就已经开始思考非遗的学科化问题，认为学科化是非遗研究的必由之路，并对非遗学科化进行了定义：所谓学科化，就是严格按照学科的科学性实质，即客观真实性、专业独特性和有机系统性特征，把偏实用、非专业和松散的非物质文化遗产研究，建设成为有学理、有专业和系统的非物质文化遗产学。其对非遗的学科化建设提出了客观性、独立性、系统性的"三大原则"和学术、专业、系统的"三大本位"，并认为非遗学是典型的交叉学科、边缘学科，它打破了传统学科对象的条状模式，而从横向的角度对学科对象进行划分，这个学科的出现对传统学科的研究必然是一种革新。[①] 2019 年，宋俊华师再次深化了对于非遗学科化的思考，并认为非遗学科是为了解决保护非遗的理论与实践问题而设，也是为人类社会

---

① 宋俊华：《非物质文化遗产研究的学科化思考》，《重庆文理学院学报》（社会科学版）2009年第 7 期。

发展而设。构建具有明确学科归属和学科意识、具有强烈学科责任感和使命感、具有平等性和互利性并认可文化中间人身份定位的"非遗学科共同体"是实现非遗学科独立的重要保证。[①] 与此同时，在 2019 年中山大学中国非物质文化遗产研究中心、中国文艺评论家协会、中山大学中国语言文学系联合主办的"中国非物质文化遗产与民族民间艺术学科建设研讨会"上，近 60 名与会专家对非遗学科化问题进行了深入的交流。宋俊华师发表的《非物质文化遗产学科共同体刍议》一文，全面梳理了非遗学的提出、兴起和发展过程，并认为非遗学是适应非遗保护工作需要而兴起的一门新的交叉学科，经过十多年的研究和建设，具有较好的理论和实践基础，需要在继续开展基本范式和案例研究的基础上，积极倡导非遗学的学科意识，构建学科共同体。[②]

（二）非遗学科化的理论建构

伴随着 2021 年 3 月教育部将"非物质文化遗产保护"列入普通高等学校本科专业目录，2021 年 4 月国务院学位委员会办公室下发了《关于推动部分学位授予单位开展非物质文化遗产方向人才培养试点工作的通知》等政策的持续出台等，再次引发了学界对于"非遗学科化"的学术思考和理论建构。

黄永林、邓清源从非遗保护的国际背景与中国实践；非遗学科建设的理论探讨与实践探索；非遗学与民间文艺学、民俗学的关系等方面论述了非遗学建设的必要性，并认为需要通过新增"非物质文化遗产学"一级学科、在文科类高校增设非遗学本科专业两个途径，实现非遗学在现代学科体系中的定位，促进非遗学的建立和发展。[③] 向云驹认为非遗学已经具备成为学科的学理性和学术性，同时也符合当前社会发展的现实需求，其在对非遗学学

---

① 宋俊华：《论构建非物质文化遗产学科共同体》，《文化遗产》2019 年第 2 期。

② 倪彩霞：《非物质文化遗产学的研究现状、热点及趋势——中国非物质文化遗产与民族民间艺术学科建设研讨会综述》，《文化遗产》2019 年第 2 期。

③ 黄永林、邓清源：《中国非物质文化遗产学形成的历史背景与学科定位》，《民俗研究》2021 年第 5 期。

科的可能与必然、构架与学理依据、国际经验、毕业生就业方向等方面进行论证后，认为非遗学成为一门独立学科是势在必行。① 苑利、顾军从非遗研究视野、研究视角、独立的理论架构等层面论述了非遗学科建设的独特性，并认为目前非遗保护所存在问题的关键是理论建设不足，特别是学科建设不足所导致的，必须集中精力做好非遗学科建设。② 马知遥、常国毅从非遗保护中文化认同缺失的环境因素和主体因素出发，论述了教育在非遗保护中的主要内涵，并从学历教育引导非遗保护、非学历教育助力非遗保护等方面对以教育实践为核心的非遗保护方法论进行了探究。③ 杨文昊以非遗口述史为对象，从必要性、客观性、跨学科研究等方面论述了非遗口述史从前学科化到学科化研究的三个阶段，并认为理想化、逻辑化学术指向的跨学科研究，对于推动非遗口述史学从学科交叉到交叉学科的更新具有指导意义。④

此外，关于非遗学科化建设与"新文科建设"之间的关系，高丙中从"非遗学"的称谓变化；非遗学与民俗学之间的学理关系；非遗学的前史、肇兴、成形的三个阶段进行了论述，并认为"非物质文化遗产作为公共文化，作为文化事业，作为介入地方发展和国家战略的文化资源，涉及经济、政治、技术、科学、艺术等诸学科，需要文理结合，需要文字处理与音像处理的结合，并在一系列、一整套的理论和方法的整合之下形成新文科意义上的非遗学。"⑤ 张勃则认为高校既是我国非遗保护的应然主体，也是实然主体。高校在确认、建档、研究、保存、保护、宣传、弘扬、传承、振兴等诸多促进非遗存续力、提升可见度方面发挥了积极作用。非遗保护的重要性和专业性

---

① 向云驹：《论非物质文化遗产学学科建设的方向与路径》，《中央民族大学学报》（哲学社会科学版）2021 年第 3 期。
② 苑利、顾军：《非物质文化遗产学学科建设的若干问题》，《东南文化》2021 年第 3 期。
③ 马知遥、常国毅：《非物质文化遗产教育性保护的方法论与道路探究》，《民族艺术研究》2019 年第 6 期。
④ 杨文昊：《从学科交叉到交叉学科："非遗"口述史客观性问题再认识》，《文化遗产》2021 年第 3 期。
⑤ 高丙中：《非遗学的建设与新文科的探索》，《中国非物质文化遗产》2021 年第 4 期。

需要高校以"新文科"视角进行非遗学科建设，并亟须将非遗学科纳入我国《学位授予和人才培养学科目录》和《普通高等学校本科专业目录》。[①]

对于非遗学科化建设的路径问题，王晨阳认为非遗是一门实践的学问，在实际工作中也是实践在先，后才有政策法规和学术研究；同时非遗也是一个横向领域，跨越了多个学科边界，非遗学科建设首先要立足实践。其通过对"中国非遗传承人群研修研习培训计划"的分析和论述，认为该计划在非遗教育方面进行了实践探索，发现了问题，积累了经验，为非遗传承人群培养以及非遗学科建设提出了要求、设想和建议。并呼吁高校应该通过学科建设，发挥学术资源优势，为非遗保护提供更多的支持。[②]

二　教育学视阈的非遗学科化理论建构

非遗学科化建设的最终目的是要将"非遗学"纳入国民教育之中，形成兼顾各级学历教育、学校教育、非学历教育、社会教育的综合教育体系。如此一来，从教育学视阈来建构非遗学科化的相关理论，就具有了突出意义。

（一）高等学科教育视域下的非遗学科化理论建构

肖金云认为非遗的保护与传承必须走教育路线，非遗进课堂、进教材、进校园是非遗保护可持续发展的根本举措，非遗课程体系建构得如何，不仅关系到整个非遗学科的建设问题，还关系到非遗校园教育传承工作的实施效果，应该受到更多重视和研究。并认为现阶段高校非遗课程建设中需要重点思考学科建设、培养目标、课程设置、教材建设、教学方法、高校非遗师资等相关问题[③]。高翔认为非遗保护目的与地方高校基本职能高度一致、保护

---

①　张勃：《新文科视域下的非物质文化遗产学科建设——从高校使命担当与非物质文化遗产保护的耦合关系谈起》，《文化遗产》2021 年第 4 期。

②　王晨阳：《以实践探索非遗教育与学科建设之路——从中国非遗传承人群研修研习培训计划说起》，《民俗研究》2021 年第 4 期。

③　肖金云：《当前高校非物质文化遗产课程建设探讨》，《智库时代》2018 年第 49 期

路径与地方高校发展方向不谋而合、价值体系与地方高校教学资源密切相关，但目前的非遗保护与地方高校的内涵发展存在认同度低、实践水平不高、功利性强、趋于形式主义、影响力弱、传承绩效较低等融合困境。并认为地方高校可以通过图书馆数据库、教育教学体系、校园传承基地、校园环境、校园孵化器等"五大平台"，促进非遗保护与高校内涵发展的融合。① 范振坤以山东管理学院的非遗传承与艺术教育为案例，认为需要通过完善人才培养方案、提升特色教育水平、推动特色品牌建设等途径推动非遗教育与高校艺术教育的全面融合。② 王丹丹、刘慧萍认为教育传承是开展非遗保护工作的内在要求，学校教育是非遗保护工作开展的必由之路，并认为现阶段需要在加大校园非遗宣传力度、开展非遗校园实践活动、明确非遗实践重要性、配合政府非遗引导工作、加强非遗学科体制建设、强化非遗传承工作的教育师资队伍建设等方面进一步推进非遗学科化建设。③ 杜虹景认为当下很多高校专业设置当中已经考虑到了非遗的传承、保护和发展，越来越多的高校开始着手设置非遗相关专业并开展非遗研究工作，认为可以通过完善非遗艺术学科知识体系、打造非遗艺术学科教学研究团队、拓展特色非遗艺术课程和实践、多渠道加大资金投入等方面保障非遗艺术教育发展。④ 孙靓认为在高校公共艺术教育中传承和发展非遗，既是高校传承非遗的要求所在，也是高校公共艺术教育的特色所在，其从非遗课程的定位、非遗教学形式的融合、非遗课程评价的创新等方面论述了在高校公共艺术教育中建设非遗学科的相关问题。⑤

---

① 高翔：《非物质文化遗产保护与地方高校内涵发展的融合困境、路径与机制》，《齐齐哈尔大学学报》（哲学社会科学版）2020年第6期。
② 范振坤：《弘扬文化传承创新　聚力艺术人才培养——山东管理学院非遗传承与艺术教育融合模式的创新实践案例解析》，《美术大观》2018年第5期。
③ 王丹丹、刘慧萍：《高校非物质文化遗产教育问题及其对策研究》，《黑龙江省政法管理干部学院学报》2011年第1期。
④ 杜虹景：《"非遗"文化在高校艺术教育中的创新研究》，《湖南税务高等专科学校学报》2016年第6期。
⑤ 孙靓：《传承、融合、创新——高校公共艺术教育非遗课程探索》，《音乐时空》2015年第3期。

此外，张效娟认为地方高校参与保护非遗工作是我国非遗保护及传承机制的一大亮点，地方高校可利用基础学科优势，开办非遗传承人培训班，利用应用学科优势对非遗实施数字化保护，还可以通过学术研究、开设课程等形式传承非遗，这既体现了地方高校在非遗保护和传承中的责任意识，也可以强化教学与科研的地方特色与优势，从而构建起地方高校教学、科研与非遗保护、传承良性互动的有效模式及实施途径。① 陆莉莉认为地方高校参与非遗保护与传承具有人才优势、教育优势、学科优势、技术设施优势等，需要通过以技术优势实现非遗的数字化保护、以学术研究提供理论支撑、以学科建设培养非遗传承人、以校园文化建设促进非遗传播等方式构建高校非遗保护与传承的系统工程。② 赵旎娜认为非遗传承的核心是让其文化基因得以延续，并在此基础上进行创新，最终赋予非遗新的生命力。地方高校因其先天拥有学科融合、科研创新、学术拓展等平台特质为该目标的实现提供了可能，但也存在无法瞄准痛点、反哺传承迷失、专业教育不专业等方面的不足，其认为需要通过课程理念更新、师资队伍优化、教学资源创新、人才评价多元等途径在高校推进非遗学科化进程。③

（二）高等职业教育与中小学教育视域下的非遗学科化理论建构

陈思琦以四川文化产业职业学院的非遗教育为案例，论述了职业院校进行非遗教育的价值，提出了职业院校非遗教育融入人才培养、融入行业企业、融入地方文化普及与经济发展的"三融"路径。④ 刘晓宏、张慧以高职院校的非遗传承人培养为案例，认为高职院校的非遗学科化建设需要导入非

① 张效娟：《从土族盘绣看地方高校在"非遗"保护和传承中的作用》，《青海师范大学学报》（哲学社会科学版）2019 年第 3 期。
② 陆莉莉：《地方高校参与"非遗"保护与传承的实践研究——以福建省"非遗"保护与传承为例》，《文化学刊》2021 年第 6 期。
③ 赵旎娜：《创新驱动背景下高校非遗教学性传承基地人才培养模式的实效性研究》，《自然与文化遗产研究》2019 年第 9 期。
④ 陈思琦：《高等职业院校非物质文化遗产教育传承"三融"路径探索与研究——以四川文化产业职业学院为例》，《四川文化产业职业学院（四川省干部函授学院）学报》2018 年第 3 期。

遗工作室项目，成立非遗文化研究基地；导入非遗传承人授课模式，设置非遗特色教育课程体系；深化校企合作共建模式，推广实践成效；完善非遗传承人培养模式，打造非遗传承人培养品牌。[①] 王晓、孙撼雷从高职院校的语文教学出发，认为传承非遗优秀传统文化与落实"文化传承与参与"学科培养目标是高职语文教学的重要任务，高职语文教育教学需要充分挖掘整合教材中的非遗文化资源；利用多媒体中的非遗文化资源；构建课外非遗文化主题学习群；组织学生参与体验生活中的非遗文化；激发学生学习非遗文化的兴趣；提升为城市建设服务的核心素养等。[②] 郭春发认为可以将非遗融入高校的思想政治教育，通过建设以能力为中心的目标模式、以学生为中心的过程模式、以社会为载体的情境模式等打通学科之间的界限、打通课程与社会的界限、打通专业课与思政课之间的界限，实现非遗课程与思想政治理论课的共同教学与科研工作，促进课程融合，实现全方位育人。[③]

此外，冯艺从非遗文化在中小学的传承现状、非遗文化对人性的陶冶作用、非遗文化推动"课程思政"建设、非遗文化促进核心素养的发展等方面论述了中小学非遗学科教育的必要性；并从课程目标体系、本土非遗资源、课程内容体系等方面论述了非遗文化进入中小学课程的体系构建问题；最后从构建"三个课堂"、建设"三位联动"教学机制、重视课程评价、聘请非遗传承人为专任教师、借鉴高校教学模式等方面，提出了中小学非遗学科建设的实施策略。[④]

三 民俗学与民族学视阈的非遗学科化理论建构

民俗学与非遗学在理论方法和研究对象上具有天然的重合性，在学科建

---

① 刘晓宏、张慧：《高职院校非物质文化遗产传承人培养实践路径的构建》，《太原城市职业技术学院学报》2019 年第 5 期。
② 王晓、孙撼雷：《基于非遗文化诉求的高职语文教学资源应用策略》，《河北职业教育》2020 年第 5 期。
③ 郭春发：《"非遗"文化融入高校思想政治教育路径的探索——以赵抃故里"非遗"文化融入为例》，《教育教学论坛》2020 年第 25 期。
④ 冯艺：《责任与情怀：非遗文化进课程的构建思考》，《文学教育》（下）2020 年第 11 期。

设思路上具有较强的关联性，民俗学理论是非遗学科化理论建构的重要来源。与此同时，我国现行的"四级"非遗名录中包含了大量的少数民族文化和艺术，民族学视阈的案例分析，也是非遗学科化理论建构的重要依据。

（一）民俗学视阈的非遗学科化理论建构

杨利慧从钟敬文早期的民俗教育观与民俗教育实践出发，以 1949 ~ 2002 年期间北京师范大学文学院的民俗教育，以及 21 世纪以来北京师范大学的非遗学科教育等为案例，论述了我国民俗教育与非遗教育之间的密切关联，并提出了客位教育观日益向主位教育观转向、学院派民俗学日益与公共民俗学相融合等非遗概念为传统民俗教育带来的新变化。① 洪映红以民俗学学科发展的特点和规律出发，从非遗保护与高校学科教育融合的可能性与必要性、民俗学在非遗保护中的价值体现、非遗保护与高校学科教育的融合途径等方面，论述了非遗保护与高校学科教育融合在理论和实践上的相通性②，并从基层社区保护、文化空间保护、民间社会保护三个方面论述了民俗学理论参与非遗保护的立场问题③。穆昭阳从民俗学与非遗学之间的学理关系出发，认为非遗话语的介入给民俗学研究提供了新的概念和视角，并从非遗保护与民俗学研究的学科基础（研究视角）、学科意识（外部推动）、学科发展（专业实践）、学科价值（理念追求）等方面论述了非遗保护对推动民俗学学科发展的贡献和意义。④

此外，贺少雅、朱霞以北京师范大学举办的"传统节日仪式中青年非遗传承人研讨班"为案例，认为高校研讨班的举办构建了多方参与的非遗

---

① 杨利慧：《从"民俗教育"到"非遗教育"——中国非遗教育的本土实践之路》，《民俗研究》2021 年第 4 期。

② 洪映红：《非物质文化遗产保护与高校学科教育的融合——以民俗学学科为例》，《百色学院学报》2016 年第 4 期。

③ 洪映红：《民俗学在非物质文化遗产保护中的学科价值——以"厦门市非物质文化遗产名录"为例》，《湖南文理学院学报》（社会科学版）2008 年第 3 期。

④ 穆昭阳：《非物质文化遗产保护与中国民俗学学科建设》，《长江大学学报》（社会科学版）2018 年第 1 期。

保护共同体，彰显了高校成为非遗传承重要力量的可能性，并拓展了民俗学研究的深度和广度。①

（二）民族学视阈的非遗学科化理论建构

池家晗以黔西南布依族服饰融入地方高校教育为案例，认为可以通过构建地方特色的高校校本课程、加强黔西南布依族非遗的师资队伍建设、加强与"第二课堂"实践教学相结合、加强非遗与校园文化的融合、加强特色场馆资源建设和整合等，在文化学、社会学、教育学等学科层面将黔西南非遗文化融入地方高校教育。② 邵卉芳运用"耦合"概念对西藏非遗教育提出了非遗项目与学校教育内容耦合、与学生生活耦合、与学校教学评价耦合的三条"耦合"路径，并提出了跨学科、跨境域、跨区域、跨主体的四条"互动耦合"思维模式。③ 张天彤从中国音乐学院对鄂伦春族、鄂温克族、达斡尔族非遗项目的保护与传承所开展的科研和教学工作为案例，分别从资料性保护、生产性保护、研究性保护、传播性保护、非遗传承人的传承、高校教师的传承等方面进行了论述，认为现阶段音乐类高校对少数民族音乐类非遗的保护和研究存在活态资料保护意识不强、课堂传承难免流于形式、研究成果不能及时转化为课堂教学资源、重视理论研究轻视现实应用等困境，并建议从强化学科意识、改进教学模式、利用科研成果、建立联动机制等四个方面进行加强和改进。④

此外，王静以民族地区高职高专的非遗传承为案例，认为可以通过孵化"政、行、社、企"协同等外部条件，以及通过构建课程体系形成学科群

①　贺少雅、朱霞：《高校的"非遗"保护实践及其启示——以北京师范大学传统节日仪式"非遗"研讨班为例》，《艺术与民俗》2020 年第 2 期。

②　池家晗：《地方高校传承非物质文化遗产的价值与路径研究——以黔西南布依族服饰为例》《文化学刊》2020 年第 5 期。

③　邵卉芳：《多维互动耦合：西藏非物质文化遗产学校教育传承》，《西藏民族大学学报》（哲学社会科学版）2021 年第 4 期。

④　张天彤：《贴近保护与传承的民族音乐学——以北方人口较少民族传统音乐的科研、教学实践为例》，《中国音乐》2020 年第 1 期。

落；引进"大师驻校"培养复合应用型人才；创新载体推动持续传承等内部动力条件，共同助推非遗文化在民族地区职教体系中的学科化建设和活态传承。① 陈梅以贵州民族大学在不同时期的民族民间特招班和系部设置、搭建非遗研究平台、建立非遗传承人群培训基地、开展非遗进校园系列活动、建设大师工作室、创新人才培养模式等非遗学科化发展过程为案例，认为非遗学科化的建设需要整合相关学科、建立多元化特征学科体系、建立区域性非遗资料库、注重成果转化为地区文化与经济服务等。②

四　音乐学与舞蹈学视阈的非遗学科化理论建构

传统表演艺术是非遗的重要组成部分，以传统（民族）音乐教学、传统（民族）舞蹈教学为案例的课程设置，是非遗学科化建设的重要组成部分和具有典型性的案例分析对象。

（一）音乐学视阈的非遗学科化理论建构

莫晓文以广西艺术学院民族艺术系音乐表演（民歌演唱）方向的非遗教学课程为案例，认为需要量身打造民歌演唱方向培养目标、完善教学大纲、调整评价体系、构建高素质的师资队伍、采用多样化非遗教学形式、编撰特色课程教材等为传统（民族）音乐的非遗学科化建设保驾护航。③ 林莉、李霜以江西音乐类非遗在江西高校中的保护与传承状况为案例，认为需要建设通识课、专业课、必修课、选修课、实训课、考察交流、展示展演等在内的教学体系，并通过打造多元课堂、实施数字化传承等方式进一步推动

---

① 王静：《民族地区"双高校"非遗传承的价值审视与路径探寻》，《中国民族博览》2021 年第 5 期。
② 陈梅：《民族院校在"非遗"传承教育中的探索——以贵州民族大学为例》，《教育现代化》2019 年第 6 期。
③ 莫晓文：《"非遗"传承在高校教学中的路径探索——以广西艺术学院音乐表演（民歌演唱）方向为例》，《歌海》2019 年第 5 期

音乐类非遗在江西高校中的课程化建设。① 胡乾坤认为需要树立音乐非遗专业特色教育的理念，通过调整学科布局、规范非遗师资、构建课程体系等途径，并通过开展校地合作、院团合作、注重过程性评价、注重多元化评价等方式，将音乐类非遗纳入属地高校的教育体系之中。② 戴自磊、王越认为学校教育是"江南丝竹"传承和保护的重要途径，需要把握内容多样性、体验性、整合性、素养性的教学规律，遵循平等性、共享性、开放性、参与性的教学原则，实现多元性、实践型、传承性、活态性的教学内涵，并按照公共艺术教育规律，采取切实有效的措施和对策，确保学校非遗教育有效实施。③ 梁庆东、房文婷认为非遗文化传承与高等职业院校音乐教育的融合具有必然性，其是民族文化价值多元化传承的必然手段，也是培育具有复合型全面人才的必然选择，但目前存在非遗文化教育主体"缺失"、跨学科创新思维模式"缺失"、新时代非遗音乐传承体系"缺失"等现实困境，并认为可以通过非遗音乐文化的高校保护阵地构建、非遗音乐文化与职业教育的双向回归、当代职业教育课程体系与非遗音乐传承的文化融合、催生多元化非遗音乐传承创新等方式，全面促进非遗音乐传承与职业院校音乐教育体系的融合。④ 巫宇军认为音乐类非遗是一个主客观结合并与实践联系极其紧密的学科，音乐类非遗迄今未能克服舞台化、表演化、艺术化取向且没能解决好活态传承的问题，并认为音乐类非遗不但需要基于客观立场的纯粹的学术研究，也需要主观方面的积极参与，以解决现实难题，并且以后者为最终目的。⑤

---

① 林莉、李霜：《江西省音乐类非物质文化遗产与高校传承的研究》，《艺术评鉴》2019 年第 13 期。
② 胡乾坤：《地方高校设立音乐"非遗"专业的政策与措施研究》，《当代音乐》2017 年第 10 期。
③ 戴自磊、王越：《非物质文化遗产在学校传承教育的公共性原则——以音乐类"江南丝竹"为例》，《艺术教育》2021 年第 8 期。
④ 梁庆东、房文婷：《非遗传承与职业院校音乐教育体系的构架》，《中国职业技术教育》2018 年第 36 期。
⑤ 巫宇军：《音乐类"非遗"保护的政策调整与学科建设》，《中国艺术时空》2019 年第 3 期

此外，王长红以湖南艺术职业学院的非遗戏曲人才培养为案例，认为戏剧系的戏曲人才培养存在招生瓶颈；待遇过低难吸引名师名家来校任教，难以可持续发展；师资调动频繁难以稳定、师资引进面临困难；学科建设与课程项目难以延续等诸多困境。并认为需要恢复以往戏曲表演专业一届一招模式，提高生源质量；加强师资队伍建设，提高办学水平；加大学科建设力度，规范戏剧系各项职能；提高相关待遇，提高教师队伍积极性等途径，推进戏曲非遗人才的学科化培养。①

（二）舞蹈学视阈的非遗学科化理论建构

王海英以华南师范大学舞蹈学科对广东非遗舞蹈的教学实践为案例，提出了高校进行舞蹈非遗学科化需要遵循采于民间、研于课堂、创于舞台、兴于社会的"四部曲"，并认为理论教学、实践教学、科学研究、服务社会是高校人才培养的不同环节；高校传承非遗需要为人才培养服务；传承非遗可以融入高校人才培养的各个环节中去，并成为高校立体化人才培养模式的一个有机组成。② 何好、姚江以岭南非遗舞蹈在高校传承发展为案例，认为高校教学中技艺性训练与文化理解的融合度有待提升；岭南非遗舞蹈高校传承体系须完善；在教育信息化的浪潮中舞蹈"口传身授"的传统教学模式亟待转变，并认为可以通过建设岭南非遗舞蹈数据库、跨越区域性发展限制；探索信息化课堂、突破技艺传承困境；联动高校、构建特色舞蹈课程内容；以大带小、搭建大学与中小学教学链接平台；舞台实践、实现岭南非遗舞蹈线上线下互动交流；动态跟踪、建立非遗舞蹈进校园的效果动态图等途径，建构岭南非遗舞蹈教育体系。③ 于平从非遗舞

---

① 王长红：《戏曲人才培养的困局和破局——非遗剧目传承的启示与拓展：以湖南艺术职业学院戏剧系现象为例》，《艺海》2016 年第 5 期。

② 王海英：《广东"非遗"传承与创新型舞蹈人才培养模式的研究与实践》，《北京舞蹈学院学报》2018 年第 3 期。

③ 何好、姚江：《教育信息化背景下高校岭南非遗舞蹈教学模式研究》，《北京舞蹈学院学报》2020 年第 3 期。

蹈进校园引发了对于"民族舞蹈学"学科构建的思考，提出了民族舞蹈学的学科概念，并希望民族舞蹈学学科建构有个"名正言顺"的开端，以便今后能以民族舞蹈学的名义开展学科研讨、丰富学科内涵、充实学科肌理、完善学科构成。① 汤虹从高等院校艺术专业花鼓灯舞蹈课程构建出发，认为需要在确立核心文化、明确教学目标、明晰教育对象的基础上，从文化具象的课程定位、文化模块的教学内容、文化表达的教学过程、文化考量的教学评价等方面出发，构建花鼓灯的非遗文化教学和舞蹈特色课程。② 罗曦认为需要通过整合地区非遗文化资源、根据不同学科特点整合非遗文化资源、完善教学数据库、增强任课教师非遗文化传承意识、灵活设置高校舞蹈课堂教学方式等途径，将非遗文化与高校舞蹈课堂相融合。③ 罗婉红从非遗视角对传统舞蹈的学术史进行了回顾，将传统舞蹈的学术研究和学科建设分为了前申遗时期（1949～2000年）、申遗时期（2001～2011年）、后申遗时期（2011年至今）三个阶段，并认为非遗视角下的舞蹈研究与学科建设呈现出了研究定位从边缘走向中心、研究视野从单一学科走向综合学科、研究思路从采集体认走向田野实证、研究范式从国家话语转向乡土语境等特征④。

此外，高隽超以中小学非遗舞蹈课为案例，认为以儿童立场构建课程体系，可发掘非遗舞蹈的独特育人价值；以生活视角组织教学内容，可挖掘非遗舞蹈的历史文化背景；以情境呈现贯穿教学过程，可在情境中学习、演示、编创非遗舞蹈。⑤

---

① 于平：《"民族舞蹈学"学科建构的若干思考——从"非遗名录"舞蹈"进校园"谈起》，《民族艺术研究》2018年第1期。
② 汤虹：《高等院校艺术专业花鼓灯舞蹈特色课程构建研究》，《绥化学院学报》2018年第3期。
③ 罗曦：《将非遗文化引进高校舞蹈课堂》，《戏剧之家》2018年第19期
④ 罗婉红：《寻根传舞：非物质文化遗产视角下传统舞蹈学术史的回顾与评述》，《民族艺术研究》2018年第2期。
⑤ 高隽超：《基于儿童立场的非遗舞蹈课程开发——以深圳市海韵学校非遗舞蹈课程为例》，《美育学刊》2019年第3期。

五　美术学与设计学视阈的非遗学科化理论建构

传统美术与传统手工艺同样是非遗的重要组成部分，以传统美术教学、传统手工艺为案例的课程设置和教学建设等，在非遗学科化建设的学术理论建构中同样发挥出了重要的案例性作用。

（一）美术学视阈的非遗学科化理论建构

刘筱湄认为非遗保护与传承是高校美术专业肩负的文化责任与使命，但目前高校美术专业存在集体意识漠视、理论研究缺乏、缺少课时支持等现实问题，并认为高校美术专业教学需要转变观念；需要对非遗保护进行系统深入的科学研究与指引；需要构建科学合理的课程体系；需要借力高校提升传承人文化归属感；需要回溯历史在非遗滋养中创新；需要进行多向度对话等，实现高校非遗美术的学科化建设。[①] 邵士德认为推动高校美术类专业教育事业的发展和改革是促进美术类非遗保护与传承的必经之路，并认为可以通过立足地方发展创新、搭建对接地方发展平台、鼓励师生自主创业等制度保障体系的建设，并通过非遗融入高校课程与教学、开展学术互动与学科实践、资源数据库和实践运行条件建设、传承主体再教育等将传统美术类非遗引入高校专业教育体系。[②] 刘岩妍通过对山西三所高校民间美术类非遗课程体系的问卷调查和分析，认为山西高校学生对非遗的认知度不够深入和系统，认知渠道较窄，但对非遗的学习积极性和学习意愿很高，建议通过建构"平台 + 模块"的课程体系传播非遗知识；采取多媒结合的教学手段构建现代立体化非遗教学模式；利用高校对外交流等文化活动构建非遗跨界式教学等途径，进一步推进非遗学科化进程。[③]

---

① 刘筱湄：《高校美术专业传承非物质文化遗产的问题与对策》，《美术大观》2019 年第 5 期。
② 邵士德：《传统美术类非遗融入高校美术类专业教育的互动路径研究》，《大众文艺》2020 年第 22 期。
③ 刘岩妍：《地方高校民间美术类"非遗"课程体系构建调查研究——以山西高校为例》，《教育导刊》2017 年第 10 期。

此外，徐恒以西北民族大学美术学院在 2015～2019 年承办的甘南唐卡、甘肃剪纸、洮砚、木雕、刺绣、临夏砖雕等多个基础培训班为案例，认为高校集合了专业人才培养、知识信息传播交流及创新等功能，已成为非遗项目传承和创新的有力保障；高校培训中的课程设置、教学展示、专家讲座等有助于传承人和学员的专业学习，并认为高校在非遗培训中的定位选择、高校与地方政府的良性互动、高校合理科学的配置课程内容、高校教育资源对于非遗保护传承的队伍建设等多个方面，对于非遗事业发展和高校教育补充都具有重要意义。① 聂敦格、夏梦筠以《湖南省非物质文化遗产手绘地图》的创作为案例，认为湖南高校美术专业拓展非遗题材教学有利于传承优秀传统文化、有利于完善高校美术教育学科建设、有利于助推文化强省等优势，但目前也存在高校美术教育与非遗结合度不高、高校非遗文创作品的创新性不强、高校非遗文创产品的市场生命力不旺等困境，其认为推动高校美术教育开展非遗教学必须坚持规划引领、必须注重教学创新、必须突出市场开发。②

（二）设计学视阈的非遗学科化理论建构

鲁宁认为在高职艺术设计类专业中融入非遗文化，有利于高校主动对接地域文化、有利于担当传承非遗文化的责任、有利于文化创意产业发展、有利于培养高职艺术设计学生的文化自信与工匠精神、有利于非遗文化的传承与创新发展。③ 许孟巍、肖瑱认为视觉设计是非遗展示与传播的重要途径，视觉传达设计能进一步扩大非遗的传播效应，有利于创作出符合新时代需求的非遗新作，并认为需要从建设教学实训基地、建设双师制课堂、加强师资培养、加强教材编撰等方式，促进江南非遗与地方高校艺术设计教学的融合。④ 陈金怡等认为将广东非遗纳入广东高校艺术设计专业教育体系，

---

① 徐恒：《甘肃省非物质文化遗产在高校教育中的传承及创新——以西北民族大学非遗培训为视角》，《科研与教育》2020 年第 3 期。
② 聂敦格、夏梦筠：《高校美术教育推动"非遗"和旅游相融合》，《艺海》2020 年第 1 期。
③ 鲁宁：《湖湘"非遗"文化融入艺术设计类专业的价值研究》，《戏剧之家》2019 年第 22 期。
④ 许孟巍、肖瑱：《江南非遗的发展创新与艺术设计教学融合研究——以视觉传达设计专业为例》，《中国民族博览》2020 年第 14 期。

建立适合传承、创新的非遗教学模式是保护和继承广东非遗、培养非遗传承人最有效的途径，并认为需要从重塑教育理念构建非遗传承课程体系；营造多样化教学环境构建非遗公共展示空间；构建特色教学方法促进非遗的可持续发展等，建构符合设计潮流和地方文化特色的非遗艺术设计教学模式、教学环境、教学方法等。① 曾丽、刘兴邦以"马尾绣工作坊"为案例，论述了非遗进入高校艺术设计工作坊的类型、意义和人才培养模式，并认为具有实战性、针对性的高校非遗艺术设计工作坊在相对较短的时间内，在集中的、开放性的空间通过团队分工合作培养了非遗人才的创新能力，也实现了非遗传承与高职人才培养模式创新的有机结合。② 杨铮以"南通蓝印花布"为对象，以高职院校环境艺术设计专业、服装设计专业的课程设置为案例，论述了跨学科非遗传播课程建设必要性，并认为可以通过跨学院、跨学科的教学团队构建、课程合作、产品开发、市场推广等促进"南通蓝印花布"在高校中的教学与课程建设。③

此外，彭雅莉、王先昌以雷州半岛非遗文化融入广东海洋大学艺术设计的教学课程为案例，认为需要通过建设基础理论课程、技艺传承课程、创新研发课程等非遗传承课程体系；建设非遗数字博物馆、非遗陈列馆、开展非遗学术交流等高校非遗文化空间；建设校内非遗大师工作坊、校外非遗实践基地等创新实践基地等，进一步促进非遗对象与属地高校艺术设计课程建设的融合发展。④ 罗俊敏以湘潭大学艺术学院开设的"湘西扎染"工作坊为案例，认为在艺术设计学科中开设扎染等非遗相关课程是专业对口、研究对路的做法，是理论结合实践的过程，为大学生提供了学习资

---

① 陈金怡、朱媛湘、严璐：《广东非物质文化遗产融入高校艺术设计课程的构建研究》，《西部皮革》2020 年第 22 期。

② 曾丽、刘兴邦：《国家非物质文化遗产的高校艺术设计工作坊实践》，《深圳职业技术学院学报》2017 年第 3 期。

③ 杨铮：《基于校企合作的跨学科非遗传播课程建设研究——以南通蓝印花布为例》，《广角镜》2017 年第 30 期。

④ 彭雅莉、王先昌：《雷州半岛非物质文化遗产与高校艺术设计教学的融合路径研究》，《创意设计源》2020 年第 1 期。

源，开阔了学术视野，丰富了创造素材、领悟了非遗精神、启发了创作灵感。①

六　非遗学科化建设的域外经验

我国是联合国教科文组织《保护非物质文化遗产公约》的缔约国，与其他缔约国共同在其框架之内进行非遗保护工作。因此，在非遗学科化的理论建构中，也借鉴了其他缔约国在非遗学科化建设过程中的经验。

杜莉莉以法国高校的非遗教育为案例，从法国高校非遗人才培养方向的学位专业、依据《保护非物质文化遗产公约》搭建的课程体系、继承传统学科资源及灵活创新的教学模式、重视语言能力的培养等方面，论述了非遗学科在法国高校中作为"专业学位"的教学特点，并从积极开拓学术视域、关注地域文化遗产、寻求课堂教学与文化保护主体间的频繁互动等方面，论述了非遗学科在法国高校中作为"独立课程"的教学特点等，为我国高校的非遗学科化建设提供了参考。② 何彬、马文以日本高校设置的"学艺员资格"课程、文化财学科等为研究对象，从文化财保护与高校教育结合、课程设置的多元化、人才培养的多学科化等方面论述了日本非遗学科（文化财学科）建构的特点，并认为在我国高校中设置文化遗产相关专业，参与培养非遗专业人才，是社会所需、形势所求、势在必行。③ 美国学者张举文认为将"非物质文化遗产"的实践性概念转化为"文化遗产"的学术概念，可以充实现有的教学与科研体系以及相关学科的理论与方法体系，对强化国家认同、丰富个人与群体生活十分必要。并认为"文化遗产"的学科建设不但有可行性，更有必要性，尤其是当下"文化遗产"的学科建设正逢传

---

① 罗俊敏：《湘西扎染的高校创新传承与设计实践研究——以湘潭大学艺术学院为例》，《产业科技创新》2020 年第 2 期。

② 杜莉莉：《非物质文化遗产保护作为高等教育的新使命——以法国大学为例》，《现代大学教育》2016 年第 3 期。

③ 何彬、马文：《日本高校非物质文化遗产教育的学科构建及其反思》，《民俗研究》2021 年第 5 期。

承和发展中国传统文化的历史机遇。①

此外，韩国学者郑然鹤、庞建春以韩国高校的非遗学科为案例，论述了韩国非遗教育从单纯的"指定传承人传授教育"发展为包括技艺传承人教育、专门人才培养、社会普及教育在内的"非遗教育铁三角"，形成了传授教育和学科教育并进的双轨制模式。并认为韩国高校学科教育承担了提升传统传授教育的职能，在学科设置上表现出了跨学科融合和突出优势学科的特点，虽然在人才培养上重视实践能力和专门能力的培训，但也还存在学科独立性模糊和理论建设不足等问题。②

七　非遗学科化建设展望

综合前文所述，无论是非遗学术界，还是教育学、民俗学、民族学、音乐学、舞蹈学、美术学、设计学等关联学科的学术讨论，都认为"非遗学"是一门可以成为独立学科的学科。非遗学科化不仅是我国国民教育体系建设和发展的新思路，也符合了新时代"全面复兴中华优秀传统文化"的时代要求。

现在的核心问题是：传统学科的设置是以"纵向精细"为逻辑起点进行划分的，而非遗学的研究内容和学科领域则横跨了多个"纵向精细"的学科，形成了"你中有我、我中有你"的学术研究状貌，无法再以"纵向精细"为标准，而需要以"横向涵盖"为逻辑起点，对传统学科的纵向思维进行横向剖解，并在多学科、跨学科的整体性思维中，寻找到和论证出多学科、跨学科共有的"非遗学"的学科规律。

有鉴于此，非遗学科化建设可以从"纵""横"两个方向进行展望。其一，以纵向思维上，建设"文化遗产学"学科门类，设"非物质文化遗产学"为一级学科，并以非遗"十大类别"为参照，分设十个二级学科，以

---

① 〔美〕张举文：《从实践概念"非物质文化遗产"到学科概念"文化遗产"的转向》，《民俗研究》2021 年第 5 期。
② 〔韩〕郑然鹤、庞建春：《韩国非物质文化遗产学科教育的现状和启示》，《民俗研究》2021 年第 5 期。

实现"十大类别"非遗对象的纵向性、精细性和深度性研究。其二，在横向思维上，进一步扩大"新文科建设"理念，重视交叉学科、综合学科的整体性研究，侧重在横向剖面上分析、厘清和得出"非遗学"作为独立学科本身所具有的学理结构、学术特点和发展规律，以实现对所有非遗对象的横向性、普遍性和广度性研究。

附　　录
Appendix

B.14
2020年度非遗大事记

（除文化和旅游部及相关部门活动外按省分类，包括港澳台三地）

吴昊琳　莫伊凡*

文旅部及其相关部门

1月8日　文旅部官网发布了《文化和旅游部办公厅　国务院扶贫办综合司关于推进非遗扶贫就业工坊建设的通知》。《通知》就下一步非遗工坊建设的工作目标、设立条件、工作路径及工作要求等做出部署。（中国文化报）

1月21日　国内首个非遗传播研究中心（ICHC）在中国传媒大学正式成立，充分发挥高校在弘扬中华优秀传统文化中的作用。（中国非物质文化遗产网）

---

* 吴昊琳，中山大学中国非物质文化遗产研究中心、中文系硕士研究生；莫伊凡，中山大学中国非物质文化遗产研究中心、中文系硕士研究生。

3月1日　《国家级非物质文化遗产代表性传承人认定与管理办法》开始施行，原文化部发布的《国家级非物质文化遗产项目代表性传承人认定与管理暂行办法》同时废止。《管理办法》完善了国家级非遗代表性传承人退出机制，明确了取消国家级非遗代表性传承人资格的具体情形。（人民日报）

4月28日　在文旅部非遗司业务指导下，中国传媒大学组织举办非遗新媒体传播在线培训班，3500名非遗传承人和非遗工作者报名参加在线培训。（文旅部）

5月13日　文旅部非遗司委托民族民间文艺发展中心组织开展国家级非遗代表性项目优秀实践案例遴选工作。各地和相关单位负责从本地区（单位）国家级非遗代表性项目中进行推荐，遴选一批工作理念正确、保护措施有效、保护成果显著的优秀实践案例，于第六届中国非物质文化遗产博览会期间发布，并多形式、多渠道广泛宣传。（文旅部）

6月3日　文旅部发布《文化和旅游部关于同意设立景德镇陶瓷文化生态保护实验区的批复》《文化和旅游部关于同意设立河洛文化生态保护实验区的批复》，批复同意在江西省景德镇市设立"景德镇陶瓷文化生态保护实验区"，在河南省洛阳市设立"河洛文化生态保护实验区"。（文旅部）

6月8日　文旅部首度开展"云游非遗"全线上推广活动。本次活动重头戏"云游非遗·影像展"由文旅部主办，中国演出行业协会联合腾讯视频、爱奇艺、优酷、抖音、快手、哔哩哔哩、酷狗、微博在内的8大网络平台承办，将从8日持续举行至14日。（文旅部）

7月17日　文旅部非遗司、中央文化和旅游管理干部学院共同举办2020年基层非遗保护工作队伍培训班，加强基层非遗保护工作队伍建设，提升基层非遗保护工作能力。（文旅部）

7月25日　文旅部、国家中医药管理局联合发布：中国非物质文化遗产保护协会中医药委员会成立，同时成立中医药非遗协调委员会，加强对中医药非遗工作指导与支持。（央视新闻客户端）

8月8日　国家京剧院与湖北省京剧院联合全国兄弟院团举办为期30

天的"京剧的夏天——全国京剧院团线上抗疫展演月"。（文旅部）

9月27日 为大力弘扬"非遗助力精准扶贫"蕴含的时代精神，总结"非遗助力精准扶贫"工作经验，宣传推广非遗扶贫成果，由文旅部非遗司、国务院扶贫办开发指导司共同指导，中国文化传媒集团有限公司主办，中国手艺网承办的"非遗扶贫品牌行动和优秀带头人"名单发布仪式在国家图书馆举行。（"中国手艺网"微信公众号）

10月10日 由文旅部非遗司、艺术司，浙江省文旅厅，宁波市人民政府主办的"2020全国非遗曲艺周"活动启动仪式暨开幕晚会在浙江省宁波文化广场大剧院举行，以"融入现代生活·弘扬时代价值"为主题，以"线上为主、线下为辅"方式举办。（文旅部）

10月24日 在第六届中国非物质文化遗产博览会线下活动非遗优秀案例发布活动上，由文旅部非遗司支持、中国青年报社指导、中国青年网主办的第二届"非遗进校园"十大优秀实践案例、十大创新实践案例正式发布。（中国青年网）

11月23日 由文旅部举办的线上非洲国家非物质文化遗产保护和旅游融合发展研修班在中央文化和旅游管理干部学院开班，以"文化遗产保护利用与旅游融合发展""让文化遗产'活'起来——故宫文旅融合发展""疫情背景下旅游智慧化转型""作为游客体验对象的非物质文化遗产"等为主题。（中国文化网）

11月26日 中国非物质文化遗产保护中心在京组织召开"非物质文化遗产数字化保护系列推荐性行业标准论证会"。此次会议旨在进一步推动"非物质文化遗产数字化保护系列推荐性行业标准"的审批发布工作。（中国非物质文化遗产网）

11月26日 文旅部在山西省太原市召开黄河文化保护传承弘扬座谈会。（中国旅游新闻网）

11月29日 由中宣部、文旅部主办，中央文化和旅游管理干部学院承办的2020年全国文艺业务骨干系列培训班次"全国基层干部文物保护和非遗传承线上研修班"在全国文化和旅游干部网络学院线上开班，进一步培

养新时代基层文物保护和非遗传承优秀人才，持续增强文物保护和非遗传承队伍的"脚力、眼力、脑力、笔力"。（文旅中国客户端）

12 月 17 日 我国单独申报的"太极拳"、我国与马来西亚联合申报的"送王船——有关人与海洋可持续联系的仪式及相关实践"两个项目，经委员会评审通过，入列联合国教科文组织《人类非物质文化遗产代表作名录》。至此，我国共有 42 个非遗项目列入联合国教科文组织非物质文化遗产名录（册），居世界第一。（文旅部）

12 月 18 日 文旅部将第五批国家级非物质文化遗产代表性项目名录推荐项目名单向社会公示。其中，新列入 198 项，扩展 139 项，共 337 项。（文旅部）

安 徽

1 月 8 日 由文旅部公共服务司、省委宣传部、省文旅厅、省文明办主办，安徽省文化馆、合肥市文旅局承办的 2020 年安徽省乡村春晚首场演出在合肥市巢湖经济开发区三瓜公社举办。内容包括艺术为民大舞台、全省联动多视角、欢天喜地年货节、民俗非遗闹新春、互动游戏猜灯谜、缤纷美食随意品等 10 场特色活动，形成"文、农、旅"大融合。（安徽省文旅厅）

6 月 11 日 由省文旅厅、马鞍山市政府主办，省文物局、马鞍山市文旅局、含山县政府承办的 2020 年文化和自然遗产日安徽省主场活动，在马鞍山市含山县凌家滩国家考古遗址公园举行。启动仪式现场，非遗项目展示，遗址公园图片展，参观凌家滩文明探源馆、考古工作站、红烧土块遗迹考古发掘现场、墓葬祭祀区和防洪工程等丰富多彩的活动目不暇接。线上活动包括文物修复、考古及非遗科普、含山县省市级非遗产品直播带货等。（安徽省文旅厅）

7 月 21 日 安庆戏剧文化生态保护区入选安徽省级文化生态保护区名单。（安徽省文旅厅）

8 月 6 日 省文旅厅非遗处及省非遗保护中心一行，邀请国家级非遗阜阳剪纸传承人程兴红、省级非遗花山剪纸传承人张学华，来到省文旅厅定点帮扶的六安市金安区翁墩乡杨公村，开展"非遗＋扶贫"剪纸培训。（安徽省非物质文化遗产网）

9月26日 由安徽省文旅厅主办，安徽省文化馆、全省文化馆联盟、蚌埠市文旅局承办，蚌埠市文化馆协办的第三届安徽省群星奖评选曲艺门类决赛在蚌埠市文化馆演出剧场举办。（安徽省文旅厅）

10月10~12日 由安徽省文旅厅主办，安徽省文化馆、全省文化馆联盟、蚌埠市文旅局承办，蚌埠市文化馆协办的第三届安徽省群星奖评选戏剧门类决赛在蚌埠市文化馆举办。（安徽省文旅厅）

10月11~12日 由省文旅厅主办，省非物质文化遗产保护中心、黄山市文旅局、歙县人民政府共同承办，歙县文化旅游体育局协办的2020年"非遗进景区——全省传统戏剧扶持项目汇演比赛"在黄山市歙县徽州府衙景区广场举办。（安徽省文旅厅）

10月19~22日 由安徽省文旅厅主办，安徽省非遗保护中心、亳州市文化旅游体育局承办，亳州市文化馆协办的2020年安徽省非遗保护工作培训班在亳州举办。（"安徽省非物质文化遗产保护中心"微信公众号）

10月24~25日 由安徽省文旅厅、宣城市人民政府共同主办，安徽省非遗保护中心、宣城市文旅局承办的长三角城市非物质文化遗产特展在宣城宛陵湖A馆举办。（"安徽省非物质文化遗产保护中心"微信公众号）

10月27日 由安徽省文旅厅委托安徽省艺术研究院完成的《安徽小剧种生存和艺术生产状况》荣获"全国文化和旅游系统2019年度二十佳调研报告"，由安徽省文化和旅游厅报送的《新时代文化和旅游融合发展的实践与思考》《安徽省导游队伍建设调研报告》喜获"全国文化和旅游系统2019年度优秀调研报告"。（安徽省文旅厅）

10月28~29日 二十四节气保护工作研讨会在淮南寿县成功举办。研讨会围绕二十四节气的文化内涵及相关知识体系进行了理论研讨，关注了二十四节气列入人类非遗代表作名录后的传承传播动向，以及作为保护传承重要支撑的场馆建设问题。（安徽省非物质文化遗产网）

澳　门

1 月 21 日　由文旅部港澳台办公室、澳门特别行政区政府文化局、江苏省文旅厅及广西壮族自治区文旅厅主办，中央人民政府驻澳门特别行政区联络办公室宣传文化部、文旅部民族民间文艺发展中心协办的《指尖乾坤——江苏省和广西壮族自治区织染绣技艺展》在卢廉若公园春草堂开幕。展览设有"江苏香囊布艺工作坊"及"广西絣染工作坊"各 4 场，特邀两地传承人担任导师，介绍江苏传统香囊布艺技术和广西传统手工印染技艺。（澳门特别行政区政府文化局）

6 月 13～21 日　文化局举行多项活动响应中国"文化和自然遗产日"，其中分别举办"云裳传艺—中式长衫及裙褂制作技艺示范工作坊"及"京剧脸谱创意工作坊"。为配合本年"非遗传承健康生活"的主题，文化局将以"非遗 X 健康生活"为题，在线上平台分享非遗项目小知识。（澳门特别行政区政府文化局）

6 月 15 日　文化局举办"Fun 享文遗"文化遗产讲座。为了庆祝申遗成功 15 周年，新设"世界遗产—澳门历史城区"和"澳门非物质文化遗产"两项主题，让市民了解"澳门历史城区"申遗成功的意义及澳门非遗等相关资讯。（澳门特别行政区政府文化局）

6 月 30 日　文化局新增 55 个项目列入非物质文化遗产清单。此次新增的项目，连同 2017 年首批列入清单的项目，累计有 70 个项目列入非物质文化遗产清单。（澳门特别行政区政府文化局）

7 月 19 日　文化局与文化传播大使在中西药局（旧址）举行两场"中西药局旧址 X 凉茶配制知多 D"工作坊，让市民亲身感受非遗蕴含的文化传统及了解中西药局旧址的故事。（澳门特别行政区政府文化局）

8 月 7 日　由澳门特别行政区政府、世界遗产城市组织联合主办的"澳门特别行政区加入世界遗产城市组织授牌仪式"在澳门以视像会议形式举行。澳门成为中国继苏州及都江堰后，世界遗产城市组织的第三个正式会员

城市。（澳门特别行政区政府文化局）

8 月 17 日　为保护和推广澳门土生葡人美食，文化局开展"澳门土生菜食谱全球征集"计划。（澳门特别行政区政府文化局）

10 月 1 日　由澳门特别行政区政府文化局及中央人民政府驻澳门特别行政区联络办公室宣传文化部主办，中华人民共和国文旅部及澳门特别行政区政府社会文化司支持，中华人民共和国广东省文旅厅承办，广州市文化广电旅游局协办，并由广州歌舞剧院担演，"庆祝中华人民共和国成立七十一周年及濠江月明夜文艺晚会—大型民族舞剧《醒·狮》"在澳门文化中心综合剧院上演。（澳门特别行政区政府文化局）

11 ~ 12 月　文化局在周末期间举办多场"非遗零距离"体验活动，以工作坊的形式进行，推广的非遗项目包括有：葡萄牙土风舞、太极拳、咏春拳、蔡李佛拳、葡萄牙瓷砖画制作工艺、广彩制作工艺、面塑技艺和葡挞制作技艺。（澳门特别行政区政府文化局）

12 月 18 ~ 19 日　由中央人民政府驻澳门特别行政区联络办公室宣传文化部及文化局主办、教育暨青年局协办的"庆祝澳门回归祖国 21 周年中国国家京剧院赴澳门大型演出"，在澳门文化中心演出经典剧目《杨门女将》和《龙凤呈祥》。（澳门特别行政区政府文化局）

北　京

1 月 14 日　联合国教科文组织亚太地区非物质文化遗产国际培训中心在京召开管理委员会第九次会议，会议审议并批准了亚太中心 2019 年度工作报告和 2020 年度工作计划等事项。（中国旅游报）

4 月 9 日　北京市政府在官网全文刊发了《北京市推进全国文化中心建设中长期规划（2019 年—2035 年）》，明确提出要构建非遗保护传承"北京样本"。（北京市人民政府官网）

5 月 30 日　由云南省大理州剑川县人民政府和依文集团共同主办的"千年技艺手工木雕——国家级非物质文化遗产剑川木雕展"开幕仪式在北

京园博园依文时尚欧洲园举办。（文旅中国客户端）

6月12日　北京市文旅局联合市商务局共同举办2020年文化和自然遗产日活动——非遗伴您"逛京城，游京郊"暨京城非遗老字号购物节启动仪式。（文旅北京）

6月13日　第十三届"良辰美景·恭王府非遗演出活动"于恭王府博物馆举办。此次活动紧紧围绕"文物赋彩全面小康"主题，突出"非遗传承健康生活"，以网络直播的形式为广大观众提供了一场融昆曲古琴表演于古建园林之中的精彩演出。（"恭王府"微信公众号）

7月1日　中共北京市委宣传部、北京市文旅局、北京市财政局联合制定了《北京市非物质文化遗产传承发展工程实施方案》。（北京市文旅局）

7月9日　北京市文旅局向文旅非遗司推荐曲艺类国家级非遗代表性项目北京评书、传统舞蹈类国家级非遗代表性项目白纸坊太狮2个项目参加全国国家级非遗代表性项目优秀实践案例遴选。（北京市文旅局）

9月4日　由北京市文旅局、天津市文旅局、河北省文旅厅共同组织的"京津冀文化协同发展展区"在2020年中国国际服务贸易交易会文化服务专题展上精彩亮相。其中，创意设计展区重点展示非遗产业项目、原创艺术作品、文创产品开发等内容，并在现场打造"非遗课堂"和"文创市集"。（北京文旅）

9月11日　由北京市工艺美术高级技工学校承办的2020年非遗传承人群研培班（玉雕、金石篆刻）正式开班，来自北京、河北、山东、江苏等地从事玉石雕刻、篆刻等传统技艺且具有较高技艺水平的20位传承人及从业者参加培训。（北京市文旅局）

9月26日　由澳门特别行政区政府社会文化司、北京市人民政府港澳事务办公室、北京市文旅局及北京市东城区人民政府共同主办的"北京澳门周"系列推广活动在北京王府井大街开幕。王府井大街路展主题区域包括："澳门世界盛事、文化旅游区""澳门世界遗产、非遗文化区""体育盛事区""MinM澳门制造及澳门品牌展区""葡语国家产品展区"，以及六大旅游综合体和澳门银河综合度假城组成的"澳门旅游展区"、"澳门航空"、

"澳门渔人码头"以及"澳门购物节"等。(北京市文旅局)

10月26日 北京非物质文化遗产保护中心联合清华大学公共管理学院共同举办2020年北京市非物质文化遗产保护工作人员培训班和北京市非物质文化遗产传承人群研修、培训班开班仪式。("北京非遗中心"微信公众号)

10月30日 北京市文旅局党组成员、副局长庞微带队实地调研北京市实施中国非物质文化遗产传承人群研修研习培训计划——北京城市学院2020年漆艺研修班的开展情况。2020年度中国非遗传承人群研培计划以非遗助力精准扶贫为重点,着重向贫困地区倾斜。(北京市文旅局)

11月3日 中国传媒大学与腾讯微信联合主办的"非遗数字化传播论坛"在北京举行。论坛上,中国传媒大学与腾讯微信联合全国十余个省级非遗保护部门共同启动"非遗薪火计划"。(中国非物质文化遗产网)

11月19~25日 由北京、天津、河北三地联袂举办的"京津冀非遗精品展"在北京天桥艺术中心举行。("北京非遗中心"微信公众号)

11月23日 由文旅部恭王府博物馆与西宁市人民政府共同主办的"三山湟水间·花儿与少年"青海西宁非物质文化遗产精品展示月活动在北京恭王府开幕,以"河湟遗韵·西陲安宁"为策展主题,分"莲花山·塔尔寺·民族繁荣之花""老爷山·湟水畔·民族团结之花""日月山·古道边·民族融合之花"三个板块。(中国新闻网)

11月23~27日 由北京市文旅局主办、北京联合大学承办的"非遗+旅游"项目策划与管理培训班在京举办,文旅工作者报名踊跃,来自北京市各区的非遗项目保护单位、景区、旅行社、民宿等90余名从业人员参加了培训。(北京市文旅局)

11月26日 中国非物质文化遗产保护中心在京组织召开"非物质文化遗产数字化保护系列推荐性行业标准论证会"。此次会议旨在进一步推动"非物质文化遗产数字化保护系列推荐性行业标准"的审批发布工作,邀请非遗保护、信息化、标准化等领域专家,就标准的科学性、适用性,及本年度标准修订内容的专业性、规范性进行了论证。(中国非物质文化遗产网)

12 月 9 日　在北京市文旅局的指导下，由中国戏曲学院承办的长城文化带戏曲非遗传承人高级研修班汇报演出暨结业仪式顺利举行。（北京市文旅局）

12 月 19 日　二十四节气保护传承联盟在京成立。52 家联盟成员单位审议通过了联盟章程并签署关于加强二十四节气保护传承倡议书，推举中国非遗保护专家刘魁立为荣誉理事长，全国农业展览馆（中国农业博物馆）党委书记、二十四节气研究中心主任隋斌为理事长。（文旅中国客户端）

12 月 22 日　在文旅部非遗司、北京市文旅局的指导和支持下，清华大学、北京城市学院、北京市工艺美术高级技工学校等院校联合举办的 2020 年北京市实施"中国非物质文化遗产传承人群研修研习培训计划"成果联展在北京陶瓷艺术馆开幕。（北京市文化和旅游局）

12 月 30 日　由文旅部恭王府博物馆、河南省文旅厅共同主办，中国传统工艺振兴计划协同创新中心、河南省非物质文化遗产保护中心、河南省滑县人民政府共同承办的"祈福纳祥趋吉避疫——国家级非物质文化遗产滑县木版年画保护成果展"在北京恭王府开幕。（中国新闻网）

重　庆

1 月 10 ~ 12 日　第三届重庆非物质文化遗产"嘉年华"暨鲁渝非遗扶贫成果展在重庆市沙坪坝区磁器口沙磁文化广场举行。此次展会以"巴风渝韵·非遗过大年·文化进万家"为主题，由重庆市文旅委、山东省文旅厅、山东省扶贫协作重庆干部管理组等单位主办，重庆市非遗保护中心、重庆华龙网集团等单位承办。（重庆市文化研究院）

5 月 14 日　中国残联、文旅部启动残疾人参与非遗保护试点工作，公布了残疾人参与非遗保护试点工作重点支持项目名单（50 个项目）、第一批试点支持的残疾人非遗工匠名单（28 人），我市"谭木匠木梳传统制作技艺""巫溪木雕工艺"等 2 个非遗项目被列为重点支持项目，"五谷粮食画""叶脉画"传承人唐大焱被列入残疾人非遗工匠名单。（重庆市文旅发展委

员会）

5月18日 由市文旅委、江津区政府共同主办，江津区文化旅游委承办的2020年国际博物馆日暨重庆市第十一届文化遗产宣传月主会场活动在江津区举办，主题为"致力于平等的博物馆：多元和包容"和"非遗传承健康生活"。（重庆市文旅发展委员会）

6月13日 以"非遗传承健康生活"为主题的2020年"文化和自然遗产日"重庆主会场活动——重庆非遗购物节和第五届重庆非物质文化遗产暨老字号博览会在璧山区秀湖水街非遗小镇开幕。（腾讯大渝网）

7月2日 荣昌区文化旅游委与西南大学签订合作协议书，共建"西南大学荣昌区非物质文化遗产研发中心"，双方将在非遗历史掘金、材料与工艺改良、创新设计产品研发、非遗人才培养等四个方面开展长期深度合作。（重庆市文旅发展委员会）

8月22日 中国·重庆（石柱）第四届康养大会曲艺非遗综合文艺演出在黄水大剧院顺利举行。（中国石柱网）

11月15日 由中华职业教育社主办，教育部等单位指导的第二届"黄炎培杯"中华职业教育非遗创新大赛暨非遗职业教育成果展示会在重庆市女子职业高级中学举办。大赛以"传承"为出发点，以"创新"为着力点，聚焦教育教学环节，全面引导学校构建非遗教学体系，并联合非遗企业推动非遗人才培养和专业建设。（人民网）

福　建

3月27日 由省文旅厅、省政协文化文史和学习委员会指导，省艺术馆（省非物质文化遗产保护中心）主办的"众志成城抗击疫情——福建非遗战疫主题作品展"活动在福州市三坊七巷的省非遗博览苑开幕。（福建省文旅厅）

5月9日 由福建省文旅厅指导，福建省艺术馆、昌都市文化局（昌都市文物局）、福建省第九批援藏工作队联合主办的2020闽藏唐卡漆画培训班

在昌都开班，以组团的形式支援实施"闽昌'唐卡漆画'人才培训项目"。（福建省文旅厅）

　　6月13日　由福建省文旅厅、福建省文物局联合主办的2020年文化和自然遗产日福建主会场活动在福建博物院举办。围绕"文物赋彩全面小康"主题，组织开展"讲好福建故事，迎接世遗大会"和"迎世遗·非遗传承，健康生活"两大系列活动。（福建日报）

　　8月11日　由文旅部、教育部以及人社部联合主办，福建省文旅厅、福建艺术职业学院承办的"2020年度中国非物质文化遗产传承人群研修研习培训计划·福建曲艺培训班"在福州凤凰假日酒店举行开班式。（福建省文旅厅）

　　8月13日　厦门市2020年非遗代表性传承人年会暨非遗保护工作队伍培训班在市非遗中心成功启动，全市各级文旅非遗保护机构相关人员、代表性传承人等共361人参加培训。（厦门市文旅局）

　　8月30日　"格物匠心——福建传统工艺展"在中国国家博物馆开幕。展览由中国国家博物馆与中共福建省委宣传部共同主办，福建省文旅厅、福建省文物局承办，福建博物院协办。（"国博君"微信公众号）

　　10月20日　第十届宁德世界地质公园旅游文化节在福安市拉开帷幕。本次文化旅游节由开幕式、"一县一馆"巡馆、旅游演艺节目首演、闽东民俗非遗文化展示展演、特色美食小吃品鉴等12项子活动组成。（福建省文旅厅）

　　11月1日　由文旅部、自然资源部、中国社会科学院、民革中央、澳门特区政府、福建省政府共同主办的第五届世界妈祖文化论坛在福建省莆田市湄洲岛举办，以"妈祖文化与人类命运共同体"为主题。（"文旅之声"微信公众号）

　　11月3日　由福建省文旅厅指导、福建省艺术馆（福建省非物质文化遗产保护中心）主办、南平市文化艺术馆承办、延平区文化馆协办的2020年福建省脱胎漆器髹饰技艺培训班在南平市延平区顺利开班。（福建省文旅厅）

11 月 19 日　由文旅部非遗司、中国非物质文化遗产保护中心、福建省文旅厅共同主办的"表演艺术类联合国教科文组织非物质文化遗产名录（名册）项目后继人才培养交流活动"在福建省泉州市顺利举办。本次交流活动分享了"福建木偶戏后继人才培养计划"项目实施成果经验，围绕非遗进校园、拓展后继人才培养渠道进行了交流，对"十四五"时期表演艺术传承发展的相关任务与工作要求做了政策解读，同时还就演艺生态与表演艺术传承发展问题进行了研讨。（福建省文旅厅）

11 月 27 日　由文旅部、福建省人民政府主办，福建省文旅厅、福州市人民政府承办的的第六届海上丝绸之路（福州）国际旅游节在福州盛大启幕，以"共建海丝之路共促文旅繁荣"为主题。省文旅厅在旅游节中重磅推出了"全福游"嘉年华活动，推出了近 600 项旅游节会、群众性文化、非遗展览展示、文明旅游宣传等内涵丰富的"全福游、有全福"特色主题活动和各类复工复产及促消费等相关产业政策、支持旅行商引客入闽的奖励措施、旅游景区惠民措施。（福建省文旅厅）

12 月 21 日　2020 年中医药非物质文化遗产发展论坛在厦门举办，同期召开了中国非物质文化遗产保护协会中医药委员会常务委员扩大会议。（国家中医药管理局官网）

12 月 22 日　由文旅部指导，福建省文旅厅、厦门市人民政府主办，厦门市文旅局、中国民主同盟会厦门市委员会、同安区政府承办的中马送王船申遗成功暨闽南海洋历史文化论坛系列活动在厦门同安吕厝开幕。本次活动贯彻申遗文本核心价值和深入移风易俗和节俭办活动要求，突出送王船仪式在促进人与海洋和持续联系方面的作用，展现 21 世纪海上丝绸之路民心相通的时代特征。（厦门市文旅局）

甘　肃

1 月 17 日　由甘肃省文旅厅主办的 2020 年甘肃省"非遗过大年文化进万家"系列文化活动启动仪式暨甘肃省级非遗扶贫就业工坊颁牌仪式在兰

州市府城隍庙举行。（甘肃省文旅厅）

6月12日 兰州交通大学驻临夏回族自治州传统工艺工作站文创产品发布会在临夏州临夏县召开，会上发布了临夏砖雕、保安腰刀等28款非遗文创产品。（新华网）

6月13日 甘肃省非遗助力精准扶贫工作推进会在甘肃省临夏州临夏市召开。（中新社）

8月4日 由甘肃省文旅厅委托兰州交通大学承办的"2020年中国非物质文化遗产传承人群研培计划——丝绸之路染缬研修班（第四期）"开班仪式在兰州交通大学举行。（甘肃省文旅厅）

9月12日 由文旅部举办的2020年全国乡村旅游与民宿工作现场会在兰州市榆中县举行。为充分展示近年来甘肃省非遗保护成果，省文旅厅组织遴选部分优秀非遗项目和传承人，在此次会议举办的酒店、实地观摩点集中开展了非遗展示展演活动。（甘肃省文旅厅）

9月25日 "陇上记忆——非遗展演走进崆峒山景区"活动在崆峒古镇精彩上演，花儿、环县道情皮影戏、唢呐艺术、通渭小曲、崆峒派武术、两当号子、武山秧歌等陇东南地区最富有特色的非遗齐聚平凉市崆峒山景区。（甘肃省文旅厅）

9月28日 由省文旅厅支持，省文化艺术研究所主办的国家级非遗项目秦腔甘肃派传承创新学术研讨会在定西市举办。（甘肃省文旅厅）

12月8日 甘肃省文旅厅委托兰州职业技术学院非遗学院在临洮县举办了"甘肃省非遗扶贫就业工坊技能培训班"，进一步推动甘肃省非遗扶贫就业工坊建设，促进非遗保护传承全面融入脱贫攻坚、乡村振兴等国家重大战略，促进非遗产品在网络时代的销售。（甘肃省文旅厅）

12月11日 由中共甘肃省委宣传部、甘肃省文旅厅主办，甘肃省陇剧院承办，甘肃省陇剧院、环县艺龙演艺有限公司、庆阳市黄土缘演艺公司联袂合作演出的"春绿陇原·2020年度国家级非遗陇剧推广演唱会"在省陇剧院百姓戏曲剧场如约上演。（中国甘肃网）

广 东

1月20日至2月8日 广东省非遗保护中心、广州市非遗保护中心和东莞市非遗保护中心在广东省文化馆举办"节庆叹非遗——2020春节元宵活动"。（文旅中国客户端）

4月10日 广东省公布第六批省级非遗代表性项目代表性传承人名单（108人）。（广东省文旅厅）

5月31日 由广东省文旅厅、广东省教育厅、共青团广东省委员会、南方报业传媒集团指导，广东省振兴传统工艺工作站、韶关市文化广电旅游体育局联合出品的广东"非遗进校园"特别策划——"非遗少年说"优秀作品云展播在南方+客户端上线。（广东省文旅厅）

6月13日 广东省文旅厅与韶关市人民政府联合主办2020年"文化和自然遗产日"非遗宣传展示广东主会场暨"全域旅游在行动·广东人游广东"健康出行季系列活动启动仪式在韶关市丹霞山景区举行。（广东省文旅厅）

7月8日 广东省非物质文化遗产保护中心组织召开2018年国家级代表性传承人抢救性记录成果自评估会议。（广东省文旅厅）

10月12日 习近平总书记赴广东考察调研。当天下午，他首先考察了潮州市广济桥、广济楼、牌坊街，察看文物修复保护、非遗文化传承、文旅资源开发等情况。随后，习近平前往潮州三环（集团）股份有限公司，了解企业自主创新和生产经营情况。（人民日报）

11月13日 由广东省文旅厅指导，广东省文化馆（广东省非物质文化遗产保护中心）主办的2020年"在粤"系列活动第二期："香云锦绣——届汀南岭南非遗作品展"在广东省文化馆一楼展览厅正式开幕。（广东省文旅厅）

12月1日 2020广东非遗创新发展峰会在广州图书馆举行。广东省文化和旅游厅党组书记、厅长汪一洋出席并为广东首个非物质文化遗产传播与

发展工作站——南方文化产权交易所授牌。（中国旅游新闻网）

12月10日　广东省文旅厅在潮州召开2021年全省非遗重点工作会商会，总结"十三五"时期、2020年非遗保护工作，会商和部署2021年重点工作。（广东省文旅厅）

12月16~21日　由广东省非物质文化遗产保护中心主办的"全国文化和旅游干部素质能力提升工程（2020）——广东省非物质文化遗产保护业务工作培训班"在中央文化和旅游管理干部学院成功举办。（广东省文旅厅）

12月18日　由广东省文旅厅指导，广东省振兴传统工艺工作站主办，广东省非物质文化遗产保护中心、广州美术学院、中山大学中国非物质文化遗产研究中心、广州市大湾区文化交流促进中心支持的第二届广东省"非遗新造物"年度优秀案例征集评选活动获奖作品在广州289艺术园区岭南活力非遗艺术馆开幕的"活力绽放——非遗新造物2020年度展览"集体亮相。（广东省文旅厅）

12月22日　由国家民族事务委员会、中国非物质文化遗产保护协会、广东省民族宗教事务委员会、广东省非物质文化遗产促进会、中共深圳市委宣传部、中共深圳市委统战部等单位支持，广东省少数民族文化创意产业协会承办的第二届"非遗与创新"主题论坛暨非遗创新精品展系列活动于深圳市盐田区文化艺术中心举办。（文旅中国客户端）

12月27日　"2020非遗品牌大会（广州）"在广州图书馆盛大开幕。"2020非遗品牌大会（广州）"由广东省文旅厅指导，广州市文化广电旅游局主办，广州文木文化发展有限公司执行，广东省非物质文化遗产保护中心、广州图书馆、广州市非物质文化遗产保护中心协办，中山大学中国非物质文化遗产研究中心、广州翼·空港文旅小镇支持协办。（"文木"微信公众号）

12月27日　"2020粤港澳粤剧保护成果总结大会"在广州举行。大会由广东省文旅厅主办，广州市文化广电旅游局、广东省艺术研究所承办，广东粤剧院、广州市文学艺术创作研究院、广州粤剧院有限公司协办。（南方Plus客户端）

12月28日 "活力绽放——非遗新造物2020年度展览"在广州289艺术园区岭南活力非遗艺术馆开幕。展览由广东省文旅厅、南方报业传媒集团指导，广东省振兴传统工艺工作站主办，广东省非物质文化遗产保护中心、广州美术学院、中山大学中国非物质文化遗产研究中心、广州市大湾区文化交流促进中心、广东省工艺美术珍品馆、岭南活力非遗艺术馆支持。（南方日报）

广　西

1月11日 由中华人民共和国文旅部非遗司和广西壮族自治区文旅厅主办，广西壮族自治区群众艺术馆、贺州市文旅局承办，昭平县文旅局协办的壮美广西·多彩非遗——2020年文旅部支持项目"非遗过大年　文化进万家"新春惠民活动在昭平县文化广场演出。（广西壮族自治区文旅厅）

6月6日 由广西壮族自治区文旅厅举办的2020年广西首届"非遗购物节"在南宁正式启动，活动为期20天。（广西壮族自治区文旅厅）

6月12日 由广西壮族自治区文旅厅、河池市人民政府主办的2020年"文化和自然遗产日"广西主场城市活动暨首届广西非遗购物节河池活动在河池市巴马瑶族自治县举办。（中国非物质文化遗产网）

6月13日 2020年文化和自然遗产日主场城市活动开幕式在桂林举行。活动由国家文物局、自治区人民政府主办，中央广播电视总台为合作单位，自治区文旅厅（文物局）、桂林市人民政府、央视频承办，桂林市文化广电和旅游局协办。活动主题为"文物赋彩全面小康"。（广西日报）

11月12日 2020广西民族志影展暨非遗影像展在广西民族博物馆开幕。影展为期5天，将展映42部入围作品，展现"各美其美、美人之美、美美与共"的中华民族多元文化。（广西日报）

12月7～8日 由中国非物质文化遗产保护中心、广西壮族自治区文旅厅和桂林市人民政府联合举办的"2020非物质文化遗产整体性保护论坛"在广西桂林举办。论坛围绕"如何深化对遗产整体性保护理念的认知"、

"如何与'国家生态文明试验区'建设实现有效对接",特别是"如何适应十九届五中全会对文化遗产工作提出的新要求"等话题展开研讨。(广西壮族自治区文旅厅)

12 月 12 日　由中国非物质文化遗产保护中心指导,广西壮族自治区文旅厅、自治区人民政府驻北京办事处联合主办的"壮美广西·多彩非遗"2020 广西非遗助力脱贫攻坚和乡村振兴(北京)展示展销活动在北京广西大厦举办。("广西文旅厅"微信公众号)

贵 州

3 月 17 ~ 20 日　贵州省第三批国家级非物质文化遗产代表性传承人记录工程通查验收会在贵阳召开。(贵州省非物质文化遗产保护中心)

4 月 13 日　由贵州省文旅厅指导,贵州省非物质文化遗产保护中心、传统工艺贵州工作站主办,从江县文体广电旅游局协办,从江县卧松云文化发展有限公司承办的苗绣非遗产品生产技能培训班在从江县丙妹镇大歹村举办。(贵州省非物质文化遗产保护中心)

6 月 13 日　"多彩贵州非遗购物节暨非遗周末聚"活动启动,按照"线上为主、线下为辅;商品为主、展演为辅"的方式进行。(贵州网)

7 月 9 日　贵州(雷山)"非遗 + 扶贫"苗绣培训班在雷山县苗韵风采民族服饰博物馆举行开班仪式,50 名苗绣传承人参加培训。此次培训班由贵州省非遗中心、传统工艺贵州工作站主办,雷山县苗韵风采民族服饰博物馆、雷山文化旅游产业园区管理委员会承办。("贵州非物质文化遗产"微信公众号)

9 月 19 日　由文旅部非遗司、贵州省文旅厅支持,贵州省非物质文化遗产保护中心(贵州省非物质文化遗产博览馆)、传统工艺贵州工作站举办的中国非物质文化遗产传承人群研修研习培训计划"苗族服饰"培训班在贵州省非物质文化遗产博览馆顺利开班。(贵州省文旅厅)

10 月 12 日　黎平县高屯街道中黄村刺绣非遗产品手工技能培训班开

班。本次培训班由贵州省文旅厅指导、贵州省非物质文化遗产保护中心（贵州省非物质文化遗产博览馆）主办、黎平县文体广电旅游局协办。（贵州省非物质文化遗产保护中心）

10月17日 中国非物质文化遗产保护协会第二届会员大会在贵州丹寨万达小镇召开。大会选举产生了中国非物质文化遗产保护协会第二届理事会和常务理事会，文旅部党组成员王晓峰当选为中国非物质文化遗产保护协会会长，张雅芳、李永军、王军、郑晓幸、亢清泉、陈吉当选为副会长，张雅芳兼任秘书长。（文旅部）

10月18日 由文旅部非遗司、资源开发司指导，中国非物质文化遗产保护协会主办，贵州省文旅厅、黔东南州政府、中国旅游协会、中国旅行社协会、中国旅游景区协会联合主办的中国丹寨非遗周在贵州丹寨万达小镇开幕，并举办了中国非遗与旅游融合发展论坛，全国非遗主题旅游线路征集宣传活动评选结果正式发布，共12条线路入选。（中国旅游报）

10月25日 贵州秋冬季非遗旅游活动启动，以"黔东南侗族非遗深度体验游"获首批全国发布的非遗主题旅游线路为契机，推出非遗旅游线路。（贵阳日报）

12月4日 由贵州省文旅厅指导，贵州省非物质文化遗产保护中心主办，贵州盛华职业学院唐人坊非物质文化遗产传承学院、贵州唐人坊文化创意有限公司承办的黔东南州黎从榕蓝靛染产品及包装设计培训班在惠水开班。（贵州省非物质文化遗产保护中心）

海 南

3月5日 海南省公布第四批省级非物质文化遗产代表性传承人，共38人，涉及32个省级非遗代表性项目，其中8人为项目新增传承人。（海南日报）

6月13日 "海南首届非遗购物节"盛大上线，打造"非遗盛宴"，尽展自贸魅力。（海南广电国际传播融媒体中心）

9月10日 三亚南山国际非物质文化遗产体验中心正式对外开放，中心将结合节气时令、风俗习惯策划特色互动体验项目，邀请非遗传承人或从业者，定期为广大市民、游客及外籍友人讲述非遗背后的故事。（中国旅游新闻网）

10月27日 由省旅文厅主办、海南职业技术学院组织实施的中国非遗传承人群研培计划2020年黎锦技艺研修班在海南职业技术学院开班。（海南日报）

11月13日 海南省非物质文化遗产展示中心项目开工。（海南省琼剧院）

11月19日 作为2020年海南锦·绣世界文化周系列活动之一的黎族传统纺染织绣技艺保护工作座谈会在海口举行，与会领导嘉宾围绕"传承实践创新发展"主题展开了经验交流。（阳光海南网）

12月27日 由北京非物质文化遗产发展基金会、省旅游和文化广电体育厅、中国农工民主党中央文化体育工作委员会共同主办的"2020海南自贸港大国非遗工匠艺术珍品展暨非物质文化遗产发展大会"在海南省博物馆拉开帷幕。活动通过现场珍品展示、互动交流等多样方式，促进非物质文化遗产的保护与传承发展，推动海南文化产业发展，助力海南自由贸易港建设。（海南日报）

12月27日 作为2020年（第二十一届）海南国际旅游岛欢乐节海口主会场的主要活动，2021"自贸港之声"新年音乐会在海南省歌舞剧院举办，以"传承非遗，永不落幕的文化寻根"为主题。（阳光海南网）

河 北

8月8~11日 河北省文旅厅、秦皇岛市人民政府在万里长城起点——山海关，共同主办"长城脚下话非遗"长城沿线非遗展览展示活动，以"多彩非遗壮美长城"为主题。（河北省文旅厅）

8月18~24日 由河北省文旅厅主办，河北省非物质文化遗产保护中心、河北省群众艺术馆承办的2020河北非遗大观园系列活动"消夏书

场——传统曲艺展演"活动在河北省群众艺术馆七楼演播厅举办。("河北非物质文化遗产"微信公众号）

9月9日 由河北省文旅厅主办，河北省非物质文化遗产保护中心、河北省群众艺术馆、廊坊市文旅局承办，廊坊市群众艺术馆、廊坊市非遗中心协办的"流淌在生活"廊坊非遗美学展在省非遗中心开幕。展览分为"传世典藏·再现宫廷技艺""民间活力·在生活中传承""归去来兮·传承技艺面向未来""匠心工坊·生生不息的非遗匠心"4个篇章。("河北非物质文化遗产"微信公众号）

9月16~18日 河北省文旅厅在张家口市蔚县举办了全省"非遗+扶贫"交流对话活动。(河北省文旅厅）

9月24日 由文旅部非遗司业务指导，河北省文旅厅、北京市文旅局、天津市文旅局、沧州市人民政府主办，京津冀三地非物质文化遗产保护中心、沧州市文旅局、沧州市大运河文化发展带建设办公室承办的"匠心华韵运河传承"流动的文化——大运河非遗大展暨第六届京津冀非遗联展在沧州市大运河生态修复展示区正式拉开帷幕。(河北省文旅厅）

10月16日 由文旅部、教育部、人力资源和社会保障部主办，河北省文旅厅指导，河北美术学院承办的"中国非物质文化遗产传承人群研修研习培训计划——河北美术学院2020年第九期曲阳石雕研修班、第十期砚台制作技艺研修班、第十一期民族服装服饰设计制作技艺研修班"开班仪式在河北美术学院启动。(中新网）

11月9~12日 由河北省文旅厅主办、省非遗保护中心承办的2020年河北省非遗保护工作能力提升活动在石家庄成功举办。(河北非遗保护中心）

12月17日 我国单独申报的"太极拳"、我国与马来西亚联合申报的"送王船——有关人与海洋可持续联系的仪式及相关实践"两个项目，经委员会评审通过，列入联合国教科文组织人类非物质文化遗产代表作名录。其中"太极拳"项目中，河北省邯郸市永年区的杨氏太极拳、武氏太极拳，邢台市任泽区的王其和太极拳共3个项目位列其中，占据全国7个项目的近一半之多。(河北日报）

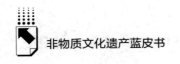

河　南

6月13日　省文旅厅确定了"河洛文化生态保护实验区保护实践"等16个项目为河南省非遗保护优秀实践案例。（河南省文旅厅）

7月27日　由加拿大华人联合总会主办的"中华传统文化节暨中加建交50周年庆典"活动通过网络正式对外播放。河南省精选出了少林功夫、民间剪纸（袁升科）、香包（赵海亮）、面塑（刘玉伟）、书法（武庆平）5个特色项目参加此次活动，并在郑州的如意湖畔、东区的"玉米楼"前进行录制。（河南省文旅厅）

9月14～16日　由河南省文旅厅主办，河南省非物质文化遗产保护中心、尉氏县新尉工业园区枣朱小学、尉氏县邢庄乡水黄村小学、尉氏县邢庄乡屈楼小学、尉氏县鹏达学校承办，河南路之遥教育科技有限公司协办的"弘扬优秀传统文化·2020年河南省非物质文化遗产进校园巡展"活动在开封市尉氏县正式启动。（河南省非物质文化遗产保护中心）

10月19日　由河南省文旅厅主办，河南省文化艺术研究院承办的"河南省非遗曲艺展演周"开幕式暨宝丰县国家级说唱文化生态保护实验区专场在河南艺术中心文化广场举行。（河南省文旅厅）

10月24日　由文旅部非遗司支持，中国青年网主办的第二届"非遗进校园"优秀实践案例和中国旅游报社主办的"2020非遗与旅游融合发展优秀案例"在济南发布。在发布的40个非遗优秀案例中，河南省信阳市信阳皮影戏进校园实践案例和河南焦作：叫响"太极功夫之旅"品牌两案例上榜。（中国非物质文化遗产保护中心）

12月18日　河南省政府新闻办公室在郑州举办太极拳传承发展大会发布会，重点介绍太极拳申遗和太极拳传承发展大会系列活动的具体情况。（中国旅游新闻网）

12月22日　少林功夫非遗传习班开班仪式在河南省文化馆举行。（河南省文旅厅）

黑龙江

1月11日 由中共黑龙江省委宣传部和黑龙江省文旅厅共同主办，黑龙江广播电视台承办的"《雪韵"遗"风——非遗助推多彩生活》首届黑龙江冰雪非遗节"在哈尔滨西城红场艺术港隆重开幕。（黑龙江省文旅厅）

1月12日 首届冰雪非遗节"非遗与旅游融合发展主题论坛"在哈尔滨举行，总结非遗保护传承实践基本经验和存在的问题，探讨非遗传承发展与旅游发展的融合路径。（黑龙江省文旅厅）

6月13日 黑龙江省非物质文化遗产购物节直播活动于黑龙江省龙江剧院隆重启幕，首次采用"政府引领＋名人助力＋网红引流＋粉丝消费"进行的一次创新性模式。（黑龙江省文旅厅）

7月15日 由省文旅厅主办，省非遗中心精心策划推出的龙江非遗大型公益类直播《非遗在直播》正式开播。当天，中国漆器专委会委员、清宫造办处第六代传人、黑龙江省工艺美术大师白艳萍、夏立军走进"文旅龙江"演播室，通过抖音平台向广大网友传授讲解"大漆工艺"，展示大漆精品。（黑龙江省文旅厅）

9月11日 黑龙江省文旅厅出台了《国家级非物质文化遗产满族刺绣（渤海靺鞨绣）》地方标准，对满族刺绣（渤海靺鞨绣）的主要材料、工具、工序、施针技法、质检验收、装裱包装等进行了规范。（黑龙江省文旅厅）

10月24日 由文旅部非遗司支持、中国青年网主办的第二届"非遗进校园"优秀实践案例发布。我省讷河市鄂温克族瑟宾节进校园实践案例入选第二届"非遗进校园"十大创新实践案例。（齐齐哈尔市文旅局）

11月19日 一曲《鼓动新天地》拉开了京东大鼓大庆传承基地揭牌仪式的序幕。这次京东大鼓大庆传承基地圆满落成，标志着中国传统文化的瑰宝、曲艺界的明珠——京东大鼓正式进入大庆。（东北网）

12月27日至1月2日 由省委宣传部、省文旅厅、省广播电视台共同

主办的"冰天雪地·美好生活"系列群众文化活动暨首届黑龙江冰雪非遗展示展销周在哈尔滨西城红场开展。（黑龙江省文旅厅）

湖 北

1月14日 湖北省人民政府公布第六批省级非物质文化遗产代表性项目名录（共计22项）和省级非物质文化遗产代表性项目名录扩展项目名录（共计17项）。（湖北省人民政府官网）

6月2日 湖北省《省级非物质文化遗产代表性传承人认定与管理办法》开始施行，明确省级非遗传承人申报与认定、权利和义务等。（湖北省文旅厅）

6月11日 由湖北省文旅厅主办的2020年"文化和自然遗产日"非遗宣传展示活动"云游非遗·影像展"暨"首届荆楚非遗购物节"启动仪式在省图书馆长江报告厅举行了网络大直播。（湖北省文旅厅）

8月10～14日 由省文旅厅指导，省非物质文化遗产保护中心主办的湖北省2020年非遗电商运营培训班在江城武汉火热开班。（"湖北省非物质文化遗产保护中心"微信公众号）

11月21日 由湖北省文旅厅主办的"非遗传承·民间溢彩——湖北省非物质文化遗产传统表演艺术类优秀作品展演"在湖北荆州举行，展演涵盖传统音乐、传统舞蹈、传统戏剧、曲艺、传统体育等多种非遗传统表演艺术项目。（中国文化报）

11月22日 2020第三届荆楚问漆国际学术研讨会在湖北荆州传统工艺工作站隆重召开。本次活动是在湖北省文旅厅业务指导下，在中国科学技术史学会传统工艺研究会、清华大学美术学院艺术史论系、清华大学美术学院工艺美术系的学术支持下，由荆州市人民政府主办，荆州市文旅局、清华大学美术学院驻荆州传统工艺工作站、传统工艺与材料研究文化和旅游部重点实验室（清华大学）、漆艺传承发展联盟、荆州市人力资源和社会保障局承办，长江艺术工程职业学院、湖北省民间工艺技师学院协办。（"非遗传承

人群研培计划"微信公众号）

11月22~24日 由湖北省文旅厅主办，荆州市文旅局承办的湖北省非遗保护工作培训班在荆州举办。总结近年来的工作，谋划"十四五"非遗保护工作，研究2021年工作任务。（湖北省文旅厅）

湖　南

3月13日 湖南省文旅厅与湖南省扶贫开发办公室联合下发《关于推进非遗扶贫就业工坊建设的通知》。从设立非遗扶贫就业工坊、开展传统工艺培训、提升传统工艺产品、扩大产品销售渠道、加强非遗扶贫宣传等方面发力，支持全省各地特别是已摘帽的国家级、省级贫困县设立一批特色鲜明、示范带动作用明显的非遗扶贫就业工坊，充分发挥非遗在脱贫攻坚工作中的"扶志""扶智"作用。（湖南省文旅厅）

3月27日 湖南省文旅厅制定并印发了《湖南省曲艺传承发展计划》，对湖南曲艺类非遗传承发展工作进行专项部署。（红网）

4月16日 由湖南省文旅厅组织编撰出版的湖南省非遗保护系列丛书之《湖南省国家级非遗代表性传承人口述史》2020年第一次专家评审会议在长沙召开。（"湖南非遗"微信公众号）

6月7日 由湖南省文旅厅主办的湖南非遗购物节网红直播带货大赛总决赛在长沙河西王府井商业广场举行，创新性地采用了"直播＋展位＋摊位"模式展示湖南的非遗项目。（中国旅游新闻网）

6月10日 2020年"文化和自然遗产日"湖南主会场活动在永州市江永县勾蓝瑶寨开幕。活动以"文物赋彩全面小康·非遗传承健康生活"为主题，包括开幕式、文化生态博物馆概念规划展示、"魅力勾蓝"网络文旅消费直播活动、江永文旅融合资源对接大会四大主题活动。（湖南省文旅厅）

6月30日 由文旅部、教育部、人力资源和社会保障部主办，湖南省文旅厅指导，湖南艺术职业学院承办的"中国非遗传承人群研修研习培训

计划——湖南地方戏曲经典剧目传承人群研培班"在艺职院举办开班仪式。（湖南艺术职业学院）

7月2日 省文旅厅召开2019年度国家级非物质文化遗产代表性传承人记录成果通查工作会议。会议组织湖南中医药大学、湖南理工学院、省对外影视制作中心、省图书馆、省艺术研究院等单位的专家对记录成果进行了评审。（湖南省文旅厅）

7月17日 为统筹部署我省2020年度国家级非遗代表性传承人记录工程，贯彻落实文旅部相关工作标准和要求，省文旅厅召开2020年度湖南省国家级非物质文化遗产代表性传承人记录工程推进会。（湖南省文旅厅）

7月28日 由文旅部非遗司主办，中央文化和旅游管理干部学院承办，湖南省文旅厅协办的全国首期"国家级非遗代表性项目保护单位负责人培训班"在湖南省长沙市开班（"湖南非遗"微信公众号）。

7月31日 云上湖南非遗馆开馆暨第四届湖南传统手工艺网上博览会启动仪式在长沙举行。（湖南省文旅厅）

9月22日 文旅部非遗司支持项目"湖南省非遗扶贫就业工坊负责人培训班"在长沙开班。本次培训旨在推动湖南非遗扶贫就业工坊建设高质量发展，培养更多非遗扶贫带头人、乡村振兴能人、非遗保护传承中坚力量，充分发挥非遗在脱贫攻坚中的"扶志""扶智"作用，带动就业创收、振兴传统工艺、推动传承发展。（湖南省文旅厅）

11月25日 由湖南省文旅厅主办的湖南省非遗保护专项资金申报管理培训班在长沙开班。（湖南省文旅厅）

吉 林

5月19日至6月13日 文化和自然遗产日的系列活动陆续亮相，重点围绕传统体育、传统医药、餐饮类非遗项目，推动非遗扶贫、普及非遗知识、宣介健康理念。（中国吉林网）

7月25日 由吉林省文旅厅主办，吉林省文化和旅游信息中心、长春市博泰文化传媒有限公司、快手吉林省运营服务中心共同承办，吉林省非物质文化遗产保护中心、吉林省图书馆大力支持的2020网络中国节之吉林非遗篇——见人见物见生活直播活动在快手平台开播。（中国吉林网）

8月9日 "第二届吉林非遗节"在长春文庙广场开幕，活动致力于将吉林非遗节打造成吉林与全国对话的平台、助推文旅融合的重要载体。（吉林省文旅厅）

8月18日 省文旅厅发布《吉林省文化和旅游厅关于公布第五批省级非物质文化遗产代表性传承人的通知》。（吉林省文旅厅）

10月27日 由吉林省文旅厅主办、延边朝鲜族自治州文化广播电视和旅游局承办的吉林省非物质文化遗产保护工作人员培训班在延吉市开班。（中国吉林网）

11月7日 由省文旅厅主办，省文化馆承办的第七届吉林省市民文化节"健康生活、悦动吉林"2020年吉林省群众戏剧曲艺大赛决赛在吉林省文化馆二楼观演厅正式启幕，活动以"文化惠民，文化为民"为办赛宗旨。（吉林省文旅厅）

江　苏

6月13日 由省文旅厅、宿迁市人民政府共同主办，宿迁市文广旅局、宿迁市洋河新区管委会承办，江苏洋河酒厂股份有限公司、京东零售协办的2020省"非遗购物节"启动仪式暨非遗大集活动开幕。（江苏省文旅厅）

7月29日 由江苏省戏剧学校承办的"文化和旅游部、教育部中国非物质文化遗产传承人群研修研习培训计划"——2020江苏传统戏剧非遗传承人群研修班在淮安市文化馆开班。（江苏省戏剧学校）

7月下旬至8月上旬 为高质量完成记录工作，迎接文旅部非遗司对2018年国家级非遗代表性传承人记录工作的最终验收，江苏省非遗保护中心开展了国家级非遗代表性传承人记录工作2018年项目进展情况督查工作。

（江苏省文化馆）

9月5日 第二届大运河文化旅游博览会分会场活动暨第三届中国（淮安）大运河文化带城市非遗展启动仪式在淮安里运河文化长廊景区举行。以"守多彩非遗，创时尚生活"为主题，在生动诠释运河文化的同时，还突出引领文旅消费，推动非遗传承活化，让传统文化走进百姓生活。（"非遗传承人群研培计划"微信公众号）

9月21~24日 由省文旅厅主办，南京非物质文化遗产专业学院承办的2020年非物质文化遗产代表性传承人培训班在南京举办。进一步加强全省非遗传承人队伍建设，帮助代表性传承人"强基础、拓眼界、增学养"。（江苏省文旅厅）

10月11日 由文旅部、江苏省人民政府主办，文旅部艺术司、江苏省文旅厅、昆山市人民政府共同承办的2020年戏曲百戏（昆山）盛典在昆山拉开帷幕。盛典继续秉持"戏曲的盛会、百姓的节日"办会宗旨，汇中国百戏，展戏曲新颜。（江苏省文旅厅）

10月17日 "文化和旅游部、教育部、人力资源和社会保障部中国非物质文化遗产传承人群研修研习培训计划"2020江苏传统戏剧非遗传承人群研修班在省戏剧学校音乐厅举行结业仪式。（江苏省戏剧学校）

11月3日 由文旅部非遗司主办，中央文化和旅游管理干部学院承办，江苏省文旅厅及南京市非遗专业学院协办的"国家级非遗代表性项目保护单位负责人培训班（江苏）"在南京开班。（江苏省文旅厅）

11月5日 文旅厅印发《江苏省非遗旅游体验基地认定与管理办法（试行）》，将在全省范围内设立一批省级非遗旅游体验基地。（江苏省文旅厅）

11月5~6日 南京市文旅局主办、南京市非遗保护中心承办的全市非遗管理干部及市第四批非遗代表性传承人培训班，在江宁区云水涧文化展示中心举办。（南京市文旅局）

11月19日 以文旅部非遗传承人群研培计划为平台，由江苏省文旅厅支持、苏州工艺美术职业技术院承办的江苏对口帮扶贵州、新疆、青海非遗扶贫带头人研修班在苏工美院手工艺学院正式开班。（江苏省文旅厅）

11 月 30 日 由文旅部主办、江苏省文旅厅协办、苏州工艺美术职业技术学院承办的"2020 年中国非遗传承人群研修研培计划经验交流活动"在苏州成功举办。交流活动旨在总结"十三五"研培工作的经验做法，谋划"十四五"研培工作的目标任务。（江苏省文旅厅）

江 西

6 月 13 日 江西省文化和旅游厅与江西省残疾人事业发展促进会联合各大网络销售及短视频平台搭建"江西非遗集市"网络店铺，开启了 2020 江西"非遗购物节"系列活动。将非遗与网络直播有机融合在一起，创新了非遗展示途径。（中国旅游新闻）

8 月 1 日 由省文化和旅游厅主办、省赣剧院支持、江西艺术职业学院承办的 2020 年中国非物质文化遗产传承人群"赣剧声腔与表演"研修班和 2020 年江西省第三届赣剧轮训班暨青春版·赣剧《红楼梦》剧组演员培训班正式开班。（江西省文旅厅）

9 月 13 日 由江西省妇女联合会、江西省文化和旅游厅主办，江西省非物质文化遗产研究保护中心、各地市妇联、文旅新局承办的"妈妈的味道"江西省巾帼农家乐非遗美食大赛在安义古村群拉开帷幕。展示了江西省非物质文化遗产美食项目的独特魅力和当下价值，充分发挥非物质文化遗产在乡村旅游中的独特作用。（江西省非物质文化遗产保护中心）

10 月 15 日 来自省内外赣剧研究中心、剧团的十二位优秀赣剧青年演员投师南昌大学赣剧表演艺术家陈俐门下。省文化和旅游厅党组成员、副厅长陈晓平，南昌大学副校长刘耀彬，中国表演学会会长黎继德，原江西省政协常委、江西省社会科学院原院长汪玉奇出席仪式并讲话。（央广网）

10 月 28 ~ 30 日 由文化和旅游部非遗司支持，江西省文化和旅游厅主办，鹰潭市文化广电新闻出版旅游局和江西省非遗研究保护中心承办的 2020 年江西省非遗助力精准扶贫培训班在鹰潭市举办，江西省各市县非遗中心工作人员、非遗传承人及非遗扶贫就业工坊坊主 100 余人参加。（江西文旅

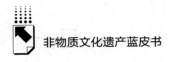

发布）

11 月 10 日　江西省文化和旅游厅发布 2020 年省级非物质文化遗产代表性项目优秀实践案例，全省 10 个非遗项目案例入选。（江西日报）

11 月 11 ~ 13 日　由江西省文化和旅游厅主办，宜春市文化广电新闻出版旅游局和江西省非物质文化遗产研究保护中心承办的 2020 年江西省非遗档案管理和应用培训班暨文化生态保护实验区规划和建设工作座谈会在宜春举办。厅非遗处处长总结了 2020 年全省非遗保护成果，部署了下一步重点工作，各设区市文广新旅局、文化生态保护实验区建设和拟申报单位进行了工作汇报。（江西省非物质文化遗产保护中心）

11 月 17 ~ 18 日　由江西省文化和旅游厅精心选送的 7 个江西剧种剧目，组成 2020 年戏曲百戏（昆山）盛典江西折子戏专场，于昆山上演，赣风鄱韵惊艳亮相，充分展现了江西戏曲的独特魅力，受到社会各界的广泛好评。（江西日报）

12 月 15 日　由南昌市文化馆（市非物质文化遗产研究保护中心）主办、江西教育出版社承办的《南昌非物质文化遗产系列读本滕王阁传说·我是滕王我是阁》新书首发式暨"非遗读本进校园"活动在南昌市青山湖区胡家小学举办。（江西日报）

辽　宁

6 月 13 日　辽宁省首届"非遗购物节"于沈阳火热开启，并在线上线下同步进行。此次非遗购物节围绕"云上购非遗　健康新生活"的主题，包括"我在故宫看非遗"和"我在云上购非遗"两项活动。以"辽宁四宝"——岫岩玉雕、阜新玛瑙雕、琥珀雕刻、松花石砚制作技艺为代表的 10 个非遗项目的传承人走进沈阳故宫，展示辽宁工匠风采，讲述非遗故事，展现文化的薪火相承与创新发展。现场游客在感受国宝魅力的同时，还能在传承人的指导下体验手工乐趣，选购辽宁特色非遗作品和产品；广大网友则可通过直播一边领略故宫美景，一边云购物。（中国非物质文化遗产网）

6月13日 为进一步贯彻《文化和旅游部办公厅关于开展2020年"文化和自然遗产日"非遗宣传展示活动的通知》要求,执行文旅部非遗司关于开展"非遗购物节"的工作部署,辽宁省文化遗产保护中心结合地域特色、文化风格和资源特点,举办了"辽宁省传统技艺类非遗项目及传承人座谈会"。会议围绕"聚焦电商平台,融入当代生活;聚焦项目保护,探讨新时代传承;聚焦融合,共同创新发展"三个主题展开,各位传承人各抒己见,畅所欲言。(中国非物质文化遗产网)

11月6～10日 由省委宣传部、省文化和旅游厅主办的辽宁省第十一届艺术节的延续活动——全省曲艺类非遗项目展演活动在辽宁大剧院精彩上演。此次活动旨在为贯彻落实中共中央办公厅、国务院办公厅《关于实施中华优秀传统文化传承发展工程的意见》和中宣部、文化和旅游部、财政部《非物质文化遗产传承发展工程实施方案》、文化和旅游部《曲艺传承发展计划》有关要求,组织全省曲艺类非物质文化遗产代表性项目在艺术节期间集中展演,弘扬社会主义核心价值观,传承和弘扬中华优秀传统文化,丰富群众精神文化生活,扩大我省曲艺类非遗项目的影响力,推动曲艺类非物质文化遗产传承发展。(辽宁省文旅厅)

内蒙古

8月31日 由内蒙古自治区文化和旅游厅主办,内蒙古自治区非遗保护中心承办的全区非遗保护与管理人员培训班在呼和浩特举行。全区各盟市文化和旅游局分管局长、非遗科科长、非遗保护中心主任及业务骨干,自治区传统工艺工作站及非遗扶贫就业工坊负责人,国家、自治区研培计划参与院校负责人等100余人参加培训。(内蒙古非遗)

9月14～18日 内蒙古自治区第三期国家级非遗代表性项目保护单位负责人培训班举办。来自12个盟市的60位国家级非遗代表性项目保护单位的负责人参加了培训。本次培训包括专题讲座、优秀案例分享、分组研讨和实地考察学习等内容。(内蒙古非遗)

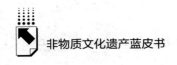

宁　夏

4月3日　为加大非遗保护传承力度，建立代表性传承人资助激励机制，宁夏回族自治区文化和旅游厅出台《宁夏回族自治区非物质文化遗产保护管理暂行办法》，涉及宁夏非物质文化遗产的保护、传承、利用和管理等方面。（中国新闻）

7月2日　宁夏文化和旅游厅与宁夏扶贫开发办公室联合命名15个自治区级非物质文化遗产扶贫就业工坊，其中：银川市3个，石嘴山市1个，吴忠市5个，固原市5个，中卫市1个。（文化和旅游部）

7月20~24日　为扎实推进全区非遗保护传承工作，弘扬高质量发展，大力促进保护管理工作制度化、规范化、科学化运行，根据文化和旅游部年度工作安排，依据《宁夏回族自治区非物质文化遗产保护管理暂行办法》，宁夏自治区文化和旅游厅带领自治区文化馆、宁夏大学非遗规划编制专家对全区非物质文化遗产保护工作情况进行全面复核评估。（宁夏回族自治区文化和旅游厅）

10月18日　由文化和旅游部公共服务司指导，宁夏协同西部十一省（区、市）及新疆建设兵团文化和旅游厅（委、局）共同主办的，第十七届中国西部民歌（花儿）歌会在宁夏回族自治区银川市开幕，以"弘扬黄河文化讲好黄河故事"为主题，来自全国18个省（区、市）、10余个少数民族的200多名歌手相聚"塞上江南"唱响"花儿"。（新华网）

青　海

6月13日　青海省紧扣"非遗传承、健康生活"主题，举办2020年"文化与自然遗产日"宣传展示系列活动和"非遗购物节""青绣荷包节"等活动，共有60余个非遗项目参与，其中，7个传统武术类、17个传统技艺类、6个传统医药类、5个传统戏剧类、15个非遗美食类、12个非遗文创类。与脱贫攻坚、乡村振兴及文旅融合发展相结合，积极宣传展示青海省优秀传统文化，深入挖掘非遗项目魅力，展现非遗保护传承成果。（青海省文化旅游）

6月18日　"青绣——贵南藏绣精品展暨格萨尔史诗藏绣长卷开工典礼"在青海省贵南县沙沟乡德芒村举行。青海省文化和旅游厅党组成员、副厅长吕霞出席开工典礼，宣布启动并为长卷开工引线，为地方非遗手工技艺发展，非遗口头传统的传承和弘扬等方面工作起积极的推动作用。（文旅中国）

山　东

1月10日　"2020年山东省非物质文化遗产月"新闻发布会在山东省文化和旅游厅召开。据悉，"2020年山东省非物质文化遗产月"启动仪式将于1月16日晚在山东剧院举办。"非物质文化遗产月"期间，全省各地、省直文化旅游系统有关单位将组织开展659项非遗展演展示活动。（中国山东网）

6月13日　根据山东省文化和旅游厅关于开展《2020年"文化和自然遗产日"非遗宣传展示活动的通知》要求和《山东省文化馆2020年"文化和自然遗产日"非物质文化遗产宣传展示活动方案》的安排，由山东省文化和旅游厅主办，山东省文化馆（山东省非物质文化遗产保护中心）、山东省文化产权交易所承办，聚匠网、主流电商平台协办的山东省首届"非遗购物节"活动正式开启。（山东省非物质文化遗产保护中心）

6月13日　由山东省文化馆（山东省非物质文化遗产保护中心）精心谋划，线上线下联动，以"非遗传承，健康生活"为主题，重点围绕传统技艺、传统美术、传统体育、传统医药和餐饮类非遗项目，开展非遗传播传承活动，普及非遗知识和健康生活理念，营造全社会共同参与、关注和保护传承优秀传统文化的浓厚氛围。（山东省非物质文化遗产保护中心）

7月3日　山东省济南市文化馆、市非物质文化遗产保护中心召开了全市国家级非遗代表性传承人座谈会，旨在进一步加强济南市国家级非遗代表

性传承人的规范化管理，充分发挥传承人在非遗保护工作中的示范带头作用，助推全市非遗保护传承工作再上新台阶。（文旅中国）

8 月 28 日 由山东省文化和旅游厅主办，山东省非遗保护中心、山东省文化创意设计行业协会承办的"2020 山东非遗 + 旅游文创大赛"，在省文化和旅游厅启动。根据山东省非遗资源实际和市场培育情况，本届大赛所有创作作品围绕非遗十大门类进行，包括传统工艺、表演艺术、民间传说三大主题方向。作品征集类型分为非遗创新传承类、非遗创意衍生设计类、非遗传播产品开发类三类。（文旅山东）

10 月 23 日 第六届中国非物质文化遗产博览会在济南盛大开幕。本届博览会活动内容丰富，线下活动包括线下主展馆展览，设有"感悟习近平总书记的非遗情缘展"、黄河流域非遗展、非遗助力精准扶贫展等 3 个专题展，以及"匠人匠心"云竞技活动。（中国非物质文化遗产保护中心）

12 月 1 ~ 4 日 山东省非遗保护工作会议暨文化生态保护区建设现场经验交流活动在青州市举行。会上，全省 10 个文化生态保护区作交流发言，各市分管局长汇报了今年工作及明年打算。活动期间，与会人员参观了非遗传习坊、八喜大集等非遗传承场所，并集体观看非遗专题晚会。（山东省文旅厅）

12 月 16 日 经文化和旅游部批准，由非物质文化遗产司业务指导，中国非物质文化遗产保护协会、中国文化传媒集团有限公司主办，中国手艺网、潍坊市文化和旅游局承办，"中国年画·美好生活"——2021 年画传承发展大会在山东省潍坊市举行。旨在大力彰显年画所蕴含的文化内涵与精神力量，着力营造全社会喜爱年画、欣赏年画、消费年画的传承氛围，探索形成传统工艺项目振兴的有效模式和路径。（山东省文旅厅）

12 月 23 日 由山东省文化和旅游厅主办，山东省文化馆（山东省非遗保护中心）承办的"'大家创·云上齐鲁'——山东省传统技艺类短视频培训班"在山东省青岛市即墨区国际手艺创意设计交流中心举办。旨在进一步加强山东省非遗保护队伍建设，充分利用"云空间、大数据"等现代科技手段，使非遗更好地融入当代、融入大众、融入现代生活。（文旅中国）

山　西

9月22日　由山西省文化和旅游厅主办，山西省非遗保护中心、太原美术馆承办的"撷彩大地　面中乾坤——山西面塑艺术展"在太原美术馆开展。展览共分为"域·晋风""岁·时节""礼·仪和""融·新姿"等板块，展现了山西面塑的精湛技艺和厚重文化底蕴，对于传承非遗、扩大山西面塑影响、提高传承人群社会地位和面塑经济效益将起到积极作用。（山西省非物质文化遗产保护中心）

10月15日　由山西省文化和旅游厅、山西省援疆前方指挥部主办，山西省非物质文化遗产保护中心承办，运城市文化和旅游局协办的"一带一路·晋疆情"2020年山西非遗文化援疆展演活动，在新疆生产建设兵团第六师五家渠市共青团农场青城社区正式开启（北青网）。

陕　西

9月16日　为传承弘扬陕西优秀传统文化，有效保护、传承和传播非物质文化遗产，鼓励和支持省级非物质文化遗产代表性传承人开展传承活动，省文化与旅游厅日前印发了《陕西省省级非物质文化遗产代表性传承人认定与管理办法》。（陕西日报）

10月24日　作为第六届中国非物质文化遗产博览会的重要组成部分，2020非遗与旅游融合发展优秀案例正式对外发布。由陕西省文化和旅游厅申报的"陕西礼泉：袁家村——关中非遗文化传承地"案例从179个案例中脱颖而出，入选2020非遗与旅游融合发展优秀案例。（陕西日报）

11月19日　由悉尼中国文化中心与陕西省文化和旅游厅共同主办、陕西文一国际文化发展有限公司承办的"五牛更象——陕西非遗印象展"在悉尼中国文化中心举办。以"巧夺天工""秦韵天籁""秦人匠心""关中记忆""魅力体验"等五大板块展出泥塑、皮影、刺绣、秦腔、耀州陶瓷等

100 多件独具特色的陕西非遗传承人作品、影像作品以及 20 多幅精美的陕西旅游图片，深受悉尼各界的欢迎和好评。（悉尼中国文化中心）

上 海

4 月 30 日 经组织申报、审议、公示等程序，认定上海市非物质文化遗产代表性项目保护单位 371 个，涉及的项目包括江南丝竹、海派锣鼓、浦东山歌、上海牙雕、海派旗袍等。（上海发布）

5 月 9 日 为期六个月的"漆器——指尖上的非遗"走近大师·漆海寻宝活动，近日在上海漆艺博物馆开幕。汇聚了上海、扬州、北京、福州、平遥、重庆、荆州、徽州等国内漆艺主要产地近百位大师、艺术家的 2000 余件作品。（上海市文旅厅）

6 月 11 日 由上海市文化和旅游局、上海市人民政府外事办公室、上海市长宁区人民政府指导，上海市非物质文化遗产保护中心、上海工艺美术职业学院、上海艺术品博物馆共同主办的第八届国际（上海）非物质文化遗产保护论坛顺利举行。以"涓汇成流"为主题，探讨各国在不同体制和政策下非遗保护的社会分工以及城市化进程中社区非遗保护的责任，交流与互鉴各国在非遗保护领域的共同经验，提高非遗保护的水平。（上海非遗）

6 月 13 日 上海市以"文化上海云"和"抖音"为线上主平台，同步发动各区、各非遗项目保护单位、社会组织等因地制宜组织开展线下活动，共同举办"非遗传承健康生活"的系列宣传展演。（上海非遗）

6 月 16 日 2020 上海"非遗购物节"日前在上海市群众艺术馆开幕，上海市非遗协会"非遗宝藏"淘宝店以及非遗衍生品营销中心线上线下同时开门营业。上海市非遗协会联手抖音、淘宝等主流平台，联合多家项目单位共同打造"非遗宝藏"整体品牌，为非遗传承人的产品进行定位、策划、设计、营销，用"抱团"的传承推广方式，探索一条新的生产性传承之路。（上海市文旅厅）

8 月 6 日 "2020 上海非遗亲子节"在上海大世界正式启动，召集 10

万家亲子家庭加入非遗守护计划。近 500 场儿童杂技剧、皮影戏、戏曲导赏等各类精彩非遗亲子演出，趣味非遗技艺、手作互动、文创产品市集以及全新升级的"非遗主题乐园"魔幻沉浸展演、非遗大师展览、研学讲座内容，让游客更加沉浸式地体验"非遗潮流"。（上海市文旅厅）

10 月 3~4 日　由青浦、吴江、嘉善三地共同主办的"匠心逐梦"2020长三角非遗嘉年华在朱家角古镇珠玑阁举行，三地非遗项目集中亮相，为市民游客端上假日期间的非遗盛宴。市民游客可与传承人一起亲手制作工艺品、体验非遗技艺。同时，来自青吴嘉三地的舞台类非遗节目联袂登台，舞狮表演《祥狮欢腾》、田歌联唱《碧波万顷鱼虾肥》、鱼灯舞《汾湖趣》、越剧戏歌《逆影》等节目，让市民游客领略中国传统戏曲的魅力。（上海市文旅厅）

11 月 27~29 日　2020 年第六届上海国际手造博览会在上海世博展览馆4 号馆举行。博览会主题是"协同创新、快乐前行"，是上海市教育委员会"文教结合"支持项目，也是文化和旅游部非物质文化遗产司"传统工艺工作站"支持项目，聚焦"非遗美育""非遗扶贫""城市手工"方面的社会成果展示。（非遗知多少）

四　川

5 月 27 日　省文化和旅游厅召开"2020 年全省非遗保护工作会议"，总结 2019 年来非遗保护工作，交流推广典型经验，安排部署 2020 年重点工作任务。会上，成都市、阿坝州、甘孜州、泸州市叙永县、德阳市绵竹市文旅部门、省非遗保护中心等单位负责同志分别从"城市生活美学中的非遗传承创新"、"文化生态保护区建设"、"培育非遗传承队伍"、"非遗扶贫工坊建设"、"代表性项目保护传承"、"非遗传播推广"等不同角度进行了经验交流发言。（四川省文旅厅）

6 月 13 日　四川省文化和旅游厅、四川省委网信办、四川省商务厅、四川省扶贫开发局、四川省中医药管理局、四川省体育局等单位，以"非

遗传承健康生活"为主题，采取线上为主、线上线下相结合的方式，举办丰富多彩的非遗宣传展示系列活动。（四川非遗）

7月10日　四川省文化和旅游厅在四川省非物质文化遗产保护中心召开了省级非物质文化遗产代表性传承人记录工作培训会。四川省各市（州）非遗科（处）长、非遗保护中心主任、省直相关单位及各单位传承人记录项目负责人、传承人记录项目中标实施单位负责人、技术人员、纪录片拍摄人员等共计234人参加了培训会。（四川非遗）

9月4日　省文化和旅游厅在省图书馆召开了2017、2018年度省级非物质文化遗产代表性传承人抢救性记录成果验收工作领导小组会议暨通查验收专家评审工作会。（四川非遗）

10月21日　由四川省文化和旅游厅指导，四川省非遗保护中心主办的"2020年羌医药传承人群培训班"在绵阳市北川县开班。四川省非遗保护中心相关人员、北川县相关领导、全省各地羌医药专家和30名学员参加。培训期间，多名羌医药专家围绕羌医药基础理论、传承发展、临床实践等专题进行授课，培训采取专题讲座、演示传授、研讨交流相结合的方式进行。（四川非遗）

11月15日　由四川省文化和旅游厅、中共阿坝州委、阿坝州人民政府主办，四川省非物质文化遗产保护中心、阿坝州文化体育和旅游局、中共理县县委、理县人民政府、阿坝州民族宗教事务委员会承办的，第四届四川省国家级羌族文化生态保护区成果展暨2020年羌历年庆祝活动，在理县桃坪羌寨举行。（四川非遗）

11月30日至12月5日　四川省文化和旅游厅非遗处、省非遗保护中心组织考察组赴四川省级文化生态保护实验区申报地开展实地考察工作，就非遗传承实践、开展非物质文化遗产保护与传承的社会活动情况等进行考察。（四川非遗）

12月5日　由中国非遗保护协会、中国文化传媒集团有限公司、四川大学主办的"激活·衍生"——木版年画学术研讨会在四川成都举行。本次研讨会分为三大板块，分别聚焦于年画的本体研究、年画的中外比较和年画流变研究、年画的现代活化和创新实践展开研讨交流。相关保护研究机构、年画学者、传承人代表等参加研讨。（非遗传承人群研培计划）

12月23日　四川省文化和旅游厅印发了《四川省级非物质文化遗产代表性传承人认定与管理办法》（以下简称《办法》），将于2021年1月1日正式施行。力图在各级对非物质文化遗产保护的日益重视以及新时代非物质文化遗产保护形势不断发展下，规范省级非物质文化遗产代表性传承人认定和管理工作，鼓励和支持我省非物质文化遗产代表性传承人开展传承活动。（四川省文旅厅）

台　湾

12月15日　由中华文化联谊会、海峡两岸旅游交流协会、山西省文化和旅游厅以及台湾中华翰维文化推广协会共同举办的"三晋文化·宝岛共赏"山西非物质文化遗产线上展演活动在台北举行，台湾观众从视觉、味觉、听觉多角度体验了山西的丰富人文风味，增进了对中华文化的了解认同。（人民日报）

天　津

6月13日　天津市文化和旅游局按照文化和旅游部的要求，围绕"非遗传承健康生活"的年度活动主题，以传统体育、传统医药和餐饮类非遗项目为重点，结合天津地方特色，策划举办丰富多彩的非遗宣传展示活动，普及非遗知识，宣传健康生活理念，弘扬优秀传统文化。（天津非遗中心）

12月28日　为深入推进天津市非物质文化遗产系统性保护，天津市文旅局联合市委宣传部、市财政局联合制定出台了《天津市非物质文化遗产传承发展工程实施方案》。（天津市非物质文化遗产处）

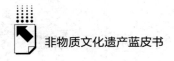
西 藏

6 月 13 日 以"非遗传承，健康生活""文物赋彩，全面小康"为主题的 2020 年"文化和自然遗产日"西藏文化遗产图片展在拉萨举行。此次图片展由西藏自治区文化厅主办、区群艺馆（区非遗保护中心）承办，区文物局和西藏图书馆协办，也是西藏首次以图片、视频的形式，全方位、多角度展示西藏文化遗产保护工作开展以来取得的辉煌成就。（西藏日报）

香 港

1 月 11 日 香港非物质文化遗产办事处在香港三栋屋博物馆演讲厅举办了"竹到棚来—戏棚搭建技艺"讲座，严顺利师傅讲解了戏棚的类型、搭建步骤和技巧等，让参加者了解戏棚的搭建技巧及其文化价值。（香港非物质文化遗产办事处）

1 月 19 日 香港非物质文化遗产办事处在香港三栋屋博物馆演讲厅举办了"技艺传芳—香港中式长衫制作技艺"分享及示范，封有才师傅将分享多年制作长衫的经验和心得，参加者可藉此深入了解长衫的制作步骤和技巧。（香港非物质文化遗产办事处）

7 月 4 日至 10 月 31 日 由香港非物质文化遗产办事处及珠海学院香港历史文化研究中心主办，香港历史博物馆协办，"非遗传承—族群移居与香港非物质文化遗产"系列讲座，吸引了大批听众。（香港非物质文化遗产办事处）

7 月 12 日 香港非物质文化遗产办事处在香港三栋屋博物馆演讲厅举办了"偶遇—木偶戏"欣赏会，黄晖师傅介绍木偶戏，并现场示范提线木偶，让参加者认识这项表演艺术的独特之处。（香港非物质文化遗产办事处）

11 月 7 日 香港非物质文化遗产办事处在香港历史博物馆地下演讲厅

举办了"全真道堂科仪音乐"讲座及示范，梁德华道长讲解了全真道堂科仪音乐的源流和特色等，参加者更能透过经师现场示范，增加对道教仪式和全真道堂科仪音乐的了解。（香港非物质文化遗产办事处）

11月14日 香港非物质文化遗产办事处及香港公共图书馆合办的"回归听觉，体味唱情：如何欣赏广东南音"讲座，在荃湾公共图书馆举行。演讲尝试引导听众欣赏各类唱者的演绎，摆脱视觉约束，回归听觉，辨识古今，慢活叹情。（香港非物质文化遗产办事处）

12月12日 香港非物质文化遗产办事处及香港公共图书馆合办的"从旧照片看非遗"讲座，通过网络进行直播，讲座通过香港旧照片看非遗项目，提高参加者对非遗项目和香港历史的认知及了解。（香港非物质文化遗产办事处）

12月13日 香港非物质文化遗产办事举办的"传统中医药文化与凉茶草药"讲座，通过网络进行直播，讲座从中医药养生文化角度，讲解凉茶与中草药的种类和功效。（香港非物质文化遗产办事处）

12月31日 香港政府公布新一届非物质文化遗产咨询委员会（非遗咨委会）及其辖下两个新成立的专责委员会（非物质文化遗产资助计划委员会及非物质文化遗产项目委员会）的委任。任期由2021年1月1日至2022年12月31日。（香港非物质文化遗产办事处）

云 南

3月19日 为进一步做好2021年度云南省非物质文化遗产代表性传承人群研修研习培训工作，加强对研培计划参与院校的动态管理，进一步提高研培工作的有效性，云南省文化和旅游厅在昆明召开2021年度云南省非遗代表性传承人群研培工作会议。云南大学、大理大学、云南艺术学院、云南技师学院、云南文化艺术职业学院等我省5所非遗人群研培高校的分管院领导和具体负责老师参加了会议。（云南省文旅厅）

5月30日 由云南省大理州剑川县人民政府和依文集团共同主办的

"千年技艺手工木雕——国家级非物质文化遗产剑川木雕展"开幕仪式在北京园博园依文时尚欧洲园举办。以剑川木雕为主，包含布扎、土陶、石雕等剑川特色非遗项目，凸显了浓郁的剑川民族特色；非遗传承手工匠人现场雕刻制作，让参观人员零距离感受精湛技艺。（文旅中国）

6月13日 由云南省文化和旅游厅、楚雄彝族自治州人民政府主办，云南省非物质文化遗产保护中心、楚雄州文化和旅游局、楚雄市人民政府承办的云南省2020年"文化和自然遗产日"宣传展示活动在主会场楚雄市开发区市民广场拉开帷幕。（云南省非物质文化遗产保护中心）

8月18～21日 由云南省非遗保护中心举办的2020年"云南省人口较少民族口头传统典藏计划"培训在昆明举办。来自怒江州非遗中心、西双版纳州文化馆（非遗中心）、丽江市非遗中心及相关县文化馆（非遗中心）的非遗保护工作者以及承担普米族、怒族、基诺族、独龙族4个人口较少民族口头传统典藏计划执行团队的项目负责人、学术专员、导演及其他相关人员共计60余人参加培训。（云南省非物质文化遗产保护中心）

8月27日 云南省文化和旅游厅印发《云南省文化和旅游厅关于公布云南省非遗主题旅游线路的通知》，推出包括"滇西·丝路云赏之旅""滇西·艺美云南之旅""滇西北·茶马古道之旅""滇中·云境探秘之旅"等在内的10条云南省非遗主题旅游线路，旨在推动非遗保护创造性转化、创新性发展，促进文化和旅游深度融合发展。（云南省文化和旅游厅）

9月1日 为不断提高非遗保护传承能力，推动中华优秀传统文化创造性转化和创新性发展，让中华优秀文化展现出时代风采和永久魅力，以"乡愁大理，多彩非遗"为主题的大理州非遗展在云南省文化和旅游厅开展。本次展览重点围绕大理州"金木土石布"非遗作品进行陈列展示，共展出作品一百八十多件。（云南省非物质文化遗产保护中心）

11月23～26日 由云南省文化和旅游厅、云南省民族宗教事务委员会、红河州人民政府共同主办，云南省非物质文化遗产保护中心、红河州文化和旅游局、红河州民族宗教事务委员会、蒙自市人民政府承办，红河州非物质文化遗产保护中心、红河州文化产业发展中心、蒙自市文化和旅游局协办的云南省第二届传统戏剧曲艺汇演在红河州大剧院、蒙自市南湖广场和蒙自市新安所镇文化广场隆重举行，红河州花灯戏《支巴笼》、文山州壮剧《千里迢迢送京娘》片段、楚雄州彝剧《文明新彝村》等8场传统戏剧曲艺精彩上演。（云南省非物质文化遗产保护中心）

11月23～26日 由云南省文化和旅游厅、云南省民族宗教事务委员会、红河州人民政府共同主办，云南省非遗保护中心等单位承办的云南省第二届传统戏剧曲艺汇演在红河州蒙自市举办。本届汇演旨在培育壮大传统戏曲人才队伍，展示非遗保护成果，丰富广大群众的精神文化生活，共有滇剧、彝剧、白剧、傣剧、壮剧、花灯戏、端公戏等14个剧种、7个曲种共36个剧（节）目参演，涵盖云南省级以上传统戏剧曲艺类非遗项目23个。（云南省非物质文化遗产保护中心）

浙　江

3月16日 为提升非物质文化遗产保护工作水平，完善省级非物质文化遗产代表性项目和代表性传承人评估和管理制度，推进非物质文化遗产保护工作科学化、制度化、规范化，在深入研究论证、总结实践经验、广泛听取意见的基础上，浙江省文旅厅制定了《浙江省省级非物质文化遗产代表性项目评估实施细则》和《浙江省省级非物质文化遗产代表性传承人评估实施细则》，并配套《浙江省省级非物质文化遗产代表性项目评估指标（试行)》和《浙江省省级非物质文化遗产代表性传承人评估指标（试行)》。（浙江省文旅厅）

5月15日 浙江省非物质文化遗产保护中心召开2020年度省市非遗保护中心工作视频交流会，会议由省非遗保护中心办公室主任薛益泉主持。此次会议总结2019年度特点亮点工作，交流2020年度重点工作。省非遗保护中心全体人员、全省11个设区市非遗保护中心相关负责人参加视频会议。（浙江非遗）

6月13日 2020年"文化和自然遗产日"浙江主场城市（绍兴）系列

活动开幕式在绍兴市柯桥区安昌古镇以线上直播方式举行，本次活动主题是"赓续浙江文脉，共建美好生活"，由浙江省文化和旅游厅、浙江省文物局、绍兴市人民政府主办，浙江省非物质文化遗产保护中心、绍兴市文化广电旅游局、绍兴市文物局、绍兴市柯桥区人民政府承办，绍兴市非物质文化遗产保护中心、绍兴市柯桥区文化广电旅游局执行承办。（浙江非遗）

7月27~29日 浙江省省级文化传承生态保护区创建评估会在省文化和旅游厅召开。厅党组成员、副厅长叶菁，文化和旅游部民族民间文艺发展中心主任兰静以及省内非遗、旅游、规划专家共同组成的专家组，对全省25个县（市、区）申报创建的24个文化传承生态保护区进行了评估。（浙江非遗）

9月10日 第十二届浙江·中国非物质文化遗产博览会（杭州工艺周）正式启幕，本届博览会以"享·美好生活"为主题，倡导健康生活理念，围绕"共筑文化高地，共享文化生活，共谋文旅融合，共促文化消费"展开。（浙江非遗）

9月14~16日 浙江省文化传承生态保护区创建工作现场会在象山县召开，省文化和旅游厅党组书记、厅长褚子育出席会议并讲话，叶菁副厅长主持会议。17个省级文化传承生态保护区创建地党政分管领导，省厅非遗处、省非遗保护中心、各设区市文化和旅游局相关负责人以及我省非遗和旅游领域的高校专家参加会议。（浙江省文旅厅）

10月9~14日 由文化和旅游部非遗司、艺术司，浙江省文化和旅游厅，宁波市人民政府主办的"2020全国非遗曲艺周"在宁波举办，活动以"融入现代生活弘扬时代价值"为主题，继续保持前两届曲艺周守正创新、便民惠民、互鉴交流的特色，采取"线上为主、线下为辅"的方式举办，充分展现全国曲艺类非遗项目的丰富内涵，展示传承群体薪火相传的生动实践，让曲艺在融入现代生活的同时，弘扬传统文化的时代价值。（中国非物质文化遗产保护中心）

10月14~16日 文化和旅游部非遗司在浙江杭州举行2020大运河非遗保护传承利用工作会商活动。文化和旅游部非遗司、运河沿线八省市文化和旅游厅（局）非遗处有关负责同志参加会商活动。座谈会上，各地汇报了2020年大运河非遗保护传承利用工作情况，并对2021年工作计划进行了交流；共同商议了大运河非遗保护传承利用协同机制的有关事项，达成了有关合作意向。（浙江非遗）

11月8日 第十五届中国义乌文化和旅游产品交易博览会"浙江非遗生活馆"的展览活动，在义乌国际博览中心举办，由浙江省文化和旅游厅、义乌市人民政府主办，浙江省非物质文化遗产保护中心、浙江省非物质文化遗产保护协会、义乌市文化和广电旅游体育局承办，谷雨平台、杭州熊熊环保科技有限公司协办。集中展示了近年来浙江非遗扶贫成果及优秀案例，为广大非遗传承人和非遗扶贫就业工坊搭建展示和推介平台。（浙江非遗）

11月28～29日 由浙江省文化和旅游厅、温州市人民政府、中国印刷博物馆主办的"中国活字印刷术"入选联合国教科文组织急需保护的非遗名录履约实践十周年系列活动在瑞安举行。旨在集中展示"中国活字印刷术"履行联合国教科文组织《保护非物质文化遗产公约》十年的保护实践成果，进一步梳理和挖掘活字印刷术保护发展的关键性问题。（瑞安文旅体资讯）

Abstract

This book is divided into four parts.

The first part is the general report which named *Social Transformation and New Mission of ICH Safeguarding* points out that the year of 2020 was not only the end of the 13th Five – Year Plan and finishing building a moderately prosperous society in all respects, but also the beginning of the 14th Five – Year Plan and realizing the second Centenary Goal. In this context, ICH safeguarding in China has made great progress in spite of the setback of Coronavirus pandemic. In 2020, China had continued to promote the declaration of ICH programs and put them into the list of international and domestic ICH system. It had also improved the identification and management system of representative inheritors, explored the way of constructing eco – cultural preservation areas and strengthened the guidance for the use of ICH safeguarding funds, guided the development of ICH to digital cultural industry, as well as promoted the integration of ICH into the national development strategy. In another, ICH played an active role in helping poverty alleviation and epidemic prevention. The innovation of ICH communication methods had been becoming more and more diverse, the ICH academic research hotspots had come on the earth, and the discipline of ICH had become a consensus. ICH safeguarding would present three trends: the first is ICH safeguarding and national strategy will be deeply integrated; the second is ICH safeguarding will accelerate the development of disciplines and enable the construction of ICH theory with Chinese characteristics; the third is ICH safeguarding will continue to promote the integration of ICH into modern life and build a cultural ecological chain of co-construction and sharing.

The second part includes seven special reports. According to the special report on folk literature, the importance of the transformation ofICH resources is becoming increasingly prominent. The special report on traditional music believes that ICH safeguarding has developed in depth in five aspects: theoretical research, campus inheritance, social inheritance, social export and innovative development. The special report on traditional drama points out that traditional drama should clarify the scope of application of the concept of "traditional drama" in different contexts basing on "cultural inheritance and innovation," and rebuild the cultural ecology of local drama, enrich and explore the communication channels and performance methods, so as to realize "return the drama to the people. " Quyi special report puts that with the deepening of the integration of internet and Quyi art, the cohesion of the network Quyi community has been strengthened, and its viewing behavior is undergoing tremendous changes, as a result, although digital communication has great potential, it also faces difficulties in the transformation of the main transmission subjects, copyright disputes and so on. According to the special report on traditional art, with the transformation of ICH safeguarding from project protection to systematic protection, traditional art is turning to new aesthetics, new business forms, new cultural space and new consumer market, and is more and more widely used in modern life. The special report on traditional techniques points out that with the wide use of internet means such as short video, new and old problems behind ICH communication traffic and data still need to be paid attention to. According to the special report on folklore, the recycling and utilization of folklore have been continuously improved, and "ICH + Tourism" has become an important hot spot for the safeguarding and utilization of folklore ICH, but how to balance the relationship between various stakeholders of ICH in tourism is still a topic to be discussed.

The third part is five annual hot topics. *ICH Digital Safeguarding and Integration of Science and Technology* points out that the integration of ICH and science and technology has developed a diversified digital inheritance and safeguarding model. Although this will further aggravate the plight of inheritors' aphasia and increase the risk of ICH isolation and the challenge of value system change, the advantages of digital technology can realize "ICH Digital Survival" according to the methods of establishing a correct safeguarding concept, improving the security system, promoting the research and practice of new technologies, cultivating interdisciplinary professionals and improving the quality of inheritors. In the article of *The Practice on Inheritors' Study and Training and Relevant Academic Achievements*: *On the Study and Training of Cantonese Opera* which takes the Cantonese Opera as a case, points out that the training methods, the contents and trained teachers selection should be guided by the needs of research and training objects, and effectively serve the safeguarding and inheritance practice of research and training projects. According to *Research on the Construction Experience and Development Countermeasures of National Eco-Cultural Preservation Areas*, the construction practice of seven national eco-cultural preservation areas has accumulated rich working experience and provided useful reference, but there are also problems of single source of safeguarding funds and lack of professional safeguarding talents. It is necessary to establish a diversified investment mechanism and strengthen cooperation with social forces. From the perspective of "dialogue form" in the article of *On the System of ICH List* observes China's ICH list system and holds that China's process of heritagization is a top-down institutionalized practice dominated by the authoritative heritage discourse composed of a series of laws and regulations, which is influenced by the evolving concept of ICH safeguarding. This article also considers that the establishment of ICH Inventories will help deepen ICH practice by making up for the lack of "local" internal dialogue on heritage projects which is dominated by "communities, groups and, in some cases individuals." *On the Theoretical Construction and Development Path of the ICH Discipline* believes that through systematic theoretical thinking and theoretical construction, the academic community has formed an academic consensus that "ICH is a discipline" "ICH is an interdisciplinary subject" "ICH is an emerging discipline in urgent need of construction." With the implementation of national strategies such as "China's excellent traditional cultural revitalization comprehensively," the ICH discipline construction has ushered in the best development period.

The fourth part is the chronicle ofICH events in 2020.

Keywords: ICH; Dissemination; Poverty Alleviation; List System; Discipline

Contents

I General Report

Abstract: The year of 2020 was not only the end of the 13th Five-Year Plan and finishing building a moderately prosperous society in all respects, but also the beginning of the 14th Five-Year Plan and realizing the second Centenary Goal. In this context, ICH safeguarding in China has made great progress in spite of the setback of Coronavirus pandemic. It is mainly reflected in the following aspects: New progress has been made in the construction of China' s ICH list system and regulations; ICH has played a positive role in helping poverty alleviation and epidemic prevention; ICH online communication and exchange have presented a new atmosphere; ICH academic research has shown a new hot spot. In the future, the safeguarding of ICH in China should speed up the relevant theoretical research and discipline construction, and promote the integration of ICH into the national strategy as well as actively implement the ICH " Creative Transformation, Innovative Development, " so as to make ICH bloom more charming.

Keywords: The Safeguarding of ICH; Social Transformation Poverty Alleviation; ICH Communication

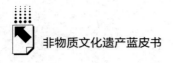

II   Special Reports

B . 2   A Report on the Development of the Safeguarding of

Intangible Cultural Heritage in Folk Literature

Yang Rong , Wang Xiaobing / 032

Abstract: The year 2020 is a very special year in the history of the Safeguarding of the intangible cultural heritage (ICH) . In the face of the sudden epidemic of COVID −19, great changes have taken place in people's lives. During this year, the Safeguarding and development of folk literature had not stopped and showed new characteristics. It has made further achievements in the construction of the list, rescue record, the digitization of the archives, and the "Great Department project of Chinese folk literature". In 2020, digital technology will be more widely and deeply applied to the protection of the ICH. "Appreciating the ICH in the clouds" has become an important way for people to participate in the protection and inheritance of the ICH.

However, the inheritance of folklore intangible cultural heritage still faces severe challenges. It is difficult for non-heritage products of folk literature to enter the market directly in the form of handicrafts, and its traditional way of inheritance is also facing great challenges in today's society. therefore, the transformation of the cultural resources of folk literature is an important way to protect and inherit the genre of folk literature in the new era. This requires not only the participation of persons who are at work on folklore or folk literature, but also the cooperation of persons from different fields to create truly good works for the public and give full play to the value of folk literature in today's society.

Keywords: Folk Literature; Intangible Cultural Heritage; Transformationof; Cultural; Resources

B.3   Report on the Protection and Development of Traditional

  Music Intangible Cultural Heritage   *Jin Yao* / 052

Abstract: The protection, inheritance and development of representative intangible cultural heritage projects of traditional music in 2020 have five significant characteristics. From the perspective of theoretical research, high-level academic papers, monographs, master's and doctor's dissertations have further promoted the in-depth development of theoretical research on Intangible cultural heritage. From the perspective of campus inheritance, more attention has been paid to the development of systematic courses and periodic classes in the direction of discipline, and the process continues to strengthen. From the perspective of social inheritance, the protection work of the administrative departments continues to deepen, and the protection of intangible cultural heritage is closely combined with national policies such as rural revitalization, poverty alleviation, cultural benefits to the people, and the revival of excellent traditional culture, achieving good publicity and protection effects. From the perspective of social communication, on the basis of traditional communication methods such as project competitions, exhibitions and performances, the integration with cultural tourism has gradually deepened, forming a trinity communication pattern. From the perspective of innovation and development, intangible cultural heritage inheritors created a large number of new works on the theme of anti-epidemic in the national fight against the epidemic. Furthermore, the creative transformation and development of intangible cultural heritage skills, techniques and culture are promoted through the network platform.

Keywords: Intangible Cultural Heritage Protection; Traditional Music; Campus Tradition

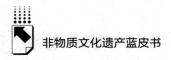

B.4　Inheritance and Innovation: Recognition of the
Practice and Theory of Traditional Opera
　　—*Research on the Development of Chinese*
　　Traditional Drama in 2020　　　　　　　　*Ni Caixia* / 082

Abstract: In 2020, Chinese people worked together on anti-pandemic,
completed the task of poverty alleviation, and realized the goal of building a
moderately prosperous society in all respects. In this year, around the theme of
inheritance and innovation, the practice and theoretical discussion of traditional opera
were further deepened and expanded. Practice makes efforts in inheriting artistic
tradition, exploring artistic innovation, strengthening professional talent training
and promoting the overall protection of the industry; The theoretical discussion has
carried out academic reflection, adjustment and improvement from the perspectives
of opera's history, opera's types and art system construction, among which the
issue of *opera's modernization* has been hotly discussed. On the basis of clarifying the
overall development idea of *inheritance and innovation*, traditional opera still needs to
seek breakthroughs in the following aspects: clarify the scope of application of the
concepts of *chuantong xiju* and *xiqu* in the context of intangible cultural heritage;
Rebuild the rural cultural ecology of local opera and truly *return the opera to the*
people; Enrich and explore the communication channels and performance methods
of traditional opera.

Keywords: Inheritance and Innovation; Anti-pandemic and Poverty
Alleviation; Opera's Modernization; Rural Cultural Ecology; Immersive Opera

B.5　Development Report on Chinese Intangible Cultural
Heritage in the Category of Quyi　　　　*Ni Shiyun* / 102

Abstract: 2020 has been an extraordinary year, when the sudden outbreak
of COVID-19 has brought profound changes to the world pattern and affected all

aspects of society. The spread of Quyi has also been affected by the epidemic and changed, which has mainly reflected in the deepening of the integration of "Internet + Quyi", the strengthening of the cohesion of the Quyi online community, and the obvious change in the viewing behavior of Quyi. On the one hand, the inheritance and development of Quyi have gained new opportunities, and the construction of online performance platforms has demonstrated its great potential for digital dissemination. On the other hand, it has faced with the difficulties of the transformation of digital communication and the increasingly prominent copyright disputes, which requires a series of measures.

Keywords: Chinese Quyi Intangible Cultural Heritage; "Internet + Quyi" Quyi Online Community

B. 6 Protection and Development Report of Intangible Cultural Heritage of Traditional Art *Dong Shuai* / 116

Abstract: 2020 is the end of the 13th Five-Year Plan for Economic and Social Development of the People's Republic of China, the last year of the battle against poverty and the year to achieve the goal of building a moderately prosperous society in all respects. Standing at the historical intersection of the Two Centenary Goals, in this year, the protection of intangible cultural heritage of traditional art presents a new atmosphere, new actions and new trend. Intangible cultural heritage assisted targeted poverty alleviation, focusing on "traditional art poverty alleviation", and has gained groundbreaking achievements. When holding "intangible cultural heritage Shopping Festival", lots of new media are used, which endows traditional art with new energy. "Traditional art anti epidemic" makes traditional art more embedded in the mainstream discourse to improve the ability of social governance. In the process of meeting the people's needs for a better life, promoting sustainable economic and social development and serving major national strategies, traditional art has transformed from single project protection to systematic protection. It is giving birth to new aesthetics, new

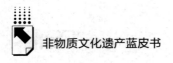

business forms, new cultural space and new consumer market, is showing the prospect of wide application in modern life.

Keywords: Traditional Art; Traditional Art Poverty Alleviation; Traditional Art Anti Epidemic; Systematic Protection

B.7 The Traditional Craftsmanship Safeguarding Development Report *Chen Xi* / 140

Abstract: Since 2020, COVID −19 has swept the world. During hundreds of the anti-pandemic days and nights, our habitual ways of communication and exchange have been dramatically impacted. Internet as the bridge of communication and exchange has received more attention. *Opinion of Promoting High-Quality Development of Digital Cultural Industry* issued by Ministry of Culture and Tourism is like a tonic to encourage promoting intangible cultural heritage safeguarding by new media. Video clips provide traditional craftsmanship inheritors and artists with new methods to bail out. However, it cannot be ignored that old and new Problems Have Been Cropping up Behind the Huge Live Streams and Shiny Statistics.

Keywords: policy support; new media promotion; live-streaming sale

B.8 Development Report on Folklore Intangible Cultural Heritage Safeguarding *Zhang Lei* / 167

Abstract: The safeguarding of intangible cultural heritage in the folklore category continued to develop in 2020 while linking to real social life and showing many new features: a new batch of representative projects and inheritors of provincial intangible cultural heritage have been identified in many provinces; under the impact of COVID −19 epidemic, "cloud display" based on Internet technology has become more prominent; in line with the comprehensive poverty alleviation efforts, the exploitation of intangible cultural heritage has been further enhanced and "ICH + Tourism" has become an important hotspot. At the same time, the process of tourism development of intangible cultural heritage is fraught with intertwined and reciprocal gazing relationships, which can better understand the problems in intangible cultural heritage tourism. How to grasp the balance of all parties in the display, utilization and protection of intangible cultural heritage remains to be discussed in depth.

Keywords: Folklore Intangible Cultural Heritage; Poverty Alleviation by ICH; ICH Tourism

Ⅲ   Annual Hotpots

Abstract: Since the beginning of safeguard of intangible cultural heritage (ICH), digital technology has been applied to safeguard the ICH. With the continuous innovation, development and maturity of digital technology, the practice form of ICH digital protection has become more and more abundant, and it has gradually become the diversified digital inheritance and protection mode from the archival digital preservation and communication mode. Although the application of new technology methods and combination mode further aggravates the aphasia situation of inheritors in ICH safeguard, increases the risk of ICH isolation and the challenge of ICH value system change. However through establishing the correct safeguard concept, improving the guarantee mechanism in many aspects, promoting the research and development of new digital technology, improving the quality of intangible cultural heritage protection, cultivating interdisciplinary professionals and improving the technical literacy of inheritors, it

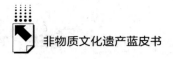

can not only give full play to the advantages of digital technology and realize the ICH " being digital " of intangible cultural heritage, but also promote the innovation and development of digital technology and realize the mutual benefit and win-win of ICH and digital technology.

Keywords: Intangible Cultural Heritage; Digital Protection; Integration of Culture and Science and Technology

B.10　The Training Practice and Academic Achievements of Intangible Cultural Heritage Inheritors' Research and Further —*Education-Talks about Cantonese Opera Trainings*

Xie Wenyan / 202

Abstract: Fruitful results have been achieved since the implementation of the intangible cultural heritage inheritance group training program, and the training program had been completed ahead of five-year schedule in 2019. The relevant academic research papers recently focus on intangible cultural heritage protection and intangible cultural heritage inheritance. On the basis of current policies, practices and academic researches, taking Cantonese Opera as a case, this paper does in-depth research on the issue of inheritance group training. The Cantonese Opera inheritance training plans should adhere to the principle of drama essence-oriented, inheritance as the core, and the uniqueness of Cantonese Opera. The classification of the group of Cantonese Opera training should be arranged on the base of characteristics and needs of different targets, different training methods and contents, at the same time, the selection of training teachers should be oriented by the needs of the targets.

Keywords: Intangible Cultural Heritage; Inheritance Group; Cantonese Opera

B.11　Research on the Construction Experience and
　　　　Development Countermeasures of National
　　　　Eco-Cultural Preservation Area　　　　*Ye Jianying* / 217

　　Abstract：In December 2019, China officially announced the list of national eco-cultural proservation area. Seven national eco-cultural proservation areas have accumulated rich working experience in many years of practice, which provides a useful reference for other experimental eco-cultural proservation area. However, these national eco-cultural proservation areas still have some problems, such as the single channel of funds and lack of professional protection talents. It is necessary for each area to build a diversified investmentmechanism, strengthen cooperation with social forces and promote the construction of eco-cultural proservation areas betterly.
　　Keywords：National Eco-Cultural Preservation Area; Cultural Resources; Integration of Culture and Tourism

B.12　On the System of Intangible Cultural
　　　　Heritage List　　　　　　　　　　　　　　*Li Hui* / 233

　　Abstract：Catogorisation and Listing was a core concept of Heritage. In theory, The *Convention for the Safeguarding of Intangible Cultural Heritage* has derived two sets of dialogue forms with hierarchical relationship among communities, which provides a theoretical root for the new functions of Inventories and Representative List in the process of heritagization. There's huge tension between this and the institutionalized practice dominated by Authoritative Heritage Discourse, which provides space for the localization practice of the list system. By comparing the *Ong Chun/Wangchuan/Wangkang ceremony, rituals and related practices for maintaining the sustainable connection between men and the ocean* in the International and Domestic List System, we understand that China's process of heritagization is a

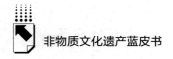
top-down institutionalized practice dominated by the Authoritative Heritage Discourse composed of a series of laws and regulations, which is affected by the evolving concept of intangible heritage protection. The establishment of ICH Inventories to make up for the lack of 'local' internal dialogue on heritage projects led by ' *communities, groups and, in some cases individuals* ' will help deepen the practice of ICH in China.

Keywords: Intangible Cultural Heritage (ICH), Inventories; Representative List ; Dialogue; the Institutionalized Practice

B. 13 On the Theoretical Construction and Development Path of the Discipline of Intangible Cultural Heritage

Kong Qingfu / 249

Abstract: Since 2004, when the Standing Committee of the National People's Congress ratified the UNESCO Convention on the Protection of Intangible Cultural Heritage, The subject of intangible cultural heritage has become an important issue of academic concern.

In the past 20 years, the academic community has been concerned about the question "Is intangible cultural heritage a discipline?" "In what discipline are intangible cultural heritage?" "How to build a discipline of intangible cultural Heritage?" and a series of related questions. From pedagogy, folklore, ethnology, musicology, dance, fine arts, design and other related disciplines, and the academic setting of intangible cultural heritage in colleges and universities, the teaching of intangible cultural heritage courses in vocational colleges, the implementation of intangible cultural heritage classes in primary and secondary schools, and the overseas experience in the construction of intangible cultural heritage science gives a theoretical consideration on the theoretical construction and development path of the subject of intangible cultural heritage and forms consistent academic views such as "Intangible cultural heritage is a discipline", "Intangible cultural heritage is a crossdiscipline", "an emerging discipline in urgent need of construction of intangible cultural heritage", etc. Since the new era, with the continuous implementation of a series of national strategies such as "Comprehensively Revitalizing Excellent Traditional Chinese Culture", the construction of intangible cultural heritage has ushered in the best period of development.

Keywords: Intangible Cultural Heritage; Disciplinization; Intangible Cultural Heritage Course; The National Education

Ⅳ   Appendix

B.14   The Chronicle of ICH Events in 2020

皮 书

智库成果出版与传播平台

❖ 皮书定义 ❖

皮书是对中国与世界发展状况和热点问题进行年度监测，以专业的角度、专家的视野和实证研究方法，针对某一领域或区域现状与发展态势展开分析和预测，具备前沿性、原创性、实证性、连续性、时效性等特点的公开出版物，由一系列权威研究报告组成。

❖ 皮书作者 ❖

皮书系列报告作者以国内外一流研究机构、知名高校等重点智库的研究人员为主，多为相关领域一流专家学者，他们的观点代表了当下学界对中国与世界的现实和未来最高水平的解读与分析。截至2021年底，皮书研创机构逾千家，报告作者累计超过10万人。

❖ 皮书荣誉 ❖

皮书作为中国社会科学院基础理论研究与应用对策研究融合发展的代表性成果，不仅是哲学社会科学工作者服务中国特色社会主义现代化建设的重要成果，更是助力中国特色新型智库建设、构建中国特色哲学社会科学"三大体系"的重要平台。皮书系列先后被列入"十二五""十三五""十四五"国家重点出版规划项目；2013~2022年，重点皮书列入中国社会科学院国家哲学社会科学创新工程项目。

权威报告·连续出版·独家资源

皮书数据库
ANNUAL REPORT(YEARBOOK)
DATABASE

分析解读当下中国发展变迁的高端智库平台

所获荣誉

- 2020年，入选全国新闻出版深度融合发展创新案例
- 2019年，入选国家新闻出版署数字出版精品遴选推荐计划
- 2016年，入选"十三五"国家重点电子出版物出版规划骨干工程
- 2013年，荣获"中国出版政府奖·网络出版物奖"提名奖
- 连续多年荣获中国数字出版博览会"数字出版·优秀品牌"奖

皮书数据库

"社科数托邦"
微信公众号

成为会员

登录网址www.pishu.com.cn访问皮书数据库网站或下载皮书数据库APP，通过手机号码验证或邮箱验证即可成为皮书数据库会员。

会员福利

- 已注册用户购书后可免费获赠100元皮书数据库充值卡。刮开充值卡涂层获取充值密码，登录并进入"会员中心"—"在线充值"—"充值卡充值"，充值成功即可购买和查看数据库内容。
- 会员福利最终解释权归社会科学文献出版社所有。

数据库服务热线：400-008-6695
数据库服务QQ：2475522410
数据库服务邮箱：database@ssap.cn
图书销售热线：010-59367070/7028
图书服务QQ：1265056568
图书服务邮箱：duzhe@ssap.cn

社会科学文献出版社 皮书系列
SOCIAL SCIENCES ACADEMIC PRESS (CHINA)

卡号： 155396365454
密码：

S 基本子库
SUB DATABASE

中国社会发展数据库（下设 12 个专题子库）

紧扣人口、政治、外交、法律、教育、医疗卫生、资源环境等 12 个社会发展领域的前沿和热点，全面整合专业著作、智库报告、学术资讯、调研数据等类型资源，帮助用户追踪中国社会发展动态、研究社会发展战略与政策、了解社会热点问题、分析社会发展趋势。

中国经济发展数据库（下设 12 专题子库）

内容涵盖宏观经济、产业经济、工业经济、农业经济、财政金融、房地产经济、城市经济、商业贸易等 12 个重点经济领域，为把握经济运行态势、洞察经济发展规律、研判经济发展趋势、进行经济调控决策提供参考和依据。

中国行业发展数据库（下设 17 个专题子库）

以中国国民经济行业分类为依据，覆盖金融业、旅游业、交通运输业、能源矿产业、制造业等 100 多个行业，跟踪分析国民经济相关行业市场运行状况和政策导向，汇集行业发展前沿资讯，为投资、从业及各种经济决策提供理论支撑和实践指导。

中国区域发展数据库（下设 4 个专题子库）

对中国特定区域内的经济、社会、文化等领域现状与发展情况进行深度分析和预测，涉及省级行政区、城市群、城市、农村等不同维度，研究层级至县及县以下行政区，为学者研究地方经济社会宏观态势、经验模式、发展案例提供支撑，为地方政府决策提供参考。

中国文化传媒数据库（下设 18 个专题子库）

内容覆盖文化产业、新闻传播、电影娱乐、文学艺术、群众文化、图书情报等 18 个重点研究领域，聚焦文化传媒领域发展前沿、热点话题、行业实践，服务用户的教学科研、文化投资、企业规划等需要。

世界经济与国际关系数据库（下设 6 个专题子库）

整合世界经济、国际政治、世界文化与科技、全球性问题、国际组织与国际法、区域研究 6 大领域研究成果，对世界经济形势、国际形势进行连续性深度分析，对年度热点问题进行专题解读，为研判全球发展趋势提供事实和数据支持。